गद्य-धारा

गद्य-धारा

सम्पादक

कुमार कृष्ण

प्रोफ़ेसर, हिन्दी विभाग

हिमाचल प्रदेश विश्वविद्यालय, शिमला

अरुणोदय प्रकाशन

ISBN : 81-88473-71-5

अरुणोदय प्रकाशन
21-ए, दरियागंज, नयी दिल्ली-110002
द्वारा प्रकाशित
संस्करण : 2009

मूल्य : 45.00
आर. टेक ऑफसेट प्रिंटर्स, दिलशाद गार्डन
दिल्ली-110095, द्वारा मुद्रित

GADYA-DHAARA
edited by : Dr. Kumar Krishan

भूमिका

हिन्दी साहित्य का आधुनिक काल वास्तव में गद्य-काल के नाम से जाना जाता है। आधुनिक काल से पूर्व पद्य का ही प्राधान्य था। गद्य की विभिन्न विधाओं के विकास में भारतेन्दु हरिश्चन्द्र द्वारा प्रकाशित 'कविवचनसुधा' तथा 'हरिश्चन्द्र मैगज़ीन' नामक पत्रिकाओं के अतिरिक्त भारतेन्दु युग में प्रकाशित 'प्रदीप', 'ब्राह्मण', 'आनन्द कादम्बिनी' और 'नागरी नीरद' जैसी पत्र-पत्रिकाओं की विशेष भूमिका रही है। भारतेन्दु युग से आगे द्विवेदी युग में महावीर प्रसाद द्विवेदी ने 'सरस्वती' पत्रिका के द्वारा हिन्दी-गद्य को परिमार्जित एवं परिष्कृत किया। यहाँ गद्य की विभिन्न विधाओं—कहानी, उपन्यास, नाटक-एकांकी, निबन्ध आदि के साथ संस्मरण, जीवनी, पत्र-साहित्य, आत्मकथा तथा यात्रावृत्त आदि का भी विकास हुआ। हिन्दी-गद्य को व्याकारणिक संस्कार देने के लिए महावीर प्रसाद द्विवेदी हमेशा याद किए जायेंगे।

हिन्दी-गद्य के विकास में द्विवेदी जी के उपरान्त कथाकार प्रेमचन्द का विशेष महत्त्व है जिन्होंने हिन्दी-साहित्य में पहली बार कहानी और उपन्यास जैसी गद्य विधाओं को वास्तविक धरातल पर खड़ा किया। प्रेमचन्द पहले भारतीय लेखक हैं जिन्होंने लेखन को सामाजिक सन्दर्भों से जोड़ कर उसे सामाजिक परिवर्तन का प्रभावशाली माध्यम माना। प्रेमचन्द ने अपने निबन्धों में स्पष्ट शब्दों में उद्घोष किया कि हम केवल काग़ज़ के पृष्ठों पर ही सृष्टि करके चुप न रहेंगे अपितु हम उस विधान की सृष्टि करेंगे जो सौन्दर्य, सुरुचि, आत्मसम्मान और मनुष्यता का विरोधी न हो। साहित्यकार का लक्ष्य केवल महफ़िल सजाना और मनोरंजन का सामान जुटाना नहीं है। उसका दर्जा इतना न गिराइये। यह देशभक्ति और राजनीति के पीछे चलने वाली सच्चाई भी नहीं, उसके आगे मशाल दिखाती हुई चलने वाली सच्चाई है। प्रेमचन्द की स्पष्ट मान्यता थी कि जो कुछ भी लिख दिया जाये, वह सब-का-सब साहित्य नहीं है। साहित्य उसी रचना को कहेंगे जिसमें कोई सच्चाई प्रकट की गयी हो, जिसकी भाषा प्रौढ़, परिमार्जित और सुन्दर हो और जिसमें दिल और दिमाग़ पर असर डालने की शक्ति विद्यमान हो। प्रस्तुत पुस्तक में संकलित

प्रथम निबन्ध में भी प्रेमचन्द ने कुछ इसी तरह के विचार प्रकट किये हैं। जिस समय प्रेमचन्द लिख रहे थे उसी के आस-पास आचार्य रामचन्द्र शुक्ल ने निबन्ध तथा आलोचना के क्षेत्र में महत्त्वपूर्ण दस्तक दी। एक ऐसी दस्तक, जिसने निबन्ध नामक विधा को एक विशेष ऊँचाई तक पहुँचा दिया। आचार्य शुक्ल जी के निबन्धकार का मूल्यांकन करते हुए डॉ. बच्चन सिंह लिखते हैं कि पुनर्जागरण युग में निबन्ध लेखन का सूत्रपात हुआ। पूर्व स्वच्छन्दतावादी युग में वह किंचित वैचारिक हो चला। बालकृष्ण भट्ट, महावीर प्रसाद द्विवेदी, श्यामसुन्दर दास की निबन्ध-परम्परा रामचन्द्र शुक्ल में अपनी पराकाष्ठा पर जा पहुँची। वस्तुतः शुक्ल जी इस काल के सर्वश्रेष्ठ निबन्धकार हैं। शुक्ल युगीन निबन्धकारों में बाबू गुलाबराय, धीरेन्द्र वर्मा, वियोगी हरि, सियाराम शरण गुप्त, पाण्डेय बेचन शर्मा 'उग्र', राहुल सांकृत्यायन, जयशंकर प्रसाद, सूर्यकान्त त्रिपाठी 'निराला' तथा महादेवी वर्मा आदि ने विभिन्न गद्य-रूपों लेख, संस्मरण, रिपोर्ताज, यात्रावृत्त आदि पर अपनी लेखनी चला कर हिन्दी-गद्य-धारा को आगे बढ़ाने में अपना महत्त्वपूर्ण योगदान दिया।

इन्हीं शुक्ल युगीन निबन्धकारों में से प्रस्तुत पुस्तक में बाबू गुलाबराय तथा महादेवी वर्मा को संकलित किया गया है। 'भारतीय संस्कृति' शीर्षक से गुलाब राय का निबन्ध तथा 'गुंगिया' शीर्षक से महादेवी वर्मा के रेखाचित्र को पाठ्यक्रम में रखा गया है। बाबू गुलाबराय मूलतः व्यक्तित्व-व्यंजक निबन्धकार हैं। शुक्ल युग के श्रेष्ठ निबन्धकारों में उनकी गणना होती है। गुलाबराय जी के 'प्रबन्ध प्रभाकर', 'मेरी असफलताएँ', 'फिर निराश क्यों', 'ठलुआ-क्लब', 'कुछ उथले कुछ गहरे' जैसे निबन्ध-संग्रह प्रकाशित हुए हैं। कुछ निबन्ध संग्रहों में गुलाबराय जी ने संवाद-शैली में अपनी व्यक्तिगत ज़िन्दगी को प्रस्तुत किया है जबकि कुछ निबन्ध संग्रहों में उनके शास्त्र-ज्ञान तथा आलोचकीय मुद्रा का भी परिचय मिलता है। गुलाबराय जी के निबन्धों की भाषा में सरलता, सहजता, स्पष्टता एवं भावव्यंजकता देखने को मिलती है। पाठ्यक्रम में संकलित उनके निबन्ध 'भारतीय संस्कृति' की पंक्तियाँ इस सन्दर्भ में उल्लेखनीय हैं। वह लिखते हैं, 'अंग्रेज़ी सभ्यता चीनी और काँच के बर्तनों की सभ्यता है। हमारी सभ्यता मिट्टी और पीतल के बर्तनों की। हमारी सभ्यता स्वास्थ्य विज्ञान के नियमों के अधिक अनुकूल है। यदि हम कुल्हड़ों का अच्छा बन्दोबस्त कर सकें तो उससे अच्छी कोई चीज़ नहीं है।'

शुक्ल युग के निबन्धकारों में महादेवी वर्मा का नाम बड़े आदर के साथ लिया जाता है। महादेवी वर्मा वास्तव में उन निबन्धकारों में से हैं जिन्होंने रेखाचित्रों के द्वारा हिन्दी-गद्य-धारा को समृद्ध किया है। रेखाचित्र-लेखन में महादेवी वर्मा का सानी नहीं है। 'रेखाचित्र' शब्द अंग्रेज़ी भाषा के 'स्केच' का ही पर्याय है। रामवृक्ष बेनीपुरी ने इसके लिए 'शब्द चित्र' तथा डॉ. नगेन्द्र ने 'स्मृति चित्र' शब्द का प्रयोग किया

है। हिन्दी-साहित्य-कोश के अनुसार रेखाचित्र किसी व्यक्ति, वस्तु, घटना या भाव का कम-से-कम शब्दों में मर्मस्पर्शी, भावपूर्ण एवं सजीव अंकन है। रेखाचित्र जैसे गद्य-रूप का उल्लेख भी निबन्ध-विधा के अन्तर्गत ही किया जाता है जबकि मेरी दृष्टि में यह न तो पूरी तरह से निबन्ध है और न ही कहानी। सच कहूँ तो रेखाचित्र एक ऐसी रचना है जिसमें भावों और विचारों को एक कथापन के साथ प्रस्तुत किया जाता है। 'अतीत के चलचित्र', 'स्मृति की रेखाएँ' तथा 'पथ के साथी' में प्रस्तुत महादेवी वर्मा के रेखाचित्र इसका जीवन्त उदाहरण हैं। प्रस्तुत पुस्तक में संकलित महादेवी वर्मा का 'गुंगिया' शीर्षक रेखाचित्र का चयन भी 'स्मृति की रेखाएँ' नागक रेखाचित्र-संग्रह से किया गया है। महादेवी वर्मा ने अपने रेखाचित्रों में आर्थिक रूप से कमज़ोर, विपन्न, असहाय, निर्बल, दुखी-दीन मनुष्यों के जीवन को प्रस्तुत किया हैं। सभी पात्रों के साथ महादेवी वर्मा का निकट का रिश्ता रहा है, शायद यही वजह है कि इनके रेखाचित्र कहीं-कहीं संस्मरण का भी आभास देते हैं। इन रेखाचित्रों को जब पाठक एक बार पढ़ना आरम्भ करता है तो इसे समाप्त किये बिना नहीं रह सकता। अपने रेखाचित्रों में महादेवी वर्मा ने नारी-पीड़ा के विविध पक्षों को मार्मिकता के साथ चित्रित किया है। गुँगिया जीवन भर पुत्र-वियोग में तड़पती रही। लेखिका की मित्र ने कलकत्ता के एक नौकर युवक का पत्र और दस रुपये गुँगिया के सन्तोष के लिए भिजवाये। गुँगिया ने उसी को अपना सर्वस्व मानते हुए एक दिन हुलासी के खिलौनों के बीच ही अपने प्राण त्याग दिये। मार्मिकता, कारुणिकता और संवेदनशीलता के साथ पाठकों के मर्म को छूने वाला, झकझोरने और उद्वेलित करने वाला 'गुँगिया' जैसा रेखाचित्र महादेवी ही लिख सकती हैं।

परवर्ती युग में जहाँ निबन्ध की सीमा विस्तृत हुई, वहाँ विभिन्न गद्य रूपों का भी विकास हुआ। रेखाचित्रों और संस्मरणों के साथ-साथ ललित निबन्ध, यात्रा-साहित्य, आत्मकथा, जीवनी, रिपोर्ताज, इण्टरव्यू-साक्षात्कार, डायरी, व्यंग्य आदि के द्वारा शान्ति प्रिय द्विवेदी, हज़ारी प्रसाद द्विवेदी, जैनेन्द्र, 'अज्ञेय', 'दिनकर', यशपाल, रामविलास शर्मा, फणीश्वरनाथ 'रेणु', हरिशंकर परसाई, मोहन राकेश, विद्यानिवास मिश्र, निर्मल वर्मा, कुबेरनाथ राय, गजानन माधव मुक्तिबोध, काशीनाथ सिंह, सुनीता जैन, ओम प्रकाश वाल्मीकि आदि ने इस गद्य-यात्रा को आगे बढ़ाया। प्रस्तुत पुस्तक में भी इन विविध-गद्य रूपों की बानगी देखी जा सकती है।

हज़ारी प्रसाद द्विवेदी उन निबन्धकारों में से हैं, जिनके 'अशोक के फूल', 'कुटज', 'देवदारु', 'वसन्त आ गया है', 'नाखून क्यों बढ़ते हैं' तथा 'सभ्यता और संस्कृति' जैसे निबन्ध हिन्दी-साहित्य की अमूल्य निधि हैं। प्रस्तुत पुस्तक में द्विवेदी जी का प्रसिद्ध निबन्ध 'देवदारु' संकलित किया गया है। यह निबन्ध उनके सर्जनात्मक व्यक्तित्व की परिणति है। एक आलोचक के शब्द उधार ले कर कहें

तो उनका प्रकृति प्रेमी और सौन्दर्य प्रेमी व्यक्तित्व, आचार्यत्व, वैदुष्य, मानव मूल्यों के प्रति आस्था, भारतीय संस्कृति के प्रति अगाध निष्ठा, भविष्य के प्रति आशापूर्ण दृष्टि, जाग्रत इतिहास बोध, मनुष्य की जिजीविषा में पूर्ण विश्वास, विनोदप्रियता, सहज आत्मीयता, गहन अध्ययन, गम्भीर चिन्तन, सूक्ष्म किन्तु व्याकुल संवेदनात्मक दृष्टि, उन्मुक्तता तथा फ़क्कड़ाना मस्ती को उनके निबन्धों में देखा जा सकता है। द्विवेदी जी का पाण्डित्य उनके निबन्धों का एक आवश्यक तत्त्व है जो आतंकित नहीं करता, बार-बार अपनी ओर पाठकों को आमन्त्रित करता है। पाण्डित्य की जड़ता पर लगातार प्रहार करना द्विवेदी जी के निबन्धकार की विशेषता है। पाठ्यक्रम में प्रस्तुत निबन्ध 'देवदारू' भी इसका अपवाद प्रस्तुत नहीं करता। डॉ. विश्वनाथ प्रसाद का यह कहना सही है कि वे अपने निबन्धों में चिन्तक होते हुए भी प्रकृति और मानव के आन्तरिक तथा बाह्य सौन्दर्य से अनुप्राणित हैं, इतिहास और संस्कृति की गहन दृष्टि रखते हुए भी लोक विश्वासों और संस्कृति परम्पराओं से जीवन को नयी दृष्टि से मण्डित करना चाहते हैं।...उनका प्रत्येक ललित निबन्ध स्वतःस्फूर्त है। न कहीं विचारों में शिथिलता है, न भावों में विराम है और न कहीं भाषा में अनगढ़ता है। प्रतीकों और मिथकों की उद्‌भावना के कारण द्विवेदी जी अधिक रचनात्मक दिखायी पड़ते हैं।

हिन्दी-साहित्य में 'व्यंग्य' को एक स्वतन्त्र एवं जीवन्त गद्य-विधा के रूप में प्रतिष्ठत करने का श्रेय हरिशंकर परसाई को जाता है। यद्यपि इस विधा के बीज सिद्ध और नाथ साहित्य, कबीर के दोहों—साखियों तथा भारतेन्दु युग के तमाम रचनाकारों में न केवल मौजूद हैं अपितु सामाजिक विसंगतियों, अन्तर्विरोधों और युग की दुर्दशा पर पैनी धार से वार करते हैं। 'व्यंग्य' शब्द अंग्रेज़ी भाषा के 'सेटायर' का ही पर्याय है जिसे विश्वनाथ त्रिपाठी 'भाषा की लपट' कहते हैं। प्रस्तुत पुस्तक में भी 'सदाचार का तावीज़' नामक व्यंग्य को संकलित किया गया है, जिसके लेखक हरिशंकर परसाई हैं। परसाई जी ने गद्य की विभिन्न विधाओं—कहानी, उपन्यास तथा निबन्ध पर समान रूप से लेखनी चलायी है किन्तु सर्वाधिक ख्याति उनको एक व्यंग्यकार के रूप में ही मिली। हरिशंकर परसाई के 'हँसते है, रोते हैं' और 'जैसे उनके दिन फिरे' कहानी संग्रह, 'रानी केतकी की कहानी' और 'तट की खोज' उपन्यास तथा 'भूत के पाँव पीछे की ओर', 'तब बात और थी', 'बेईमानी की परत', 'सदाचार का तावीज़', 'पगडण्डियों का ज़माना', 'शिकायत मुझे भी है', 'और अन्त में', 'ठिठुरता हुआ गणतन्त्र', 'विकलांग श्रद्धा का दौर', 'तिरछी रेखाएँ' आदि निबन्ध-व्यंग्य-संग्रह प्रकाशित हुए हैं। हरिशंकर परसाई की स्वीकारोक्ति है—मैं इसलिए लिखना चाहता हूँ कि व्यक्ति और समाज आत्मसाक्षात्कार, आत्मलोचन करे और अपनी कमज़ोरियों, बुराइयों, विसंगतियों, विवेकहीनता और न्यायहीनता को त्याग कर जैसा वह है, उससे

बेहतर बने। अन्धविश्वासों, रूढ़ियों, झूठी मान्यताओं, अवैज्ञानिक आग्रहों से मुक्त हो। प्रस्तुत पुस्तक में संकलित 'सदाचार का तावीज़' शीर्षक व्यंग्यात्मक लेख में हरिशंकर परसाई ने हमारे समाज में फैली रिश्वतख़ोरी, भ्रष्टाचार तथा बेईमानी जैसी समस्याओं को अपने विशेष अन्दाज़ में उजागर किया है। हरिशंकर परसाई एक कुशल कथाकार भी रहे हैं। 'नयी कहानी' के दौर में उनकी कहानियाँ भी चर्चा का विषय रही हैं। यही वजह है कि इनके व्यंग्यात्मक लेखों में भी कथापन और कथारस आदि से अन्त तक विद्यमान रहता है। 'सदाचार का तावीज़' इसका सुन्दर उदाहरण है।

जिन गद्य-विधाओं की धुरी निबन्ध है उनमें रिपोर्ताज, संस्मरण, यात्रा वृत्तान्त तथा जीवनी जैसी गद्य विधाओं का उल्लेख करना भी यहाँ आवश्यक प्रतीत होता है, क्योंकि प्रस्तुत पुस्तक में फणीश्वरनाथ 'रेणु' के रिपोर्ताज 'सरहद के उस पार', मोहन राकेश द्वारा लिखित 'स्वामी दयानन्द' की जीवनी, काशीनाथ सिंह के संस्मरण 'दन्तकथाओं में त्रिलोचन' तथा सुनीता जैन के यात्रा-वृत्त 'सीमाएँ जहाँ मिलती हैं—स्विट्ज़रलैण्ड' को भी संकलित किया गया है।

'रिपोर्ताज' पत्रकारिता के क्षेत्र से साहित्य की दुनिया में आया है। यह मूलतः फ्रेंच भाषा का शब्द है, जिसके लिए अंग्रेज़ी में 'रिपोर्ट' शब्द का प्रयोग किया जाता है। रिपोर्ट के ही सृजनात्मक अथवा साहित्यिक रूप को हम हिन्दी में रिपोर्ताज के नाम से जानते हैं जो किसी विषय अथवा घटना का यथातथ्य वर्णन है। हिन्दी के आरम्भिक रिपोर्ताज लेखकों में रांगेय राघव, शिवदान सिंह चौहान, फणीश्वरनाथ रेणु, धर्मवीर भारती का नाम आता है। असगर वजाहत, नासिरा शर्मा और द्रोणवीर कोहली जैसे रचनाकारों ने इसे एक नये अन्दाज़ में आगे बढ़ाया है। प्रस्तुत पुस्तक में फणीश्वरनाथ रेणु के चर्चित रिपोर्ताज 'सरहद के उस पार' को संकलित किया गया है। रेणु मूलतः कथाकार हैं। उनको 'ठुमरी', 'आदिम रात्रि की महक', 'अग्निख़ोर', 'अच्छे आदमी', 'भित्तिचित्र की मयूरी' जैसे कहानी-संग्रहों तथा 'मैला आँचल', 'परती परिकथा, 'जुलूस', 'दीर्घतपा' जैसे उपन्यासों से ख्याति मिली। इनके अतिरिक्त रेणु के 'ऋणजलः धन जल', 'नेपाली क्रान्तिकथा' तथा 'वन तुलसी की गन्ध' जैसे रिपोर्ताज-संग्रह भी प्रकाशित हुए हैं। इस पुस्तक में संकलित रिपोर्ताज 'सरहद के उस पार' का सम्बन्ध नेपाल से है। यहाँ रेणु एक यात्री के रूप में नेपाल के विराटनगर शहर जाते हैं। वही विराटनगर, जो सन् 1942 की क्रान्ति के समय भारत के समाजवादियों का ठिकाना था। रेणु यहाँ पहुँच कर देखते हैं कि एक ओर यह नगर पूँजीपतियों का स्वर्ग और विलासिता का अड्डा है और दूसरी ओर संघर्ष करते मज़दूरों का नरक है। रेणु इस रिपोर्ताज में एक उम्मीद पालते हैं कि मज़दूरों के शोषण की परिणति एक दिन क्रान्ति में होगी, जिसमें उनकी विजय होगी।

हिन्दी में जीवन-लेखन अभी उतना समृद्ध नहीं हुआ जितना विश्व की अन्य

भाषाओं में, फिर भी उस ओर हम प्रयासरत हैं। वैसे जीवनी-लेखन की शुरुआत भारतेन्दु युग से ही हो गयी थी। स्वयं भारतेन्दु हरिश्चन्द्र ने उस समय कालिदास, सूरदास, शंकराचार्य और कई मुग़ल बादशाहों की जीवनियाँ लिखी थीं। द्विवेदी युग में महर्षि दयानन्द की जीवनी को विभिन्न लेखकों ने कलमबद्ध किया। आगे चल कर जैनेन्द्र जी ने 'अकाल पुरुष गाँधी' लिख कर, हंसराज रहबर ने 'योद्धा संन्यासी विवेकानन्द' तथा शिवप्रसाद सिंह ने 'उत्तरयोगी : श्री अरविन्द' लिख कर इस गद्य-विधा को आगे बढ़ाया। इसी श्रृंखला में हम विष्णु प्रभाकर द्वारा रचित बांग्ला उपन्यासकार शरतचन्द्र की जीवनी पर आधारित 'आवारा मसीहा' तथा मोहन रोकश द्वारा रचित 'स्वामी दयानन्द' को भी रख सकते हैं। जीवनी में लेखक किसी दूसरे के जीवन की सत्य घटनाओं तथा तथ्यों के आधार पर अपनी सृजनात्मक प्रतिभा के द्वारा चरित्र-विश्लेषण करता है। 'स्वामी दयानन्द' शीर्षक जीवनी भी इसका अपवाद प्रस्तुत नहीं करती। मोहन राकेश मूलतः नाटककार एवं कथाकार हैं। उनको आधुनिक हिन्दी-नाटकों का मसीहा कहा जाता है। उनके द्वारा रचित 'आषाढ़ का एक दिन', 'लहरों के राजहंस' तथा 'आधे अधूरे' जैसे नाटक न केवल मोहन राकेश की, अपितु हिन्दी-नाटक-साहित्य की एक महत्त्वपूर्ण उपलब्धि कही जायेगी। 'नयी कहानी' के प्रवर्तन तथा उसके विकास में मोहन राकेश ने जो भूमिका निभायी है, उसे भी हम नज़रंदाज़ नहीं कर सकते। 'मलबे का मालिक', 'परमात्मा का कुत्ता', 'एक और ज़िन्दगी', 'पाँचवें माले का फ़्लैट', 'एक ठहरा हुआ चाकू' तथा 'अपरिचित' जैसी कहानियों को हिन्दी-कहानी का पाठक शायद कभी नहीं भुला सकता। उन्होंने 'अँधेरे बन्द कमरे' तथा 'न आने वाला कल' उपन्यासों का सृजन भी किया है। मोहन राकेश के यात्रा-वर्णन, डायरी, पत्र तथा जीवनी-लेखन में भी उनका कथाकार हमेशा जीवित रहा है। यही कारण है कि इन गद्य-रूपों में भी जीवन्तता, सहजता, रोचकता, स्पष्टता, मौलिकता देखने को मिलती है। 'स्वामी दयानन्द' में भी मोहन राकेश ने अपनी चिर-परिचित सरल, सहज, भाषा के द्वारा पुरानी रूढ़ियों को ध्वस्त करके धर्म के मूल स्वरूप को स्थापित करने वाले स्वामी दयानन्द के जीवन पर प्रकाश डाला है।

मोहन राकेश ने अपनी डायरी में एक स्थान पर लिखा है कि बीते हुए कल में कुछ ऐसा है, यदि हम उसे जेब में भर कर रख लें तो न तो उसे फेंकने को मन करता है और न ही भूल जाने को; शायद इसीलिए आने वाला हर कल बीते हुए कल की कोख से उग कर आता लगता है। इसी बीते हुए कल की पुरानी कथरी को उधेड़ कर जब रचनाकार उन थिगलियों से जुड़े पुराने प्रसंगों को सहज आत्मीयता तथा गम्भीरतापूर्वक याद करते हुए समकालीन सन्दर्भों से जोड़ कर प्रस्तुत करता है, तब उसी को हम संस्मरण कहते हैं। एक आलोचक के शब्दों में कहें तो किसी अविस्मरणीय घटना या पात्र का रोचक, विश्वसनीय, सोद्देश्यपूर्ण वर्णन करते हुए

लेखक प्रभावोत्पादक शैली में भावपूर्ण, मर्मस्पर्शी चित्रण कर संस्मरण को मूर्त रूप प्रदान करता है। इसकी लेखन-शैली प्रायः निबन्ध अथवा ललित गद्य शैली के निकट जान पड़ती है। इसमें कहानी की-सी रोचकता, कौतूहल दृष्टिगत होता है। यह विधा रेखाचित्र के निकट होते हुए भी उससे काफ़ी भिन्न है। संस्मरण में रेखाचित्र की अपेक्षा अधिक आत्मनिष्ठा एवं शैली की स्वतन्त्रता होती है। संस्मरण और रेखाचित्र के इस अन्तर को पाठक प्रस्तुत पुस्तक में संकलित महादेवी वर्मा के रेखाचित्र 'गुंगिया' तथा काशीनाथ सिंह के संस्मरण 'दन्तकथाओं में त्रिलोचन' पढ़ कर स्वयं समझ सकते हैं। काशीनाथ सिंह भी मूलतः कथाकार हैं। उनके 'लोग बिस्तरों पर', 'सुबह का डर', 'आदमीनाम' 'नयी तारीख़', 'कल की फटेहाल कहानियाँ', 'सदी का सबसे बड़ा आदमी' जैसे कहानी-संग्रह, 'अपना मोर्चा', 'काशी का अस्सी', 'रेहन पर रग्घू' जैसे उपन्यास तथा 'आछे दिन पाछे गये' और 'याद हो कि न याद हो' जैसी संस्मरण-पुस्तकें प्रकाशित हो चुकी हैं। प्रस्तुत पुस्तक में संकलित 'दन्तकथाओं में त्रिलोचन' संस्मरण का चयन भी काशीनाथ सिंह की सन् 1992 में प्रकाशित पुस्तक 'याद हो कि न याद हो' से किया गया है। यहाँ हम आचार्य हज़ारीप्रसाद द्विवेदी, त्रिलोचन शास्त्री, धूमिल, नामवर सिंह, ज्ञानरंजन, रवीन्द्र कालिया, दूधनाथ सिंह और विजयमोहन सिंह सरीखे रचनाकारों के व्यक्ति रूप से जिस तरह परिचित होते हैं, उससे न केवल उनकी रचनाशीलता, अपितु उनके स्वभाव के अनेक अजाने पहलुओं को भी जानने का अवसर मिलता है। काशीनाथ सिंह ने अपने से वरिष्ठ और संग-साथ रचनारत कृतिकारों के बारे में गहरे निस्संग भाव से लिखा है जो संस्मरण जैसे गद्य-रूप की अनिवार्य शर्त है। काशीनाथ सिंह की प्रत्येक रचना में कहने का एक अलग अन्दाज़ है। मुझे लगता है कि यह अन्दाज़ उनको बनारस की बानी और गंगा के पानी ने दिया है। मध्यवर्गीय भारतीय मनुष्य के अन्तर्विरोधों को वह जिस बनारसी बीजगणित के आधार पर किसानी औज़ारों से खोलते हैं, वह हिन्दी के तमाम रचनाकारों में उनको अलग पहचान देता है। अपने संस्मरणों के सम्बन्ध में काशीनाथ सिंह ने स्पष्ट शब्दों में कहा है—'मित्रो, कितना मुश्किल और ख़तरनाक और चुनौती-भरा काम है अपने बहुत-बहुत क़रीब के व्यक्तियों और स्थितियों के बारे में लिखना, उनके 'भीतर' भी होना और 'बाहर' भी रहना, अच्छाइयों और कमज़ोरियों से बुनी और बनी 'आदमीयत' को ढूँढ निकालना, जो उस व्यक्ति को बुरे-से-बुरे वक़्त में भी 'लेखक' की ज़िम्मेदारी से लैस किये रखती है। मेरा अनुभव रहा है कि निःसंगता ऐसी रचनाओं की विश्वसनीयता का स्रोत भी है और शक्ति भी। ज़रा-सी चूक आपको अविश्वसनीय, बेईमान, झूठा, ईर्ष्यालु, दम्भी और घटिया बना सकती है। सावधानी हटी कि दुर्घटना घटी। मित्रो, आप में से कइयों ने मुझसे कहा कि ये 'संस्मरण' नहीं हैं, 'रिपोर्ताज' या रेखाचित्र भी नहीं है क्योंकि इनमें जीवन का उल्लास है; मगर ये कहानियाँ

भी नहीं हैं क्योंकि इनके पात्र परिचित, विशिष्ट और विख्यात हैं। तो इन्हें इन सबका घोल कहें क्या? मुझे ख़ुद नहीं मालूम कि ऐसी रचना को क्या कहना चाहिए जिसमें पात्र और घटनाएँ ही. नहीं, उनके समय और संवाद भी इतने सच हों कि उनके आगे कहानियाँ बेमज़ा और झूठी पड़ जाएँ।' प्रस्तुत पुस्तक में संकलित 'दन्तकथाओं में त्रिलोचन' संस्मरण भी उपर्युक्त पंक्तियों का अपवाद प्रस्तुत नहीं करता।

'गद्य-धारा' के अन्त में सुनीता जैन के यात्रा-वृत्तान्त 'सीमाएँ जहाँ मिलती हैं–स्विट्ज़रलैण्ड' को संकलित किया गया है। हिन्दी-साहित्य में यात्रा-वृत्तान्त लिखने का चलन भारतेन्दु-युग से ही आरम्भ हो गया था। भारतेन्दु हरिश्चन्द्र ने उस समय 'लखनऊ की यात्रा' और 'सरयूपार की यात्रा' जैसे अनेक यात्रा-वृत्तान्त लिखे थे। राहुल सांकृत्यायन यात्रा-वृत्तान्त-लेखन के लिए हमेशा याद किये जाएँगे। उनके द्वारा लिखित 'मेरी लद्दाख यात्रा', 'मेरी तिब्बत यात्रा', 'किन्नर प्रदेश में' तथा 'रूस में पच्चीस मास' जैसी पुस्तकें यात्रा-वृत्त-लेखन की बेजोड़ कृतियाँ हैं। आगे चल कर यात्रा वृतान्त साहित्य के विकास में 'अज्ञेय' की 'अरे यायावर रहेगा याद', मोहन राकेश की 'आख़िरी चट्टान तक', निर्मल वर्मा की 'चीड़ों पर चाँदनी', कमलेश्वर की 'खण्डित-यात्राएँ' आदि कृतियों ने भी महत्त्वपूर्ण योगदान दिया है। यात्रा-वृत्तान्त में सरलता, सहजता, स्पष्टता, रोचकता, जिज्ञासा अथवा कौतुहल का होना निहायत ज़रूरी है। सुनीता जैन पिछले लगभग चालीस वर्षों से लेखन में सक्रिय हैं। वह पहली ऐसी भारतीय लेखिका हैं जो निरन्तर लिख रही हैं। उनके अब तक इक्तालीस कविता-संग्रह, छह उपन्यास, चार कहानी-संग्रह हिन्दी में; एक उपन्यास, एक कहानी-संग्रह और आठ कविता-संग्रह अंग्रेज़ी भाषा में प्रकाशित हो चुके हैं। सुनीता जैन हिन्दी और अंग्रेज़ी, दोनों भाषाओं पर समान अधिकार रखती हैं और दोनों ही भाषाओं में एक जैसी धार के साथ अपनी उपस्थिति दर्ज करती हैं। सन् 2003 में 'सुनीता जैन रचनावाली' आठ खण्डों में प्रकाशित हुई है। इसमें इनके सम्पूर्ण उपन्यासों, कहानी-संग्रहों, कविता संग्रहों के अतिरिक्त इनके द्वारा लिखित आलोचना, संस्मरण, साक्षात्कार तथा यात्रा वृत्तान्त को भी संकलित किया गया है। प्रस्तुत पुस्तक में निर्धारित सुनीता जैन के यात्रावृत्त का चयन भी इसी रचनावली से किया गया है।

सुनीता जैन के रचनात्मक व्यक्तित्व को रेखांकित करने के लिए उनकी रचनावली 'सुनीता जैनः अब तक' के फ़्लैप के शब्दों को उद्धृत करना आवश्यक प्रतीत होता है। रचनावली के फ़्लैप के शब्द कहते हैं कि सुनीता जैन ने उन दिनों हिन्दी को उपन्यास दिये जिन दिनों महिलाओं द्वारा रचित उपन्यासों की संख्या उँगली पर गिनी जा सकती थी। अपने समय में बहुचर्चित और पठित इन उपन्यासों 'बोज्यू', 'सफ़र के साथी', 'अनुगूँज', 'मरणातीत' और 'बिन्दु' में सुनीता जैन ने देश के तेज़ी

से बदलते सामाजिक परिवेश में अनेक तरह से कीलित नारी-म : के ऐसे पहलुओं को छुआ जिन पर तब तक कुछ नहीं या मात्र सांकेतिक रूप से लिखा गया था। चार दशक के बाद आज भी ये उपन्यास जीवन की सच्चाईयों को छूते हैं। उपन्यासों के बाद जिन दिनों सुनीता जैन कहानियों में आईं, उन दिनों 'डायस्पोरा' शब्द ने अपने वे व्यापक अर्थ ग्रहण नहीं किये थे जिन अर्थों में वह आज इस्तेमाल होता है। सातवें दशक की अपनी आरम्भिक कहानियों में सुनीता जैन ने हिन्दी को सर्वप्रथम प्रवासी भारतीयों के जीवन सम्बन्धित कितने ही मार्मिक वृत्तान्त दिये। विस्मय नहीं कि उनकी कहानी 'राम बचाये हिन्दुस्तानी' का अंग्रेज़ी रूपान्तर विदेशों की पाठ्य पुस्तकों में संकलित शायद भारत की सबसे अधिक पढ़ाई जाने वाली कहानियों में से एक है। उपन्यास और कहानी के उपरान्त सन् 1980 में सुनीता जैन जब कविता में आयी, तब तक महिलाएँ कविता को लगभग छोड़ चुकी थीं। महिला लेखिकाओं द्वारा उपेक्षित ऐसे कविता समय को सुनीता जैन ने एक के बाद एक पच्चीस कविता-संग्रह दिये। कविता का ऐसा विपुल संसार किसी भी भाषा के लिए गर्व की बात तो है ही, विशेष कर तब, जब उसमें इतनी विविधता और रचनात्मक सरोकार भी हों जितने कि सुनीता जैन की कविता में। यह अकस्मात नहीं कि आलोचकों ने उन्हें 'फ़िलहाल की महादेवी' माना है। सृजनात्मक लेखन के साथ-साथ सुनीता जैन ने समकालीन रचनाकारों पर समीक्षाएँ लिखने के साथ-साथ अपने विदेश-प्रवास से सम्बद्ध यात्रा वृत्तान्त भी लिखे हैं। सुनीता जैन की शिक्षा भारत और अमरीका, दो देशों में हुई है। बी.ए. इन्द्रप्रस्थ कॉलेज दिल्ली से, एम.ए. (अंग्रेज़ी) स्टेट यूनिवर्सिटी ऑफ़ न्यूयार्क तथा पी-एच.डी. अंग्रेज़ी में नेब्रास्का यूनिवर्सिटी, अमरीका से करने के बाद कई वर्ष वहाँ के विश्वविद्यालयों में पढ़ाती भी रही हैं लेकिन अपनी मिट्टी से जुड़ाव कभी कम नहीं हुआ। यही वजह है कि सुनीता जैन सन् 1972 में अमरीका छोड़कर भारत लौटीं और लेखन में जुट गयीं। सन् 1974 में आई.आई.टी. दिल्ली में नियुक्ति हुई और 13 जुलाई 2002 को यहीं से अंग्रेज़ी की प्राध्यापिका के पद से सेवानिवृत्त हुईं। सुनीता जैन का सम्पूर्ण लेखन इस बात का गवाह है कि लेखन उनके लिए एक जनून है, जिसकी रचनात्मक जड़ें अपनी धरती में बहुत गहरे धँसी हुई, फैली हुई हैं। सिम्मी हर्षिता लिखती हैं 'जीवन में चुनाव की विपरीत स्थितियों के बीच जब भी सुनीता को गम्भीर निर्णय लेना पड़ा तो उसने गृहस्थ जीवन की सुरक्षित सुख-सुविधाओं के मुक़ाबले साहित्य के ऊबड़-खाबड़ पक्ष में फ़ैसला दिया क्योंकि उसे इस बात का कहीं गहरा एहसास है कि अमरीका में स्थाई रूप से बस जाने का अर्थ है—अपने देश की धरती से कट जाना, जो कि उसकी कर्मभूमि है और जहाँ उसकी रचनात्मकता की जड़ें हैं—वह रचनात्मकता जो उसे निरन्तर जीवन्त, खोजी और गतिशील बनाये रखती हैं।' पाठ्यपुस्तक में संकलित यात्रा-वृत्तान्त से

भी इस बात का पता चलता है कि सुनीता जैन किसी एक देश में नहीं, अपितु ग्यारह अलग-अलग देशों में रह चुकी हैं। भिन्न-भिन्न देशों की सभ्यता और संस्कृति का ग़हरा अनुभव उनको है। इसे रोचकता एवं सहजता के साथ क़िस्से, कहानियों और कविता जैसी सृजनात्मक भाषा के द्वारा वह जब यात्रा-वृत्तान्त लिखती हैं तो पाठक उसे पढ़ते समय उन वर्णित जगहों में घूमने लगता है और पूरा सामाजिक-सांस्कृतिक परिवेश जीवन्त हो उठता है। 'गद्य-धारा' में संकलित यात्रा-वृत्त भी इसका अपवाद प्रस्तुत नहीं करता। इस यात्रा-वृत्त में सुनीता जैन की अनुभूतियाँ, तात्कालिक प्रतिक्रियाएँ तथा जीवन के प्रति दृष्टिकोण एक सृजनात्मक ताप के साथ दिखायी देता है।

कुल मिला कर कहें तो प्रस्तुत पुस्तक का लक्ष्य विभिन्न गद्य-रूपों से विद्यार्थियों का परिचय करवाना है। मुझे आशा है कि यह भूमिका पुस्तक में संकलित विभिन्न निबन्धों के साथ रेखाचित्र, व्यंग्यात्मक लेख, रिपोर्ताज, जीवनी, संस्मरण तथा यात्रा-वृत्त को समझने में कुछ सूत्र प्रदान करेगी।

'सत्यप्रिया'
कैथलीघाट, सोलन-173 215
(हिमाचल प्रदेश)

—कुमार कृष्ण

अनुक्रम

साहित्य का उद्‌देश्य

•

प्रेमचन्द

'प्रगतिशील लेखक-संघ', यह नाम ही मेरे विचार से ग़लत है। साहित्यकार या कलाकार स्वभावतः प्रगतिशील होता है; अगर यह उसका स्वभाव न होता, तो शायद वह साहित्यकार ही न होता। उसे अपने अन्दर भी एक कमी महसूस होती है और बाहर भी। इसी कमी को पूरा करने के लिए उसकी आत्मा बेचैन रहती है। अपनी कल्पना में वह व्यक्ति और समाज को सुख और स्वच्छन्दता की जिस अवस्था में देखना चाहता है, वह उसे दिखायी नहीं देती। इसलिए, वर्तमान मानसिक और सामाजिक अवस्थाओं से उसका दिल कुढ़ता रहता है। वह इन अप्रिय अवस्थाओं का अन्त कर देना चाहता है, जिसकी दुनिया में जीने और मरने के लिए इससे अधिक अच्छा स्थान हो जाये। यही वेदना और यही भाव उसके हृदय और मस्तिष्क को सक्रिय बनाये रखता है। उसका दर्द से भरा हृदय इसे सहन नहीं कर सकता कि एक समुदाय क्यों सामाजिक नियमों और रूढ़ियों के बन्धन में पड़ कर कष्ट भोगता रहे? क्यों न ऐसे सामान इकट्ठे किये जायें कि वह ग़ुलामी और ग़रीबी से छुटकारा पा जाये? वह इस वेदना को जितनी बेचैनी के साथ अनुभव करता है, उतना ही उसकी रचना में ज़ोर और सच्चाई पैदा होती है। अपनी अनुभूतियों को वह जिस क्रमानुपात में व्यक्त करता है, वही उसकी कलाकुशलता का रहस्य है; पर शायद इस विशेषता पर ज़ोर देने की ज़रूरत इसलिए पड़ी कि प्रगति या उन्नति से प्रत्येक लेखक या ग्रन्थकार एक ही अर्थ नहीं ग्रहण करता। जिन अवस्थाओं को एक समुदाय उन्नति समझ सकता है, दूसरा समुदाय असंदिग्ध अवनति मान सकता है; इसलिए साहित्यकार अपनी कला को किसी उद्‌देश्य के अधीन नहीं करना चाहता। उसके विचारों में कला केवल मनोभावों के व्यक्तीकरण का नाम है, चाहे उन भावों से व्यक्ति या समाज पर कैसा ही असर क्यों न पड़े।

उन्नति से हमारा तात्पर्य उस स्थिति से है, जिससे हम में दृढ़ता और कर्म-शक्ति

उत्पन्न हो, जिससे हमें अपनी दुखावस्था की अनुभूति हो, हम देखें कि किन अन्तर्बाह्य कारणों से हम इस निर्जीवता और ह्रास की अवस्था को पहुँच गये, और उन्हें दूर करने की कोशिश करें।

हमारे लिए कविता के वे भाव निरर्थक हैं, जिनसे संसार की नश्वरता का आधिपत्य हमारे हृदय पर और दृढ़ हो जाये; जिनसे हमारे हृदयों में नैराश्य छा जाये। वे प्रेम-कहानियाँ जिनसे हमारे मासिक-पत्रों के पृष्ठ भरे रहते हैं, हमारे लिए अर्थहीन हैं, अगर वे हममें हरकत और गर्मी नहीं पैदा करतीं। अगर हमने दो नवयुवकों की प्रेम-कहानी कह डाली, पर उससे हमारे सौन्दर्य प्रेम पर कोई असर न पड़ा और पड़ा भी तो केवल इतना ही कि हम उनकी विरहव्यथा पर रोयें, तो इससे हम में कौन-सी मानसिक या रुचि-सम्बन्धी गति पैदा हुई? इन बातों से किसी ज़माने में हमें भावावेश हो जाता रहा हो; पर आज के लिए वे बेकार हैं। इस भावोत्तेजक कला का अब ज़माना नहीं रहा। अब तो हमें उस कला की आवश्यकता है, जिसमें कर्म का सन्देश हो। अब तो हज़रते इक़बाल के साथ हम भी कहते हैं–

रम्ज़े हयात जोई जुज़दर तपिश नयाबी,
दरकुलज़ुम आरमीदन नंगस्त आबे ज़ूरा।
ब आशियाँ न नशीनम ज़े लज़्ज़ते परवाज़,
गहे बशाख़े गुलम गहे बरलवे ज़ूयम।

(अर्थात् अगर तुझे जीवन के रहस्य की खोज है, तो वह तुझे संघर्ष के सिवा और कहीं नहीं मिलने का–सागर में जा कर विश्राम करना नदी के लिए लज्जा की बात है। आनन्द पाने के लिए मैं घोंसले में कभी बैठता नहीं–कभी फूलों की टहनियों, पर, तो कभी नदी-तट पर होता हूँ।)

अतः हमारे पन्थ में अहंवाद अथवा अपने व्यक्तिगत दृष्टिकोण को प्रधानता देना वह वस्तु है, जो हमें जड़ता, पतन और लापरवाही की ओर ले जाती है और ऐसी कला हमारे लिए न व्यक्ति-रूप में उपयोगी है और न समुदाय-रूप में।

मुझे यह कहने में हिचक नहीं कि मैं और चीज़ों की तरह कला को भी उपयोगिता की तुला पर तौलता हूँ। निस्सन्देह कला का उद्देश्य सौन्दर्य-सृष्टि की पुष्टि करना है और वह हमारे आध्यात्मिक आनन्द की कुँजी है, पर ऐसा कोई रुचिगत मानसिक तथा आध्यात्मिक आनन्द नहीं, जो अपनी उपयोगिता का पहलू न रखता हो। आनन्द स्वतः एक उपयोगिता-युक्त वस्तु है और उपयोगिता की दृष्टि से एक ही वस्तु में हमें सुख भी होता है, और दुःखी भी। आसमान पर छाई लालिमा निस्सन्देह बड़ा सुन्दर दृश्य है; परन्तु आषाढ़ में अगर आकाश पर वैसी लालिमा छा जाये, तो वह हमें प्रसन्नता देने वाली नहीं हो सकती। उस समय तो हम आसमान पर काली-काली घटाएँ देख कर ही आनन्दित होते हैं। फूलों को देख कर हमें इसलिए आनन्द होता

है कि उनसे फलों की आशा होती है, प्रकृति से अपने जीवन का सुर मिला कर रहने में हमें इसीलिए आध्यात्मिक सुख मिलता है कि उससे हमारा जीवन विकसित और पुष्ट होता है। प्रकृति का विधान वृद्धि और विकास है, और जिन भावों, अनुभूतियों और विचारों से हमें आनन्द मिलता है, वे इसी वृद्धि और विकास के सहायक हैं। कलाकार अपनी कला से सौन्दर्य की सृष्टि करके परिस्थिति को विकास के उपयोगी बनाता है।

परन्तु सौन्दर्य भी और पदार्थों की तरह स्वरूपस्थ और निरपेक्ष नहीं, उसकी स्थिति भी सापेक्ष है। एक रईस के लिए जो वस्तु सुख का साधन है, वही दूसरे के लिए दुःख का कारण हो सकती है। एक रईस अपने सुरभित सुरम्य उद्यान में बैठ कर जब चिड़ियों का कल-गान सुनता है, तो उसे स्वर्गीय सुख की प्राप्ति होती है; परन्तु एक दूसरा सज्ञान मनुष्य वैभव की इस सामग्री को घृणिततम वस्तु समझता है।

बन्धुत्व और समता, सभ्यता तथा प्रेम सामाजिक जीवन के आरम्भ से ही, आदर्शवादियों का सुनहला स्वप्न रहे हैं। धर्म-प्रवर्तकों ने धार्मिक, नैतिक और आध्यात्मिक बन्धनों से इस स्वप्न को सच्चाई बनाने का सतत किन्तु निष्फल यत्न किया है। महात्मा बुद्ध, हज़रत ईसा, हज़रत मुहम्मद आदि सभी पैग़म्बरों और धर्म-प्रवर्तकों ने नीति की नींव पर इस समता की इमारत खड़ी करनी चाही पर किसी को सफलता न मिली और छोटे-बड़े का भेद जिस निष्ठुर रूप में प्रकट हो रहा है, शायद कभी न हुआ था।

'आज़माए को आज़माना मूर्खता है', इस कहावत के अनुसार यदि हम अब भी धर्म और नीति का दामन पकड़ कर समानता के ऊँचे लक्ष्य पर पहुँचना चाहें, तो विफलता ही मिलेगी। क्या हम इस सपने को उत्तेजित मस्तिष्क की सृष्टि समझ कर भूल जायें? तब तो मनुष्य की उन्नति और पूर्णता के लिए कोई आदर्श ही बाक़ी न रह जायेगा। इससे कहीं अच्छा है कि मनुष्य का अस्तित्व ही मिट जाये। जिस आदर्श को हमने सभ्यता के आरम्भ से पाला है, जिसके लिए मनुष्य ने, ईश्वर जाने कितनी क़ुरबानियाँ की हैं; जिसकी परिणति के लिए धर्मों का आविर्भाव हुआ, मानव-समाज का इतिहास जिस आदर्श की प्राप्ति का इतिहास है, उसे सर्वमान्य समझ कर, एक अमिट सचाई समझ कर, हमें उन्नति के मैदान में क़दम रखना है। हमें एक ऐसे नये संघटन को सर्वांगपूर्ण बनाना है, जहाँ समानता केवल नैतिक बन्धनों पर आश्रित न रह कर अधिक ठोस रूप प्राप्त कर ले, हमारे साहित्य को उसी आदर्श को अपने सामने रखना है।

हमें सुन्दरता की कसौटी बदलनी होगी। अभी तक यह कसौटी अमीरी और विलासिता के ढंग की थी। हमारा कलाकार अमीरों का पल्ला पकड़े रहना चाहता था, उन्हीं की कद्रदानी पर उसका अस्तित्व अवलम्बित था और उन्हीं के सुख-दुख,

आशा-निराशा, प्रतियोगिता और प्रतिद्वंद्विता की व्याख्या कला का उद्देश्य था। उसकी निग़ाह अन्तःपुर और बंगलों की ओर उठती थी। झोंपड़े और खण्डहर उसके ध्यान के अधिकारी न थे। उन्हें वह मनुष्य की परिधि के बाहर समझता था। कभी इनकी चर्चा करता भी था, तो इनका मज़ाक उड़ाने के लिये। ग्रामवासी की देहाती वेश-भूषा और तौर-तरीक़े पर हँसने के लिये, उसका शीन-क़ाफ़ दुरुस्त न होना या मुहाविरों का ग़लत उपयोग उसके व्यंग्य विद्रूप की स्थायी सामग्री थी। वह भी मनुष्य है, उसके भी हृदय है, और उनमें भी आकांक्षाएँ हैं—यह कला की कल्पना के बाहर की बात थी।

कला नाम था और अब भी है, संकुचित रूप-पूजा का, शब्द-योजना का, भाव-निबन्ध का। उसके लिए कोई आदर्श नहीं है, जीवन का कोई ऊँचा उद्देश्य नहीं है—भक्ति, वैराग्य, अध्यात्म और दुनिया से किनाराकशी उसकी सबसे ऊँची कल्पनाएँ हैं। हमारे उस कलाकार के विचार से जीवन का चरम लक्ष्य यही है। उसकी दृष्टि अभी इतनी व्यापक नहीं कि जीवन-संग्राम में सौन्दर्य का परमोत्कर्ष देखे। उपवास और नग्नता में भी सौन्दर्य का अस्तित्व सम्भव है, इसे कदाचित वह स्वीकार नहीं करता। उसके लिए सौन्दर्य सुन्दर स्त्री है—उस बच्चों वाली ग़रीब रूप-रहित स्त्री में नहीं, जो बच्चे को खेत की मेंड़ पर सुलाये पसीना बहा रही है; उसने निश्चय कर लिया है कि रंगे होठों, कपोलों और भौंहों में निस्सन्देह सुन्दरता का वास है—उसके उलझे हुए बालों, पपड़ियाँ पड़े हुए होंठों और कुम्हलाये हुए गालों में सौन्दर्य का प्रवेश कहाँ?

पर यह संकीर्ण दृष्टि का दोष है। अगर उसकी सौन्दर्य देखने वाली दृष्टि में विस्तृति आ जाये तो वह देखेगा कि रंगे होंठों और कपोलों की आड़ में अगर रूप-गर्व और निष्ठुरता छिपी है, तो इन मुरझाये हुए होंठों और कुम्हलाये हुए गालों के आँसुओं में त्याग, श्रद्धा और कष्टसहिष्णुता है। हाँ, उसमें नफ़ासत नहीं, दिखावा नहीं, सुकुमारता नहीं।

हमारी कला यौवन के प्रेम में पागल है और यहीं नहीं जानती कि जवानी छाती पर हाथ रख कर कविता पढ़ने, नायिका की निष्ठुरता का रोना रोने या उसके रूप-गर्व और चोंचलों पर सिर धुनने में नहीं है। जवानी नाम है—आदर्शवाद का, हिम्मत का, कठिनाई से मिलने की इच्छा, आत्म-त्याग का। उसे तो इक़बाल के साथ कहना होगा—

अज़ दस्ते जुनूने मन जिब्रील ज़बूँ सैदे,
यज़दाँबकमन्द आवर ऐ हिम्मते मरदाना।

(अर्थात् मेरे उन्मत्त हाथों के लिए जिब्रील एक घटिया शिकार है। ऐ हिम्मते मरदाना, क्यों न अपनी कमन्द में तू ख़ुदा को ही फाँस लाये?)

अथवा

चूँ मौज साज़ वजूदम ज़े सैल बेपरवास्त,
गुमाँ मबर की दरीं वहर साहिले जोयम।

(अर्थात् तरंग की भाँति मेरे जीवन की तरी भी प्रवाह की ओर से बेपरवाह है, यह न सोचो कि इस समुद्र में मैं किनारा ढूँढ रहा हूँ।)

और यह अवस्था उस समय पैदा होगी, जब हमारा सौन्दर्य व्यापक हो जायेगा, जब सारी सृष्टि उसकी परिधि में आ जायेगी। वह किसी विशेष श्रेणी तक ही सीमित न होगा, उसकी उड़ान के लिए केवल बाग़ की चहारदीवारी न होगी, किन्तु वह वायु-मण्डल होगा जो सारे भू-मण्डल को घेरे हुए है। तब कुरुचि हमारे लिए सह्य न होगी, तब हम उसकी जड़ खोदने के लिए कमर कस कर तैयार हो जाएँगे। हम जब ऐसी व्यवस्था को सहन न कर सकेंगे कि हज़ारों आदमी कुछ अत्याचारियों की गुलामी करें, तभी केवल काग़ज़ के पृष्ठों पर सृष्टि करके ही सन्तुष्ट न हो जायेंगे, किन्तु उस विधान की सृष्टि करेंगे, जो सौन्दर्य, सुरुचि, आत्म-सम्मान और मनुष्यता का विरोधी न हो।

साहित्यकार का लक्ष्य केवल महफ़िल सजाना और मनोरंजन का सामान जुटाना नहीं है—उसका दरजा इतना न गिराइये। वह देश-भक्ति और राजनीति के पीछे चलने वाली सच्चाई भी नहीं, बल्कि उनके आगे मशाल दिखाती हुई चलने वाली सच्चाई है।

हमें अकसर यह शिकायत होती है कि साहित्यकारों के लिए समाज में कोई स्थान नहीं—अर्थात् भारत के साहित्यकारों के लिए। सभ्य देशों में तो साहित्यकार समाज का सम्मानित सदस्य है, और बड़े-बड़े अमीर मन्त्रि-मण्डल के सदस्य उससे मिलने में अपना गौरव समझते हैं, परन्तु हिन्दुस्तान तो अभी मध्य-युग की अवस्था में पड़ा हुआ है। यदि साहित्य ने अमीरों के याचक बनने को जीवन का सहारा बना लिया हो, और उन आन्दोलनों, हलचलों और क्रान्तियों से बेख़बर हो जो समाज में हो रही हैं—अपनी ही दुनिया बना कर उसमें रोता और हँसता हो, तो इस दुनिया में उसके लिए जगह न होने में कोई अन्याय नहीं है। जब साहित्यकार बनने के लिए अनुकूल रुचि के सिवा और कोई क़ैद नहीं रही—जैसे महात्मा बनने के लिए किसी प्रकार की शिक्षा की आवश्यकता नहीं—आध्यात्मिक उच्चता ही काफ़ी है, तो महात्मा लोग दर-दर फिरने लगे, उसी तरह साहित्यकार भी लाखों निकल आये।

इसमें शक नहीं कि साहित्यकार पैदा होता है, बनाया नहीं जाता; पर यदि हम शिक्षा और जिज्ञासा से प्रकृति की इस देन को बढ़ा सकें, तो निश्चय ही हम साहित्य की अधिक सेवा कर सकेंगे। अरस्तू ने और दूसरे विद्वानों ने भी साहित्यकार बनने वालों के लिए कड़ी शर्तें लगायी हैं; और उनकी मानसिक, नैतिक, आध्यात्मिक और भागवत सभ्यता तथा शिक्षा के लिए सिद्धान्त और विधियाँ निश्चित कर दी

गयी हैं; मगर आज तो हिन्दी में साहित्यकार के लिए प्रवृत्तिमात्र अलम समझी जाती है, और किसी प्रकार की तैयारी की उसके लिए आवश्यकता नहीं। वह राजनीति, समाज-शास्त्र या मनोविज्ञान से सर्वथा अपरिचित हो, फिर भी वह साहित्यकार है।

साहित्यकार के सामने आजकल जो आदर्श रखा गया है, उसके अनुसार वे सभी विधाएँ उसके विशेष अंग बन गयी हैं और साहित्य की प्रवृत्ति अहंवाद या व्यक्तिवाद तक परिमित नहीं रही, बल्कि वह मनोविज्ञान और सामाजिक होता जाता है। अब वह व्यक्ति को समाज से अलग नहीं देखता, किन्तु उसे समाज के एक अंग-रूप में देखता है। इसलिए नहीं कि वह समाज पर हुक़ूमत करे, उसे अपने स्वार्थ-साधन का औज़ार बनाये—मानो उसमें और समाज में सनातन शत्रुता है, बल्कि इसलिए कि समाज के अस्तित्व के साथ उसका अस्तित्व क़ायम है और समाज से अलग हो कर उसका मूल्य शून्य के बराबर हो जाता है।

हममें से जिन्हें सर्वोत्तम शिक्षा और सर्वोत्तम मानसिक शक्तियाँ मिली हैं, उन पर समाज के प्रति उतनी ही ज़िम्मेदारी भी है। हम उस मानसिक पूँजीपति को पूजा के योग्य समझेंगे, जो समाज के पैसे से ऊँची शिक्षा प्राप्त कर उसे स्वार्थ-साधन में लगाता है। समाज से निजी लाभ उठाना ऐसा काम है, जिसे कोई साहित्यकार कभी पसन्द न करेगा। उस मानसिक पूँजीपति का कर्तव्य है कि वह समाज के लाभ को अपने निज लाभ से अधिक-से-अधिक लाभ पहुँचाने की कोशिश करे। वह साहित्य के किसी भी विभाग में प्रवेश क्यों न करे—उसे उस विभाग से विशेषतः और सब विभागों से सामान्यतः परिचय हो।

अगर हम अन्तर्राष्ट्रीय साहित्यकार-सम्मेलनों की रिपोर्ट पढ़ें, तो हम देखेंगे कि ऐसा कोई शास्त्रीय, सामाजिक, ऐतिहासिक और मनोवैज्ञानिक प्रश्न नहीं है, जिस पर उनमें विचार-विनिमय न होता हो। इसके विरुद्ध, हम अपनी ज्ञान-सीमा को देखते हैं तो हमें अपने अज्ञान पर लज्जा आती है। हमने समझ रखा है कि साहित्य-रचना के लिए आशुबुद्धि और तेज़ कलम काफ़ी है, पर यही विचार हमारी साहित्यिक अवनति का कारण है। हमें अपने साहित्य का मानदण्ड ऊँचा करना होगा जिसमें वह समाज की अधिक मूल्यवान सेवा कर सके, जिसमें समाज में उसे वह पद मिले जिसका वह अधिकारी है, जिसमें वह जीवन के प्रत्येक विभाग की आलोचना-विवेचना कर सके और हम दूसरी भाषाओं तथा साहित्यों का जूठा खा कर ही सन्तोष न करें, किन्तु ख़ुद भी उस पूँजी को बढ़ायें।

हमें अपनी रुचि और प्रवृत्ति के अनुकूल विषय चुन लेने चाहिए और विषय पर पूर्ण अधिकार प्राप्त करना चाहिए। हम जिस आर्थिक अवस्था में ज़िन्दगी बिता रहे हैं, उसमें यह काम कठिन अवश्य है, पर हमारा आदर्श ऊँचा रहना चाहिए। हम पहाड़ की चोटी तक न पहुँच सकेंगे, तो कमर तक तो पहुँच ही जाएँगे, जो ज़मीन पर पड़े रहने से कहीं अच्छा है। अगर हमारा अन्तर प्रेम की ज्योति से प्रकाशित

हो और सेवा का आदर्श हमारे सामने हो, तो ऐसी कोई कठिनाई नहीं जिस पर हम विजय न प्राप्त कर सकें।

जिन्हें धन-वैभव प्यारा है, साहित्य-मन्दिर में उनके लिए स्थान नहीं है। यहाँ तो उन उपासकों की आवश्यकता है, जिन्होंने सेवा को ही अपने जीवन की सार्थकता मान लिया हो, जिनके दिल में दर्द की तड़प हो और मुहब्बत का जोश हो। अपनी इज़्ज़त तो अपने हाथ है। अगर हम सच्चे दिल से समाज की सेवा करेंगे तो मान, प्रतिष्ठा और प्रसिद्धि—सभी हमारे पाँव चूमेंगी। फिर मान-प्रतिष्ठा की चिन्ता हमें क्यों सताये? और उसके न मिलने से हम निराश क्यों हों? सेवा में जो आध्यात्मिक आनन्द है, वही हमारा पुरस्कार है—हमें समाज पर अपना बड़प्पन जताने, उस पर रौब जमाने की हवस क्यों हो? दूसरों से ज़्यादा आराम के साथ रहने की इच्छा भी हमें क्यों सताये? हम अमीरों की श्रेणी में अपनी गिनती क्यों कराएँ? हम तो समाज के झण्डा ले कर चलने वाले सिपाही हैं और सारी ज़िन्दगी के साथ ऊँची निग़ाह हमारे जीवन का लक्ष्य है। जो आदमी सच्चा कलाकार है, वह स्वार्थमय जीवन का प्रेमी नहीं हो सकता। उसे अपनी मनतुष्टि के लिए दिखावे की आवश्यकता नहीं—उससे तो घृणा होती है। वह तो इक़बाल के साथ कहता है—

मर्दुम आज़ादम आगूना रायूरम कि मरा,
मीतवाँ कुश्तव येक जामे जुलाले दीगराँ।

(अर्थात् मैं आज़ाद हूँ और इतना हयादार हूँ कि मुझे दूसरों के निथरे हुए पानी के एक प्याले से मारा जा सकता है।)

हमारी परिषद ने कुछ इसी प्रकार के सिद्धान्तों के साथ कर्म-क्षेत्र में प्रवेश किया है। साहित्य का शराब-कबाब और राग-रंग का मुख्यपेक्षी बना रहना उसे पसन्द नहीं। वह उसे उद्योग और कर्म का सन्देश-वाहक बनाने का दावेदार है। उसे भाषा से बहस नहीं। आदर्श व्यापक होने से भाषा अपने-आप सरल हो जाती है। भाव-सौन्दर्य बनाव-सिंगार से बेपरवाही ही दिखा सकता है। जो साहित्यकार अमीरों का मुँह जोहने वाला है, वह रईसी रचना-शैली स्वीकार करता है; जो जन-साधारण का है, वह जन-साधारण की भाषा में लिखता है। हमारा उद्देश्य देश में ऐसा वायु-मण्डल उत्पन्न कर देना है, जिसमें अभीष्ट प्रकार का साहित्य उत्पन्न हो सके और पनप सके। हम चाहते हैं कि साहित्य-केन्द्रों में हमारी परिषदें स्थापित हों और वहाँ साहित्य की रचनात्मक प्रवृत्तियों पर नियमपूर्वक चर्चा हो, नियम पढ़े जायें, बहस हो, आलोचना-प्रत्यालोचना हो। तभी वह वायु-मण्डल तैयार होगा। तभी साहित्य में नये युग का आविर्भाव होगा।

हम हर एक सूबे में, हर एक जीवन में, ऐसी परिषदें स्थापित करना चाहते हैं, जिसमें हर एक भाषा में अपना सन्देश पहुँचा सकें। यह समझना भूल होगी कि

यह हमारी कोई नयी कल्पना है। नहीं, देश के साहित्य-सेवकों के हृदयों में सामुदायिक भावनाएँ विद्यमान हैं। भारत की हर एक भाषा में इस विचार के बीज प्रकृति और परिस्थिति ने पहले से बो रखे हैं, जगह-जगह उसके अँखुए भी निकलने लगे हैं। उसको सींचना एवं उसके लक्ष्य को पुष्ट करना हमारा उद्देश्य है।

हम साहित्यकारों में कर्मशक्ति का अभाव है। यह एक कड़वी सच्चाई है, पर उसकी ओर से आँखें नहीं बन्द कर सकते। अभी तक हमने साहित्य का जो आदर्श अपने सामने रखा था, उसके लिए कर्म की आवश्यकता न थी। कर्मा-भाव ही उसका गुण था, क्योंकि अकसर कर्म अपने साथ पक्षपात और संकीर्णता को भी लाता है। अगर कोई आदमी धार्मिक हो कर अपनी धार्मिकता पर गर्व करे, तो इससे कहीं अच्छा है कि वह धार्मिक न हो कर 'खाओ-पिओ, मौज करो' का क़ायल हो। ऐसा स्वच्छंदाचारी तो ईश्वर की दया का अधिकारी हो भी सकता है पर धार्मिकता का अभिमान रखने वाले के लिए इसकी सम्भावना नहीं।

जो हो, जब तक साहित्य का काम केवल मन-बहलाव का सामना जुटाना, केवल लोरियाँ गा-गा कर सुलाना, केवल आँसू बहा कर जी हल्का करना था, तब तक इसके लिए कर्म की आवश्यकता न थी। वह एक दीवाना था, जिसका ग़म दूसरे खाते थे; मगर हम साहित्य को केवल मनोरंजन और विलासिता की वस्तु नहीं समझते। हमारी कसौटी पर वही साहित्य खरा उतरेगा, जिसमें उच्च चिन्तन हो, स्वाधीनता का भाव हो, सौन्दर्य का सार हो, सृजन की आत्मा हो, जीवन की सच्चाइयों का प्रकाश हो—जो हमें गति, संघर्ष और बेचैनी पैदा करे, सुलाये नहीं, क्योंकि अब और ज़्यादा सोना मृत्यु का लक्षण है।

भारतीय संस्कृति

•

गुलाब राय

'संस्कृति' शब्द का सम्बन्ध संस्कार से है, जिसका अर्थ है—संशोधन करना, उत्तम बनाना, परिष्कार करना। अंग्रेज़ी शब्द 'कल्चर' में वही धातु है जो 'एग्रीकल्चर' में है। इसका भी अर्थ 'पैदा करना, सुधारना' है। संस्कार व्यक्ति के भी होते हैं और जाति के भी। जातीय संस्कारों को ही संस्कृति कहते हैं। संस्कृति एक समूहवाचक शब्द है। जलवायु के अनुकूल रहन-सहन की विधियाँ और विचार-परम्पराएँ जाति के लोगों में दृढ़मूल्य हो जाने से जाति के संस्कार बन जाते हैं। इनको प्रत्येक व्यक्ति अपनी निजी प्रकृति के अनुकूल न्यूनाधिक मात्रा में पैतृक सम्पत्ति के रूप में प्राप्त करता है। ये संस्कार व्यक्ति के घरेलू जीवन तथा सामाजिक जीवन में परिलक्षित होते हैं। मनुष्य अकेला रह कर भी इनसे छुटकारा नहीं पा सकता। ये संस्कार दूसरे देश में निवास करने अथवा दूसरे देशवासियों के सम्पर्क में आने से कुछ परिवर्तित भी हो सकते हैं और कभी-कभी दब भी जाते हैं; किन्तु अनुकूल वातावरण प्राप्त करने पर फिर उभर आते हैं।

संस्कृति का बाह्य पक्ष भी होता है और आन्तरिक भी। उसका बाह्य पक्ष आन्तरिक का प्रतिबिम्ब नहीं तो उससे सम्बन्धित अवश्य रहता है। हमारे बाह्य आचार हमारे विचारों और मनोवृत्तियों के परिचायक होते हैं। संस्कृति एक देश-विशेष की उपज होती है, उसका सम्बन्ध देश के भौतिक वातावरण और उसमें पालित पोषित एवं परिवर्द्धित विचारों से होता है।

भाषा संस्कृति का कुछ बाहरी अंग-सा है, फिर भी वह हमारी जातीय मनोवृत्ति की परिचायक होती है। 'कुशल' शब्द को ही लीजिये; वह हमारी उस संस्कृति की ओर संकेत करता है जिसमें कि पूजा-विधान की सम्पन्नता के लिए कुश लाना एक दैनिक कार्य बना हुआ था। जो कुश ला सकता था, वह तन्दुरुस्त भी और होशियार भी समझा जाता था। 'प्रवीण' का सम्बन्ध वीणा से है—प्रकर्षः वीणायाँ प्रवीणः। हमारी

भाषा में 'गो' से सम्बन्धित शब्दों का बाहुल्य है; जैसे गौधूलि-वेला (जिसमें विवाह जैसे शुभ कार्य सम्पन्न होते हैं), गोष्ठी, गवेषणा (गाय की चाह या खोज के अर्थ-विस्तार द्वारा गवेषण का अर्थ 'खोज' हो गया), गवाक्ष (गौ की आँख-खिड़कियों का आकार शायद पहले गोल होता होगा), गुरसी (अँगीठी गोरसी से बनी है जिसमें गौ का दूध औटाया जाता था), गोपुच्छ (नाटक को गौ की पूँछ के समान बताया गया है—अन्त में आकर मूल कथा ही रह जाती है और उसका फैलाव बन्द हो जाता है), गोमुखी (जिसके भीतर माला फेरी जाती है और जिससे जल गिरता है उसे भी कहते हैं), गोपन (छिपाना—यह शब्द भी गौ से सम्बन्ध रखता है; जो वस्तु पाली जाती है, सुरक्षित रखी जाती है, वह छिपा कर भी रखी जाती है) आदि। यह बाहुल्य हमारे समाज में गौ की प्रधानता का द्योतक है।

भारत गर्म देश है। यहाँ हृदय को शीतल करना मुहावरा है, किन्तु आंग्ल देश ठण्डा है, वहाँ की परिस्थिति के अनुकूल warm reception और cold treatment आदि मुहावरे हैं—breaking the ice मौन भंग करने के अर्थ में आता है। Ice ठण्डेपन का प्रतीक है और मौन ठण्डेपन का ही द्योतक है। अंग्रेज़ी का प्रयोग 'killing two birds with one stone' वहाँ की हिंसात्मक प्रवृत्ति का परिचायक है। हमारे यहाँ इसका अनुवाद हुआ है 'एक ढेले में दो पँछी', किन्तु उसमें वह मधुरता नहीं जो 'एक पंथ दो काज' में है। उसके कहते ही हमको ''गोरस बेचन हरि मिलन, एक पंथ दो काज'' बात याद आ जाती है।

हमारी रहन-सहन, पोशाक आदि सभी बातें जातीय परिस्थिति, देश के वातावरण और देश की भावनाओं से सम्बन्धित हैं। ज़मीन पर बैठना, हाथ से खाना, नहा कर खाना, लम्बे-ढीले कपड़े पहनना, बेसिले कपड़ों को अधिक शुद्ध मानना—ये सब चीज़ें देश की आवश्यकताओं और आदर्शों के अनुकूल हैं। गर्म देश में पृथ्वी का स्पर्श बुरा नहीं लगता। इसीलिए यहाँ जूतों का इतना मान नहीं है जितना कि विलायत में। यहाँ हाथ से खाने का चलन इसलिए हुआ कि यहाँ हर समय हाथ धोये जा सकते हैं। अन्न को भी देवता माना जाता है, उससे सीधा सम्पर्क अधिक सुखद और स्वाभाविक समझा जाता है। यहाँ नहाने के लिए जल की कमी नहीं और नहाने की आवश्यकता भी अधिक होती है, इसलिए नहाना धर्म का अंग हो गया है।

इस देश में शरीर को अधिक महत्त्व नहीं दिया जाता है। इसीलिए लम्बे कपड़ों को, जो शरीर को उभार में न लावें और उसे पूर्णतया ढक लें, अधिक महत्त्व दिया जाता है। बेसिले कपड़े जैसे धोती आदि नित्य सहज में धोये जा सकते हैं। उनमें सीवन का भी किसी प्रकार का मैल नहीं रह सकता है, इसीलिए वे अधिक पवित्र माने जाते हैं। हमारे यहाँ नंगे सर की अपेक्षा सर ढकना अधिक सांस्कृतिक समझा जाता है। ऐसा सभी पूर्वी देशों में है। यहूदियों के प्रार्थना-भवनों में भी नंगे सर नहीं बैठते। बाल भी शरीर के अंग होने के कारण ढके जाने की अपेक्षा रखते हैं।

इसी प्रकार देश के वातावरण और रुचि के अनुकूल ही मांगल्य वस्तुओं का विधान किया जाता है। फूलों में हमारे यहाँ कमल को सबसे अधिक महत्त्व दिया जाता है। इसका सम्बन्ध जल और सूर्य, दोनों से है। वह जल में रहता है और सूर्य को देख कर प्रसन्न होता है। जल और सूर्य देश की महती आवश्यकताओं में से हैं, इसका दोनों से सम्बन्ध है। कमल ही सब प्रकार के शारीरिक सौन्दर्य का उपमान बनता है—चरण-कमल, नेत्र-कमल, मुख-कमल आदि कमल की महत्ता के द्योतक हैं। ''नव कंज लोचन कंज मुख का कंज पद कंजारुणम्'' इस छन्द में सभी अंग कगल बन गये हैं।

आम्र (रसाल), कदली, दूर्वादल, नारियल, श्रीफल (शरीफ़ा) आदि को मांगल्य कार्यों में प्रमुख स्थान दिया जाता है। आम यहाँ का विशेष मेवा है। इसमें रस भरा रहता है और इसका बौर बसन्त का अग्रदूत है। हमारे यहाँ अश्वत्थ (पीपल) को भी विशेष महत्ता दी गयी है। श्रीमद्भगवद्गीता में भगवान की विभूतियों में अश्वत्थ को भी माना गया है—''अश्वत्थः सर्व वृक्षाणां'। भारतीय संस्कृति में जिन-जिन वस्तुओं को महत्ता दी गयी है, वे सब श्रीमद्भगवद्गीता में भगवान की विभूतियों के रूप में आ गयी हैं। भगवान बुद्ध को भी अश्वत्थ वृक्ष के ही नीचे बुद्धत्व प्राप्त हुआ था। स्थावर वस्तुओं में हिमालय को, सरिताओं में गंगा को, पक्षियों में गरुड़ को तथा ऋतुओं में बसन्त ऋतु को महत्ता दी गयी है। स्त्रीलिंग चीज़ों में कीर्ति, वाणी, स्मृति, बुद्धि और धृति (धैर्य) को महत्ता दी गयी है। यह भी हमारी जातीय गनोवृत्ति का परिचायक है।

यह तो रहे संस्कृति के बाह्य अंग। संस्कृति के आन्तरिक अंगों पर भारत में विशेष बल दिया गया है। धर्मग्रन्थों में अच्छे मनुष्यों के जो लक्षण बतलाये गये हैं, 'मनुस्मृति' में जो धृति, क्षमा, दम, अस्तेय, शौच, इन्द्रिय-निग्रह, धी, विद्या, सत्य और अक्रोध धर्म के दस लक्षण बतलाये गये हैं, वे सब भारतीयों की मानसिक और आध्यात्मिक संस्कृति के अंग हैं। श्रीमद्भगवद्गीता में दैवी सम्पदावालों के लक्षण दिए गये हैं जिनमें 'अभय' को सबसे पहले स्थान दिया गया है। स्थितप्रज्ञ के लक्षण (दूसरा अध्याय), सात्विक चीज़ों के लक्षण (सत्रहवाँ अध्याय) आदि सब भारतीय संस्कृति के अनुकूल सभ्य और शिष्ट पुरुष के लक्षण हैं। इसलिए सभी महाकाव्य ऐसे लक्षणों से भरे पड़े हैं। 'रघुवंश' में रघुकुल के राजाओं के जो गुण बतलाये गये हैं, वे न केवल भारत के सांस्कृतिक आदर्शों के परिचायक हैं, बल्कि उनसे अतीत का भव्य चित्र हमारे सम्मुख आ जाता है। देखिये—

''दूसरों को दान देने के लिए ही जो सम्पन्न बनते थे (उनका धन दानाय था), सत्य के लिए ही मितभाषी बने हुए थे (मिथ्याभिमान के कारण वे कम बातचीत नहीं करते थे), जो यश के लिए विजय प्राप्त करते थे (धन-राज्य छीनने के लिए नहीं) (यश को अपने यहाँ अधिक महत्त्व दिया गया है। हमारे पूर्वज यश के लिए

संसार की समस्त सम्पदा और वैभव त्यागने को सदैव तत्पर रहते थे। अर्जुन से भी श्री कृष्ण ने अन्तिम अपील यही की थी–'यशोलभस्व'), सन्तान के लिए (कामपभोग के लिए नहीं, वरन् पितृ-ऋण चुकाने और समाज को अच्छे नागरिक देने के अर्थ) जो गृहस्थ बनते थे, बाल्यावस्था में जो विद्याध्ययन करते थे, यौवन में विषय-भोग करने वाले, वृद्धावस्था में मुनिवृत्ति को धारण करने वाले और योग द्वारा शरीर को त्यागने वाले (आजकल तो रोगेणांते तनुत्यजाम् की बात हो गयी है) ऐसे रघुवंशियों के कुल का मैं (कालिदास) वर्णन करता हूँ यद्यपि मेरे पास वाणी का वैभव अधिक नहीं है।"

इससे पता चलता है कि प्राचीन भारत में त्याग, सत्य, यश, आश्रम-विभाग और सामाजिक कल्याण की ओर अधिक ध्यान दिया जाता था। संक्षेप में भारतीय संस्कृति के मुख्य-मुख्य अंग इस प्रकार बतालाये जा सकते हैं–

(1) **आध्यात्मिकता**–इसके अन्तर्गत नश्वर शरीर का तिरस्कार, परलोक, सत्य, अहिंसा, तप आदि आध्यात्मिक मूल्यों को अधिक महत्त्व देना, आवागमन की भावना, ईश्वरीय न्याय में विश्वास आदि बातें हैं। हमारे यहाँ की संस्कृति तपोवन-संस्कृति रही है जिसमें विस्तार-ही-विस्तार था–'प्रथम सामरव तप तपोवने प्रथम प्रभात तव गगने।' विस्तार के वातावरण में आत्मा का संकुचित रूप नहीं रह सकता था। इसी के अनुकूल आत्मा का सर्वव्यापक विस्तार माना गया है। इसीलिए हमारे यहाँ सर्वभूत हित पर अधिक महत्त्व दिया है–'आत्मवत् सर्वभूतेषु यः पश्यति स पश्यति।'

कीरी और कुंजर में एक ही आत्मा का विस्तार देखा जाता है। इसी से गाँधी जी की सर्वोदय की भावना को बल मिला। हमारे यहाँ के मनीषी 'सर्वे भवन्तु सुखिनः सर्वे सन्तु निरामयाः' का पाठ पढ़ते थे।

नश्वर शरीर के तिरस्कार की भावना हमारे यहाँ के लोगों को बड़े-बड़े बलिदानों के लिए तैयार कर सकी। शिवि, दधीच, मोरध्वज इसके ज्वलन्त उदाहरण हैं। महाराज दिलीप ने गुरु की प्रसन्नता के लिए नन्दिनी नाम की गौ को चराने का व्रत धारण किया था। उसकी सिंह से रक्षा करने के लिए वे अपने प्राणों का भी उत्सर्ग करने को तैयार हो जाते हैं। वे सिंह से कहते हैं कि यदि तुम मुझ पर दया ही करना चाहते हो तो मेरे यश-शरीर पर दया करो; पंचभूतों से बने हुए नाशवान शरीर के पिण्डों पर मुझ जैसे लोगों की आस्था नहीं होती।

हमारे यहाँ का मार्ग साधना का मार्ग रहा है और तप, त्याग और संयम को महत्ता दी गयी है। क्या बौद्ध क्या जैन और क्या वैष्णव–सभी लोग इन गुणों की सराहना करते हैं।

हमारे यहाँ की आध्यात्मिकता मन और बुद्धि से परे जाती है। वह आत्मा का साक्षात् अनुभव करना चाहती है। यही भारतीय और पाश्चात्य दर्शनों का अन्तर है। हमारे दर्शन का अर्थ आत्मा का दर्शन ही है, पाश्चात्य देशों में वह बुद्धि-विलास के रूप में रहा है।

(2) समन्वय बुद्धि—आत्मा की एकता के आधार पर हमारे यहाँ अनेकता में एकता देखी गयी है।

इसी से मिलती-जुलती समन्वय-भावना है। हमारे विचारकों ने सभी वस्तुओं में सत्य के दर्शन किये हैं। उनका धर्म अविरोधी धर्म रहा है।

इसीलिए हमारे यहाँ धर्म-परिवर्तन को विशेष महत्त्व नहीं दिया गया है। फिर भी संस्कृतियों का आदान-प्रदान हुआ है। तुलसीदास जी जैसे महात्मा ने, जो भारतीय संस्कृति के प्रतिनिधि कहे जा सकते हैं, समन्वय बुद्धि से ही काम लिया था। उन्होंने शैव और वैष्णवों का, ज्ञान और भक्ति का तथा अद्वैत और विशिष्टाद्वैत का समन्वय किया था। आधुनिक कवियों में प्रसाद जी ने अपनी 'कामायनी' में ज्ञान, इच्छा और क्रिया का समन्वय किया है। मानव-कल्याण में ज्ञान, इच्छा, क्रिया का पार्थक्य ही बाधक होता है।

ज्ञान दूर कुछ, क्रिया भिन्न है, इच्छा पूरी क्यों हो मन की।
एक दूसरे से न मिल सके, यह विडम्बना है जीवन की॥

(3) वर्णाश्रम विभाग—हमारी संस्कृति में कार्य-विभाजन को बड़ा महत्त्व दिया गया है। समाज को भी चार भागों में बाँटा है और मानव-जीवन को भी। सामाजिक विभाजन बढ़ते-बढ़ते संकुचित और अपरिवर्तनीय बन गया। अपरिवर्तनीय बनने में भी इतनी हानि न थी यदि सबका महत्त्व सिद्धान्त और व्यवहार, दोनों में एक-सा मान लिया गया होता। कुछ लोगों ने श्रेष्ठता का एकाधिकार कर लिया और 'पण्डितः समदर्शिनः' की बात भूल गये। हमारे सभी प्रचारकों और सुधारकों ने इसके विरुद्ध आवाज़ उठायी और उन सब में ज़ोरदार आवाज़ रही भगवान गौतम बुद्ध, सन्त कबीर और महात्मा गाँधी की। पुरुष सूक्त ने तो चारों वर्णों को एक ही विराट शरीर का अंग माना था—'ब्राह्मणोऽस्य मुखमासीत् बाहू राजन्यः कृतः'। शूद्र भगवान के चरणों से निकले। इसी आधार पर कविवर मैथिलीशरण जी गुप्त ने उन्हें सुरसरि का सहोदर कहा है। एक ही शरीर के विभिन्न अंगों में कोई ऊँचा-नीचा नहीं होता। सामाजिक संगठन का हमारे यहाँ बहुत ऊँचा आदर्श रखा गया था। वैदिक ऋषियों की तो यही भावना थी, लेकिन हम उसको भुला बैठे।

(4) अहिंसा, करुणा, मैत्री और विनय—इन चार गुणों को इसलिए ही रखा गया है कि इनके मूल में अहिंसा की भावना है और करुणा, मैत्री तथा विनय अहिंसा व्रत के पालन में सहायक होते हैं। हिंसा केवल वध करने में ही नहीं होती है वरन् किसी का उचित भाग ले लेने और दूसरे का जी दुखाने में भी। इसीलिए हमारे यहाँ 'सत्यं ब्रूयात्' के साथ 'प्रियं ब्रूयात्' का पाठ पढ़ाया गया है। करुणा प्रायः छोटों के प्रति होती है, मैत्री बराबर वालों के प्रति और विनय बड़ों के प्रति, किन्तु हमको सभी के प्रति शिष्टता का व्यवहार करना चाहिए। विनय शील का अंग है, उसको बड़ा आवश्यक माना गया है। भगवान कृष्ण ने ब्राह्मण के विशेषणों

में विद्या के साथ विनय भी लगाया—'विद्याविनयंसम्पन्ने ब्राह्मणे।' विनय भारतीय संस्कृति की एक विशेषता है। असांस्कृतिक लोग ही उद्धत होते हैं।

(5) प्रकृति-प्रेम—भारतवर्ष पर प्रकृति की विशेष कृपा रही है। यहाँ सभी ऋतुएँ अपने समय पर आती हैं और पर्याप्त काल तक ठहरती हैं। ऋतुएँ अपने अनुकूल फल-फूलों का सृजन करती हैं। धूप और वर्षा के समान अधिकार के कारण यह भूमि शस्यश्यामला हो जाती है। यहाँ का नगाधिराज हिमालय कवियों को सदा से प्रेरणा देता आ रहा है और यहाँ की नदियाँ मोक्षदायिनी समझी जाती रही हैं। यहाँ कृत्रिम धूप और रोशनी की आवश्यकता नहीं पड़ती। भारतीय मनीषी जंगल में रहना पसन्द करते थे। प्रकृति-प्रेम के ही कारण यहाँ के लोग पत्तों में खाना पसन्द करते हैं। वृक्षों में पानी देना एक धार्मिक कार्य समझते हैं। सूर्य और चन्द्र दर्शन नित्य और नैमित्तिक कार्यों में शुभ माना जाता है। यहाँ के पशु-पक्षी, लता-गुल्म और वृक्ष तपोवनों के जीवन का एक अंग बन गये थे, तभी तो शकुन्तला के पतिगृह जाते समय उसके जाने की उन सबों से आज्ञा चाहते हैं—

पीछे पीवत नीर जो पहले तुमको प्याय।
फूल-पात तोरति नहीं गहने हू के चाय॥
जब तुअ फूलन के दिवस आवत हैं सुखदान।
फूली अंग समाति नहिं उत्सव करत महान॥
सो यह जाति शकुंतला आज पिया के गेह।
आज्ञा देहु पयान की तुम सब सहित सनेह॥

हमारी संस्कृति इतने में ही संकुचित नहीं है। पारिवारिकता पर हमारी संस्कृति में विशेष बल दिया गया है। भारतीय संस्कृति में शोक की अपेक्षा आनन्द को अधिक महत्त्व दिया गया है। इसलिए हमारे यहाँ शोकान्त नाटकों का निषेध है। भारत में आतिथ्य को विशेष महत्त्व प्रदान किया गया है। अतिथि को भी देवता माना गया है।—'अतिथि देवोभवः।'

हमारी संस्कृति के मूल अंगों पर प्रकाश डाला जा चुका है। भारत में विभिन्न जातियों के पारस्परिक सम्पर्क में आने से संस्कृति की समस्या कुछ जटिल हो गयी। पुराने ज़माने में द्रविड़ और आर्य संस्कृति का समन्वय बहुत उत्तम रीति से हो गया था। इस समय मुस्लिम और अंग्रेज़ी संस्कृतियों का और मेल हुआ है। हम इन संस्कृतियों से अछूते नहीं रह सकते हैं। इन संस्कृतियों में से हम कितना लें और कितना छोड़ें, यह हमारे सामने बड़ी समस्या है। अपनी भारतीय संस्कृति को तिलांजलि दे कर इनको अपनाना आत्महत्या होगी। भारतीय संस्कृति की समन्वयशीलता यहाँ भी अपेक्षित है किन्तु समन्वय में अपना न खो बैठना चाहिए। दूसरी संस्कृतियों के जो अंग हमारी संस्कृति में अविरोध रूप से अपनाये जा सकें उनके द्वारा अपनी संस्कृति को सम्पन्न बनाना आपत्तिजनक नहीं। अपनी संस्कृति चाहे अच्छी हो

या बुरी, चाहे दूसरों की संस्कृति से मेल खाती हो या न खाती हो, उससे लज्जित होने की कोई बात नहीं।

दूसरों की संस्कृतियों में सब बातें बुरी ही नहीं है। हमारी संस्कृति में धार्मिक कृत्यों में एकान्त-साधना पर अधिक बल दिया गया है, यद्यपि सामूहिक प्रार्थना का अभाव नहीं है। मुसलमानी और अंग्रेज़ी सभ्यता में सामूहिक प्रार्थना को अधिक आश्रय दिया गया, यद्यपि एकान्त-साधना का वहाँ भी अभाव नहीं। हमारे कीर्तन आदि तथा महात्मा गाँधी द्वारा परिचालित प्रार्थना-सभाएँ धर्म में एकत्व की सामाजिक भावना को उत्पन्न करती आयी हैं। हमारे यहाँ सामाजिकता की अपेक्षा पारिवारिकता को महत्त्व दिया गया है। पारिवारिकता को खो कर सामाजिकता को ग्रहण करना तो मूर्खता होगी किन्तु पारिवारिकता के साथ-साथ सामाजिकता बढ़ाना श्रेयस्कर होगा। भाषा और पोशाक में अपनत्व खोना जातीय व्यक्तित्व को तिलांजलि देना होगा। हमें अपनी सम्मिलित परिवार की प्रथा को इतना न बढ़ा देना चाहिए कि व्यक्ति का व्यक्तित्व ही न रह जाये और न व्यक्तित्व को इतना महत्त्व देना चाहिए कि गुरुजनों का आदर-भाव भी न रहे और पारिवारिक एकता पर कुठाराघात हो। कपड़े और जूतों की सभ्यता और कम-से-कम कपड़ा पहनने और नंगे पैर रहने की सभ्यता में भी समन्वय की आवश्यकता है। अंग्रेज़ी सभ्यता में जूतों का विशेष महत्त्व है, किन्तु उसे अपने यहाँ के चौका और पूजागृहों की सीमा पर आक्रमण न करना चाहिए। अंग्रेज़ी सभ्यता चीनी और काँच के बर्तनों की सभ्यता है। हमारी सभ्यता मिट्टी और पीतल के बर्तनों की है। हमारी सभ्यता स्वास्थ्य विज्ञान के नियमों के अधिक अनुकूल है। यदि हम कुल्हड़ों के कूड़े का अच्छा बन्दोबस्त कर सकें तो उससे अच्छी कोई चीज़ नहीं है। आलस्य को वैज्ञानिकता पर विजय न पाना चाहिए। अंग्रेज़ी संस्कृति से भी सफ़ाई और समय की पाबन्दी की बहुत सी बातें सीखी जा सकती हैं, किन्तु संस्कृति के मूल अंगों पर ध्यान रखते हुए समन्वय-बुद्धि से काम लेना चाहिए। समन्वय द्वारा ही संस्कृति क्रमशः उन्नति करती रही है और आज भी हमें उसे समन्वयशील बनाना है।

गुँगिया

•

महादेवी वर्मा

मैंने स्वयं चाहे कम पत्र लिखे हों; पर दूसरों के लिए पत्र-लेखन मेरा कर्तव्य-सा बन गया है। क्या अपना देहात और क्या पहाड़ी ग्राम, सब जगह मेरी स्थिति अर्ज़ीनवीस जैसी हो जाती है।

कहीं कोई दुःखिनी माँ, दूर देश भाग जाने वाले पुत्र को वात्सल्य भरा उद्‌गार लिख भेजने के लिए विकल है, कहीं कोई ससुराल की बन्दिनी बहू, भाई को, सावन में आने की स्मृति दिलाने के लिए आतुर है। कभी कोई एकाकिनी गृहिणी, दूर देश में नयी गृहस्थी बसा लेने वाले सहधर्मी के पास, कुशल-क्षेम भर लिख भेजने का अनुरोध पहुँचाना चाहती है। कभी कोई रोगी, अपनी सहोदरता की दोहाई दे कर, नगरस्थ मज़दूर सहोदर को रुपये भेजने के लिए विवश करने की इच्छा रखता है। कहीं कोई चाचा रक्त-सम्बन्ध के आधार पर भतीजे से बैल ख़रीदने में सहायता माँगता है। कहीं कोई बहनोई विवाह-सम्बन्ध का उल्लेख कर साले से, रेहन रखे खेत छुड़ा देने का अनुरोध करता है।

इस प्रकार पत्र-प्रेषकों के वर्ग में सीमातीत विविधता है। पत्र के विषय इतने भिन्न रहते हैं कि कोई पत्र-लेखन-कला का विशेषज्ञ भी किंकर्तव्यविमूढ़ हो जायेगा। फिर मेरी तो इस कला में उतनी भी गति नहीं, जितनी काव्य में एक तुक्कड़ की होती है। पत्र-लेखन-कला में मेरी घोर अपटुता के साथ जब पत्र-प्रेषकों की दुर्बोधता भी मिल जाती है, तब तो यह कार्य और भी कठिन हो उठता है।

वे सब एक साथ इतना कह चलते हैं कि न वाक्यों में संगति रहती है, न भावों में स्पष्टता। रोकने-टोकने पर वे समझते हैं कि लिखने वाले में क्षमता नहीं, अतः पत्र का कोई परिणाम न निकलेगा।

उनकी अटपटी भाषा और उलझे वाक्यों में खोये इतिवृत्त को क्रमबद्ध करना

उनके अस्पष्ट और मिश्रित भावों के साथ उसकी संगति बैठाना तथा उन्हें पत्र का जामा पहनाना सहज नहीं है।

इतिवृत्त को आधुनिक शैली के अनुसार पत्र की रूप-रेखा देना भी कठिन है, क्योंकि पत्र-लेखन के सम्बन्ध में वे ग्रामीण, परम्परा के विशेषज्ञ ही नहीं, उसके कट्टर अनुयायी भी हैं।

प्रत्येक पत्र के ऊपर चाहे श्री गणेशाय नमः लिखा जाये, चाहे श्री राम; पर इस प्रस्तावना के बिना पत्र, पात्रता नहीं प्राप्त कर सकता। जिन्हें उद्‌देश्य करके पत्र लिखा जाता है, वे चाहे दीनता में अतुलनीय हों चाहे कुरूपता में अनुपम; पर वे सब 'सिद्ध श्री सर्वोपमायोग्य' कह कर ही सम्बोधित किये जा सकते हैं।

पत्र के विषय भी लेखक को कम उलझन में नहीं डालते, क्योंकि कथा का एक सूत्र पकड़ते ही अनेक सूत्र हाथ में आ जाते हैं। पत्र-प्रेषक न जाने कितनी अन्तःकथाओं के साथ अपनी कथा कहना चाहता है। इतना ही नहीं, कथा की अबाध गति से घटनाओं के क्रम का कोई सम्बन्ध नहीं रहता; पर अन्तःकथाएँ मुख्य वृत्त से अविच्छिन्न सम्बन्ध में बँधी रहती हैं। किसी को किसी सम्बन्धी से रुपये चाहिए—इस एक बात को वह आपबीती अनेक घटनाओं के साथ ही कह सकता है और ज़मींदार-महाजन से ले कर घुरहू-मँगरू पासी तक सबको अपनी विपन्नावस्था का गवाह बना कर ही सन्तोष पा सकता है।

ऐसे पत्र-प्रेषक अनेक अतीत घटनाओं का इतना सजीव विवरण देते चलते हैं कि बेचारा पत्र-लेखक विस्मित हो उठता है। वह क्या लिखे और क्या न लिखे, यह निर्णय उस पर नहीं छोड़ा जाता। वह कुछ गड़बड़ी कर भी दे तो अन्त में वे पत्र सुनाने के लिए अनुनय-विनय कर-करके उसे और भी अधिक असमंजस में डाल देते हैं। जो कुछ वे लिखना चाहते हैं, उसकी इतनी मौखिक आवृत्तियाँ हो चुकती हैं कि वे अपने वक्तव्य के उपेक्षणीय अंश का अभाव भी तुरन्त जान लेते हैं।

काग़ज़ में इसे लिखने का स्थान नहीं है—यह कहने पर भी छुटकारा मिलना कठिन है। लेखक के मुख पर अपनी अनुनय-भरी दृष्टि स्थापित करके और किसी अक्षरहीन कोने में अपनी टेढ़ी-मेढ़ी उँगली रख कर वे उन छूटे हुए विवरण को लिख देने के लिए ऐसा करुण अनुरोध करेंगे जो टाला नहीं जा सकता। मार्जिन या कोनों को ख़ाली छोड़ने के लिए सन्देश का कोई अंश छोड़ देना, उनकी दृष्टि में अनुचित है। समूचा काग़ज़ जब अक्षरों से लिप-पुत जाता है, तब वे निरुपाय हो कर लिखने का अनुरोध बन्द करते हैं, इससे पहले नहीं।

लिखने वाले के हृदयगत भाव को समझ लेने की समस्या भी कम जटिल नहीं। एक भाव को हृदयंगम करते ही भावों की बाढ़ आ घेरती है। साधारणतः वे ग्रामीण नागरिक बुद्धिजीवियों से अधिक भावुक होते हैं, इसी से सन्देश का प्रत्येक

अंश उनमें नवीन भावोद्रेक का कारण बन जाता है। कथा के क्रम में कभी उनके हँसने का परिचय मिलता है, कभी क्रन्दन का, कभी क्रोध का भाव व्यक्त होता है, कभी पश्चात्ताप का, कभी ममता की तन्मयता का आभास रहता है, कभी उपेक्षाजनित ग्लानि का, कभी दार्शनिक वीतरागता प्रकट होती है, कभी सांसारिक नीतिमत्ता। सारांश यह कि घटना, काल, स्थान आदि के अनुसार भाव में परिवर्तन होता चलता है।

पर लेखक उनकी ओर से लिखे हुए पत्र में किस भाव को प्रधानता दे, यह जानना सहज नहीं। एक पिता अपने दूरदेशी पुत्र को उसकी कर्तव्यहीनता और उपेक्षा के लिए डाँटना चाहता है। पत्र-लेखक उसकी ओर से कठोर भर्त्सना के शब्द लिखते-लिखते अचानक उन वाक्यों में आँसुओं का गीलापन अनुभव करेगा। फिर सिर उठा कर देखते ही उसके सामने कठोर न्यायाधीश जैसे व्यक्ति के स्थान में एक रोता हुआ, भावुक और दीन पिता आ जायेगा।

इन दोनों में कौन सत्य है, यही बताना कठिन हो जाता है, तब फिर किसकी बात लिखी जाये, यह जानना तो और भी दूर की बात है।

लिखने के उपरान्त अनेक बार मुझे पत्र फाड़ कर फेंक देना पड़ा है, क्योंकि लिखाने वाला व्यक्ति अन्त में वह नहीं रहता जो आरम्भ में था। ऐसी दशा में वही भेज देना अन्याय ही नहीं, व्यावहारिक दृष्टि से हानिकर भी होता, क्योंकि पाने वाला उसके मन के यथार्थ भाव न समझ सकने के कारण, भ्रान्त धारणा बना लेता।

पत्र-प्रेषक के सम्बन्ध में सारी समस्याओं का समाधान कर लेने के उपरान्त भी एक कठिनाई रह जाती है। एक व्यक्ति के पत्र में गाँव भर कुछ-न-कुछ लिखाना चाहता है।

किसी की ओर से पालागन लिखना है, तो किसी की ओर से असीस। किसी की जै राम जी पहुँचाना है, तो किसी की भेंट-अँकवार। कोई 'पाती आधा मिलन है' लिखवा कर अपने कवित्व का परिचय देना चाहता है, तो कोई 'हुइ है सोइ जो राम रचि राखा' लिखवा कर दार्शनिकता का। कोई बछिया बेचने की सूचना दे देना आवश्यक समझता है, कोई भैंस ख़रीदने की। किसी के लिए खेत की बेदख़ली का संवाद भेजना अनिवार्य है, तो किसी के लिए छप्पर गिर जाने का। कोई कुआँ उगराने की कथा सुनाने को आकुल है, कोई पोखर सूखने की।

ऐसा व्यक्ति खोजना कठिन होगा, जो परिचित व्यक्ति को कुछ सन्देश न भेजना चाहे और छोटे ग्रामों में नागरिक जीवन का विच्छिन्नता-जनित अपरिचय सम्भव ही नहीं होता। इसी कारण सब एक-दूसरे से विशेष परिचित ही मिलते हैं। यदि जिसे पत्र लिखा जाता है, उससे विशेष परिचय नहीं तो पत्र लिखाने वाले से तो रहता ही है। इसी नाते सब बड़े-छोटे यथायोग्य लिखवाना नहीं भूलते।

कोई काका से विशेष परिचित होने के कारण भतीजे को कर्तव्य-विषयक

उपदेश देने के लिए उत्सुक है; कोई भानजे से घनिष्ठता के कारण उसके मामा को प्रणाम लिखवाना चाहता है। कोई मौसी के परिचय के नाते बहनौतिन के पति को असीस पहुँचाने की इच्छुक है, कोई भतीजी की सखी होने के कारण चाची के पितिया-ससुर को पालागन भेजना आवश्यक समझती है। ऐसी दशा में सम्बन्ध, असम्बन्ध, परिचय, अपरिचय का अन्तर कोई महत्त्व नहीं रखता।

मेरे जैसे व्यक्ति से कुछ न लिखवाना भी उन्हें अपमानजनक लगता है। साहुजी के आले में तेल में धब्बों से भरे लिफ़ाफ़े के स्थान में मेरे बैग से बगले के पंख-जैसा उजला लिफ़ाफ़ा निकल आता है। हल्दी की पुड़िया खोल कर निकाले हुए काग़ज़ की तुलना में मेरी कापी का काग़ज़ बड़ा और स्वच्छ जान पड़ता है। पटवारी की चौपाल के कोने में स्थापित बिना ढक्कन की दवात और काले क़लम में वह आकर्षण नहीं, जो मेरे चमकीले फाउण्टेन पेन में मिलना स्वाभाविक है। पिछौरी के कोने में बाँध कर लाये हुए मैले सिकुड़नदार टिकट के सामने मेरे टिकट ही अधिक विश्वसनीय जान पड़ते हैं। पत्र-लेखन के ऐसे उत्कृष्ट साधन ले कर बैठे हुए लेखक से जो कुछ नहीं लिखवाता, वह अपनी लोकाचार विषयक अनभिज्ञता प्रकट करता है। इसी कारण सभी 'दो आखर' लिख देने के लिए अनुरोध करने लगते हैं।

मुझे इस तरह जंगम पोस्ट ऑफ़िस बनने की कौन-सी आवश्यकता है ! मेरे लिखे पत्र कहीं पहुँच भी सकेंगे या नहीं ! क्या मेरा, 'टिकट लिफ़ाफ़ा-सप्लाई-डिपो' संदिग्ध नहीं है ? क्या मेरी यह अर्ज़ीनवीसी निठल्लेपन का प्रमाण नहीं है ? यह सब प्रश्न उनके हृदय में एक बार भी नहीं उठे।

परमार्थ की उच्चतम भावना के साथ भी नागरिक जीवन में प्रवेश करने पर व्यक्ति को अविश्वास और सन्देह के अनेक पैने तीरों का लक्ष्य बनना पड़ता है। नागरिक जीवन का अकारण सन्देह, कर्मनिष्ठा को पंगु और उसका लक्ष्यहीन दुराव, जीवन-दर्शन को भ्रान्त कर देता है। इसके विपरीत ग्रामीण जीवन की पुस्तक खुली ही मिलती है। कुछ विषम परिस्थितियाँ अपवाद हो सकती हैं; पर जहाँ जीवन कुछ स्वस्थ है, वहाँ एक ग्रामीण का सहयोग-आदान दैन्यरहित होने के कारण सहज है, सहायता का दान गर्वशून्य होने के कारण स्वाभाविक और विचार-विनिमय अकृत्रिम होने के कारण जीवन के अध्ययन का पूरक है।

एक बार मुझे कुछ लिखते देख कर एक वृद्धा अपने दूरदेशी पुत्र को पत्र लिखाने आ बैठी। फिर दूसरे भी आने लगे और अन्त में यह कार्य मेरे कर्तव्य की सीमा में आ गया। मैं स्वयं अकारण तो क्या, सकारण भी पत्र कम लिखती हूँ। इसी से टिकट, लिफ़ाफ़े, कार्ड आदि का प्रबन्ध करने पर भी यह पत्र-लेखन मुझे महँगा नहीं पड़ा।

मेरे बैठने के स्थान अनेक हैं। कभी पीपल के तने का सहारा ले कर उसकी

ऊँची जड़ों का सिंहासन बनाती हूँ, कभी आम के नीचे सूखी पत्तियों के बिछौने का। कभी किसी के ओसारे में पड़ी खटिया पर आसीन होती हूँ, कभी किसी के आँगन में तुलसीचौरा के सामने चटाई पर। पत्र लिखने का प्रस्ताव सबसे पहले जो करता है, उसी की इच्छानुसार शेष को चलना पड़ता है। पत्र लिखवाने वाला निकट बैठता है और सब उससे कुछ हट कर आस-पास। केवल अभिवादन भेजने वाले आते-जाते रहते हैं।

कोई पुर चलाना दूसरे को सौंप कर पालागन लिखाने दौड़ आया, कोई आशीष लिखा देने का स्मरण दिला कर दाँय चलाने चला गया। कोई अपना सन्देश लिखवाने के लिए भरा घड़ा सिर पर और रस्सी हाथ में थामे हुए ही रुक गयी। किसी को जै राम जी लिखवाते बेसन पीसने की याद आ गयी, कोई रोते हुए लड़के को मोटी-रोटी का टुकड़ा दे कर पत्र का उपसंहार सुनने लौट आयी। कोई उपदेश-वाक्य कहते-कहते बुझी चिलम सुलगाने के लिए उठ गया।

इस तरह सबका आवागमन होता रहता है। केवल इस समारोह का सूत्रधार आदि से अन्त तक कभी हँसता, कभी रोता और कभी उदासीन बैठा रह कर कथा का अवरोह सँभालता है। पत्र लिख जाने पर उसे पूरा सुनाना पड़ता है। इतना ही नहीं, उसके इच्छानुसार जहाँ-तहाँ कुछ-न-कुछ जोड़ना भी आवश्यक हो जाता है। तब वह पत्र को सब प्रकार से अपना प्रमाणित करने के लिए अँगूठे की छाप लगाने को व्याकुल हो उठता है। ऐसे चिह्न व्यवहार-जगत में प्रचलित असत्य से आत्मरक्षार्थ कवच हो सकते हैं; पर पत्र के स्वतः सिद्ध आत्मोद्‌गार में उनका विशेष महत्त्व नहीं, इसे सब मान नहीं सकते। इसी कारण कभी-कभी नाम के नीचे अँगूठे के चित्र-विचित्र और विविध आकृतियों वाले चिह्न भी सुशोभित हो जाते हैं।

पता लिखना इस पत्र-लेखन गाथा का सबसे कठिन प्रसंग है। किसी के पुकारने का नाम नन्हकू और परिचय का महावीर है। किसी की घर की संज्ञा दुलरुआ और बाहर की भैरोंदीन है। कोई अपने गाँव में घसीटा और परगाँव में राजाराम कहलाता है। कोई ननसार की सिरतजिया और ददसार की दुखिया है। किसी को परिवार वाले रूपमतिया और बाहर वाले कलुइया कहते हैं।

नाम-उपनामों का यह विरोधाभासमूलक गठबन्धन हमारे कवि-समाज का स्मरण न दिलाये, तो आश्चर्य की बात होगी। हमारे यहाँ भी एक व्यक्ति, जीवन में अकिंचन, रूप में कोयला, नाम से हीरा लाल और उपनाम से शरदेन्दु हो कर भी उपहासास्पद नहीं माना जाता। अकिंचनता सामाजिक व्यवस्था से सम्बन्ध रखती है, रूप प्रकृति का दान है और नाम माता-पिता का उपहार कहा जायेगा। शेष एक उपनाम ही रह जाता है, जिसका सम्पूर्ण उत्तरदायित्व उन्हीं को सँभालना होगा। सम्भवतः इसी कारण वे अपने में किसी विशेषता के अभाव या भाव की चिन्ता न करके संसार की सुन्दरतम वस्तु को मिली हुई संज्ञा पर अधिकार जमाना चाहते हैं।

कवि-परम्परा ने जिन शब्दों के प्रति विशेष पक्षपात दिखाया है, उनके प्रति उपनाम-अन्वेषकों का आकर्षण स्वाभाविक ही कहा जायेगा; पर जब उन शब्दों के अर्थ और उनके द्वारा सांकेतिक व्यक्तियों में किसी प्रकार का भी सादृश्य नहीं मिलता, तब उनकी स्थिति विचित्र हो जाती है। सुनने वाले नाम और उपनाम का अन्तर न भूल सकें, मानो इसीलिए वे दोनों को एक अविच्छिन्न सम्बन्ध में बाँध कर उपस्थित रहते हैं।

पर ग्रामीण नाम और उपनामों की स्थिति इससे भिन्न है। नाम का सम्बन्ध तो पण्डित जी के पोथी-पत्रे से है; किन्तु उपनाम व्यक्ति के रूप, स्वभाव, गुण या दूसरों की उसके प्रति धारणा का यथार्थ चित्र देता है।

जो लबार नाम से पुकारा जाता है, वह इस नाम के उपयुक्त विशेषता से शून्य नहीं हो सकता। जो गुजरिया कही जाती है, वह वेश-भूषा की रंगीनी में गुड़िया से कम नहीं होती। जो कोयली की संज्ञा पाती है, उसका श्यामांगिनी होने के साथ-साथ मधुरभाषिणी होना आवश्यक है। जो नत्थू कह कर सम्बोधित किया जाता है, उसे जन्म लेते ही नाक में बाली पहनना पड़ा होगा। जो घूरे का उपनाम पा चुका है, उसने बचपन में कठोर उपेक्षा का अनुभव किया होगा। इन उपनामों में कुछ अपवाद भी हो सकते हैं; पर साधारणतः वे व्यक्ति के साथ सामंजस्यपूर्ण स्थिति ही रखते हैं, विरोध-मूलक नहीं।

पर पत्र लिखते समय यह जानना कठिन हो जाता है कि दूरदेश में एक व्यक्ति ने नाम और उपनाम में से किसे विशेष महत्त्व दिया होगा। जब तक वह परिचित वातावरण में है, तब तक उसकी विशेषताओं के निरीक्षक ही उसका नाम निश्चित कर देते हैं; पर जब केवल उसको अपना परिचय देना है, तब वह इनसे मिले सम्बोधनों में से किसे स्वीकार करेगा, यह उसकी रुचि और दूसरों के प्रति उसके भाव पर निर्भर रहता है। इस सम्बन्ध में पत्र लिखने वाला और लिखाने वाला, दोनों ही अन्धकार में रहते हैं।

नाम की समस्या हल हो जाने पर स्थान की बाधा उपस्थित होती है। प्रायः वे नगर के नाम से अधिक पता नहीं जानते, यह चाहे विस्मय की बात न हो, पर पत्र पाने वाले की ख्याति के सम्बन्ध में उनका अडिग विश्वास आश्चर्य में डाले बिना नहीं रहता। किसी को विश्वास है कि उसके लाड़ले बेटे के रूप से सब परिचित होंगे। किसी की दृढ़ धारणा है कि उसके कुश्ती लड़ने वाले भतीजे का नाम नगर-भर जानता होगा। कोई समझता है कि उसके भाई जैसे गवैये की ख्याति डाक-घर तक पहुँच गयी होगी। कोई मानता है कि उसके साँप-बिच्छू का विष झाड़ने वाले चाचा से डाकिया अनजान नहीं हो सकता। कोई समझती है कि उसके पति का पशु-चिकित्सा-विशारद होना ही उसका पर्याप्त पता है। कोई कहता है कि उसके हनुमान-चालीसा कण्ठस्थ कर लेने वाले मामा की विद्वत्ता छिपी नहीं

रह सकती।

इनके प्रिय सम्बन्धियों की दूरदेश के जन-समूह में वही स्थिति है, जो समुद्र में बूँद की होती है, इसे न वे जानते हैं और न मानना चाहते हैं।

अनेक प्रयत्नों के उपरान्त खोज निकाले हुए पते-ठिकाने के अनुसार पत्र लिख जाने पर उसे शीघ्र-से-शीघ्र डाकख़ाने पहुँचाना आवश्यक हो उठता है। कोई तुरन्त पत्र को मिर्जई या साफ़े में खोंस कर और हाथ में लोटा डोर थाम कर तीन मील दूर पोस्ट ऑफ़िस की ओर चल देता है। कोई सवेरे जाने के लिये अभी से गठरी बाँध लेता है। कोई पत्र को बकुचे में सुरक्षित रख कर अन्य आवश्यक कार्य निपटाने में लग जाता है। और कोई स्नेह से उँगलियाँ फेर-फेर कर अक्षरों की स्याही फैलाने लगता है।

अनेक बार तो पत्रों को डाकख़ाने तक पहुँचा देने का कर्तव्य भी मुझे सँभालना पड़ जाता है; पर प्रेषक इस सम्बन्ध में जितना अपना विश्वास करते हैं, उतना मेरा नहीं।

चिट्ठी डालने के लाल बम्बे को पहचानने में उनसे भूल न होगी, इस सम्बन्ध में वे आश्वस्त हैं; पर मैं जिसे यह काम सौंपूँगी, वह भूल से पत्र को किसी दूसरे बम्बे में नहीं डाल सकता, इस विषय में उनका सन्देह बना ही रहता है। विशेषतः शहर में जहाँ-तहाँ पत्र डालने के और पानी के बम्बों का बाहुल्य उन्हें निश्िंचत होने नहीं देता।

उत्तर की प्रतीक्षा के दिन तो उन्हें और भी व्यस्त कर देते हैं। जहाँ सप्ताह में एक बार डाकिया आता है, वहाँ के पत्र-प्रेषक प्रायः नित्य ही डाकख़ाने तक दौड़ लगाते हैं। उनके नाम कोई चिट्ठी नहीं आयी, इतना सुन कर सन्तुष्ट हो जाना भी उनके लिए सम्भव नहीं। कोई अपना नाम, उपनाम बताने और फिर से सब पते जाँच लेने का हठ करने के कारण डाकबाबू से झिड़की खाता है। कोई पत्र पाने की दुराशा में गोत्र से ले कर गाँव तक के परिचय की अनेक आवृत्तियाँ करके डाकिये का कोप-भाजन बनता है।

जो पत्र मेरे पते से आते हैं, उनके सम्बन्ध में उत्तर देते-देते मेरा धैर्य भी सीमा तक पहुँचे बिना नहीं रहता।

कोई पूछता है, उत्तर आने में कै दिन बाक़ी हैं। कोई जानना चाहता है कि पता लिखने में भूल तो नहीं हुई। किसी का अनुमान है कि पत्र पाने वाले के नाम के साथ उसकी सब विशेषताएँ न जोड़ देने के कारण ही पत्र नहीं पहुँच पाया। किसी को सन्देह है कि टिकट पुराना होने के कारण, डाकबाबू ने पत्र को रद्दी में न फेंक दिया हो। किसी को शंका है कि बरसात के कारण पते के अक्षर न धुल गये हों। किसी का विश्वास है कि चिट्ठी भारी हो जाने के कारण बैरंग हो कर निरुद्देश्य घूम रही होगी।

उनकी नासमझी पर कभी हँसी आती है, कभी क्रोध। उनकी विवशता पर कभी झुँझलाहट होती है, कभी ग्लानि। अपने भावों और विचारों के विनिमय के लिये इतने आकुल व्यक्तियों को किसने इतना असमर्थ बना डाला ? इतने विशाल जन-समूह को वाणीहीन बना कर जिन्हें अपनी वाग्विदग्धता का अभिमान है, वे कितने निर्लज्ज हैं ? इस प्रकार के प्रश्न स्वाभाविक ही कहे जायेंगे।

यह सब तो जैसे-तैसे चल ही रहा था; पर एक दिन जब गुँगिया मेरे आँचल का छोर थाम कर विविध हाव-भाव द्वारा पत्र लिख देने का संकेत करने लगी, तब तो मैं स्वयं अवाक रह गयी। क्या कहीं मेरी दुर्दशा की सीमा नहीं है ? क्या अब गूंगों के लिए भी पत्र लिखना होगा ? गुँगिया किसे क्या लिखवाना चाहती है, यह मैं किस प्रकार समझ सकूँगी !

पर जिसे ले कर ये समस्याएँ उठ रही थीं, उसे इन सबके समाधान से कोई सरोकार नहीं था। मुझे इतने पत्र लिखते देख कर ही सम्भवतः उसका हृदय अपनी करुण विवशता भूल गया था।

इतनी सुख-दुख कथाएँ लिख चुकने पर भी एक व्यक्ति, उसके ऐसे प्रत्यक्ष सुख-दुखों की भाषा नहीं जानता है, ऐसा विश्वास गुँगिया के लिए सहज नहीं था।

मैं उसे अनेक बार देखते-देखते अब उसकी उपस्थिति की अभ्यस्त हो चुकी थी। आते समय वह मेरी प्रतीक्षा में बैठी हुई मिलती थी। जाते समय वह पीछे-पीछे चल कर दूर तक पहुँचाने आती थी। कुछ लिखते समय वह कहीं आस-पास में बैठ कर बड़े कुतूहल के साथ मेरा क्रिया-कलाप देखती थी। पर, मैं अब उसे कौतुकी दर्शकमात्र समझ बैठी थी, इसी से जब उसने स्वयं पत्र प्रेषक की भूमिका ग्रहण कर ली, तब मैं बड़े असमंजस में पड़ गयी।

गुँगिया को यह उपनाम गूंगेपन के कारण मिला है, उसका नाम तो है धनपतिया। उसका पिता रग्घू तेली सम्पन्न भी था और ईमानदार भी। घर में पुष्ट बैलों की जोड़ी थी, कोल्हू चलता था और सरसों से ले कर रेण्डी तक सब कुछ पेरा जाता था। रग्घू के तेल की शुद्धता और उसकी खली की उपयोगिता की ख्याति गाँव की सीमा लाँघ चुकी थी।

पहलौठी सन्तान होने के कारण गुँगिया के जन्म के उपलक्ष्य में बड़ी धूमधाम रही। नगाड़े वाले नेग लेने आये, डोमनी नाच कर चुनरी ले गयी और तेलीपंचों की ज्योनार में कई पीपे घी ख़र्च हो गया।

जच्चा को चिरौंजी डाल कर हरीरा दिया गया, बबूल का गोंद पाग कर पंजीरी दी गयी। जब सवा महीने में माँ बेटी को गोद में ले कर सौरी से निकली, तो परिवार वालों ने जच्चा-बच्चा के स्वास्थ्य को नज़र से बचाने के लिए न जाने कितने टोने-टोटके किये। बालिका की इतनी लोई की गयी कि उसकी रोमहीन देह मैदा की पिण्डी जैसी दिखायी देने लगी। उसके इतना तेल मला गया कि उसके अंगों पर देखने वालों

की दृष्टि फिसलने लगी।

गदबदे शरीर वाली धनपतिया ने दस महीने की अवस्था तक पहुँचते-न-पहुँचते चलना भी आरम्भ कर दिया; पर उसका कण्ठ पाँच वर्ष की अवस्था पार करने पर भी नहीं फूटा। न वह माँ कह सकी न दादा, न उसके मुख से दूधू निकला न हप्पा। केवल ऐं-ऐं को विशेष ध्वनियों में उच्चारण करके ही वह मन के भाव व्यक्त करना जानती थी।

बोलना आरम्भ करने की अवस्था निकल जाने पर माँ-बाप के मुख पर चिन्ता की छाया पड़ने लगी। गण्डे व तावीज़ बाँधे गये। जन्तर-मन्तर का सहारा लिया गया, झाड़-फूँक का उपचार हुआ। मानता, पूजा, अनुष्ठान आदि की शक्ति-परीक्षा हुई; पर धनपतिया पर वाणी कृपालु न हो सकी। अन्त में रग्घू ने शहर ले जा कर डॉक्टर को भी दिखाया। गुँगिया के तालू और कौवे की बनावट में जो त्रुटि रह गयी थी, उसका सुधार विशेष प्रकार के ऑपरेशन द्वारा ही हो सकता था, जिसके लिए न रग्घू के पास धन था, न साहस। परिणामतः धनपतिया गुँगिया बन कर ही बढ़ने लगी। प्रायः गूंगेपन के साथ मिलने वाली बधिरता उसे न दे कर विधाता ने उसके अभिशाप को दूना कर दिया, क्योंकि श्रवणशक्ति के अभाव में मूकता उतनी असह्य नहीं लगती, जितनी उसके साथ। उसकी पीठ पर केवल एक बहन और हुई जो बोलने का वरदान ले कर आयी थी।

गुँगिया ने वाणी के अभाव को मानो समझदारी से भर लिया था। वह इतनी कुशाग्र-बुद्धि थी कि जो एक बार देखती, उसे कभी न भूलती। जो एक बार सीखती, उसमें कभी त्रुटि न होने देती। आठ-नौ वर्ष की अवस्था तक पहुँचते-पहुँचते वह घर के कामों में माँ की सहकारी बन बैठी।

अब विवाह की समस्या का समाधान आवश्यक हो गया। कन्या के जीवन से चिर-कौमार्य का कलंक दूर करने के लिए रग्घू ने उसी धोखाधड़ी का आश्रय लिया, जो विवाह की हाट के अनुपयुक्त कन्याओं के माता-पिता का ब्रह्मास्त्र है। उसने किसी दूरस्थ गाँव में छोटी कन्या की सगाई करने के उपरान्त विवाह के अवसर पर मण्डप तले गुँगिया को बैठा कर शेष विधि सम्पन्न करा दी।

तीन-चार वर्ष के बाद गौने में ससुराल पहुँच कर गुँगिया ने अपनी दयनीय स्थिति का नवीन परिचय पाया। वह जब कुछ न बोल सकी और विवश किए जाने पर ऐं-ऐं करने लगी, तब ससुराल वाले धोखा खाने के क्षोभ में आपे से बाहर हो गये।

बहू गूंगी है, उसके बाप ने सबको ठग लिया, इसे गहने छीन कर निकाल दो, आदि उद्‌गारों में गुँगिया ने अपने जीवन के निठुर अभिशाप की वह छाया देखी, जो नैहर में माँ-बाप की ममता से ढकी हुई थी।

उसने बड़ी दीनता से सास के पैर पकड़ लिए और लात खाने पर भी उन्हीं

में मुख छिपाये हुए रोती रही; पर किसी का हृदय न पसीजा। धोखा तो धोखा ही है। जिसने उनके साथ छल-कपट का व्यवहार किया, वह यदि स्वयं दण्ड न भोगे, तो उसकी सन्तान को तो भोगना ही पड़ेगा, अन्यथा न्याय की महिमा कहाँ रहेगी ! अन्त में सब गहने-कपड़े रख कर ससुराल वालों ने गुँगिया को उसके पिता के घर भेज कर ही सन्तोष की साँस ली।

रग्घू अपने कार्य से पहले ही अनुतप्त था। अन्याय-प्रतिकार के रूप में उसने अपनी दूसरी लड़की का विवाह वहीं कर देने का प्रस्ताव भेज कर सन्धि कर ली। इस बार कन्या को भली-भाँति देख-सुन कर शुभ मुहूर्त में यह विवाह भी हो गया। बूढ़ियाँ कहती हैं कि जब गुँगिया ने अपने चढ़ावे में आये हुए गहने-कपड़ों में सजी हुई बहिन का अपने पति से गठबन्धन होते देखा, तब वह मुँह में आँचल ठूँस कर ही रुलाई रोक सकी।

बहिन के चले जाने पर वह अपनी मूक सेवा से माता-पिता का सन्ताप दूर करने का प्रयत्न करने लगी।

तब से बहुत समय बीत गया। गुँगिया के माँ-बाप भी परलोक सिधार गये और उसके सास-ससुर भी। उसकी बहिन रुकिया ने दो बच्चों को जन्म दिया; पर उनमें एक भी तीन वर्ष से अधिक आयु ले कर नहीं आया। तीसरे का शोक न सहने के विचार से ही सम्भवतः वह उसे होते ही मातृहीन बना गयी। घर में उसके पालने का कोई प्रबन्ध न कर सकने के कारण पिता नवजात शिशु को ससुराल ले गया और उसे गुँगिया की गोद में रख कर रोने लगा।

अपने ही समान वाणीहीन शिशु की टिमटिमाती हुई आँखों में गुँगिया ने कौन-सा सन्देश पढ़ लिया, यह तो वही जाने; पर वह उसे लौटा देने का साहस न कर सकी। बहनोई ने दबी ज़बान से उसे घर ले चलने का प्रस्ताव किया; पर उसके मुख पर अस्वीकृति की कठोर मुद्रा देख कर बीच ही में रुक गया।

गाँव वालों ने इस गूँगी माँ का सन्तान-पालन देख कर दाँतों तले उँगली दबाई। उसने एक बैल बेच कर बच्चे के दूध के लिए दो बकरियाँ खरीदीं, अपने घराऊ कपड़े काट कर उसके लिए झँगूला, टोपी सिलवाये, अपनी हमेल, पहुँची तुड़वा कर, उसके लिए पैंजनी, करधनी, कठुला और कड़े गढ़वाये तथा नामकरण के दिन, अपने जोड़े हुए रुपए ख़र्च करके सबकी दावत कर डाली।

माँ-बाप के न रहने से गुँगिया का कारोबार वैसे ही धीमा हो गया था, उस पर अब वह शिशु की देख-रेख में व्यस्त हो गयी। इस प्रकार सम्पत्ति घटने के साथ-साथ हुलासी बढ़ने लगा। उसके बाप ने पहले कुछ दिनों तक खोज-ख़बर ली, फिर वह नयी पत्नी और नयी सन्तान के स्नेह में उसे भूल ही गया। गुँगिया ने न उससे कभी कुछ माँगा और न हुलासी के राजसी ख़र्च में कमी की।

एक अवस्था तक गुँगिया और उसका बेटा, दोनों गूँगे थे, अतः एक-दूसरे

की बात संकेतों से ही समझते रहे। बोलना सीख जाने पर अबोध बालक माँ के मौन पर विस्मित हुआ, फिर कुछ समझदार होने पर वह लज्जा का अनुभव करने लगा। गाँव के लड़के जब उसे 'गूंगी का बेटा गूंगा' कह कर चिढ़ाते, तब वह मर्माहत हो जाता। कभी उन्हें मारने दौड़ता, कभी रोने लगता। जब गुँगिया शोर-गुल सुन कर दौड़ आती और विविध चेष्टाओं के साथ 'ऐं-ऐं' कह कर उन्हें डाँटना आरम्भ करती, तब वे नटखट बालक 'गूंगा मौसी, गूंगा मौसी' की रट लगाते हुए भाग खड़े होते।

हुलासी को घर ला कर वह बेचारी गोद में बैठाती, मटकी से निकाल कर बतासे देती, उँगलियों से बालों की धूल झाड़ती, आँचल से मुख पोंछती और अनेक प्रकार के संकेतों द्वारा उसे समझाने का प्रयत्न करती; पर इस उपचार से बालक का क्षोभ और अधिक बढ़ जाता। कभी वह दोनों हाथों से उसे ढकेलने के उपरान्त आँगन में औंधे मुँह पड़ कर और अधिक रोने लगता और कभी उसका आँचल खींच कर मचलता हुआ पूछता कि सबकी अम्मा तो बोलती हैं, वही अकेली क्यों गूँगी है। गुँगिया इस प्रश्न का क्या उत्तर दे? गाँव की किसी भी माँ से वह स्नेह में, यत्न में कम नहीं; पर अपने गूंगेपन के लिए वह क्या सफ़ाई दे !

ज्यों-ज्यों हुलासी बड़ा होता गया, त्यों-त्यों दूसरों के द्वारा अपने जीवन-वृत्त के सम्बन्ध में कुछ झूठ, कुछ सच जानता गया। गुँगिया तो कुछ कह नहीं सकती थी, इसी कारण अनेक निर्मूल दन्तकथाएँ भी प्रतिवादहीन रह गईं। गुँगिया अपने पति और घर को छीन लेने वाली बहिन से बहुत रुष्ट थी। प्रतिशोध लेने की इच्छा से ही वह उसके बेटे को बाप से छीन लाई है। हुलासी के प्रति वह जो प्रेम दिखाती है, उसके मूल में भी कुछ दुरभि-सन्धि अवश्य है। इस प्रकार के संकेतों को पूर्णतः न समझ सकने पर भी बालक का मन गुँगिया अम्मा से विरक्त होने लगा।

'परहित घृत जिनके मन माखी' कह कर गोस्वामी जी ने जिनका परिचय दिया है, उन्हीं का बहुमत होने के कारण गुँगिया का यह थोड़ा-सा सुख भी एक अव्यक्त व्यथा में परिवर्तित हो गया। हुलासी का पिता किस अरक्षित अवस्था में अपने पुत्र को छोड़ गया था, उसने उसके पालने के सम्बन्ध में कितनी उपेक्षा दिखाई थी, विमाता ने अपनी सन्तान का अधिकार सुरक्षित रखने के लिए उसे दूर रखने का कितना प्रयत्न किया था, यह सब उसे बताता ही कौन !

गुँगिया के नीरव स्नेह की गहराई उसकी पहुँच से बाहर थी। इसके अतिरिक्त विशेष दुलार पाने के कारण वह उसके स्नेह को अपना प्राप्य समझने लगा था, उसका दान नहीं।

एक दिन जब उसने गुँगिया से पूछ ही लिया कि वह उसे उसके बाप से क्यों छीन लाई है, तब गुँगिया के हृदय में विष-बुझा बाण-सा छिद गया; पर वह अपनी व्यथा भी कैसे प्रकट करती ! बोलने के प्रयास में खुला मुँह, विस्मय से भरी आँखें, निराशा से विजड़ित भंगिमा आदि बालक के लिए अबूझ पहेली बन कर

रह गये।

बालक के पिता की खोज करने पर पता चला कि वह किसी कारख़ाने में काम मिल जाने के कारण बाल-बच्चों के साथ कानपुर चला गया है। इसके उपरान्त गुँगिया ने अपने ककने गिरवी रख कर उसे पिता के पास भेजने का प्रबन्ध किया।

हुलासी के लिए नए कपड़े बने। काठ और मिट्टी के रंग-बिरंगे खिलौने एक पिटारे में यत्नपूर्वक सजाए गये। भुने महुए, गुड़धानी, लड्डू आदि मिष्ठान्नों की गठरी बाँधी गयी। चिकनी काली दोहनी में घी भरा गया।

गाँव के रिश्ते से काका लगने वाले एक विज्ञ को बड़ी मनुहार के उपरान्त साथ जाने के लिए राज़ी किया गया। फिर एक दिन पण्डित जी के बताये मुहूर्त्त में असगुन के डर से आँसू रोकती हुई गुँगिया तीन मील चल कर हुलासी और काका को रेल में बैठा आयी। उन्हें पहुँचा कर लौटते समय उसके लिए गाँव तक पहुँचना भी कठिन हो गया।

कभी खेत की मेड़ों पर खड़ी होती, कभी पेड़ों की छाया में बैठती, कभी रोती, कभी हँसती, गुँगिया घर पहुँची और आँगन में तुलसीचौरे पर ही सबेरे तक औंधे मुँह पड़ी रही।

कई दिन उसका मन उड़ा-सा रहा। जिस दिन उसने काम करने का निश्चय करके द्वार खोला, उसी दिन धूल-धूसरित काका के पीछे आते हुए हुलासी पर उसकी दृष्टि पड़ी। बालक के नए कपड़े मैले हो गये थे, मुख कुम्हला गया था। वह दौड़ कर बेटे को कण्ठ से लगा कर शब्दहीन अस्फुट क्रन्दन में अपनी अतीव व्यथा प्रकट करने लगी।

अन्त में यात्रा का परिणाम ज्ञात हुआ। दो दिन इधर-उधर भटकने के उपरान्त हुलासी के पिता से भेंट हुई। वह एक मैली संकीर्ण गली में दो अँधेरी कोठरियाँ ले कर अपने चार बच्चों और घर वाली के साथ रहता है। इस भूले हुए पुत्र को देख कर उसकी आँखों में जो ममता चमक उठी थी, वह पत्नी की कठोर दृष्टि की छाया में खो गयी। रात भर पति-पत्नी में विवाद होता रहा।

सवेरे विविध तर्कों के द्वारा उसने काका महोदय से पुत्र को लौटा ले जाने का अनुरोध किया। हुलासी की ननसार में जो कुछ है, वह उसी को मिलेगा; पर उन बच्चों का तो वही एक आधार है। हुलासी पिता के घर में भी विमाता के पास रहेगा और ननसार में भी, ऐसी दशा में उसे गुँगिया के साथ रह कर कारोबार, घर-ज़मीन, रुपया-पैसा आदि सँभालना चाहिए। उसका सौतेला भाई जब कुछ बड़ा हो जायेगा, तो वह भी हुलासी के पास भेज दिया जायेगा। हुलासी की विमाता स्वयं गाँव जा कर रहने के पक्ष में है; पर गुँगिया को यह पसन्द न होगा। पर, वह अमर हो कर तो आयी नहीं है ! उसके बाद वे सब एकत्र हो कर उसका कारोबार सँभालेंगे।

इस कठोर व्यावहारिकता के सामने न हुलासी के क्रन्दन की चली, न काका

के अनुनय की। निरुपाय वे दोनों पराजित सैनिकों के समान क्लान्त भाव से लौट पड़े। हुलासी की विमाता ने घी, मिष्ठान्न आदि को अपने लिए भेजा हुआ उपहार मान कर रख लिया और खिलौने, नए कपड़े आदि को अपने बच्चों का प्राप्य समझ कर उन्हें बाँट दिया।

इस प्रकार हुलासी अकिंचन बन कर ही गुँगिया के पास लौट सका था। उस बेचारी ने बालक के आहत हृदय को अपनी ममता के लेप से अच्छा करने में कुछ उठा नहीं रखा।

इसके अतिरिक्त उसकी प्रिय वस्तुओं को एकत्र करने के लिए वह एड़ी-चोटी का पसीना एक करने लगी; पर बालक के कोमल हृदय में विश्वास का जो तार टूट गया था, उसका जुड़ना सहज नहीं था। जो कुछ अप्राप्य है, उसी को पाने के लिए मनुष्य विकल होता है, इसी नियम से हुलासी का हृदय भी पिता, भाई, बहिन के लिए रोता रहता था।

गुँगिया के घर-द्वार और धन के लिए ही पिता ने उसे नहीं रखा, उसके न रहने पर ही वे सब साथ रह सकेंगे, आदि विचार भी उसके हृदय को विषाक्त करते रहते थे।

इस तरह दो वर्ष और भी बीत गये। जब हुलासी कुछ स्वस्थ हो कर गुँगिया के काम में हाथ बँटाने लगा था, तभी उसके परिहासप्रिय दुर्भाग्य से एक बाबा जी अपने दो-तीन शिष्यों के साथ वहाँ आ पहुँचे। वे पर्यटन क्रम में वहाँ आये थे; परन्तु चतुर्मास बिताने के लिए ठाकुर की अमराई में डेरा डाल कर वर्षा बीतने की प्रतीक्षा करने लगे।

ऐसे बाबा-बैरागियों का आगमन गाँव वालों के लिए महान घटना है। कोई दूध की दोहनी भेंट करता था, कोई घी की हँडिया। कोई पका काशीफल उपहार में दे जाता था, कोई गुड़ की भेली। कोई पुराना चावल रख जाता था, कोई चक्की का पिसा, सफ़ेद, गेहूँ का आटा। कोई मालपुओं का भण्डारा करने की इच्छा प्रकट करता था, कोई खीर पूरी के भोज की।

यह सब अभ्यर्थना निःस्वार्थ ही नहीं होती थी। सेवा करने वाले भक्तों में से सभी एक-न-एक वरदान चाहते थे। किसी को बुढ़ौती में पुत्र चाहिए। किसी को और अधिक धन की आवश्यकता थी। कोई अपने पट्टीदार को हराना चाहता था। कोई अपने सगे भाई को विरक्त करने के लिए उच्चाटन-मन्त्र माँगता था। कोई किसी को वश में करने के साधन का जिज्ञासु था। कोई रेहन रखे हुए खेत को बिना रुपया चुकाए लौटाने का उपाय पूछता था ! कोई गिरवी रखे गहने को हथियाने के लिए क़र्ज़दार में चित्त-भ्रम उत्पन्न करने का इच्छुक था। कोई बिना औषध के ही रोगमुक्त होने की याचना करता था। सारांश यह कि भक्तों में प्रायः सभी कोई उचित या अनुचित अभिलाषा छिपाए हुए बाबा जी के सामने हाथ जोड़े

बैठे रहते थे।

बाबा जी तो मानो 'आये थे हरिभजन को ओटन लगे कपास' को चरितार्थ करने के लिए अवतीर्ण हुए थे। तम्बाकू के पिण्ड-जैसे काले शरीर में राख का अंगराग लगा कर, नकली जटा-जूट का मुकुट धारण कर और चिमटे का राजदण्ड थाम कर वे एक कुशासन पर आसीन होकर इन याचकों के दरबार का संचालन करते। उनके दान की प्रणाली भी कम रहस्यपूर्ण नहीं थी। किसी याचक की ओर प्रसन्न मुद्रा से देख भर लेते, किसी को हाथ के संकेत से आश्वासन देने का अनुग्रह करते, किसी के प्रति चिमटा खनका कर असन्तोष व्यक्त करते, किसी को धूनी में से चुटकी भर विभूति दे कर सन्तुष्ट कर देते; इस प्रकार न उनके पास से कोई पूर्णतः निराश लौट सकता था, न कृतार्थ।

जिसकी याचना की ओर उनकी लेशमात्र भी उपेक्षा देखी जाती थी, वह दुगने उत्साह से उनकी सेवा में लग जाता और जिस पर वे विशेष कृपालु रहते थे, वह उस कृपा को स्थायी बनाये रहने के लिए और अधिक उपहार लाता रहता।

स्त्री याचकों के प्रति उनकी कृपा स्वाभाविक रहती थी। कोई ग्रामवधू जब अपने पति की अवज्ञा या अपनी सन्तानहीनता की दुख गाथा सुनाती, तब उनकी गाँजे के नशे से अरुण आँखें और अधिक अरुण हो जातीं।

तीन-चार किशोर शिष्य उनकी सेवा में दिन-रात एक किये रहते थे। उनमें कोई कौपीनधारी था, कोई अँगोछा लपेटे घूमता था। कोई मुण्डित सिर था, किसी की नकली नयी जटा सिर से खिसक-खिसक जाती थी। कोई उनके लिए प्रसाद लाते-लाते बीच में थोड़ा चख लेता था और कोई चिलम भरते-भरते एक दम लगाये बिना न रहता। गाँव के कुतूहली लड़के बाबा जी को घेरे ही रहते थे। इन्हीं के साथ हुलासी भी वहाँ आने-जाने लगा।

बाबा जी मुखमुद्रा, व्यवहार, कथोपकथन आदि से बहुत कुछ जान लेने की शक्ति रखते थे। हुलासी के सम्बन्ध में वे कितना जान चुके थे, यह कहना तो कठिन है; पर एक दिन उसे प्रथम बार देखने का अभिनय करके वे बोल उठे—'अहा ! तू तो बड़ा सिद्ध पुरुष होने वाला है बच्चा ! तेरा ललाट तो दगदगाता है; पर तेरे मन में—ज़रा पास आ, तेरी भाग्य-रेखा तो देखूँ !'

अजगर की साँस, जैसे उसका आहार बनने योग्य जीव-जन्तु को खींच लाती है, वैसे ही बाबा जी की दृष्टि हुलासी को निकट खींच लाई। फिर इस आकर्षण से वह कभी मुक्त न हो सका।

गुँगिया ने भी बाबा जी के पास तिल, गुड़, तेल आदि की सौगात भेजी थी; परन्तु उनसे कुछ पूछने के लिए न उसके पास वाणी थी, न इच्छा। हुलासी जब वहाँ रात-दिन पड़ा रहने लगा तब उसे चिन्ता हुई। एक दिन वह बाबा जी के सामने ही उसे हाथ पकड़ कर घसीट लाई; पर दूसरे दिन वह उसकी आज्ञा की

उपेक्षा करके फिर वहीं जा पहुँचा। कोई उपाय न रहने पर उसने बाबा जी के सामने फटा आँचल फैला कर अपने एकमात्र बालक की भिक्षा माँगी।

बाबा जी चाहे करुणार्द्र हो गये हों; चाहे उन्होंने परिहास किया हो; पर यह सत्य है कि उन्होंने हुलासी को घर जाने और वहाँ कभी न आने की आज्ञा दे कर दीर्घ निःश्वास लिया। हुलासी तब से वहाँ नहीं देखा गया। चतुर्मासा पूरा होने के कुछ दिन शेष रहते ही एक दिन सवेरे गाँव वालों ने अमराई को सूना देखा। बाबा जी सम्भवतः रात में ही चले गये थे। उनके जाने का समाचार सुन कर और हुलासी के बिछौने को ख़ाली देख कर गुँगिया ने अपना कपार पीट लिया। गाँव में कहीं उसे न पा कर वह कई मील तक रोती-बिलखती दौड़ी चली गयी; पर बाबा जी का कोई चिह्न नहीं मिला। कुछ दिन बाद पता चला कि उसी रात को ऐसी एक साधु मण्डली चार-पाँच मील दूरस्थ स्टेशन से रेल पर सवार हो कर चली गयी है; पर इससे अधिक समाचार पाना सम्भव न हो सका।

गुँगिया का दुख भी गाँव वालों के कौतुक का कारण बन गया था। कोई चिढ़ाता—'बाबा जी आये गुँगिया ?' कोई परिहास में कहता—'हुलासी का तार आया गुँगिया !' कोई व्यंग्य करता—'और दूसरे का बेटा ले कर लड़के वाली बन !'

पर गुँगिया हुलासी की प्रतीक्षा के अतिरिक्त और कुछ न जानती थी, न समझती थी। वह गाँव के लड़कों में न जाने किसे खोजती रहती। नया खिलौना देखते ही ख़रीद लाती और लाल पिटारी में सँभाल कर रख देती। नया कपड़ा देखते ही हुलासी के नाप का कुरता सिलवा लेती और तह करके अपने काठ के सन्दूक में भर देती। हुलासी को अच्छी लगने वाली मिठाइयाँ देखते ही मोल ले लेती और सींके पर रख आती। कभी-कभी रात के सन्नाटे में द्वार खोल कर किसी के आने की आहट सुनती। उसे पूर्ण विश्वास था कि हुलासी निश्चय ही एक दिन उसके पास लौट आवेगा; पर वह नहीं लौटा, तो नहीं लौटा।

जब मैंने गुँगिया को देखा, तब यह घटना बारह-तेरह वर्ष पुरानी हो चुकी थी। हुलासी को उसकी गूँगी मौसी के अतिरिक्त सारा गाँव भूल चुका था।

अचानक, कई वर्षों के उपरान्त गाँव लौटते हुए एक व्यक्ति ने बताया कि हुलासी कलकत्ते में एक सेठ का दरबान हो गया है। उसने विवाह करके गृहस्थी बसा ली है और उसके कई बच्चे हैं।

इस समाचार में सत्य का कितना अंश था, यह तो कहने वाला ही जाने; पर गाँव वालों ने इस दन्तकथा में भी गुँगिया को चिढ़ाने का साधन पा लिया। अब हुलासी बड़ा आदमी हो गया है, अब वह गुँगिया को शहर दिखायेगा, मोटर में घुमायेगा आदि कह कर वे परिहास करने लगे; पर गुँगिया के लिए परिहास भी सत्य था।

भाग कर कभी माँ की खोज-ख़बर तक न लेने वाले बेटे पर क्रोधित होना

तो दूर की बात है, वह उसके प्रति और भी अधिक ममतामयी हो उठी। उसका लड़का न जाने कितने कष्ट से दिन बिताता होगा। उस परदेश में किसने उसकी भूख-प्यास की चिन्ता की होगी, किसने उसके कपड़े-लत्ते का ध्यान रखा होगा। उन वैरागियों की टोली ने अवश्य ही उसे घुघ्घू का माँस खिला कर घुघ्घु बना लिया था। जब उसे घर की सुधि आयी होगी, तब लौटने के लिए रुपया-पैसा ही न रहा होगा। अब अवसर मिलते ही वह भला आदमी बन गया। गुँगिया अम्मा जीती हैं, इसे वह कैसे जान सकता है। गाँव में किसी को लिखते हुए उसे लाज लगती होगी। फिर इतने वर्षों बाद उसे कौन पहचानेगा, यही सोच कर उसने न लिखा होगा। पर उसकी गुँगिया अम्मा को तो उसे पत्र लिखना ही चाहिए। उनका समाचार पाते ही वह दौड़ा चला आवेगा। बहू भी आवेगी ही। बच्चे क्या दादी को देखने के लिए हठ न करेंगे ? इसी प्रकार के विचारों में डूबती-उतराती गुँगिया एक दिन पत्र लिखाने की इच्छा कर बैठी।

पर उसका पत्र लिखना सहज नहीं था। 'सिद्ध श्री सर्वोपमायोग्य श्री हुलासी तेली को उसकी गुँगिया अम्मा की आशीष पहुँचे', लिखने के बाद गाड़ी रुक गयी। तुमने भाग कर बहुत-बुरा किया, क्या यह लिखूँ, पूछने पर गुँगिया ने तर्जनी दिखा कर मना किया। तुमने जो कुछ किया, अच्छा किया, क्या यह लिख दूँ, पूछने पर गुँगिया ने सिर हिला कर अस्वीकृति प्रकट की। तुम्हारी गुँगिया अम्मा बारह बरस से तुम्हारी राह देख रही है, क्या यह लिखना चाहिए ! पूछने पर गुँगिया की अनुकूल सम्मति प्राप्त हुई। बस इसी प्रकार नौसिखिये कवि के समान वाक्य जोड़-जोड़ कर तोड़-तोड़ कर मैंने पत्र समाप्त किया।

पता किसी को ज्ञात नहीं था, इसी से श्री हुलासीदीन तेली, कलकत्ता, लिख कर गुँगिया से पिण्ड छुड़ाया। चिट्ठी वह स्वयं डाल आयी। पर इतने ही से मुझे छुट्टी न मिल सकी; क्योंकि गुँगिया जहाँ-तहाँ मुझे घेर कर उस डेड लेटर ऑफ़िस में खोये हुए पत्र के उत्तर के सम्बन्ध में अनेक संकेतात्मक प्रश्न करने लगी।

मेरी एक सहपाठिनी उन्हीं दिनों कलकत्ते में रह कर डॉक्टर युनान से अपनी चिकित्सा करा रही थीं, उन्हीं को मैंने गुँगिया की कथा लिख कर हुलासी को खोजने का काम सौंपा। एक सप्ताह बाद उनका जो उत्तर मिला, वह व्याजनिन्दा से भरा हुआ था। बिना पता-ठिकाना बताये हुए उस जन-समुद्र में हुलासी-जैसे अकिंचन व्यक्ति को खोज लेने की मैंने जो कल्पना की है, वह मेरी अगाध नासमझी का परिचय देती है। ऐसा व्यवहार-ज्ञान शून्य व्यक्ति लोक-समस्या में अपने आपको न उलझा कर ही सुखी हो सकता है। हुलासी के पते के स्थान में यह सब उपदेश सुन कर मेरा मन खीज उठा तो आश्चर्य नहीं।

कुछ दिन और बीत गये। इसी बीच गुँगिया बीमार पड़ गयी। उसे कई महीनों से जीर्ण ज्वर आ रहा था, जिसकी परिणति क्षय में हुई। जब वह खटिया से लग

गयी, तभी उसने काम करना बन्द किया। ज्यों-ज्यों खाँसी और कफ़ का कष्ट बढ़ता गया, त्यों-त्यों आने-जाने वालों की संख्या घटती गयी। एक दूर का सम्बन्धी गुँगिया के बैल, कोल्हू आदि का प्रबन्ध करता था और उसकी कन्या रोगिणी की थोड़ी-बहुत सेवा-टहल कर जाती थी।

जब कभी मैं गुँगिया को देखने पहुँच जाती, तब वह अपनी थकावट की चिन्ता न करके विविध संकेतों और चेष्टाओं द्वारा हुलासी के पत्र की बात पूछती।

इन्हीं दिनों सहपाठिनी का पत्र आया। उन्होंने लिखा कि हरभजन नामक नए नौकर को हुलासी को खोज निकालने का काम सौंपा गया था। हुलासी का तो अब तक पता न चल सका; पर गुँगिया के सम्बन्ध में सब जान कर हरभजन बहुत दुखी हुआ है। उसका घर भी उसी ओर किसी गाँव में है और वह भी दस-बारह वर्ष पहले अपनी माँ को बिना बताए भाग आया था। अब उसकी माँ मर चुकी है; पर गुँगिया को सुख पहुँचा कर वह अपनी माँ की आत्मा को सन्तोष दे सकेगा, ऐसा उसका विश्वास है। तीसरा दर्जा पास होने के गर्व में वह स्वयं उल्टा-सीधा पत्र लिख रहा है। गुँगिया को वह कुछ रुपया भी भेजना चाहता है। उसकी ओर से मालकिन ही भेज दें, यह प्रस्ताव उसे पसन्द नहीं, क्योंकि वह अपने पसीने की कमाई में से देना उचित समझता है। सत्यवादी बने रहने के प्रयास में उस मरणासन्न माँ का क्षणिक सन्तोष न नष्ट करूँगा, ऐसी उन्हें आशा है।

एक सप्ताह के उपरान्त हरभजन का पत्र और उसके भेजे दस रुपये भी मिल गये। कलकत्ते से समाचार आया है, सुन कर ही गुँगिया ने भेजने वाले को हुलासी समझ लिया। इसी से उससे न सत्य कहने की आवश्यकता हुई, न असत्य कहने की। हरभजन के पत्र से भी न भेजने वाले का पता चलता था, न पाने वाला का। कोई भी ग्रामीण पुत्र अपनी माँ को जो कुछ लिख सकता है वही उसने लिखा—"मइया हम जनम-जनम सेवा करके तुमसे उरिन नाहीं हुई सकित है। तुम तौ हमार लेखे विधना हौ। हमार मति बौराय गयी नाहिं त हम तुम्हार अस महतारी छाँड़ि कै देस-परदेश काहे भटकत फिरित। अब हम तुम्हरे चरनन मा आउब जरूर। छुट्टी मिलै भर की देरी समझौ। तुम कौनउ परकार की चिन्ता न करौ। तुम्हार आसिरबाद हमरे ऊपर छत्तर अस छावा रहत है। हम कब्बौ विपदा मा न पड़ब। तुम्हार बहुरिया और पोता पालांगन भेजत हैं।"

गुँगिया ने उस मैले-फटे काग़ज़ के टुकड़े को अस्थिशेष उँगलियों में दबा कर पंजर-जैसे हृदय पर रख कर आँखें मूँद लीं; पर झुर्रियों में सिमटी हुई पलकों के कोनों से बहने वाली आँसू की पतली धार उसके कानों को छू कर मैल और तेल से चीकट तकिये को धोने लगी।

इसके एक मास बाद वह हुलासी के खिलौनों की खुली पिटारी और कपड़ों से भरे बक्स के बीच में मरी पाई गयी। रुपये उसके तकिये के नीचे ज्यों-के-त्यों

धरे मिले। हरभजन के सम्बन्ध में और अधिक जानने का मैंने प्रयत्न किया; पर वह मालकिन के साथ इस ओर लौटा नहीं और वहाँ उसे खोजना हुलासी को खोजने के समान ही असम्भव है।

जीवन में मैंने जितने विचित्र व्यक्ति और जैसे रहस्मय इतिवृत्त देखे-सुने हैं, उनके सामने कल्पना के सभी निर्माण फीके पड़ सकते हैं; पर गुँगिया मेरे हृदय में जो करुण विस्मय जगा सकी थी, वह फिर नहीं जगा। मेरा पत्र-लेखन क्रम टूटा नहीं। तब मैं अपने विनोद के लिए दूसरों की जीवन-कथा लिखती थी और अब दूसरों के सुख-दुख पढ़ती हूँ, गुँगिया जैसे व्यक्तित्व को खोजने के लिए। पर संसार में अज्ञान की जितनी आवृत्तियाँ होती हैं उतनी ज्ञान की नहीं, इसी से जीवन-रहस्य की झलक देने वाले क्षणों का प्रत्यावर्त्तन भी सहज नहीं।

कभी-कभी सोचती हूँ, वह वात्सल्य की अवाक; पर चिर-स्पन्दनशील प्रतिमा क्या मेरी स्मृति में अकेली रहेगी।

देवदारु

•

हजारीप्रसाद द्विवेदी

पता नहीं किसने इस पेड़ का नाम 'देवरारु' रख दिया था, नाम निश्चय ही पुराना है, कालिदास से भी पुराना, महाभारत से भी पुराना। सीधे ऊपर की ओर उठता है, इतना ऊपर कि पास वाली चोटी से भी ऊपर उठ जाता है, एकदम द्युलोक को भेद करने की लालसा से। नीचे शाखाएँ मर्त्यलोक को अभय-देने की मुद्रा में फैलती चली जाती हैं, मानो कह रही हों, भय नहीं, मैं जो हूँ! प्रत्येक शाखा की झबरीली टहनियाँ कँटीले पत्तों के ऐसे लहरदार छन्दों का वितान तानती हैं कि छाया चेरी-सी अनुगमन करती है। जिस आचार्य ने परिपाटीविहित शिष्टजनानुमोदित 'सज्जा' को 'छाया' नाम दिया था, वह ज़रूर इस पेड़ की शोभा से प्रभावित हुआ था। पेड़ क्या है, किसी सुलझे हुए कवि के चित्त का मूर्ति-मान छन्द है—धरती के आकर्षण को अभिभूत कर के लहरदार वितानों की शृंखला को सावधानी से सँभालता हुआ, विपुल व्योम की ओर एकाग्रीभूत मनोहर छन्द। कैसी शान है, गुरुत्वाकर्षण के जड़वेग को अभिभूत करने की कैसी स्पर्द्धा है—प्राण के आवेग की कैसी उल्लासकर अभिव्यक्ति है! देवताओं का दुलारा पेड़ नहीं तो यह क्या है? क्या यों ही समाधि लगाने के लिए महादेव ने 'देवदारुद्रुमवेदिका' को ही पसन्द किया था? कुछ बात होनी चाहिए। कोई नहीं बता सकता कि महादेव समाधि लगा कर क्या पाना चाहते थे। उन्हें कमी किस बात की थी? कालिदास ने बताया है कि उन्होंने इस प्रयोजनातीत (निष्प्रयोजन तो कैसे कहें!) सामाधि के लिए देवदारुद्रुम के नीचे वेदिका बनाई थी। शायद इसलिए कि देवदारु भी अर्थातीत छन्द है—प्राणों का उल्लासनर्तन, जड़-शक्ति के दुर्वार आकर्षण को पराभूत कर के विपुल व्योम-मण्डल में विहार करने का अर्थातीत आनन्द!

कहते हैं, शिव ने जब उल्लासातिरेक में उद्दाम नर्तन किया था तो उनके शिष्य तण्डु मुनिक ने उसे याद कर लिया था। उन्होंने जिस नृत्य का प्रवर्तन किया उसे 'ताण्डव' कहा जाता है। 'ताण्डव' अर्थात् 'तण्डु' मुनि द्वारा प्रवर्तित 'रसभाव-विवर्जित' नृत्य! रस भी अर्थ है भाव भी अर्थ है परन्तु ताण्डव ऐसा नाच है जिसमें रस भी

नहीं; भाव भी नहीं। नाचने वाले का कोई उद्देश्य नहीं, मतलब नहीं, 'अर्थ' नहीं। केवल जड़ता के दुर्वार आकर्षण को छिन्न कर के एकमात्र चैतन्य की अनुभूति का उल्लास! यह 'एकमात्र' लक्ष्य ही छन्द भरता है, इसी से उसमें ताल पर नियन्त्रण बना रहता है। एकाग्रीभाव छन्द की आत्मा है। अगर यह न होता तो शिव का ताण्डव बेमेल धमाचौकड़ी और लस्टम-पस्टम उछल-कूद के सिवा और कुछ न होता। ताण्डव की महिमा आनन्दोन्मुखी एकाग्रता में है। समाधि भी एकाग्रता चाहती है। ध्यान धारणा और समाधि की एकाग्रता से ही 'योग' सिद्ध होता है। बाह्य प्रकृति के दुर्वार आकर्षण को छिन्न करने का उल्लास ताण्डव है। अन्तः प्रकृति के असंयत फिंकाव को नियन्त्रित करने के उल्लास का नाम समाधि है। देवदारु वृक्ष पहले प्रकार के उल्लास को सूचित करता है, शिव का **'निर्वात निष्कम्प इव प्रदीपः'** रूप दूसरे प्रकार के। दोनों में एक ही छन्द है। शिव ने समझ-बूझ कर ही देवदारु-द्रुम की वेदिका को पसन्द किया होगा। देवदारु के नीचे समाधिस्थ महादेव! तुक मिल रहा है, शानदार तुक! कौन कहता है कि कालिदास ने तुक मिलाने की परवाह नहीं की। मेरा मन कहता है कि कालिदास भी तुकाराम थे तुक मिलाने के मौजी वागविलासी! मगर ये तुक भोंडे किस्म के नहीं होते थे, यह तो निश्चित है। 'झगरे रगरे-बगरे डगरे' ये भी कोई तुक है! मगर सारी दुनिया इसी को तुक कहती आ रही है। कुछ न कुछ तो होगा ही, सारी दुनिया पागल नहीं हो सकती। लेकिन यह भी सही है कि 'बात-बात' में तुक मिला करता है। अगर ऐसा न होता तो 'बेतुकी' हाँकने वालों को बुरा न माना जाता। जो लोग 'तुक' की बात करते हैं, वे शब्द की ध्वनियों का तुक तो नहीं मिलाते। फिर तुक है क्या?

तुक वह है जो देवदारु की गगनचुम्बी शिखा और समाधिस्थ महादेव की निर्वात-निष्कम्प प्रदीप की ऊर्ध्वगामिनी ज्योति में है! अर्थात् तुक अर्थ में रहता है। ध्वनि-साम्य के तुक में कुछ-न-कुछ अर्थचारुता होनी चाहिए। ध्वनि-साम्य साधन है, तुक अर्थ का धर्म होना चाहिये। मगर ऐसा कहना ख़तरे से ख़ाली नहीं है। किसी नये आलोचक ने अर्थ की लय की वक़ालत की है। मैं अच्छी तरह जानता हूँ कि सारी पण्डित-मण्डली उस ग़रीब पर बरस पड़ी है। अगर तुक अर्थ में मिल सकता है, तो लय क्यों नहीं मिल सकता। मेरे अन्तर्यामी कहते हैं कि तुक तो अर्थ में रहता है, लय नहीं रहता। बहुत से लोग अन्तर की आवाज़ को आँख मूँद कर मान लेते है, मैं नहीं मान पाता। आँख खोलने पर भी यदि अन्तर की आवाज़ ठीक जँचे तो मान लेना चाहिए। क्योंकि उस अवस्था में भीतर और बाहर का तुक मिल जाता है। शिव जी ने अन्तर और बाहर का तुक मिलाने के लिए ही देवदारु को चुना था। अन्तर्यामी भी बहिर्यामी के साथ ताल मिलाते रहें। यही उचित है। महादेव ने आँखें मूँद ली थीं, देवदारु ने खोल रखी थी। महादेव ने भी जब आँख खोल दी तो तुक बिगड़ गया, छन्दोभंग हो गया, त्रैलोक्य को मदविह्वल करने वाला

देवता भस्म हो गया। उसका फूलों का तूणीर जल गया, रत्न-जड़ित धनुष टूट गया। सब गड़बड़ हो गया। सोचता हूँ—उस समय देवदारु की क्या हालत हुई होगी। क्या इतनी ही फक्कड़ाना मस्ती में झूम रहा होगा? क्या ऐसा ही बेलौस खड़ा होगा? शायद हाँ, क्योंकि शिव की समाधि टूटी थी, देवदारु का ताण्डव—रस भाव-वर्जित महानृत्त—नहीं टूटा था। देवता की तुलना में वह निर्विकार रहा—काठ बना हुआ। कौन जाने इसी कहानी को सुन कर किसी ने इसे 'देवता का काठ' (देव-दारु) नाम दे दिया हो। फक्कड़ हो तो अपने लिए हो बाबा, मनुष्य के लिए तो निरे काठ हो; दया नहीं, मोह नहीं, आसक्ति नहीं; निरे काठ! ऐसों से तो देवता ही भला! कहीं-न-कहीं उसमें दिल तो है। मगर यह भी कैसे कहा जाये! देवता के दिल होता तो लाज-शरम भी होती, लाज-शरम होती तो आँखों की पलक भी झँपतीं। लेकिन देवता है कि ताकता रहता है; पलकें उसकी झँपती ही नहीं। एक क्षण के लिए उसने आँखें मूँदीं कि अनर्थ हुआ! बहुत सावधान, सदा जाग्रत।

अलबत्ता, महादेव इन देवताओं से भिन्न थे। जहाँ आँखें झुकनी चाहिए, वहाँ उनकी आँखें झुकती थीं, जहाँ टकटकी बँधनी चाहिए वहाँ बँध जाती थी। पार्वती जब बसन्तपुष्पों के आभरण से सजी हुई सच्चारिणी पल्लविनी लता की भाँति उनके सामने आयी, तो उनके (पार्वती के) बिम्बफल के समान अधरोष्ठ वाले मोहक मुख पर उनकी टकटकी बँध गयी। फिर उनकी आँखें झुकीं भी। वे मनुष्य के समान विकारग्रस्त हुए। वे देवताओं में मनुष्य थे—महादेव! उस दिन देवदारु चूक गया। वह सब देखता रहा। इतना बड़ा अनर्थ हो गया और अपने अवधूतपन का बाना नहीं छोड़ा। वह महावृक्ष नहीं बन सका, 'देवदारु' बन गया। आँखें खोले रहना भी कोई तुक की बात है! महावृक्ष वनस्पति होते हैं, जिनमें भावुकता तो नहीं पर सार्थकता होती है, जो फूल तो नहीं देते पर फल देते हैं—'अपुष्पा फलवंतो ये।' देवदारु चूक गया, 'वनस्पति' की मर्यादा से वंचित रह गया।

तो क्या हुआ? यह सब मनुष्य की आत्म-केन्द्रित दृष्टि का प्रसाद है। देवदारु को इससे क्या लेना-देना? वह तो जैसा है, वैसा बना हुआ है। तुम उसे वनस्पति कहो या देवता का काठ कहो। तुम्हें अच्छा लगता है तो अच्छा नाम देते हो, बुरा जंचता है तो बुरा नाम देते हो। नाम में क्या धरा है? मुमकिन है, इसका पुराना नाम देवदारु हो। देवता का तरु नहीं, देवता भी और तरु भी। देव हो कर वह छन्द है, तरु हो कर अर्थ है। छन्द, समष्टिव्यापिनी जीवन-गति के समानान्तर चलने वाले व्यष्टिगत प्राणवेग का नाम है; अर्थ, समाज स्वीकृति प्राप्त संकेत हुआ करता है।

जहाँ बैठ कर लिख रहा हूँ वहाँ से ऊपर और नीचे पर्वतपृष्ठ पर देवदारु वृक्षों की सोपान-परम्परा भी दीख रही है। कैसी मोहक शोभा है। वृक्ष और भी हैं, लोगों ने नाम भी बताये हैं, पर सब छिप गये हैं। दिखते हैं, आकाशचुम्बी देवदारु; ऐसा लगता है कि ऊपर वाले देवदारु वृक्षों की फुनगी पर से लुढ़का दिया जाऊँ

तो फुनगियों पर ही लोटता हुआ हज़ारों फीट नीचे तक जा सकता हूँ अनायास! पर ऐसा लगता ही भर है। भगवान न करे कोई सचमुच लुढ़का दे। हड्डी-पसली चूर हो जायेगी। जो कुछ लगता है, वह सचमुच हो जाये तो अनर्थ हो जाये। लगने में बहुत-सी बातें ग़लत लगती हैं। इसलिए कहता हूँ कि लगना अर्थ नहीं होता, कई बार अनर्थ होता है। अर्थ वास्तविकता है, वास्तविक जगत की सच्चाई है; लगता है सो मन का विकल्प है, अंतर्जगत की स्पृहा मात्र है, छन्द है। दोनों में कहीं ताल-तुक मिल जाता तो काम की बात होती। नहीं मिलता, यह खेद की बात है। ताल-तुक मिलना अर्थ है, न मिलना अनर्थ है।

प्रत्येक व्यक्ति के मन में कुछ-न-कुछ लगता रहता है। मज़ेदार बात यह है कि व्यक्ति का लगना अलग-अलग होता है। 'अ-लग' अर्थात् जो न लगे। लगता है पर नहीं लगता, यह भी कोई तुक की बात हुई? तुक की बात तब होती जब लगना 'अलग' लगना न होता। इसीलिए कहता हूँ कि तुक अर्थ में होता है। जिसने इस पेड़ का नाम देवदारु दिया था उसे क्या लगा था, कह नहीं सकता। बात औरों को भी कमोबेश लगी होगी, तभी सबने मान लिया। जो सबको लगे सो अर्थ; एक को लगे, बाक़ी को न लगे तो अनर्थ! अलगाव को ही पुराने आचार्यों ने पृथकत्व बुद्धि का नाम दिया है। और भी समझा कर कहा है कि यह अलगाव 'मैं-पन' है, 'अहंकार' है। इधर कवि लोग हैं कि उन्हें हमेशा कुछ देख कर कुछ-न-कुछ लगता ही रहता है। खुले आम कहते हैं कि मुझे ऐसा लग रहा है। क्यों कहते हो बाबा कि 'मुझे' ऐसा लग रहा है। दुनिया की ओर भी देखो। वह तुम्हें पागल कहेगी। पागल को भी तो कुछ-न-कुछ लगता ही रहता है। मगर दुनिया को देखता हूँ तो हैरत में पड़ जाता हूँ। कवि को जो कुछ लगता है, उसके लिए वाह-वाह कह के उसे सिर उठा लेती है। कुछ समझ में नहीं आता—'हौं ही बौरी बिरह बस के बौरो सब गाँव।'

बिहारी अच्छे ख़ासे कवि माने जाते हैं। उन्हीं की बात याद आ गयी थी। बात इतनी ही-सी थी कि कोई विरह की मारी स्त्री कह रही है कि मैं ही पागल हो गयी हूँ या सारा गाँव पागल हो गया है? क्या समझ कर ये लोग चाँद को ठण्डी किरन वाला कहते हैं—'कहा जानि ये कहत हैं ससिहिं सीतकर नाँव।' विरह की मारी महिला का दिमाग़ बिगड़ गया है। जो सबको ठण्डा लग रहा है; उसे वह दाहक मान रही है। पागलपन ही तो है। मगर जब बिहारी ने उसे दोहा-छन्द में बाँध दिया तो बात बिलकुल बदल गयी। हाय-हाय कैसी विरह-वेदना है कि उस सुकुमार बालिका को चाँद भी गरम मालूम पड़ता है। हृदय के भीतर जलने वाली विरहाग्नि ने उसे किसी काम का नहीं छोड़ा है। हे भगवान, तुम ऐसा कुछ नहीं कर सकते कि सारे गाँव के समान इस बालिका को भी चन्द्रमा उतना ही शीतल लगे जितना औरों को लगता है! अर्थात् विरहिणी की दारुण व्यथा अब सबके चित्त की सामान्य अनुभूति

के साथ ताल मिला कर चलने लगी। पागल का 'लगना' एक का लगना होता है, कवि का 'लगना' सबको लगने लगता है। बात उलट कर कही जाये तो इस प्रकार होगी—जिसका लगना सबको लगे वह कवि है, जिसका लगना सिर्फ़ उसे ही लगे; और को नहीं, वह पागल है। लगने-लगने में भी भेद है। जो सबको लगे, वह अर्थ है। जो एक को ही लगे, वह अनर्थ है। अर्थ सामाजिक होता है।

मगर देवदारु का नाम केवल नाम ही नहीं है। मैंने अपने गाँव के एक महान भूत-भगावन ओझा को देवदारु की लकड़ी से भूत भगाते देखा है। आजकल के शिक्षित लोग भूत में विश्वास नहीं करते। वे भूत को मन का वहम मानते हैं। पर गाँव में भूत लगते मैंने देखा है। भूत भागते भी देखा है। भूत भी 'लगता' है। सब लगा-लगी वहम ही होती होगी। आँखों की भी। बिहारी जानते थे। कह गये हैं—'लगालगी लोचन करें; नाहक मन बँधि जाय।' नाहक अर्थात् बेमतलब, निरर्थक।

हमारे गाँव में एक पण्डित जी थे। अपने को महाविद्वान मानते थे। विद्या उनके मुँह से फचाफच निकला करती थी। शास्त्रार्थ में वे बड़े-बड़े दिग्गजों को हरा देते थे। विद्या के ज़ोर से नहीं, फचफचाहट के आघात से। प्रतिपक्षी मुँह पोंछता हुआ भागता था। अगर कुछ कैंड़े का हुआ तो दैहिक बल से जय-पराजय का निश्चय होता था। मेरे सामने ही एक बार ख़ासी गुत्थमगुत्थी हो गयी। गाँव जवार के लोगों को पण्डित जी की विद्या पर भरोसा नहीं था, पर उनकी फचाफच वाणी और भीमकाया पर विश्वास अवश्य था। शास्त्रार्थ में पण्डित कभी हारे नहीं। कम लोग जानते हैं कि शास्त्रार्थ में कोई हारता नहीं, हराया जाता है! पण्डित जी के यजमान जमके उनके पीछे लाठी ले कर खड़े हो जाते थे तो उनकी विजय निश्चित हो जाती थी। पण्डित जी केवल बड़े दिग्गज विद्वानों के ही नहीं, आस-पास के भूतों को भी पराजित करने में अपना प्रतिद्वन्द्वी नहीं जानते थे। गायत्री का मन्त्र (जो उनके मुँह से आल्हा जैसा सुनायी देता था) और देवदारु की लकड़ी—उनके अस्त्र थे। एक बार वे बगीचे से गुज़र रहे थे। घोर अन्धकार, भंयकर सुनसान! क्या देखते हैं कि आगे दनादन ढेले गिर रहे हैं। पण्डित जी का अनुभवी मन तुरन्त ताड़ गया कि कुछ दाल में काला है। मनुष्य इतनी तेज़ी से ढेले नहीं फेंक सकता। पण्डित जी डरने वाले नहीं थे। मुड़ कर ललकारा—अरे केवन है! केवन अर्थात् कौन। पीछे मुण्डकट्टा, घोड़े पर चढ़ा चला आ रहा था, टप्प-टप्प-टप्प! (यहाँ पाठकों की जानकारी के लिए बता दूँ कि एक बार मैंने अपने गाँव में भूतों के जाति-भेद की जाँच की थी। कुल तेईस क़िस्म के हैं। मुण्डकट्टा एक भूत ही है। मूँड नहीं है। छाती पर दो आँखें मशाल की तरह जलती रहती हैं। घोड़े पर चढ़ कर चलता है) सो, पण्डित जी से उलझने की हिमाक़त की इस दुरन्त मुण्डकट्टे ने। डरने वाला कोई और होता है। पण्डित जी ने जूता उतार दिया, वह गायत्री मन्त्र के पाठ में बाधक था। झमाझम गायत्री पढ़ने लगे। देवदारु की लकड़ी मुट्ठी में थी। दे रद्दे पर रद्दा। बिचारा-मुण्डकट्टा त्राहि-त्राहि

कर उठा। अबकी बार छोड़ दो पण्डित जी, पहचान नहीं सका था। अब फिर यह ग़लती नहीं होगी। आज से मैं तुम्हारा ग़ुलाम हुआ। पण्डित जी का ब्राह्मण मन पसीज गया। नहीं तो सारे गाँव जवार का कंटक समाप्त ही हो गया। मैंने यह कहानी स्वयं पण्डित जी के मुँह से सुनी थी। अविश्वास करने का कोई उपाय नहीं था—फर्स्टहैण्ड इन्फर्मेशन था। उस दिन मेरे बालचित पर देवदारु की धाक जम गयी थी। अब भी क्या दूर हुई है?

आज देवदारु के जंगल में बैठा हूँ। लाख-लाख मुण्डकट्टों को ग़ुलाम बना सकता हूँ। भूतों में जैसे मुण्डकट्टे होते हैं, आदमियों में भी कुछ होते हैं। मस्तक नाम की चीज़ उनके पास होती ही नहीं। मस्तक ही नहीं मस्तिष्क कहाँ, लता ही कट गयी तो फूल की सम्भावना ही कहाँ रही—**'लतवां पूर्वलूनायां प्रसूनस्योद्भवः कुतः'**? क्या इन मुण्डकट्टों को देवदारु की लकड़ी से पराभूत किया जा सकता है? करने का प्रयत्न ही तो कर रहा हूँ। परन्तु पण्डित जी के पास तो फचफची गायत्री थी, वह कहाँ पाऊँ?

मन की सारी भ्राँति को दूर करने वाले देवदारु, तुम्हें देख कर मन श्रद्धा से जो भर जाता है, वह अकारण नहीं है। तुम भूत-भगावन हो, तुम वहम-मिटावन हो, तुम भ्राँति-नसावन हो। तुम्हें दीर्घकाल से जानता था, पर पहचानता नहीं था। अब पहचान भी रहा हूँ। तुम देवता के दुलारे हो, महादेव के प्यारे हो, तुम धन्य हो।

जानता हूँ कि बुद्धिमान लोग कहेंगे कि यह महज गप्प है। यह भी जानता हूँ कि कदाचित अन्तिम विश्लेषण पर पण्डित जी की कहानी 'पत्ता खड़का, बन्दा भड़का' से अधिक वज़नदार न साबित हो। सम्भावना तो यहाँ तक है कि पत्ता भी न खड़का हो और पण्डित जी ने आद्योपान्त पूरी कहानी बना ली हो। मगर बलिहारी है इस सर्जनशक्ति की। क्या शानदार कहानी रची है पण्डित जी ने। आदिकाल से मनुष्य गप्प रचता आ रहा है, अब भी रचे जा रहा है। आजकल हम लोग ऐतिहासिक युग में जीने का दावा करते हैं। पुराना मनुष्य 'मिथकीय युग' में रहता था, जहाँ वह भाषा के माध्यम को अपूर्ण समझता था, वहाँ मिथकीय तत्त्वों से काम लेता था। मिथक—गप्पें—भाषा की अपूर्णता को भरने का प्रयास हैं। आज भी क्या हम मिथकीय तत्त्वों से प्रभावित नहीं है? भाषा बुरी तरह अर्थ से बँधी हुई है। उनमें स्वच्छन्द संचार की शक्ति क्षीण से क्षीणतर होती जा रही है। मिथक स्वच्छन्द विचरण करता है। आश्रय लेता है भाषा का, अभिव्यक्त करता है भाषातीत को। मिथकीय आवरणों को हटा कर उसे तथ्यानुयायी अर्थ देने वाले लोग मनोवैज्ञानिक कहलाते हैं, आवरणों की सार्वभौम रचनात्मकता को पहचानने वाले कला-समीक्षक कहलाते हैं। दोनों को भाषा का सहारा लेना पड़ता है, दोनों धोखा खाते हैं। भूत तो सरसों में है। जो सत्य है, वह सर्जनशक्ति के सुनहरे पात्र में मुँह बन्द किये ढँका ही रह जाता है। एक पर-एक गप्पों की परत जमती जा रही

हैं। सारी चमक सीपी की चमक में चाँदी देखने की तरह मन का अभ्यास मात्र है। गप्प कहाँ नहीं है, क्या नहीं है? मगर छोड़िये भी।

देवदारु भी सब एक से नहीं होते। मेरे बिलकुल पास में जो है, वह जरठ भी है, खूँसट भी। जरा उसके नीचे की ओर जो है, वह सनकी-सा लगता है। एक मोटे राम खड्ड के एक प्रान्त पर उगे हैं आधे ज़मीन में, आधे अधर में; आधा हिस्सा ठूँठ; आधा जगर-मगर; सारे कुनबे के पाधा जान पड़ते हैं। एक अल्हड़ किशोर है, सदा हँसता-सा; कवि जैसा लगता है। जी करता है, इसे प्यार किया जाये। सदा से ऐसा होता आया है। हर देवदारु का अपना व्यक्तित्व होता है। एक इतना कमनीय था कि बैल की ध्वजा वाले महादेव ने उसे अपना बेटा बना लिया था। पार्वती माता की छाती से दूध ढरक पड़ा था। कालिदास ख़ुद कह गये हैं। मगर कुछ लोग ऐसे होते हैं कि उन्हें 'सबै धान बाईस पसेरी' दिखते हैं। वे लोग सबको एक ही जैसा देखते हैं। उनके लिए वह खूँसट, वह पाधा, वह सूम, वह सनकी, वह झिंझोटा, वह झबरैला, वह चपरगेंगा, वह गदरौना, वह खिटखिटा, वह झक्की, वह बाँकुरा, वह चौंरगी—सब समान हैं। महादेव जी के प्यारे बेटे के कमनीय व्यक्तित्व को भी सब नहीं पहचान सकते थे। एक मदमत्त गजराज आये और अपने गण्डस्थल की खाज मिटाने के लिए उसी पर पिल पड़े। जड़ें हिल गईं, पत्ते झड़ गये, खाल छूट गयी और आप खाज मिटाते रहे। महादेव जी को बड़ा क्रोध आया। आना ही था। उन्होंने उसकी रक्षा के लिए एक सिंह तैनात कर दिया। पर मेरे सामने जो अल्हण कवि हैं, इनका क्या होगा। वह तो कहिये कि इधर हाथी आते ही नहीं। फिर भी डर तो लगता ही है। हाथी न सही, गधों और खच्चरों से तो शहर भरा पड़ा है। लेकिन मैं जिधर हूँ, उधर वे भी कम ही आते हैं। गाहे-बगाहे आ भी जाते है। पर उन्हें देवदारु की तरफ़ देखने की फ़ुरसत नहीं होती। उन्हें देखने को और बहुत-सी चीज़ें मिल जाती हैं। बहरहाल, कोई ख़ास चिन्ता की बात नहीं है। इस देश के लोग पीढ़ियों से सिर्फ़ जाति देखते आ रहे हैं, व्यक्तित्व देखने की उन्हें न आदत है, न परवाह है। सन्त लोग चिल्ला कर थक गये कि 'मोल करो तलवार का, पड़ा रहन दो म्यान' मगर तलवार बन्द ही रह गये। म्यान के मोल-भाव से बाज़ार गर्म है। व्यक्तित्व को यहाँ पूछता ही कौन है! अर्थमात्र, जाति है : छन्दमात्र, व्यक्तित्व है। अर्थ आसानी से पहचाना जा सकता है, क्योंकि वह धरती पर चलता है। छन्द आसानी से पकड़ में नहीं आता, वह आसमान में उड़ा करता है।

बात यह है कि जब मैं कहता हूँ कि देवदारु सुन्दर है तो सुनने वाले सुन्दर का एक सामान्य अर्थ ही लेते हैं। हज़ार तरह के सुन्दर पदार्थों में रहने वाला एक सामान्य सौन्दर्य धर्म। सौन्दर्य का कौन-सा विशिष्ट रूप मेरे हृदय में उल्लास तरंगित कर रहा है, यह बात बस, मैं ही जानता हूँ। अगर मुझमें इस बात को कहने की शक्ति नहीं हुई तो यह गूँगे का गुड़ बनी रह जायेगी। जिसमें शक्ति होती है, वह

कवि कहलाता है। अनेक प्रकार के कौशल से वह इस बात को कहने का प्रयत्न करता है, फिर भी शब्दों का सहारा तो उसे लेना ही पड़ता है। शब्द सदा सामान्य अर्थ को प्रकट करते हैं। कवि विशिष्ट अर्थ देना चाहता है। वह छन्दों के सहारे, उपमान—योजना के बल पर, ध्वनिसाम्य के द्वारा विशिष्ट अर्थ का साधारणीकरण करता है। तो भी क्या सब उसके विशिष्ट अर्थ को समझ पाते हैं? बिलकुल नहीं। कोई बड़भागी होता है जिसके दिल की धड़कन कवि के दिल की धड़कन के साथ ताल मिला पाती है। कवि के हृदय के साथ जिनका हृदय मिल जाये उसे 'सहृदय' कहा जाता है। देवदारु की ऊर्ध्वशिखा-शोभा मेरे हृदय में एक विशेष उल्लास पैदा करती है। मेरे पास कवि-कौशल नाम की चीज़ नहीं है। मैं अपने विशिष्ट अनुभवों का साधारणीकरण नहीं कर पा रहा हूँ। कवि होता तो कर लेता। उपमानों की छटा खड़ी कर देता, सहृदय के चित्त को अपने चित्त के ताल पर नृत्य कराने योग्य छन्द ढूँढ लेता, ध्वनियों की नियत-संचारी समता का ऐसा समाँ बाँधता कि सुनने वाले का मन मयूर की भाँति नाच उठता, पर मेरे भाग्य में यह कुछ भी नहीं है। केवल आँख फाड़ कर देखता हूँ, पाषाण की कठोर छाती भेद कर यह देवदारु न जाने किस पाताल से अपना रस खींच रहा है और क्रम-ह्रस्व छाया का वितान तानता हुआ ऊर्ध्वलोक की ओर किसी अज्ञात निर्देशक के तर्जनी-संकेत की भाँति कुछ दिखा रहा है। यह इतनी उँगलियाँ क्या यों ही उठी हुई हैं? कुछ बात है, अवश्य कुछ रहस्य है। भीतर-ही-भीतर अनुभव कर रहा हूँ, पर बता सकूँ ऐसी भाषा कहाँ है? हाय, मैं असमर्थ हूँ, मूक हूँ! **मीमांसकों** का एक सम्प्रदाय मानता था कि शब्द का अर्थ वहाँ तक जाता है, जहाँ तक वक्ता ले जाना चाहता है। वक्ता की इच्छा को विवक्षा कहते हैं। ये लोग कहते हैं कि जब जैमिनी मुनि ने कहा था कि **'यत्परः शब्दः स शब्दार्थः'** तो उनका यही मतलब था। मेरा रोम-रोम अनुभव कर रहा है कि मुनि की बात का ऐसा अर्थ नहीं होना चाहिए। कहाँ विवक्षा इतनी दूर तक ले जाती है? 'सुन्दर' शब्द का प्रयोग कर के मैं जो कहना चाहता हूँ, वह कहाँ प्रकट हो पा रहा है? कहना तो बहुत चाहता हूँ, कोई समझे भी तो। नहीं, शब्द उतना ही बता पाता है, जितना लोग समझते हैं, वक्ता जो कहना चाहता है; उतना कहाँ बता पाता है वह? दुनिया में कवियों की जो क़दर है, वह इसलिए है कि वे जो अनुभव करते हैं, उसे श्रोता के चित्त में प्रविष्ट भी करा सकते हैं। प्रेषणधर्मिता उनके कहे का एक प्रधान गुण है। मैं नहीं पहुँचा पाता हूँ उस अर्थ को, जिसे मेरा मन अनुभव कर रहा है। क्योंकि मैं शब्दों और छन्दों का ऐसा अस्त्र नहीं पाता हूँ, जो मेरी अनुभूतियों को ले कर तीर की तरह श्रोता के हृदय में चुभ जाये। अर्थ निश्चय ही वक्ता की इच्छा के अधीन नहीं है। वह सामाजिक स्वीकृति चाहता है। उसमें लय नहीं, संगीत नहीं, नाद नहीं, गति नहीं। वह स्थिर है। शब्दों के गतिशील आवेश

से वह हिलता है, भरभराता है, नये-नये परिवेश में सजता है और तब कहीं नया अर्थ पैदा करता है। अर्थ में लय नहीं होता, वह लय के सहारे नया अर्थ देता है।

लेकिन देवदारु है शानदार वृक्ष। हवा के झोंकों से जब हिलता है तो उसका आभिजात्य झूम उठता है। कालिदास ने इसी हिमालय के उस भाग की, जहाँ से भागीरथी के निर्झर झरते रहते हैं, शीतल-मन्द-सुगन्ध पवन की चर्चा की थी। उन्होंने शीतलता को भागीरथी के निर्झर सीकरों की देन कहा, सुगन्धि को आस-पास के वृक्षों के पुष्पों के सम्पर्क की बदौलत घोषित किया; लेकिन मन्दी के लिए मुहुः क्रन्दित देवदारु को उत्तरदायी ठहराया। देवदारु के बार-बार कम्पित होते रहने में एक प्रकार की मस्ती अवश्य है। युग-युगान्तर की संचित अनुभूति ने ही मानो यह मस्ती प्रदान की है। ज़माना बदलता रहा है, अनेक वृक्षों और लताओं ने वातावरण से समझौता किया है, कितने ही मैदान में जा बसे हैं और ख़ासी प्रतिष्ठा प्राप्त कर ली है; लेकिन देवदारु है कि नीचे नहीं उतरा, समझौते के रास्ते नहीं गया और उसने अपनी ख़ानदानी चाल नहीं छोड़ी। झूमता है तो ऐसा मुस्कुराता हुआ, मानो कह रहा हो, मैं सब जानता हूँ, सब समझता हूँ। तुम्हारे करिश्मे मुझे मालूम हैं, मुझसे तुम क्या छिपा सकते हो—**मोते दुरैहो कहा सजनी निहुरे-निहुरे कहूं ऊँट की चोरी!** हज़ारों वर्ष के उतार-चढ़ाव का ऐसा निर्मम साथी दुर्लभ है।

सदाचार का तावीज़

•

हरिशंकर परसाई

एक राज्य में हल्ला मचा कि भ्रष्टाचार बहुत फैल गया है।

राजा ने एक दिन दरबारियों से कहा—"प्रजा बहुत हल्ला मचा रही है कि सब जगह भ्रष्टाचार फैला हुआ है। हमें तो आज तक कहीं नहीं दिखा। तुम लोगों को कहीं दिखा हो तो बताओ।"

दरबारियों ने कहा—"जब हुजूर को नहीं दिखा तो हमें कैसे दिख सकता है?"

राजा ने कहा—"नहीं, ऐसा नहीं है। कभी-कभी जो मुझे नहीं दिखता, वह तुम्हें दिखता होगा। जैसे मुझे बुरे सपने कभी नहीं दिखते पर तुम्हें तो दिखते होंगे।"

दरबारियों ने कहा—"जी, दिखते हैं। पर वह सपनों की बात है।"

राजा ने कहा—"फिर भी तुम लोग सारे राज्य में ढूँढ कर देखो कि कहीं भ्रष्टाचार तो नहीं है। अगर कहीं मिल जाए तो हमारे देखने के लिए नमूना लेते आना। हम भी तो देखें कि कैसा होता है।"

एक दरबारी ने कहा—"हुजूर, वह हमें नहीं दिखेगा। सुना है, वह बहुत बारीक होता है। हमारी आँखें आपकी विराटता देखने की इतनी आदी हो गयी हैं कि हमें बारीक चीज़ नहीं दिखती। हमें भ्रष्टाचार दिखा भी तो उसमें हमें आपकी ही छवि दिखेगी क्योंकि हमारी आँखों में तो आपकी ही सूरत बसी है। पर अपने राज्य में एक जाति रहती है जिसे 'विशेषज्ञ' कहते हैं। इस जाति के पास कुछ ऐसा अंजन होता है कि उसे आँखों में आँज कर वे बारीक-से-बारीक चीज़ भी देख लेते हैं। मेरा निवेदन है कि इन विशेषज्ञों को ही हुजूर भ्रष्टाचार ढूँढने का काम सौंपें।"

राजा ने 'विशेषज्ञ' जाति के पाँच आदमी बुलाए और कहा—"सुना है, हमारे राज्य में भ्रष्टाचार है। पर वह कहाँ है, यह पता नहीं चलता। तुम लोग उसका पता लगाओ। अगर मिल जाए तो पकड़ कर हमारे पास ले आना। अगर बहुत

हो तो नमूने के लिए थोड़ा-सा ले आना।"

विशेषज्ञों ने उसी दिन से छान-बीन शुरू कर दी। दो महीने बाद वे फिर से दरबार में हाज़िर हुए।

राजा ने पूछा—"विशेषज्ञो, तुम्हारी जाँच पूरी हो गयी?"

"जी, सरकार।"

"क्या तुम्हें भ्रष्टाचार मिला?"

"जी, बहुत-सा मिला।"

राजा ने हाथ बढ़ाया—"लाओ, मुझे बताओ। देखूँ, कैसा होता है!"

विशेषज्ञों ने कहा—"हुज़ूर, वह हाथ की पकड़ में नहीं आता। वह स्थूल नहीं, सूक्ष्म है, अगोचर है। पर वह सर्वत्र व्याप्त है। उसे देखा नहीं जा सकता, अनुभव किया जा सकता है।"

राजा सोच में पड़ गये। बोले—"विशेषज्ञो, तुम कहते हो कि वह सूक्ष्म है, अगोचर है और सर्वव्यापी है। ये गुण तो ईश्वर के हैं। तो क्या भ्रष्टाचार ईश्वर है?"

विशेषज्ञों ने कहा—"हाँ महाराज, अब भ्रष्टाचार ईश्वर हो गया है।"

एक दरबारी ने पूछा—"पर वह है कहाँ? कैसे अनुभव होता है?"

विशेषज्ञों ने जवाब दिया—"वह सर्वत्र है। वह इस भवन में है। वह महाराजा के सिंहासन में है।"

"सिंहासन में है?"—कह कर राजासाहब उछल कर दूर खड़े हो गये।

विशेषज्ञों ने कहा—"हाँ, सरकार, सिंहासन में है। पिछले माह इस सिंहासन पर रंग करने के जिस बिल का भुगतान किया है, वह बिल झूठा है। वह वास्तव में दुगुने दाम का है। आधा पैसा बीच वाले खा गये। आपके पूरे शासन में भ्रष्टाचार है और वह मुख्यतः घूस के रूप में है।"

विशेषज्ञों की बात सुन कर राजा चिन्तित हुए और दरबारियों के कान खड़े हुए।

राजा ने कहा—"यह तो बड़ी चिन्ता की बात है। हम भ्रष्टाचार बिलकुल मिटाना चाहते हैं। विशेषज्ञो, तुम बता सकते हो कि वह कैसे मिट सकता है?"

विशेषज्ञों ने कहा—"हाँ महाराज, हमने उसकी भी योजना तैयार की है। भ्रष्टाचार मिटाने के लिए महाराज को व्यवस्था में बहुत परिवर्तन करने होंगे। एक तो भ्रष्टाचार के मौक़े मिटाने होंगे। जैसे ठेका है तो ठेकेदार है और ठेकेदार है तो अधिकारियों को घूस है। ठेका मिट जाये तो उसकी घूस मिट जाये। इसी तरह और बहुत-सी चीज़ें हैं। किन कारणों से आदमी घूस लेता है, यह भी विचारणीय है।"

राजा ने कहा—"अच्छा, तुम अपनी पूरी योजना रख जाओ। हम और हमारा दरबार उस पर विचार करेंगे।"

विशेषज्ञ चले गये।

राजा ने और दरबारियों ने भ्रष्टाचार मिटाने की योजना को पढ़ा। उस पर

विचार किया।

विचार करते दिन बीतने लगे और राजा का स्वास्थ्य बिगड़ने लगा।

एक दिन एक दरबारी ने कहा—"महाराज, चिन्ता के कारण आपका स्वास्थ्य बिगड़ता जा रहा है। उन विशेषज्ञों ने आपको झंझट में डाल दिया।"

राजा ने कहा—"हाँ, मुझे रात को नींद नहीं आती।"

दूसरा दरबारी बोला—"ऐसी रिपोर्ट को आग के हवाले कर देना चाहिए जिससे महाराज की नींद में ख़लल पड़े।"

राजा ने कहा—"पर करें क्या? तुम लोगों ने भी भ्रष्टाचार मिटाने की योजना का अध्ययन किया है। तुम्हारा क्या मत है? क्या उसे काम में लाना चाहिए?"

दरबारियों ने कहा—"महाराज, वह योजना क्या है, एक मुसीबत है। उसके अनुसार कितने उलट-फेर करने पड़ेंगे! कितनी परेशानी होगी! सारी व्यवस्था उलट-पुलट हो जाएगी। जो चला आ रहा है, उसे बदलने से नयी-नयी कहानियाँ पैदा हो सकती हैं। हमें तो कोई ऐसी तरकीब चाहिए जिससे बिना कुछ उलट-फेर किये भ्रष्टाचार मिट जाये।"

राजा साहब बोले—"मैं भी यही चाहता हूँ। पर यह हो कैसे? हमारे प्रपितामह को तो जादू आता था; हमें वह भी नहीं आता! तुम लोग ही कोई उपाय खोजो।"

एक दिन दरबारियों ने राजा के सामने एक साधु को पेश किया और कहा—"महाराज, एक कन्दरा में तपस्या करते हुए इस महान साधक को हम ले आये हैं। इन्होंने सदाचार का तावीज़ बनाया है। वह मन्त्रों से सिद्ध है और उसके बाँधने से आदमी एकदम सदाचारी हो जाता है।"

साधु ने अपने झोले में से एक तावीज़ निकाल कर राजा को दिया। राजा ने उसे देखा। बोले—"हे साधु, इस तावीज़ के विषय में मुझे विस्तार से बताओ। इससे आदमी सदाचारी कैसे हो जाता है?"

साधु ने समझाया—"महाराज, भ्रष्टाचार और सदाचार मनुष्य की आत्मा में होता है; बाहर से नहीं होता। विधाता जब मनुष्य को बनाता है तब किसी की आत्मा में ईमान की कल फिट कर देता है और किसी की आत्मा में बेईमानी की। इस कल में से ईमान या बेईमानी के स्वर निकलते हैं, जिन्हें 'आत्मा की पुकार' कहते हैं। आत्मा की पुकार के अनुसार ही आदमी काम करता है। प्रश्न यह है कि जिनकी आत्मा से बेईमानी के स्वर निकलते हैं, उन्हें दबा कर ईमान के स्वर कैसे निकाले जायें? मैं कई वर्षों से इसी के चिन्तन में लगा हूँ। अभी मैंने यह सदाचार का तावीज़ बनाया है। जिस आदमी की भुजा पर यह बँधा होगा, वह सदाचारी हो जायेगा। मैंने कुत्ते पर भी प्रयोग किया है। यह तावीज़ गले में बाँध लेने से कुत्ता भी रोटी नहीं चुराता। बात यह है कि इस तावीज़ में से भी सदाचार के स्वर निकलते हैं। जब किसी की आत्मा बेईमानी के स्वर निकालने लगती है तब इस

तावीज़ की शक्ति आत्मा का गला घोंट देती है और आदमी को तावीज़ से ईमान के स्वर सुनायी पड़ते हैं। वह इन स्वरों को आत्मा की पुकार समझ कर सदाचार की ओर प्रेरित होता है। यही इस तावीज़ का गुण है, महाराज।"

दरबार में हलचल मच गयी। दरबारी उठ-उठ कर तावीज़ को देखने लगे।

राजा ने ख़ुश हो कर कहा—"मुझे नहीं मालूम था कि मेरे राज्य में ऐसे चमत्कारी साधु भी हैं। महात्मन्, हम आपके बहुत आभारी हैं। आपने हमारा संकट हर लिया। हम सर्वव्यापी भ्रष्टाचार से बहुत परेशान थे। मगर हमें लाखों नहीं, करोड़ों तावीज़ चाहिए। हम राज्य की ओर से तावीज़ों का कारख़ाना खोल देते हैं। आप उसके जनरल मैनेजर बन जायें और अपनी देख-रेख में बढ़िया तावीज़ बनवायें।"

एक मन्त्री ने कहा—"महाराज, राज्य क्यों झंझट में पड़े? मेरा तो निवेदन है कि साधु बाबा को ठेका दे दिया जाये। वे अपनी मण्डली से तावीज़ बनवा कर राज्य को सप्लाई कर देंगे।"

राजा को यह सुझाव पसन्द आया। साधु को तावीज़ बनाने का ठेका दे दिया गया। उसी समय उन्हें पाँच करोड़ रुपए कारख़ाना खोलने के लिए पेशगी मिल गये।

राज्यों के अख़बारों में ख़बरें छपी—'सदाचार के तावीज़ की खोज!' 'तावीज़ बनाने का कारख़ाना खुला।'

लाखों तावीज़ बन गये। सरकार के हर सरकारी कर्मचारी की भुजा पर एक-एक तावीज़ बाँध दिया गया।

भ्रष्टाचार की समस्या का ऐसा सरल हल निकल आने से राजा और दरबारी, सब ख़ुश थे।

एक दिन राजा की उत्सुकता जागी। सोचा—'देखें तो कि यह तावीज़ कैसे काम करता है!'

वह वेश बदल कर एक कार्यालय गये। उस दिन दो तारीख थी। एक दिन पहले तनख़्वाह मिली थी।

वह एक कर्मचारी के पास गये और कई काम बता कर उसे पाँच रुपए का नोट देने लगे।

कर्मचारी ने उन्हें डाँटा—"भाग जाओ यहाँ से! घूस लेना पाप है!"

राजा बहुत ख़ुश हुए। तावीज़ ने कर्मचारी को ईमानदार बना दिया था।

कुछ दिन बाद वह फिर वेश बदल कर उसी कर्मचारी के पास गये। उस दिन इकत्तीस तारीख़ थी—महीने का आख़िरी दिन।

राजा ने फिर उसे पाँच का नोट दिखाया और उसने ले कर जेब में रख लिया।

राजा ने उसका हाथ पकड़ लिया। बोले—"मैं तुम्हारा राजा हूँ। क्या तुम आज सदाचार का तावीज़ बाँध कर नहीं आये?"

"बाँधा है, सरकार, यह देखिए।"

उसने आस्तीन चढ़ा कर तावीज़ दिखा दिया।

राजा असमंजस में पड़ गये। फिर ऐसा कैसे हो गया?

उन्होंने तावीज़ पर कान लगा कर सुना। तावीज़ में से स्वर निकल रहे थे—'अरे, आज तो इकत्तीस है। आज तो ले ले?'

सरहद के उस पार

•

फणीश्वर नाथ 'रेणु'

बी.ए. रेलवे की 'कटिहार-जोगबनी' ब्रांच लाइन का अन्तिम स्टेशन—जोगबनी। गाड़ी के इंजन को जहाँ से फिर कटिहार की ओर मोड़ा जाता है, उससे दस गज़ के फ़ासले पर सरहद रेखा, उसके बाद ही 'नेपाल राज्य' का विराटनगर। विराटनगर—'मिलों का नगर'—कई मीलों तक फैला हुआ। विशाल मशीनों के विभिन्न पुर्ज़ों की अलग-अलग आवाज़ें—धड़-धड़, फट-फट, घर्र-घर्र, सू-सू, चर्र-चू-फस...वगैरह, सामूहिक आवाज़—हः हः, हाय-हाय!

नेपाल राज्य! स्वतन्त्र राज्य! हिमालय की सुनहरी चोटियाँ! आज़ाद मिट्टी, मुक्त हवा—कितना मोहक! कितना सुन्दर!—आख़िर आप मचल पड़े उस पार जाने को।

"ठहरिये।"—तलाशी दीजिये। जी हाँ, वह गन्दा सुखाल (नेपाली पाजामा) और गन्दी टोपी पहना हुआ व्यक्ति स्वतन्त्र राज्य का कर्मचारी है। आपके पास से कोई आपत्तिजनक चीज़ नहीं निकलती? बीड़ी भी नहीं? तो चलिये जल्दी, वरना 'ट्रक' में जगह नहीं मिलेगी। क्या कहा? आप इस म्यूनिसिपलेटी के कूड़ा ढोने वाले 'ट्रक' पर नहीं चढ़ियेगा? लेकिन, दूसरा चारा ही क्या है? और इस पर भी जगह मिल जाय तो सौभाग्य ही समझिये। आख़िर वही हुआ, जो मैंने कहा था, जगह नहीं मिली! देखूँ, यदि ड्राइवर की बग़ल में बैठने को मिल जाये, पैसे कुछ ज़्यादे देने पड़ेंगे। नहीं, वहीं तो लेफ़टेंट साहब बैठे हैं। देखिये, आपका यह सफ़ेद कुर्ता और पाजामा बहुतों की निग़ाह में खटक रहा है। कहीं पूछे जाने पर छाती फुला कर यह मत कह डालियेगा कि "मैं सोशलिस्ट हूँ और विराटनगर में मज़दूर यूनियन क़ायम करने आया हूँ। अथवा मज़दूरों की हालत का अध्ययन करने आया हूँ।" फिर तो साहब, आपकी सारी किताबें ज़ब्त हो जाएंगी, और आपको रोक कर न जाने कितने बखेड़े खड़े किये जायेगे। बदक़िस्मती से कहीं आपके बैग से 'जनता'

की एक कॉपी निकली या आप 'बेनीपुरीजी' निकले, तब तो बड़ी मुश्किल है। मामला बहुत महँगा पड़ जायेगा। क्योंकि 'जनता' और 'बेनीपुरीजी' को यहाँ के बड़े हाक़िमों से ले कर छोटे सुबा तक जानते हैं। जिस राज्य में 'घूस' को 'राजधर्म' मान लिया गया हो, वहाँ यदि इस आशय के अफ़वाह फैल चुकें हो कि नेपाल सरकार ने बेनीपुरीजी को घूस में बहुत बड़ी रक़म ऑफ़र की थी, किन्तु उसे अस्वीकार कर, वे 'जनता' में नेपाल की चिट्ठियाँ प्रकाशित करते रहे—तो 'बेनीपुरी' वहाँ के हाक़िमों के लिए वास्तव में दूसरी दुनिया के जीव होंगे ही।

अब देखते क्या हैं, चलिये पैदल। अब शुरू हुआ यह मिलों का नगर, 'चमड़िया-सिंहानियाँ-लायलकाओं' का षड़यन्त्र क्षेत्र। आपके मुल्क़ के महान क्रान्तिकारियों और आज़ादी के परवानों-सोशलिस्टों ने 1942 की क्रान्ति में इस नेपाल राज्य में अपना अड्डा क़ायम किया था, किन्तु उपरोक्त 'कैपिटलिस्टों' की निग़ाह बहुत दिनों से इस पवित्र मिट्टी की ओर लगी हुई है तथा वे धीरे-धीरे अपने षड़यन्त्र में सफल भी हो रहे हैं। हाँ, षड़यन्त्र! यहाँ के मुट्ठी-भर राजघरानों और शासक वर्गों की क़दमबोसी तथा पॉकेट-पूजा करके करोड़ों अशिक्षित, भूखी, दरिद्र और अबोध जनता को लूटने का षड्यन्त्र! न इनकम टैक्स का बखेड़ा, न ट्रेड यूनियन क़ानूनों की पाबन्दी और सबसे बड़ी ख़ुशी की बात कि मज़दूर यूनियनों के भूतों का यहाँ ज़रा भी डर नहीं। उस संगीनधारी गुर्खे को देख रहे हैं न ! उसे सिर्फ़ गोली चलाना ही सिखाया गया है। आपकी 'शिवनाथ-बसावन-हरिजन एण्ड कम्पनी' की दाल वहाँ नहीं गलने की। आपको मेरी बात लग गयी, लेकिन मैं कहता हूँ कि इन मिलों में पन्द्रह-बीस हज़ार मज़दूरों की पिराई होती है, मगर कभी आह भी नहीं करने दिया जाता है। माँगों और हड़तालों की चर्चा तो स्वप्न में भी नहीं की जाती। और मज़दूरों की ज़िन्दगी का पता तो अभी तुरन्त लग जायेगा। देखिये, दाहिनी ओर वह मज़दूर कालोनी है या 'सूअर के खुहारों' का समूह! उनके बच्चों और औरतों की दशा देखिये, कितनी दर्दनाक सूरत है। अस्पतालों और स्कूलों की ज़रूरत जब यहाँ की सरकार ही अपनी प्रजा के लिए नहीं महसूस करती है, तो इन 'राक्षसों' से क्या आशा की जाये? हाँ, मज़दूरों के स्वास्थ्य और दिल बहलाव को मद्देनज़र रख कर सुरा-सुन्दरी का विशेष प्रबन्ध यहाँ अवश्य है। औसतन दस क्वार्टरों पर एक 'भट्ठी' और पाँच क्वार्टरों पर एक वेश्यालय। महुआ, धान, जौ, सौंफ, नारंगी, नासपाती और केले की शराब; और वेश्याएँ? देशी, पहाड़िन, बंगालिन, आसामी, सिंगापुरी, बर्मीज, सस्ती-महँगी—सब तरह की। फिर त्योहारों तथा महाराजा के जन्मदिवस पर जुए का आम हुक़्म। जुए की छुट्टियाँ? कितनी बड़ी सहूलियत। कितनी अच्छी ज़िन्दगी! बोलिये—प्रभुवर राणा के वंशजों के साथ-साथ चमड़िया-सिंहानियाँ-लायलकाओं की जय!!

जूट मिल्स एरिया ख़त्म। यह कॉटन मिल्स है। ज़रा उन बँगलों की ओर

देखिये। स्वर्ग में देवताओं को भी ऐसे सुन्दर बँगले शायद नसीब न हों। यह उन्हीं साँपों की (चमड़िया, सिंहानियाँ, लायलकाओं की) बाँबियाँ है, जिसमें वे आराम से लेटे-लेटे नेपाल सरकार द्वारा 'दूध-लावा' पा कर, ज़हरीले साँपों की आबादी बढ़ा रहे हैं। मैच फ़ैक्टरी, हाइड्रो-इलैक्ट्रिक, शूगर मिल्स, पेपर मिल्स और सीमेंट मिल्स धड़ाधड़ खुल रही हैं। इसके साथ ही अबोध नेपाली जनता की गाढ़ी कमाई की रक़म विदेशी बैंकों के खातों में भरी जा रही है। दिन-प्रतिदिन नेपाली प्रजा की ज़िन्दगी बदतर होती जा रही है। इस पर तुर्रा यह कि अभी और भी कितने विषधर अपने-अपने दाँतों को तेज़ कर रहे हैं, नेपाल की सड़कों पर चक्कर काट रहे हैं। 'प्रभो! मुझे सिर्फ़ हड्डी पीसने वाली मिल ही खोलने की आज्ञा दी जाये। अमेरिकन मशीन, नये ढंग की पिसाई...'

उफ़...! बहुत जल्द ही इन पूँजीपतियों के घर में नेपाल राज्य बन्धक पड़ जायेगा। बस, आप निराश हो गये? मैं कहता हूँ, सुनिये—बहुत शीघ्र ही यहाँ ज़बर्दस्त क्रान्ति होगी और सफल क्रान्ति होगी। निरंकुश नेपाली शासकों के साथ-साथ इन पूँजीपतियों के गठबन्धन ने कोढ़ में खाज का काम किया है। नेपाल के चैतन्य समाज की आँखें खुल चुकी हैं।

हाँ, मेरे उपरोक्त कथन के पीछे नेपाल की परिस्थितियों का गहरा अध्ययन छिपा हुआ है। मुझे नेपाल के जंगलों में ही राजनीति और साहित्य की शिक्षा मिली है। नेपाल की एक काठ की कोठरी में ही मैंने समाजवाद की प्रारम्भिक पुस्तकों से ले कर, महान ग्रन्थ 'कैपिटल' तक को पढ़ कर, समझने की धृष्टता की है। पहाड़ की कन्दराओं में बैठ कर, बँसहा काग़ज़ की बही पर 'रशियन रेवोल्यूशन' को नेपाली भाषा में अनुवाद करते हुए उस नेपाली पागल नौजवान की चमकती हुई आँखों को मैंने अपनी ज़िन्दगी में मशाल के रूप में ग्रहण किया है और उस देवता की अमूल्य वाणी को, उसके आशीर्वचन को मैं कैसे भूल सकता हूँ, जो नेपाल के 'पिता जी' थे। हाँ, नेपाल के 'बापू'। 1942 में दो 'बापू' नज़रबन्द किये गये। एक को अंग्रेज़ी सरकार ने आगा ख़ाँ के राजभवन में बन्द कर रखा था, और दूसरे को नेपाल सरकार ने बागमती के किनारे एक धर्मशाला में। दुनिया की परिस्थिति ने एक 'बापू' को छुड़ा लिया, पर नेपाल सरकार ने दूसरे 'बापू' की 'हत्या' कर डाली। गठिया और निमोनिया से जर्जर, उस वृद्ध तपस्वी को बिना दवा और पथ्य के, नेपाल की कड़ाके की सर्दी में तड़पा-तड़पा कर ठिठुरा-ठिठुरा कर, मार डाला गया। नेपाल में प्रजातन्त्र राज्य क़ायम करने का सपना देखने वाले कर्मठ 'बापू' आज नहीं रहे, किन्तु शिक्षित और चैतन्य सान्दाज्युओं (छोटे भाइयों) का युवक दल अब निष्क्रिय हो कर बैठा हुआ नहीं है। उनमें शत-प्रतिशत को आप समाजवाद का हिमायती पाइयेगा। हिन्दुस्तान में—नेपाल कांग्रेस का जन्म और प्रसिद्ध सोशलिस्ट श्री विश्वेश्वर प्रसाद कोइराला की रहनुमाई से आप मेरे कथन की सत्यता को जाँच

सकते हैं। हिन्दुस्तान से गोरी फ़ौज की विदाई के बाद बहादुर गुर्खों ने अब ग़लती से भी कभी एक राउण्ड गोली हिन्दुस्तानी नागरिकों पर चला दी, तो नेपाल की एक-तिहाई आबादी आत्म-ग्लानि से सर झुका लेगी। हमारी अगली क्रान्ति में नेपाल एक ज़बर्दस्त हिस्सा लेगा, खुल कर खेलेगा, किन्तु देश के नेताओं की निग़ाह पर तो जैसे पट्टियाँ बँधी हैं, मुँह पर ताले पड़े हैं। उन्हें दुनिया-भर के लिए दर्द है पर नेपाल की शोषित जनता के लिए उनके मुँह से एक शब्द भी नहीं निकलता। अब नेपाल की साहित्यिक प्रगति की कहानी सुनिये। नेपाली साहित्य का नाम सुनते ही आप हँस पड़े। आप विश्वास कीजिये, महान प्रगतिशील कलाकारों की संख्या क्रमशः बढ़ ही रही है। प्रगतिशील लेखकों का मोर्चा वहाँ बहुत पहले ही क़ायम हो चुका है। 'सिपाही', 'केकयी', 'परालो को आग' आदि रचनाओं को ले कर नेपाल की साहित्यिक मण्डली, दुनिया की किसी भी साहित्यिक प्रतियोगिता में सम्मान प्राप्त कर सकती है। सिर्फ़ 'सुन्दरी बल' झील पर अब तक क़रीब पाँच सौ मौलिक रचनाएँ रची जा चुकी हैं। उनमें से किसी एक को भी सेकेण्ड ग्रेड में रख देने की हिम्मत आप नहीं कर सकेंगे। प्रकृति-सुषमा सम्बन्धी कविताओं के अलावा—'सानी माँ, यों ढिठों के सित खाने हो?' (अर्थात् मौसी जी, यह मक्के खिचड़ी किस चीज़ के साथ खाऊँ? घर में नमक भी नहीं है?)—जैसी हृदय को विगलित कर देने वाली 'रियलिस्टिक' रचनाओं की भी वहाँ कमी नहीं। काश! प्रजा की अपनी पत्र-पत्रिकाएँ होतीं...

यह राजपथ है। इसकी धूल से आप परेशान हैं। बरसात में तो इन सड़कों पर घुटनों तक कीचड़ होती हैं। कम-से-कम प्रत्येक पाँच साल के बाद भी, ग़रीब जनता के पैसों का पंचमांश ही इन सड़कों पर ख़र्च किये जाते तो, चाँदी की चमचमाती हुई सड़क के किनारे सोने के माइलस्टोन गड़े होते। किन्तु यहाँ के ठेकेदारों और शासक-वर्ग के गड़बड़-घोटलों को आप नहीं समझ सकेंगे। धूल फाँकते चलिये! राह का एक साथी भी मिल गया। यही है बहादुर गोर्खा! रूस के 'कज्जाकों' का चचेरा भाई! इनकी लाल सेना, दुनिया की किसी भी रंग की सेना के छक्के छुड़ा सकती है। इस क़ौम को यहाँ की सरकार ने सदियों से मूर्ख और अनपढ़ बना कर, अंग्रेज़ी सरकार की सेवा के लिए रिज़र्व रखा है। इन सड़कों की तरह ही इनकी भी जीवन-कहानी है। लीजिये! वह आपको देख कर मुस्कुरा पड़ा। कितनी सरल मुस्कान है; वह आपसे 'असल सिगरेट' (बढ़िया, यानी कैप्सटन-नेविकट) माँग रहा है, बदले में वह गीत सुना देगा—

'धन-धन अँगरेज़ी सरकार
आकाश मा जहाज़ उड़ाये को;
पानी मा जहाज़ चलाये को...

कुछ समझा आपने? इन गीतों की रचना सरकारी प्रचार विभागों में होती है।

'खुखरी भिड़ेर काछा जानू पर्छ
जर्मन को धावे मा'।

हाँ, जर्मन की लड़ाई में जाना पड़ेगा, जर्मनों पर धावा बोलना होगा। अब तक, सभी लड़ाइयों में, इस क़ौम ने बिना समझे-बूझे भाग लिया है, अब आप इन्हें अपनी लड़ाई का मक़सद समझा दें।

*

स्वामी दयानन्द

•

मोहन राकेश

काठियावाड़ का एक छोटा-सा गाँव—टंकारा। इसी गाँव में एक सम्पन्न भूमिपति थे—अम्बाशंकर। वे धार्मिक व्यक्ति थे और पौराणिक रीतियों में बहुत विश्वास रखते थे। सारे विधि-विधानों का पालन बहुत नियमपूर्वक किया करते थे। उनके यहाँ एक बालक ने जन्म लिया जिसका नाम रखा गया—मूलशंकर। पिता की कामना थी कि बालक की शिक्षा ऐसी हो जिससे बड़ा हो कर वह घर की परम्परा बनाये रखे।

मूलशंकर चौदह वर्ष के थे अब पिता ने इनसे शिवरात्रि का व्रत रखने के लिए कहा। रात होने पर पिता पूजा-पाठ के लिए उन्हें गाँव के बाहर एक मन्दिर में ले गये। पूजा का क्रम लगभग आधी रात तक चलता रहा। उसके बाद भक्तों को नींद आने लगी। परन्तु मूलशंकर की आस्था गहरी थी, इसलिए ये नहीं सोये। एकटक शिव-प्रतिमा को देखते रहे। सहसा उन्होंने देखा, एक चूहा बिल से निकल कर प्रतिमा को चढ़ायी गयी भोग की सामग्री खाने लगा। मूलशंकर का मन अशान्त हो उठा। उन्होंने पिता को जगा कर उनसे कई प्रश्न पूछे। कोई सन्तोषजनक उत्तर नहीं मिला। उस दिन उनके जीवन की दिशा बदल गयी। उन्होंने वास्तविक शिव को खोजने का संकल्प पर लिया।

कुछ समय बाद मूलशंकर की बहन का देहान्त हो गया। बहन से इन्हें बहुत स्नेह था, इसलिए इनके हृदय को बहुत चोट पहुँची। अभी यह चोट भरी नहीं थी कि चाचा की मृत्यु हो गयी। इनका मन घर से उचाट होने लगा। मन में तरह-तरह के प्रश्न जागने लगे—जीवन की वास्तविकता क्या है? सांसारिक स्नेह-सम्बन्धों का क्या अर्थ है? धर्म व्यक्ति को किस प्रकार निस्तार देता है। और धर्म का वास्तविक रूप क्या है? ये हर समय खोये-खोये रहते और जब-जब अपने प्रश्नों से घर के

लोगों को निरुत्तर कर देते। घर के लोगों ने सोचा कि शायद विवाह कर देने से इनकी मनःस्थिति में कुछ अन्तर आ जाये। मूलशंकर ने इस स्थिति को टालने का प्रयत्न किया। परन्तु बस नहीं चला, तो किसी को सूचित किये बिना से घर निकल पड़े।

इधर-उधर घूमते हुए वे सिद्धपुर पहुँचे। सिद्धपुर में उन दिनों एक मेला चल रहा था, जिसमें दूर-दूर से साधु आये हुए थे। यह सोच कर कि शायद इसी मार्ग से शान्ति मिले, उन्होंने भी साधु का बाना स्वीकार कर लिया। रात-दिन साधुओं के सत्संग में सम्मिलित होते, जीवन और मृत्यु का रहस्य जानने का प्रयत्न करते। परन्तु कुछ ही दिनों में उनके वहाँ होने की सूचना घर वालों को मिल गयी। पिता कई और सम्बन्धियों को साथ ले कर सिद्धपुर पहुँचे। उन्होंने क्रोध में आ कर पुत्र का कमण्डल तोड़ डाला, उसके गेरुए वस्त्र फाड़ दिये। घर ला कर उन्हें कड़ी निगरानी में रख दिया। परन्तु यह नियन्त्रण अधिक दिन सफल नहीं रहा। मूलशंकर किसी तरह फिर घर से निकल गये। इस बार उन्होंने निश्चय कर लिया कि कुछ भी हो, अब वे लौट कर घर नहीं आएंगे।

अब उन्हें खोज थी एक गुरु की। चामोद कर्णाली पहुँच कर वे स्वामी पूर्णानन्द से मिले। उनसे संन्यास ले कर इन्होंने नया नाम अपना लिया—दयानन्द। उसके बाद भ्रमण करते हुए हरिद्वार चले गये। वहाँ कुम्भ मेला चल रहा था। मेले में उन्होंने धर्म के नाम पर जो कुछ होते देखा, उससे उन्हें बहुत ग्लानि हुई। मन में संकल्प जागा—इन कुरीतियों को दूर करने के लिए उन्हें अवश्य प्रयत्न करना चाहिए। परन्तु इसके लिए भी किसी का मार्ग-प्रदर्शन चाहिए। उन्होंने सुन रखा था कि गढ़वाल में अलखनन्दा के पार बहुत-से योगी रहते हैं। वे वहाँ पहुँचे, पर कोई ऐसा योगी नहीं मिला जो सचमुच उन्हें दिशा दिखा सकता। वहाँ से वे गढ़मुक्तेश्वर गये। वहाँ एक दिन इन्होंने नदी में बहते एक शव को निकाल लिया! उसकी चीर-फाड़ करके देखना चाहा कि योगियों द्वारा बताये गये चक्र तथा कुण्डलिनियाँ आदि उसमें हैं या नहीं? परन्तु शव के अन्दर जो कुछ मिला, वह सर्वथा भिन्न था।

वे कानपुर गये। प्रयाग गये। काशी गये। पर कहीं भी उन्हें अपने मन के अनुकूल गुरु नहीं मिला। फिर पता चला कि मथुरा में दण्डी स्वामी बिरजानन्द नाम के नेत्रहीन ब्राह्मण रहते हैं जो सचमुच उनका पथ-प्रदर्शन कर सकते हैं। वे मथुरा चले गये। स्वामी बिरजानन्द से मिल कर उन्हें लगा कि सचमुच यही गुरु हैं, जिसकी उन्हें खोज थी। स्वामी बिरजानन्द संस्कृत व्याकरण के पण्डित थे। वेदों की उन्होंने मौलिक व्याख्या की थी। वे बहुदेवोपासना, मूर्ति-पूजा आदि को वेदों के विरुद्ध बतलाते थे। वे स्वयं एक ऐसे शिष्य की खोज में थे जो उनके

विचार जन-साधारण तक पहुँचा सके। दयानन्द ने उनके प्रश्नों के जो उत्तर दिये उनसे प्रसन्न हो कर उन्होंने तुरन्त उसे अपना शिष्य बनाना स्वीकार कर लिया।

यहाँ इनका संस्कृत व्याकरण तथा वैदिक साहित्य का अध्ययन आरम्भ हुआ। स्वामी बिरजानन्द जो एक बार पढ़ा देते, वह दूसरी बार नहीं पढ़ाते थे। दयानन्द की प्रतिभा इतनी विलक्षण थी कि इन्हें दोबारा पूछने की आवश्यकता ही नहीं पड़ती थी। कहते हैं कि एक बार का पाठ इतना कठिन था कि ये उसमें से कुछ अंश भूल गये। गुरु से यह बात कही, तो वे उस पाठ को दोहराने को तैयार न हुए। ये निराश हो कर यमुना के किनारे एक पेड़ के नीचे जा बैठे। एकाग्रचित्त हो कर सोचने से थोड़ी देर में पाठ स्मरण हो आया। जा कर जब गुरु को वह पाठ उन्होंने सुना दिया तो गुरु की प्रसन्नता की सीमा न रही।

दयानन्द स्वामी बिरजानन्द के पास रह कर ढाई वर्ष अध्ययन करते रहे। वेदों और शास्त्रों को समझने की एक नयी दृष्टि प्राप्त करने के अनंतर विदा लेने का समय आया। दयानन्द सोचने लगे कि उन्हें गुरु दक्षिणा क्या देनी चाहिए? गुरु को लौंग बहुत पसन्द थे। दयानन्द जब कुछ लौंग ले कर उनके पास पहुँचे, तो गुरु ने कहा—"गुरु-दक्षिणा के रूप में मुझे ये लौंग नहीं, कुछ और चाहिए।"

दयानन्द बोले, "मेरा तन-मन आपकी सेवा में है। आप आदेश दीजिए।"

गुरु ने कहा, "चारों ओर अविद्या और अज्ञान का अन्धकार छाया है। रूढ़ियों और मत-मतान्तरों ने देश में घर कर रखा है। तुम देश में ज्ञान और विद्या का प्रकाश फैलाओ, मैं तुमसे यही गुरु-दक्षिणा चाहता हूँ।"

अब अपना स्पष्ट कार्य-क्षेत्र इनके सामने था। देश का मानसिक जीवन अन्धविश्वासों में खोखला हो रहा था। विदेशी राज्य-सत्ता ने सांस्कृतिक और नैतिक मूल्यों को लगभग तोड़ दिया था। लोग कायर थे और अपनी सुविधा ही उनका जीवन दर्शन था। कुरीतियाँ कितनी ही थीं—जाति-भेद, बाल-विवाह, विधवाओं के प्रति अमानुषिक व्यवहार; स्त्रियों को शिक्षा की अधिकारिणी ही नहीं समझा जाता था। जनता के अज्ञान का लाभ उठा कर ईसाई पादरी तत्परता से उसमें अपने धर्म का प्रचार कर रहे थे। स्वामी दयानन्द ने भी इन सभी परिस्थितियों से एक साथ लड़ने का निश्चय कर लिया। सोच लिया कि वे लिख कर, भाषण दे कर तथा एक संगठन तैयार करके अपने समय की सामाजिक कुरीतियों से लोहा लेंगे। जब तक समाज में जागृति नहीं आयेगी, वे साँस नहीं लेंगे।

पूरे देश में उन्होंने भ्रमण करना आरम्भ किया। आज यहाँ भाषण, कल वहाँ शास्त्रार्थ। आगरा, धौलपुर, ग्वालियर—जहाँ कहीं वे पहुँचे, जनता ने खुल कर उनका स्वागत किया। सदियों से अन्धविश्वासों में जकड़े लोगों को जैसे एक नयी चेतना मिलने लगी। उनकी वाणी में ही ऐसा प्रभाव था कि लोग अनायास उनके अनुयायी

बन जाते। जो बातें वे कहते, वे समय की सच्ची अनुभूति थीं; क्योंकि वही अनुभूति लोगों के अन्दर भी थी, इसलिए उसके मुखर हो कर सामने आने से इन्हें लगता जैसे उनके अपने ही मन की बात कोई दूसरा उनसे कह रहा हो। करौली, जयपुर—हर जगह एक-सी हलचल, एक-सी वैचारिक क्रान्ति। हर जगह पुराने पण्डित-वर्ग की ओर से एक-सा विरोध। परन्तु उस विरोध को पराजित करती वही ओजभरी वाणी।

फिर आया हरिद्वार का कुम्भ मेला। स्वामी दयानन्द ने वहाँ जा कर फिर वही दृश्य देखा। वही पण्डों का पाखण्ड, साधुओं के आडम्बर। साधुओं के जुलूस निकलते, तो हज़ारों स्त्रियाँ उनकी चरणधूलि सिर पर लगातीं। स्वामी दयानन्द से यह सब सहा नहीं गया। उन्होंने वहाँ अपनी 'पाखण्ड खण्डिनी' पताका गाड़ दी और लोगों को वास्तविक आर्य धर्म का उपदेश देने लगे। पण्डों ने उन्हें वहाँ से उखाड़ने के बहुत प्रयत्न किये, परन्तु सफल नहीं हो सके।

स्वामी दयानन्द के सबल व्यक्तित्व तथा अकाट्य तर्कों के कारण जहाँ बहुत से लोग उनके शिष्य बन गये, वहाँ अनेक रूढ़िवादी उनके शत्रु भी हो गये। इन लोगों ने उन्हें मार्ग से हटाने के लिए सभी तरह के प्रयत्न किए। उन पर पत्थर बरसाए। यहाँ तक कि उन्हें विष भी देने का प्रयत्न किया। अनूपशहर में जब उन्हें विष दिया गया, तो उन्होंने यौगिक क्रिया द्वारा सारा विष बाहर निकाल दिया। विष देने के अपराध में जब उस ब्राह्मण को पकड़ लिया गया, तो स्वामी दयानन्द ने यह कह कर उसे मुक्त करा दिया, ''मेरा ध्येय मनुष्यों को बन्धन में डालना नहीं, बन्धन से मुक्त कराना है।''

और वह बन्धन था सदियों से बनाये गये ग़लत संस्कारों का। उन्हें उन संस्कारों को बदलना था। लोगों को उस धर्म के निकट ले जाना था जो वास्तविक वैदिक-धर्म था, वास्तविक आर्य-धर्म था। इसके लिए आवश्यक था कि उनकी वाणी हर व्यक्ति तक पहुँच सके। पहले वे संस्कृत में भाषण दिया करते थे। परन्तु अपनी बात जन-साधारण तक पहुँचाने के लिए उन्होंने उन्हीं की भाषा में बात कहने का निश्चय किया। वे अपने भाषण हिन्दी में देने लगे।

एक बार स्वामी दयानन्द कर्णवास पहुँचे। उन दिनों वहाँ गंगास्नान का मेला था। हज़ारों लोग देश के विभिन्न भागों से वहाँ स्नान के लिए आये हुए थे। उनमें बरेली के राय कर्णसिंह भी थे। स्वामी दयानन्द ने वहाँ भाषण दिया। जैसे ही भाषण समाप्त हुआ, राय कर्णसिंह उनसे वाद-विवाद करने लगे। स्वामी दयानन्द ने कर्णसिंह से कुछ प्रश्न पूछे जिनका वह उत्तर नहीं दे पाये। अपनी असमर्थता पर उन्हें इतनी खीझ हुई कि वे इन पर ग़ालियों की बौछार करने लगे। क्रोध में उनका हाथ बार-बार तलवार की मूठ पर जा रहा था। यह देख दयानन्द बोले, ''यदि शास्त्रार्थ करना है, तो अपने गुरु को यहाँ बुला लाओ। यदि युद्ध करने का शौक है तो एक संन्यासी

से क्यों टकराते हो, जयपुर और जोधपुर से जा भिड़ो।" यह सुन कर कर्णसिंह इन पर तलवार से वार करने दौड़े। वे वार करने ही जा रहे थे कि इन्होंने तलवार छीन कर उसके दो टुकड़े कर दिये और कहा, "मैं संन्यासी हूँ। तुम पर वार करके बदला नहीं लूँगा। जाओ, भगवान तुम्हें सुबुद्धि दे।"

यूँ तो स्वामी दयानन्द का कार्य-क्षेत्र सारा उत्तर भारत था, फिर भी इन्हें अधिक सफलता पंजाब, उत्तर प्रदेश और राजस्थान में मिली। लगभग अट्ठारह वर्ष वे विभिन्न प्रदेशों में घूम कर अपने सिद्धान्तों का प्रचार करते रहे। एक तरह से कहा जा सकता है कि उन्होंने प्राचीन और नवीन के बीच एक कड़ी का काम किया। 10 अप्रैल, 1857 को बम्बई में उन्होंने आर्य रामाज की स्थापना की। दो वर्ष बाद लाहौर में आर्य समाज की स्थापना की गयी। शीघ्र ही इसने एक व्यापक संगठन का रूप ले लिया और उत्तर भारत के प्रायः सभी नगरों और कस्बों में आर्य समाज के अपने मन्दिर स्थापित हो गये। इनके शिष्यों की संख्या इतनी बढ़ गयी कि उन्होंने यह वैचारिक क्रान्ति शिक्षा के क्षेत्र में ले जाने का निर्णय कर लिया। शिक्षा के अतिरिक्त राजनीति को भी एक नयी दिशा देने का संकल्प कर लिया गया। इसी उद्‌देश्य से स्वामी श्रद्धानन्द ने 'गुरुकुल कांगड़ी' की स्थापना की।

सन् 1883। महाराजा जोधपुर ने स्वामी दयानन्द को अपने यहाँ निमन्त्रित किया था। वहाँ कई दिनों तक वे महाराजा के अतिथि के रूप में नियमित रूप से जनता को उपदेश देते रहे। वहाँ रहते इन्हें पता चला कि महाराजा एक वेश्या से प्रेम करते हैं। इन्होंने इस बात की भर्त्सना की, तो वह वेश्या इनकी शत्रु बन गयी। रसोइये से मिल कर उसने इन्हें भोजन में विष खिला दिया। विष के प्रभाव से इनके सारे शरीर पर फ़फ़ोले निकल आये। चिकित्सा का अच्छे-से-अच्छा प्रबन्ध किया गया, किन्तु कोई लाभ नहीं हुआ। सन् 1883 की दीवाली का दिन था। स्वामी दयानन्द गायत्री मन्त्र का उच्चारण करते-करते एकाएक मौन हो गये।

कुछ ही व्यक्ति होते हैं जिनकी मृत्यु उनके जीवन से अधिक क्रान्तिकारी सिद्ध होती है। स्वामी दयानन्द ऐसे ही व्यक्तियों में से थे। उनकी मृत्यु के कुछ ही वर्षों के अन्दर आर्य समाज ने एक अत्यन्त सबल आन्दोलन का रूप ले लिया। शिक्षा के क्षेत्र में तो इनके अनुयायियों ने सचमुच एक क्रान्ति ला दी। स्वामी दयानन्द को एक तरह से उत्तर भारत में आधुनिक विचारधारा का प्रवर्तक कहा जा सकता है। सामाजिक, सांस्कृतिक, राजनीतिक तथा धार्मिक क्षेत्रों में उन्होंने जो स्थापनाएँ सामने रखीं, उन्हीं के आधार पर समाज का मानसिक पुनर्गठन सम्भव हो सका। जब कांग्रेस का जन्म भी नहीं हुआ था, तभी उन्होंने कहा था कि स्वराज्य के बिना कोई राष्ट्र उन्नति नहीं कर सकता। भाषा के सम्बन्ध में उन्होंने कहा था कि अंग्रेज़ी हमारे संस्कारों की भाषा नहीं है, संस्कृत जनसाधारण से दूर जा पड़ती है, इसलिए

हिन्दी ही सम्पूर्ण राष्ट्र की भाषा हो सकती है। गाँधी जी के हरिजन आन्दोलन से बहुत पहले उन्होंने कहा था कि अस्पृश्यता हमारे समाज के लिए घातक है। वर्ण-व्यवस्था को स्वीकार करते हुए भी उसका आधार जन्म को नहीं, कर्म को माना था। कहा था, "जन्म से सब बराबर हैं। अपने कर्म से ही व्यक्ति ब्राह्मण, क्षत्रिय, वैश्य या शूद्र बनता है।" इसी तरह स्त्री शिक्षा का सूत्रपात तथा विधवा-विवाह का समर्थन करके उन्होंने एक पिछड़े समाज को अग्रगामी बनाने में बहुत बड़ा योग दिया। विश्व कवि रवीन्द्रनाथ ने इन शब्दों में उनके प्रति श्रद्धांजलि अर्पित की थी, "जिसकी दिव्य दृष्टि ने भारत की आत्मगाथा में सत्य और एकता का बीज देखा, जिसकी प्रतिभा ने भारतीय जीवन के विविध अंगों को प्रदीप्त कर दिया, जिसका उद्देश्य इस देश की अविद्या, अकर्मण्यता और प्राचीन ऐतिहासिक तत्त्व-विषयक अज्ञान से मुक्त कर सत्य और पवित्रता के लोक में लाना था। उस गुरु को मेरा बारम्बार प्रणाम है।"

दन्तकथाओं में त्रिलोचन

•

काशीनाथ सिंह

यदि मैं तुम्हारे प्रिय गान नहीं गा सका तो
मुझे तुम एक दिन छोड़ चले जाओगे
प्यार का प्रवाह जब किसी दिन आता है
आदमी समूह में अकेले अकुलाता है
किसी को रहस्य सौंप देता है
उसका रहस्य आप लेता है
ऐसे क्षण प्यार की ही चर्चा करोगे
और अर्चा करोगे और सुनोगे सुनाओगे!

माँ की जीभ सिल जैसी थी। क्या मजाल जो कोई शब्द या ध्वनि उस पर आये और पिस कर चटनी न हो जाये। उसकी जीभ पर आते ही विष्णुचन्द्र शर्मा 'बेहणू', मल्ल जी 'मइल जी', गिरिजेश राय 'गिरगेस', वोहरा 'गोहरा', आचार्य जी 'अंचार जी', विद्यासागर नौटियाल 'लोटिया' और प्रियंकर 'पियक्कड़' हो जाते। उसका ख़ुद का नाम वागेश्वरी था जिसे वह लजाती हुई थोड़ा-सा घूँघट निकाल कर 'बगेसरा' बोलती!

सुलतानपुर जिले के चिरानी पट्टी गाँव के ठाकुर वासुदेव सिंह उर्फ़ त्रिलोचन शास्त्री को वह हमेशा 'तस्तरी जी' बोलती।

'माँ, तस्तरी नहीं, शास्त्री'। मैं उससे सही बुलवाने के लिए कहता। वह कोशिश करके थक जाती और बोलती—जा बचवा, कइसन कइसन नाँव हऽ! तस्तरी, थरिया, गिलास, लोटा...और हँसने लगती।

माँ ने शास्त्री जी को देखा नहीं था, लेकिन उनकी इज़्ज़त करती थी—इसलिए कि उसका बड़ा बेटा उनकी इज़्ज़त करता था और जब कभी गर्मियों की छुट्टी

में गाँव जाता था, उससे 'तस्तरी' जी की चर्चा करता था। वह बातें तो ढेर सारी बताता रहा होगा लेकिन माँ को केवल इतना याद रह गया था कि तस्तरी जी एक गगरा पानी पीते हैं और रसोई-की-रसोई चट कर जाते हैं।

इसलिए जब सन् 53 की जुलाई में माँ मेरे साथ बनारस आयी और एक दिन भैया ने शास्त्री जी को खाने पर बुलाया तो माँ सन्न रह गयी। उसकी समझ में न आया कि हँसे कि रोये। वह उठी और चुपचाप रसोई में चली गयी। वहाँ से लौट कर मेरे कान में कहा, 'अगर तस्तरी जी न आते तो सबकी ख़ातिर एक पनरहिया (पन्द्रह दिनों) भर रातिब था।'

और जब शास्त्री जी ने आते ही मुझसे कहा कि 'पण्डित, पानी पिलाओ। और सुनो! गिलास नहीं, साथ में सुराही लाना', तो मैं डर गया।

लेकिन शास्त्री जी के खा लेने के बाद वह प्रसन्न होने के बजाय चिन्तित और दुखी हो गयी—'बेराम तो नहीं हैं? भरपेट खाया भी नहीं। बात क्या है?'

सुना है, शास्त्री जी अपने जन्म से अठारह साल पहले लाहौर में रिक्शा चलाया करते थे। एक दिन उनके रिक्शे पर संस्कृत के विद्वान डॉ. सूर्यकान्त (जो सातवें दशक में काशी हिन्दू विश्वविद्यालय के संस्कृत विभाग में अध्यक्ष थे) कॉलेज जाने के लिए आ बैठे। उनके हाथ में कालिदास या भवभूति की कोई किताब थी। वे विचारमग्न कोई श्लोक बुदबुदा रहे थे, लेकिन वह उपस्थित नहीं हो रहा था। शास्त्री जी सुनते रहे और रिक्शा खींचते रहे।

आख़िरकार उनसे नहीं रहा गया और उन्होंने जब वह चरण पूरा किया—जहाँ वह अटक रहे थे तो सूर्यकान्त के विस्मय का ठिकाना न रहा।

उन्होंने शास्त्री जी की प्रतिभा पर मुग्ध हो कर कहा, 'पूज्यवर, अब आप बैठें। मैं रिक्शा खींचता हूँ।'

त्रिलोचन जी ने उनका प्रस्ताव ठुकरा दिया और देववाणी में उनसे बतियाते हुए कॉलेज तक ले गये।

शास्त्री जी कभी झूठ नहीं बोलते। झूठ में इतना साहस ही नहीं कि उनके पास आ कर सुरक्षित रह सके। वह उनके दाँतों के बीच पड़ कर चने की तरह पटपटा उठता है और 'सच' होने के लिए तड़पने लगता है।

यक़ीन न हो तो आप शास्त्री जी से कह कर देखें कि 'शास्त्री जी, सुना है सन् 1857 के गदर के शुरुआती दौर में आप ही ने मंगल पाण्डेय के भीतर राष्ट्रीय चेतना पैदा की थी।' शास्त्री जी ईमानदारी से आपके इस कथन का प्रतिवाद करेंगे—'नहीं, यह झूठ है। उनके गाँव में मेरी ननिहाल ज़रूर थी। छुट्टियों में जाता भी था। उनके साथ गुल्ली-डण्डा भी खेलता था, कुश्तियाँ भी लड़ता था। वे मेरे अच्छे मित्र बन गये थे, लेकिन जिन दिनों वे फ़ौज में भर्ती हुए, उन्हीं दिनों मैं

'सुख सागर' वाले मुंशी सदासुख लाल के बुलावे पर आगरा चला गया था।

और फिर शास्त्री जी मंगल पाण्डेय के बारे में ऐसी-ऐसी सूचनाएँ देंगे जो न गजेटियर में मिलेंगी, न इतिहास में। उनके आत्मविश्वास और लहजे में ऐसा सम्मोहन और जादू होता है कि आप सोच भी नहीं सकते कि वे सूचनाएँ ग़लत हैं और सच कहिये तो ग़लत होतीं भी नहीं। अगर आप प्रमाण चाहेंगे तो वे उसी सन् के आस-पास के लिखित और मुद्रित किसी गिलबर्ट या रिचर्ड लीविस या जीवनराम चौरसिया की किताब का ज़िक्र करेंगे जिसे आप चाहें तो तंजाउर के अय्याप्पा पुस्तकालय (जो है भी या नहीं, इसे कोई नहीं जानता) में देख सकते हैं। "हाँ, एक आदमी और है जिसके पास जीवनराम की किताब होनी चाहिए। वे हैं मनोहर लाल याज्ञिक। बेगूसराय से छत्तीस किलोमीटर दूर, मालीगंज में। पता नहीं, इस समय वे जीवित हैं या दिवंगत हो गये।"

आप आँखें फाड़े उन्हें सुनते रहेंगे और सन्देह का कोई कारण न होगा और आश्चर्य की बात यह कि मुमकिन है, बतायी हुई जगहों में न सही, कहीं-न-कहीं ये किताबें और लेखक सचमुच हों।

कालातीत है यह त्रिलोचन।

कोई सदी नहीं, कोई स्थान नहीं, कोई भाषा नहीं, जहाँ और जिसमें न घूमा हो त्रिलोचन।

जब वह हाथ फेंकते हुए सीना ताने, कुर्ता-पाजामे में लम्बे-लम्बे डग भरता हुआ बनारस की सड़कों, घाटों और गलियों से गुज़रता है तो देख कर लगता है, यह नगर इस आदमी की आँखों के सामने बसा है। जब ईटें नहीं थीं तो इन टेढ़ी-मेढ़ी संकरी गलियों में पत्थर बिछाने की सलाह इसी ने दी होगी। इसी ने कहा होगा गंगा से कि ज़रा हट के बहो, घाटों को ठिकाने से बन जाने दो।

कभी देखा नहीं, लेकिन सुना है कि सिंह नाक की सीध में चलता है—निर्भय और बेपरवाह। मैंने कभी त्रिलोचन को सोये हुए नहीं देखा, जब भी देखा, चलते हुए देखा है। मुझे नहीं मालूम कि वह कभी सोता भी है या नहीं। रात और दिन का फ़र्क़ जिसके लिए होता हो, उसके लिए हो, त्रिलोचन के लिए नहीं। जब से यह नगर बसा है, तब से त्रिलोचन सिर्फ़ चल रहा है।

बनारस हो या भोपाल, दिल्ली हो या सागर, त्रिलोचन अपनी पीठ पर गठरी की तरह 'चिरानी पट्टी' बाँधे चल रहा है।

बनारस में रहते हुए मैंने कभी उसे रिक्शे में नहीं देखा, इक्के या ताँगे पर नहीं देखा, स्कूटर या कार में नहीं देखा, देखा तो अधिक-से-अधिक किसी युवा लेखक की साईकिल के डण्डे पर।

त्रिलोचन चलता है और रास्ते में चम्पा मिलती है, भोरई केवट और नगई

महरा मिलते हैं। नगर का एक भी आदमी उसका अनचिन्हार नहीं। अस्सी पर मिलता है एक युवा कवि, जो जिज्ञासाएँ करता है कविता के बारे में। त्रिलोचन कविता के बारे में तो बाद में बोलेगा, पहले तब बतायेगा कि जिसे तुम 'जिज्ञासा' बोलते हो, उसका उच्चारण 'जिग्यासा' नहीं है। वह सारी दोपहर 'ज्ञ' और 'ष' के सही उच्चारण की विधि समझाने में गँवा देता है।

उसी समय सहसा उसे याद आते हैं 'सभा' से रिटायर करने वाले उसके सहकर्मी शिवशंकर मिश्र। वह वहाँ से फूट लेता है, या कवि को लिये-दिये चल देता है। वह मिश्र जी के साथ बातें करते हुए कालिदास की अद्‌भुत और विलक्षण प्रतिभा की पुष्टि में 'रघुवंश', 'कुमारसम्भव' या 'मेघदूत' के जाने कितने श्लोक प्रस्तुत करता है और तुलसी रोड के सामने विश्वनाथ त्रिपाठी से टकरा जाता है। त्रिपाठी जी रीति-काव्य के पण्डित। उनके साथ घनाक्षरी, कवित्त और सवैया की .खूबियों और ख़ामियों की चर्चा कर रहा है और उस खैनी के तैयार होने की प्रतीक्षा कर रहा है जो त्रिपाठी जी की हथेली में अँगूठे के नीचे है।

शाम ढलते-ढलते ग़ज़लों और नज़्मों की बस्ती मदनपुरा पहुँचता है त्रिलोचन। वहाँ नज़ीर भी हैं और अलीम मसरूर भी हैं और हफ़ीज़ भी और मधुर भी। मीर और ग़ालिब पसन्दीदा शायर हैं त्रिलोचन के। वह कहते-सुनते गोदौलिया पहुँचता है माखन दा की दुकान पर, वहाँ से तमिल या मलयालम की किताब लेते हुए कोठरी (जिसे घर कहते हैं) की राह पकड़ता है...

किवाड़ खोले, हाथ में झाड़ू लिए गुस्से से लाल-पीली सस्तराइन दरवाज़े पर खड़ी इन्तज़ार कर रही है...

उन्हें देखते ही सहसा त्रिलोचन को याद आता है कि कल रात से घर में खाना न पका होगा। वे चौबीस घण्टे बाद लौटे हैं और गेहूँ का जो कनस्तर आटा-चक्की की दुकान पर छोड़ आये थे, अभी तक वहीं पड़ा होगा।

वह उल्टे पाँव लौट पड़ता है कि रास्ते में तुलसीदास की अर्द्धाली के साथ एक शोध छात्र मिल जाता हैं तुलसी त्रिलोचन के प्रियतम कवि...दिन जाने कब का डूब चुका, जाने कैसे-कैसे कवियों से भेंट हुई, लेकिन तूँ कहाँ रहि गै रहा बाबा?

रात आधी जा चुकी है और सस्तराइन इंतज़ार करते-करते किवाड़ से उठंग कर सो गयी हैं।

अब कब लौटोगे त्रिलोचन?

कहते हैं, उदय प्रताप क्षत्रिय कॉलेज के एक छात्रावास में नया-नया मेस महाराज आया। '40 के दशक की बात है, जब वहाँ नामवर-केदार विद्यार्थी हुआ करते थे। इनमें से किसी ने त्रिलोचन को खाने पर न्यौता। त्रिलोचन ने खाना आरम्भ किया।

रोटियाँ आ रही हैं और त्रिलोचन खा रहा है—चालीस, साठ, अस्सी, सौ...

सुबह पाया गया कि त्रिलोचन को खिलाने के बाद रात में ही मेस महाराज छात्रावास छोड़ कर भाग गया।

याने कि त्रिलोचन खाता था और डट कर खाता था—खेत में काम करने वाले किसान की तरह।

लेकिन क्या खाता था? आपने उसकी कोठरी के कोने में रखे कनस्तर और डिब्बे कभी खोल कर देखे? किसी में दाल है तो चावल नहीं, चावल है तो आटा नहीं, सब है तो कोयला नहीं, और कोयला भी है तो सब्ज़ी के पैसे नहीं।

फिर भी इस नगर में ऐसा एक भी आदमी नहीं जो कह दे कि त्रिलोचन ने उससे अमुक काम के लिए उस साल पाँच रुपए उधार लिए थे।

बनारस में त्रिलोचन का इतिहास क्लर्की का इतिहास है—बेकारी के साथ-साथ। सन् 75 में बनारस छोड़ने के पहले के पैंतीस-चालीस सालों का इतिहास। 'हंस' की प्रूफ़रीडरी और जौनपुर में थोड़े दिनों की मास्टरी से शुरू हो कर एक अख़बार से दूसरे, तीसरे, चौथे अख़बार तक। समय-समय पर ट्यूशनें भी कीं और उस 'सभा' में नौकरी भी की जिसके मालिक की सूरत से उसे घिन आती थी।

एक समय ऐसा भी आया जब त्रिलोचन का बड़ा बेटा यूनिवर्सिटी में प्रोफ़ेसर, लेकिन त्रिलोचन बोरे में कोयले की जगह अपने स्वाभिमान को साईकिल के कैरियर में बाँधे सड़क पर।

'जनवार्ता' जैसे लोकल और टुटपूँजिये अख़बारों में तुम्हें कितनी पगार मिलती थी त्रिलोचन?

तुम्हारे कुर्ते और पाजामे में ये छेद कितने महीनों से, सालों से हैं त्रिलोचन?

त्रिलोचन, मैं बहुत धीमे से तुम्हारे कान में यह पूछ रहा हूँ—तुम दोपहर बाद और रात को विदा होने से पहले बाल्टी-बाल्टी भर पानी क्यों पिया करते हो त्रिलोचन?

इनके बावजूद इस नगर में शायद ही कोई हो जिससे त्रिलोचन ने कहा हो कि—

—इन दिनों बड़ी तँगी में दिन कट रहे हैं।

—हो सके तो कोई काम-धन्धा दिलाओ।

—बीवी को होली पर साड़ी चाहिए, कोई बन्दोबस्त करो।

—बेटा मनमानी कर रहा है, मेरी नहीं सुनता।

—ज़ाहिल और मूर्ख सहायक तिवारी मेरा बॉस हो गया है।

—मेरा कुर्ता चिथड़ा हो गया है, पाजामा तार-तार हो गया है, चप्पल टूट गयी है, सर्दी हो गयी है, बुख़ार आ गया है, सिरदर्द हो रहा है, पड़ोसी ने स्कूटर ख़रीद ली है, बीवी बीमार है और मुँह फुलाये है आदि-आदि।

मुझे हैरत है कि बनारस ने ऐसे आदमी को जिन्दा क्यों छोड़ा? ऐसे शख़्स को जो सिर्फ़ दूसरों की सुने, उन्हें उपाय बताये, उनके सुख-दुख में शामिल हो और जब अपनी बारी आये तो कविताओं में चला जाये, बातें करनी हों तो सॉनेटों से करो।

इसी बस्ती में रहते हुए, तिरस्कार और उपेक्षाएँ झेलते हुए किसी से कोई शिकायत या मिन्नत न करते हुए, दूसरे के आगे हाथ फैलाए बग़ैर एक आदमी सिर उठाए ताव से जीता चला जाये—इससे बढ़ कर क्या तौहीन हो सकती है इस बनारस की?

भला यह भी कहने में कोई मज़ा है कि इस बस्ती में चालीस वर्षों से एक त्रिलोचन रहता था, जिसका कुछ नहीं उखाड़ सकीं मुसीबतें?

सच कहता हूँ मित्रो, अगर नवाबी के दिन होते और मैं काशिराज्य का नवाब या राजा होता तो इस आदमी को खड़ी दुपहरिया में गोदौलिया चौराहे पर फाँसी पर लटका देता—सरेआम!

ऐसा इन्सान समाज के लिए बेहद ख़तरनाक है।

ख़तरनाक इसलिए नहीं कि उससे, उसकी हरकतों से, उसकी भाषा से समाज के लिए खतरा है, बल्कि इसलिए कि जहाँ हर शख़्स परेशान हो, भाग-दौड़ में लगा हो, चेहरे पर चीत्कार लिए घूम रहा हो, वहीं एक कम्बख़्त कोई शास्त्री है जो ज़िन्दगी से छेड़छाड़ और ठिठोली करता नगर की ऐसी-तैसी कर रहा है।

वह साईकिल से गोदौलिया जा रहा है कि देखता है, नकेल पकड़े एक आदमी ऊँट को चौराहा पार करा रहा है। उसके मन में कौतुक सूझता है—'क्यों न ऊँट के पेट के नीचे से साईकिल चलाते हुए पार निकल जाये!' और वह सचमुच लोगों के रोकते-रोकते घुस जाता है ऊँट के नीचे।

कुछ ख़ास नहीं होता है इसके बाद। सिर्फ़ कपड़े फटते हैं और एक हाथ टूटता है। वह दूसरे हाथ से साईकिल थामे लहूलुहान तीन मील चल कर जाता है डॉक्टर के पास—'डॉक्टर, प्लास्टर-फ़्लास्टर नहीं चलेगा यहाँ, बस ज़रा-सा यह हाथ सीधा कर दो।'

अस्सी बाद में बसा जब नामवर लोलार्क कुण्ड आये, 'साधु बेला' से 'बासन्ती' निकलनी शुरू हुई और केदार-विजय मोहन ने उस मुहल्ले में डेरा लिया। इसके पहले लेखकों के अड्डे थे, कम्युनिस्ट पार्टी कार्यालय के नीचे का रेस्टोरेंट और दशाश्वमेध पर डेढ़सी पुल।

बेकारी के दिनों में त्रिलोचन इन्हीं के बीच कहीं-न-कहीं दिख जाता था।

बरसात का मौसम था। धारासार पानी बरस रहा था। आचार्य विश्वनाथ प्रसाद

मिश्र हिन्दू विश्वविद्यालय से लौट रहे थे। चौराहे पर उन्होंने रिक्शा छोड़ा और छाता लगाये, धोती खुँटियाए घर के लिए बाँसफाटक वाली रोड पर बढ़े। देखा, फ़ुटपाथ पर अधभींगा त्रिलोचन खड़ा है।

'मात्र कुर्ता?' आचार्य ने पूछा।

त्रिलोचन ने काँख में दबाये कपड़े की ओर इशारा किया, 'नहीं, पाजामा भी है। छींटे-कीचड़ पड़ रहे थे।'

तो अधोवस्त्र मात्र लँगोट? कहते हुए आचार्य ने जाँधों के आगे से कुर्ता उठा दिया, 'शिव हो! शिव हो!'

आचार्य ने हाथ जोड़ लिए और मुँह दूसरी ओर फेर लिया, 'अरे कुछ तो पहन लिया होता महाराज।'

कौन जाने यह वही पाजामा रहा हो जिसे मैंने सन् 47 में देखा था। मैं दस-ग्यारह साल का रहा हूँगा जब मेरे मंझले भाई गौना कराने आये थे—रैपुरा। सकलडीहा स्टेशन से तीन किलोमीटर दूर। अँधेरे में भैया स्टेशन से त्रिलोचन के साथ आये थे होली के एक दिन पहले। सीधे बारात में।

जब बारात विजय (भोजन) की तैयारी में चलने को हुई तो ख़बर लगी कि घरातियों ने एक कण्डाल रंग घोल रखा है और जब पंगत बैठ जायेगी तब रंग पड़ेगा—ख़ासतौर से नौशा के बड़े भाई और उनके साथ आये ख़ास मेहमान (त्रिलोचन) पर। त्रिलोचन कुर्ता-पाजामा उतार कर लँगोट पहने चल पड़े—'घोषणा कर दो कि यहाँ रंगो-बू से डरने वाले नहीं। जिसको जितना रंग डालना हो, डाल ले।'

मुझे याद है कि पूरे गाँव में—इस सूचना से कि बनारस से आया एक बाराती लँगोट पहन कर खाने आ रहा है—तहलका मच गया था।

त्रिलोचन रैपुरा और मेरे गाँव से गये बारातियों के बीच 'अचम्भा' हो गये थे। यह मेरा उनका 'प्रथम दर्शन' था जब मैंने भैया को गाँव वालों से कहते सुना कि यही एक पाजामा-कुर्ता है, रँग जायेगा तो किधर निकलेंगे?

मैंने त्रिलोचन को देखा नहीं है—सिर्फ़ सुना है। उससे बनारस में पच्चीस-तीस सालों के दरम्यान अकसर भेंट हुई है, लेकिन कभी नहीं देख सका। 'देखना' एक कठिन क्रिया है। देखने का अर्थ है—आँखों के रास्ते उस आदमी के दिल तक पहुँच जाना, उसके दिमाग़ के कोने-अँतरे तक झाँका आना। उसकी आँतों के चक्कर लगा आना। मैंने त्रिलोचन को जब-जब देखने की कोशिश की है, पाया है कि उसकी आँखों पर पारदर्शी शीशे का एक निहायत अभेद्य बन्द फाटक है जो आपको धक्का मार कर दूर ठेल देता है। अगर किसी तरह से उसे खोल भी दें तो आपके हाथ कुछ नहीं लगने वाला। वह बार-बार आपकी पकड़ से छूट जायेगा, सरक जायेगा। या तो

आपके हाथ में उसके कपड़े रह जायेंगे या शब्दों को चबाते उसके ओठ। आप उससे निराला के बारे में पूछिए, वह निराला से खिसक कर बलभद्र 'पढ़ीस' पर चला जायेगा, मैथिलीशरण गुप्त के बारे में पूछिए, सियारामशरण गुप्त की बात करने लगेगा, शमशेर की ग़ज़लों की बात कीजिये, वह 'ग़ालिब' की ओर चल देगा, काव्य-सौन्दर्य की बात कीजिये, हिन्दी शब्दों की व्युत्पत्ति की चर्चा करने लगेगा।

वह एक छोटे-से कमरे को देखते-देखते खुला और निर्जन और समतल मैदान बना देता है, जिसमें वह मनचाहे ढंग से यहाँ से वहाँ दौड़ता जायेगा, आपमें कूवत हो तो उसे पकड़ लीजिये।

उसने अपने उस आत्मीय से कहा, 'मैं बढ़ियाई हुई नदी में सीधे नब्बे अंश के कोण पर इस पार से उस पार और बिना विश्राम किये उस पार से इस पार आया-जाया करता हूँ। हालाँकि पानी को चीरते हुए तैरना और भँवरों के बीच से अपने को बचाते हुए निकाल ले जाना मामूली काम नहीं है, फिर भी अभ्यास और दमखम और बलिष्ठ भुजाओं से सब सम्भव है...तो इस अक्तूबर-नवम्बर की गंगा की क्या बिसात है? लो सँभालो कपड़े। अभी गया और अभी आया।'

और त्रिलोचन लँगोट पहने नदी में कूद जाता है। मामूली बहाव। तैरने वाले इस पार से उस पार आ-जा रहे हैं, चिन्ता की कोई बात नहीं। लेकिन यह क्या, बढ़ियाई नदी की छाती मछली की तरह चीरने वाला, नब्बे अंश के कोण पर निकलने वाला त्रिलोचन त्रिलोचन बह रहा है।...

'अरे भगवन, उधर किधर?।'

'कोई ख़ास बात नहीं, थोड़ी मौज सूझी है। कपड़े-लत्ते ले कर हरिश्चन्द्र घाट की तरफ़ चलो, मैं उधर ही कहीं किनारे लगूँगा।' त्रिलोचन हाँफ़ते हुए बोलता है।

अब आप कुर्ता-पाजामा सँभाले घाट-घाट दौड़ते रहिये, नहीं मालूम बहाव त्रिलोचन को किस घाट ले जायेगा।

आपको लगेगा कि त्रिलोचन डूबा–अब डूबा कि सहसा धारा के बीच एक उठा हुआ चमकता सिर नज़र आयेगा। बहाव चाहे जितना तीखा हो, चाहे जितना कटावदार और ख़तरनाक हो, त्रिलोचन के सिर से टकरायेगा और छितरा जायेगा। 'सारा तन डूबे डूब जाये, लेकिन सिर तना रहे।' जहाँ ऐसी ज़रूरत नहीं, वहाँ भी वह उठाये घूमता है। किसी को अटपटा लगे तो लगा करे।

'आत्म-विश्लेषण', 'एकान्वित', 'अवलम्बित', 'मिथ्याभिमान', 'ज्योतिष्क लोवन', 'धर्म विनिर्मित', 'प्रत्यवरोहारोह', 'जीवनानुरक्त', 'वृक्ष शीषरिखा', 'अनुभव-सम्भावन', 'सहस्त्रपात', 'प्रतिबिम्बित' इस तरह के सैकड़ों शब्द उसकी कविता की भाषा में सिर ताने दिखायी पड़ते हैं। जो सार्थक शब्द मैत्री की सबसे ज़्यादा वक़ालत करता

है, वह मौक़े-बेमौक़े कविता के ख़िलाफ़ पत्थर ले कर खड़ा हो जाता है।

वह कालिदास और रमई काका को एक पंगत में बिठाने का कायल है। ऐसी हिमाकत कविता में उसके सिवा कोई नहीं करता।

जाने कितने झाड़ों-झँखाड़ों, नदियों-नालों, जंगलों, बियाबानों, दलदलों, पहाड़ियों और घाटियों से गुज़रा है यह त्रिलोचन। अथाह और अपार हैं इसके अनुभव। ऐसे दुर्लभ दुर्भाग्य कम कवियों को मयस्सर हुए हैं।

अपने शुरू के दिनों में 'धरती' पढ़ते हुए मैंने बहुत चाहा था कि डूब जाये त्रिलोचन, और ऐसा डूबे के कहीं नज़र न आये। ख़ासतौर से प्रेम-कविताएँ पढ़ते समय।

नामवर ने कभी अपने भाई से त्रिलोचन का एक किस्सा बयान किया था। उन दिनों वे लंका पर 'गोविन्द लॉज' में रहते हुए पढ़ रहे थे और बग़ल में नगवा पर 'अकनू भवन' में त्रिलोचन ने अपना चिमटा गाड़ रखा था। दोनों जन तड़के उठते थे और दौड़ लगाते हुए गंगा-स्नान करने जाते थे।

एक दिन बोला त्रिलोचन—'नामवर, तुम्हें नहीं पता कि मैं गंगा में डुबकी लगा कर सतह की माटी पकड़े-पकड़े उस पार निकल जाता हूँ। सुन कर विस्मय हो रहा होगा तुम्हें, लेकिन कठिन अभ्यास से सम्भव हो पाया है ऐसा।'

'घण्टे-भर, साँस रोके कैसे रह लेते हैं भगवन?'

'अभ्यास। प्राणायाम।' त्रिलोचन दृढ़ आत्मविश्वास से बोला।

तय पाया गया कि त्रिलोचन उस पार तो न जायें, यहीं घाट पर डूबें। डूबेंगे नामवर भी और देखेंगे कि जितनी देर त्रिलोचन पानी के अन्दर रहते हैं, नामवर कितनी बार डूबते-उतराते हैं।

दोनों ने नाक दबायी और पानी के अन्दर।

नामवर क्या खा के त्रिलोचन का मुक़ाबला करते। वे थोड़ी देर बाद जब ऊपर आये तो सोचा—देख लें, कौन जाने त्रिलोचन चालबाज़ी कर जायें।

'मैं यहाँ हूँ नामवर!' त्रिलोचन की आवाज़।

नामवर ने देखा—त्रिलोचन घाट पर खड़े हैं। माथा जरा-सा फट गया है, लहू बह रहा है और वे उसका बहना रोकने के लिये घाव पर मिट्टी लेप रहे हैं।

'अच्छा हुआ तुम बच गये', त्रिलोचन बोला, 'हुआ यह कि जैसे ही मैंने डुबकी लगायी, एक मुर्दा आ कर भिड़ गया। दरअसल वह पहले से ही इस ताक में रहा होगा। फिर तो कुश्ती, मार-पीट—क्या-क्या नहीं हुआ? उसने अपनी ओर से कुछ उठा नहीं रखा लेकिन मेरे आगे तो जीवन-मरण का प्रश्न था। जैसे ही उसे पछाड़ कर पकड़ना चाहा, वह भाग खड़ा हुआ...यह उसी की हड़ियल उँगली

की खरोंच है।'

नामवर ने पलट कर पानी की ओर देखा।

'नहीं, बिल्कुल नहीं। कोई दुस्साहस न करो।' त्रिलोचन ने हाँफ़ते हुए कहा।

नामवर पानी में हल गये और दो-तीन कोशिशों के बाद एक ऐसी फूटी हुई हँड़िया ले कर ऊपर आये जिसमें त्रिलोचन के सिर से बाल फँसे थे।

जिन दिनों नामवर ने अपने भाई को यह घटना सुनायी थी, उन दिनों न तो वे इतने बड़े आलोचक थे और न इतना बड़ा कवि त्रिलोचन।

हँड़िया वास्तविकता है और मुर्दा सपना।

तैर कर तो सभी पार कर जाते हैं गंगा, लेकिन त्रिलोचन वह जो बढ़ियाई गंगा को तब पार करे जब मल्लाहों में भी साहस न हो। पानी की सतह पर हाथ-पाँव फेंकते तो सभी चले जाते हैं उस पार, त्रिलोचन वह जो नदी के धरातल की माटी पकड़े-पकड़े निकल जाये उस पार।

जगे तो सभी चलते-फिरते, नहाये-धोते हैं, लेकिन त्रिलोचन वह जो पूरी बस्ती के सो जाने पर नींद में अकनू भवन से उठे, कमरे में ताला लगाये, गंगा में नहाए, तैरे, कपड़े बदले, फिर नींद में ही लौट कर आये, डारा पर भीगे कपड़े फैलाये और सो जाये।

टहलते तो सब हैं सुबह-सुबह, लेकिन दो-तीन चार मील, मगर त्रिलोचन भी इतना ही टहले तो क्या टहले? वह टहलेगा तो मुग़लसराय से पहले दम नहीं लेगा, भले लौट कर बीमार पड़ जाये।

नामवर इम्तहान दे रहे हैं, केदार इम्तहान दे रहे हैं, शम्भुनाथ और बच्चन सिंह और ठाकुर प्रसाद सिंह और रामदरश मिश्र और सभी लोग किसी-न-किसी डिग्री के लिये इम्तहान दे रहे हैं। त्रिलोचन भी अंग्रेज़ी से एम.ए. करेगा और इम्तहान देगा। लेकिन वह त्रिलोचन क्या जो इम्तहान दे दे। महीनों तक रात-दिन तैयारी करने के बाद जिस सुबह से इम्तहान होगा, त्रिलोचन कमरा बन्द करके तब तक डण्ड पेलेगा जब तक परीक्षा की तीसरी घण्टी न बज जाये।

यह है सपनों का त्रिलोचन। हँड़िया में मुर्दा देखने वाला त्रिलोचन। वह आकाश छूना चाहता है लेकिन यह भी चाहता है कि उसके पाँव धरती न छोड़ें। वह अपनी कविता 'फेरी वाला' की तरह 'गाँव-गाँव, नगर-नगर, गली-गली, डगर-डगर' घूमता हुआ सम्भावनाओं से भरे हर युवा कवि-लेखक को पुकारता रहा—

सपनों से ही मेरी झोली भरी हुई है—
घर के, बाहर के
पास के, पड़ोस के
देस के, विदेस के

भूखे ग्रहलोक के
नदी के, समुद्र के
जहाज़ के, विमान के
पर्वत के, बादल के
मुक्ति के, विधान के
सपने लो, मनचीते सपने लो।

सपनों की इस झोली के साथ त्रिलोचन ने इस नगर में इतनी पीढ़ियों के बीच फेरियाँ लगायी हैं कि वह हमारी समकालीन कविता का पौराणिक चरित नायक हो गया है। जो भी असम्भव है, अविश्वसनीय है, चामत्कारिक है, कल्पनातीत है—वह सारा कुछ इस कवि व्यक्तित्व के साथ जोड़ दीजिये, और जोड़ ही न दीजिये, उसमें क्षेपक पर क्षेपक बढ़ाते जाइये—कोई नहीं कहेगा कि यह त्रिलोचन के बस का न रहा होगा।

त्रिलोचन! आज से तीस-चालीस साल बाद कौन यह विश्वास करेगा कि सवा लाख सॉनेट लिखने वाला त्रिलोचन इसी नगर का था? कौन मानेगा कि उसे अपने पाँवों के नाप से छोटे जूते पहनने की लत लग गयी थी? कौन सुनेगा कि सॉनेट की चौदह नम्बर की साइज़ उसकी अपनी साइज नहीं थी?

त्रिलोचन! मुझे हमेशा लगता है कि तुम्हारा क़द तुम्हारी कविताओं से बड़ा है और शायद काफ़ी बड़ा।

सीमाएँ जहाँ मिलती हैं–स्विट्ज़रलैण्ड

•

सुनीता जैन

स्विट्ज़रलैण्ड मेरी स्मृति में, सदा सफ़ेद साड़ी-सा आया करता है—साड़ी, जो बर्फ़ सी सफ़ेद हो, और जिसके किनारे-किनारे ट्यूलिप, नस्ट्रेशियम और सेब के फूल खिले हों, ऐसा ही तो था वहाँ। अधिकांश बर्फ़ से ढका। और शुभ्रता में चार चाँद लगाते ढेर-के-ढेर लाल-नीले-पीले फूल, जो हर घर, घरों की खिड़कियों व छज्जों से झूलते ही रहते, मानो हर सैलानी का स्वागत कर रहे हों।

मैं जब पहली दफ़ा वहाँ गयी थी, सैलानी ही थी। तीन ही दिन में लौटना था। पर मन पीछे ही छूट गया। संकल्प किया—यहाँ आ कर अवश्य रहा जाये।

कहते हैं, अधिक सामीप्य आकर्षण को कम कर देता है। ऐसा कुछ मेरे साथ भी हुआ होगा। आरम्भ में तो मैं प्रकृति की उस छटा को निहारती अघाती नहीं थी। मेरे घर के नीचे घाटी में सेब और नाखों से लदे पेड़ और ऊपर पहाड़ी से सुगन्ध बिखेरते फूल थे। मुझे लगता, स्वर्ग भी ऐसा ही होता होगा। इतनी परिपूर्ण सुन्दरता, इतनी कि हर विकार दूर हो जायें। पर जब सेब उतार कर पेटियों में भर तहख़ानों में रख दिये गये, और मेरे घर में सेब की गन्ध में रहना दुश्वार हो गया, हरे पत्ते सब लाल सुनहरी हो कर झड़ गये, और शाखाओं की लज्जा निवारण को हिम-पात आरम्भ हो गया, तब गिरती बर्फ़ में मैं अपने शैले की बगिया में बैठी रहती। मेरे जूड़े में बर्फ़ के फूल वेणी बन जाते, और नाइलोन-जुराबों में भी पैर ठिठुर उठते। तब मैं भी भीतर चली जाती। ज्यों-ज्यों भीतर रहना बढ़ने लगा, त्यों-त्यों दम घुटने लगा। कैसा सन्नाटा रहता था वहाँ हर दम। सुनसान। निर्जीव। और मेरी इच्छा होती, काश मैं अपने देश में होती या अमेरिका में ही होती जहाँ की भाषा मैं बोल सकती, समझ सकती हूँ। झील अब कोहरे से ढक गयी, उस पर तैरती रंग-बिरंगी नाव भी दिखती नहीं थी। ऊब कर एक दिन मैं अकेली ही शहर को चल पड़ी।

हमारे घर से ज़्यूरिख़ शहर तक पहुँचने के लिए स्टेशन से गाड़ी लेनी पड़ती थी। अभी तक मैं अकेली निकली नहीं। फ्रेंच भाषा मुझे आती नहीं थी और जर्मन का ज्ञान बहुत सीमित था। अंग्रेज़ी समझने वाले विरले ही थे, जो भाग्य से मिलते थे।

गाड़ी के जिस डिब्बे में मैं थी, उसमें इटालियन भरे थे। सिगरेट के धुएँ से मेरी आँखों में जलन होने लगी थी। साथ ही संकोच हो रहा था मुझे। कुछ एक तो मेरी भारतीय वेशभूषा को बहुत ही कौतूहल से घूर रहे थे। शहर पहुँच कर साँस ली। अन्यथा लग रहा था, किसी चिड़ियाघर का नमूना हूँ।

बाज़ार में घूमते, झील की बत्तखों को चुग्गा डालते कब तीन घण्टे हो गये, पता ही नहीं चला। जब थक भी गयी और भूख भी लग आयी, तब एक रेस्तरां में जा कर बैठी। रेस्तरां में सब अंग्रेज़ी समझते हैं, इससे सुविधा रहती है। लौटते समय कुछ वस्तुएँ ख़रीद, मैं जल्दी में चली आई थी। गाड़ी का समय हो गया था। अपने पीछे की पदचाप से ध्यान भंग हुआ। अचकचा कर जब तक मुड़ी, वह लगभग मेरे क़रीब आ गया था। अशुद्ध अंग्रेज़ी में बोला—भारत से हैं ? सहज भाव से मुस्करा कर मैंने कहा—हाँ। वह कुछ इस तरह मेरे साथ चल रहा था कि मुझे खला। बोला—मेरे साथ चलोगी ? साहित्यिक भाषा में मैं, पीली पड़ कर लाल हो उठी। बोली नहीं। द्रुतगति से चलती रही। फिर बोला—मैं तुमसे मित्रता करना चाहता हूँ...तुम पढ़ती हो यहाँ ? मैं रुक गयी, ध्यान से उसे देखा। उत्तेजित स्वर में बोली—देखिये मैं बहुत जल्दी में हूँ।

— तो मैं तुम्हें टेलिफ़ोन कर लूँगा।
— लेकिन मुझे आपसे मिलने की कोई इच्छा नहीं...।
— तुम बड़ी सुन्दर लड़की हो...।
— शट अप एण्ड माइण्ड युअर ओन बिज़नेस...।

स्वभाव के विरुद्ध मैं बिगड़ उठी। एक ही साँस में गाड़ी पर जा पहुँची। पश्चिमी सभ्यता की आदी हो गयी थी, यह नयी बात भी नहीं थी, पर पता नहीं इसके मनोभाव कलुषित थे या मेरी कल्पना असन्तुलित थी, मुझे कुछ अच्छा नहीं लगा। मूड बिगड़ गया। घर के रास्ते में इधर-उधर दौड़ते चूज़ों और बगीचों में खिले गोभी के फूलों की ओर भी मैंने ध्यान नहीं दिया।

अगले दिन एक अमेरिकन मित्र के यहाँ डिनर था। वार्तालाप आरम्भ हुआ, "स्विट्ज़रलैण्ड कैसा लगता है ?" बोली, "अच्छा है, बहुत सुन्दर है।"

"सुन्दर तो है पर यहाँ के लोग मिलते-जुलते ही नहीं किसी से।" पास बैठी अमेरिकन महिला कह उठी।

"तो आपको भी यह शिकायत है। मैं समझती थी, हमारे लिए ऐसा है।"

"नहीं वह बात नहीं। यह तो व्यापक आरोप है। किसी भी विदेशी से, चाहे इण्डियन हो या अमेरिकन, ये लोग दूर-दूर रहते हैं। इनकी भाषा बखूबी बोल लो तो भी। दिल के तो बुरे नहीं, कुछ उदासीन हैं...।"

हँसते हुए मैंने कहा—"मुझे तो कल ही मैत्री का इच्छुक एक मिला था...।"

बात मैंने कह सुनायी। सुन कर वह बोली, "अवश्य ही इटालियन लड़का होगा। बात यह है कि ये इटालियन बड़े ज़िन्दादिल होते हैं, बहुत ही रोमान्टिक। इटली में तो सड़क चलती ख़ूबसूरत लड़की के चुटकियाँ काट कर नील डाल देते हैं। पर इसका बुरा ही नहीं मानना चाहिए। यह तो कॉम्प्लीमेन्ट है। वैसे यहाँ एक क़ानून है, जिसके अनुसार इटली से लड़के, मज़दूरी करने यहाँ आ सकते हैं, पर परिवार नहीं ला सकते। सो बेचारे लोनली हो जाते हैं। स्विस लड़कियाँ तो उनसे बात भी नहीं करतीं, घृणा से देखती हैं। इसी से वे विदेशी लड़कियों की ओर उन्मुख होते हैं...।"

—"पर मिसेज़ पीटरसन ! मैं तो परेशान हो जाती हूँ, आदत नहीं न। संस्कार भी नहीं। हमारे यहाँ तो ऐसे सड़क पर निमन्त्रण बड़ा अश्लील मानते हैं।"

—"तो तुम ऐसा करो तुम एक 'वेडिंग रिंग' पहन लो, विवाहित जान तुम्हें कोई तंग नहीं करेगा।"—वह बोलीं।

बात जंच गयी। अगले ही दिन मेरे बाएँ हाथ की तीसरी उँगली में सोने का सादा छल्ला चमक रहा था।

लगभग ग्यारह देशों में रह चुकी हूँ, पर सफ़ाई में स्विट्ज़रलैण्ड अपना उदाहरण आप ही है। सुबह सूर्य की प्रथम किरण के साथ महिलाएँ उठती हैं और सारे घर के ग़लीचे आँगन में ला कर छड़ी से पीट-पीट कर साफ़ करती हैं। ड्राईक्लीन कर कपड़े छज्जों में सुखाती हैं। गद्दे, रज़ाइयों को धूप लगाती हैं। लकड़ी के फ़र्श पर पॉलिश करती हैं और दिन में खिड़कियों के शीशे धोती हैं। उनकी देखा-देखी मुझे भी सफ़ाई करनी पड़ती थी। मेरा कचूमर निकल जाता, पर घर उन स्विस घरों जैसा चमकता ही नहीं था। वास्तव में हम भारतीय महिलाओं को झाड़ू-बुहारी के कामों की आदत-सी नहीं रही। स्विस स्त्रियों की कर्मठता देख हम लोग दाँतों उँगली दबाते थे। इतनी सफ़ाई-धुलाई के अतिरिक्त स्वादिष्ट व्यंजन बनाने में वे अपना सानी नहीं रखती। प्रायः सभी औरतें ग़लीचे बुनना, कढ़ाई, सिलाई, चित्रकला इत्यादि जानती हैं। वहाँ लड़कियों की उच्च शिक्षा पर बल नहीं दिया जाता। स्कूल जीवन के बाद या तो वे होम साइन्स के डिप्लोमा के लिए जाती हैं या नर्सिंग के लिए। दो दफ़ा मुझे अस्पताल में रहना पड़ा और स्विस नर्स को मैंने आदर्श

नर्स पाया। हरदम हँसती, सेवा में रत रहती।

सफ़ाई के बाद ईमानदारी हमने सबसे ज़्यादा स्विट्ज़रलैण्ड में पायी। कभी हमारा एक पैसे का नुकसान नहीं हुआ। दुकानों पर लूटपाट बिल्कुल नहीं। ये ही दो कारण हैं कि स्विस लोगों की अन्य लोगों से पटरी नहीं बैठती। या तो अन्य देशों के लोग स्विस-निवासियों जैसी सफ़ाई नहीं कर पाते या फिर उनमें इन जैसी ईमानदारी नहीं। शोरगुल भी स्विसवासियों को पसन्द नहीं। इसी से इटली और जर्मनी के लोगों से वे बेहद चिढ़ते हैं। कहीं एक स्विस हो और दूसरा जर्मन आ जाये तो स्विस फ़ौरन उठ कर चल देगा।

स्विट्ज़रलैण्ड की सुन्दरता के बाद जिस चीज़ ने हमें सबसे ज़्यादा चकित किया वह यह कि उन दिनों महिलाओं को वोट देने का अधिकार नहीं था। और यह उनकी सन्तुष्टि का परिचायक है कि वहाँ की स्त्रियाँ इसके लिए यत्न नहीं करतीं। बाहर पुरुषों का, घर स्त्रियों का—ऐसा बहुत सुखद विभाजन उन्होंने कर रखा था।

दुनिया भर के झगड़े-बखेड़ों के प्रति उदासीन स्वयं में सन्तुष्ट यह वह देश था जहाँ कितनी ही सीमाएँ, सभ्यताएँ, आ कर मिली रहतीं।

❑❑❑

Hervé Le Bras
Emmanuel Todd

Le mystère français

La République des idées/Le Seuil

La première édition de cet ouvrage a paru, en 2013,
dans « La République des idées »,
collection dirigée par Pierre Rosanvallon et Ivan Jablonka.

ISBN 978-2-7578-5540-9
(ISBN 978-2-02-110216-1, 1re publication)

Introduction

La France ne se sent pas bien. Pour comprendre son mal, nous l'avons passée au scanner de la cartographie la plus moderne. Cent vingt cartes nous permettent de poser un diagnostic : notre pays souffre d'un déséquilibre entre les espaces anthropologiques et religieux qui le constituent. Son cœur libéral et égalitaire, qui fit la Révolution, est affaibli. Sa périphérie, autrefois fidèle à l'idéal de hiérarchie, et souvent de tradition catholique, est désormais dominante. Nos dirigeants, parce qu'ils ignorent tout du mode de fonctionnement profond de leur propre pays, aggravent sa condition par des politiques économiques inadaptées.

Nous avions mis en évidence en 1981, dans *L'Invention de la France*[1], la diversité et l'activité des systèmes de mœurs dans l'Hexagone. Cette pluralité culturelle nous semblait garantir l'attachement de la France à l'idéal de l'homme universel, seul capable d'assurer sa cohésion. Notre optimisme n'a pas varié sur ce point. Nous avions toutefois noté, avec une certaine malice, le caractère aléatoire de la distribution des systèmes anthropologiques et de leurs reflets idéologiques. La vie politique, structurée au niveau conscient par des affrontements d'intérêts et de classes, était en réalité déterminée, dans les profondeurs

1. Paris, Hachette Littératures, 1981, rééd. Paris, Gallimard, 2012.

de la Nation, par des traditions religieuses et familiales agissant à l'insu des acteurs. Nous pensions cependant à l'époque saisir une France en cours de disparition.

Constater en 2013 la persistance de déterminants anthropologiques et religieux pourrait être inquiétant. La population agricole est statistiquement insignifiante. La société industrielle rejoint elle-même le monde des villages dans le passé. Entre 1980 et 2010, la France a basculé, trop vite sans doute, dans l'âge postindustriel. Elle a davantage changé dans les trente années qui viennent de s'écouler que durant les trente années précédentes. Le discours purement économique sur les « Trente Piteuses », succédant aux Trente Glorieuses, oublie cette accélération du changement social.

Affirmer que la transformation n'a pas effacé la diversité des mœurs régionales serait un constat insuffisant. Nous montrerons que la crise de la société postindustrielle a réactivé, renforcé l'action des systèmes anthropologiques et religieux que nous supposions disparus. Mieux, le changement social lui-même a été guidé, à chaque étape, par les systèmes anthropologiques et religieux anciens. Nous allons voir, sur les cartes qui constituent ce livre, le décollage de l'éducation secondaire et supérieure s'appuyer d'abord sur certaines structures familiales inconscientes puis, plus étrangement encore, sur une religion catholique qui n'est désormais pratiquée que par une infime minorité. Ni l'émancipation des femmes, ni la croissance du secteur tertiaire ou de l'État, ni la montée des inégalités économiques, ni finalement le hollandisme, le sarkozysme ou le lepénisme n'ont échappé à la main puissante du passé.

Il s'agit ici d'étudier la France et la façon dont elle change, en détail, dans sa diversité, ses irrégularités et parfois même ses bizarreries. Son exceptionnelle hétérogénéité en fait toutefois un terrain d'expérimentation idéal – c'est-à-dire moins éloigné que d'autres de l'universel – pour saisir dans sa généralité l'action souterraine des forces anthropologiques et religieuses. Son étude autorise donc une conclusion qui dépasse son cas unique et particulier. L'accélération du changement social dans l'Hexagone durant les trente dernières années, par son insertion dans l'espace, suggère qu'aucune rationalité postmoderne n'est concevable dans l'absolu, indépendamment des structures anthropologiques et religieuses définies par une très longue histoire.

Le changement que nous décrivons englobe et détermine celui postulé par les économistes. Il admet la primauté des mentalités et place l'éducation avant le produit intérieur brut dans la séquence du développement. Une telle approche va avoir pour effet, assez surprenant dans un livre qui démontre la présence indestructible du passé, de donner une vision moins pessimiste, plus dynamique, de la société française. Sans oublier la récente entrée en stagnation éducative, les nouvelles inégalités culturelles et économiques, la dérive à droite du système politique, la déroute industrielle, nous allons faire l'inventaire de l'immense acquis humain des années 1980-2010. C'est l'ultime paradoxe : une approche anthropologique contraint à une vision complète et positive du processus de modernisation.

Dans cette introduction générale, nous allons d'abord résumer le mouvement accéléré de la société française entre 1980 et 2010, à l'échelle nationale. Nous définirons ensuite la méthode cartographique qui permet de saisir simultanément, dans une société urbanisée à 80 %, permanences anthropologiques ou religieuses et impact des villes.

Dans le corps du livre, nous montrerons comment la révolution mentale des années 1980-2010 s'est déployée dans l'espace, et pourquoi, partout, une mémoire des lieux guide toujours l'action des hommes, en commençant par une description des fonds anthropologiques et religieux qui définissent cette mémoire.

1. L'accélération du changement social : 1980-2010

La représentation aujourd'hui dominante de l'histoire économique et sociale de la France est celle d'un ralentissement depuis la fin des « Trente Glorieuses », époque bénie dont la position dans l'inconscient national évoque désormais un âge d'or. Si l'on s'en tient à la série statistique favorite des économistes, la progression du produit intérieur brut (PIB), le ralentissement ne fait aucun doute. En moyenne supérieure à 4,5 % par an avant 1973, la croissance annuelle du PIB par tête a ensuite chuté régulièrement, pour tomber à 1,8 % dès 1984, puis rester nettement en dessous de 2 % jusqu'à la crise de 2007-2008. Mais si nous passons du plan de l'économie à celui des mentalités – éducation, religion, mœurs –, c'est au contraire l'évidence d'une accélération qui s'impose.

Le moteur du mouvement : le décollage éducatif

La progression du niveau éducatif est stupéfiante. Elle avait été réelle, sans être rapide, durant les années de croissance économique maximale, avec un taux d'obtention du baccalauréat général par génération qui avait augmenté de 5,3 % en 1951 à 12,6 % en 1966. Une première accélération est intervenue entre 1966 et 1971, de 12,6 % à 17,3 %. Nous sommes toujours ici dans le cadre théorique des Trente Glorieuses. Mais une seconde accélération, véritable décollage, a bouleversé l'équilibre éducatif et culturel de la France entre 1981 et 1995, avec une proportion de bacheliers qui s'est envolée de 17,8 % à 37,2 %.

À la croissance ralentie du PIB par tête correspond donc un saut qualitatif du niveau éducatif des Français. Il a été rendu possible par la conjonction de deux facteurs : une aspiration au progrès des individus et des familles, et une libération de cette poussée spontanée par l'arrivée de la gauche au pouvoir en 1981.

Il semble bien qu'un plafond ait été atteint vers 1995, peu après le retour au pouvoir de la droite. Employant un terme anglais, on peut même parler d'*overshooting* : la proportion s'est stabilisée aujourd'hui à un niveau légèrement plus bas que le maximum un instant atteint, autour de 35 % jusque vers 2010. N'oublions pas pourtant que l'arrivée, année après année, de générations nouvelles obtenant le bac général à un taux stable de 35 % continue de faire monter le niveau éducatif moyen. Vers 2005-2010, dans les tranches d'âge supérieures à 60 ans, la proportion de bacheliers est très faible, toujours inférieure 5 %. La disparition des générations anciennes rapproche inexorablement le pays du taux de 35 % atteint par les plus jeunes.

La diffusion du bac général ne représente pas la totalité du progrès éducatif. Nous devons ajouter aux 35 % de titulaires du bac général les jeunes ayant obtenu des bacs technologiques et professionnels. En 2009, 15,9 % d'une génération a réussi le bac technologique, 14,4 % le bac professionnel. Abandonnant le préjugé bourgeois qui ne prend en considération que l'éducation classique, littéraire ou scientifique, nous constatons que les bacs technologiques et professionnels mènent souvent à des métiers plus utiles à la société française que bien des bacs généraux. Ils peuvent aussi ouvrir la voie à des études supérieures, particulièrement le bac technologique. Nous atteignons ainsi un total de 65 % de bacheliers par classe d'âge dans les générations les plus récentes.

L'inversion de la stratification éducative : une nouvelle inégalité

Jamais dans l'histoire la population française n'avait atteint un niveau éducatif aussi élevé. Modérant l'optimisme de cette constatation, nous devons ajouter que l'ascension des trente dernières années n'a pas mené à la démocratie culturelle. Elle a produit une inversion de la pyramide éducative et un retournement du concept d'inégalité.

Les flux annuels ne nous permettent pas d'obtenir une vision claire de la stratification éducative ultime des générations, car certains jeunes poussent au-delà du bac et d'autres non. Le recours au recensement, qui décrit l'ensemble de la population à une date donnée, permet de donner, pour chaque génération, un bilan éducatif final.

Le recensement de 2009 a enregistré, pour tous les Français âgés de plus de 15 ans, le plus haut niveau de diplôme atteint. La statistique résultante nous permet de décrire ici non pas une, mais deux stratifications éducatives. La première représente la population des plus de 65 ans, ceux qui ont eu 20 ans avant 1964, c'est-à-dire à l'époque de la société industrielle. La seconde pyramide décrit la population des 25-39 ans, ceux qui ont atteint 20 ans entre 1990 et 2004, à l'ère postindustrielle[1]. Une synthèse distinguant seulement trois niveaux – 1) certificat

1. Les chiffres concernant les diplômes supérieurs, qui découlent de simples déclarations au recensement, nous paraissent un peu trop élevés si on les compare aux seulement 35 % de titulaires du bac général des générations les plus récentes, et ce même si l'on tient compte des individus qui sont passés dans le supérieur après obtention du bac technologique. La statistique éducative n'est pas ici absolument cohérente. L'ampleur du mouvement générationnel est cependant suffisamment importante pour que ces imperfections ne posent pas de problème pour l'interprétation du résultat de la comparaison.

d'études ou moins, 2) BEPC et bacs technologiques ou professionnels, 3) bac général ou plus – met en évidence la morphologie sociale d'ensemble définie par l'éducation et son mouvement entre 1964 et 2000.

TABLEAU I
Niveau de diplôme en fonction des groupes d'âges (%)

	Plus de 65 ans	25-39 ans
aucun diplôme et certificat d'études	57,7	12,4
BEPC, CAP, BEP bac technologique	29,0	38,3
bac général et plus	13,1	48,6

Source : recensement de 2009.

Le monde éducatif des Trente Glorieuses avait l'allure d'une pyramide normale : une base large, avec 58 % de citoyens certes capables de lire, d'écrire et de compter, mais qui n'avaient pas obtenu plus que le certificat d'études ; au-dessus, un étage moyen de 29 % de formations intermédiaires ; enfin, une couche supérieure étroite de 13 % de titulaires du baccalauréat général ou plus. Nous sentons dans cette forme la virtualité d'un équilibre démocratique, dans lequel la force de domination d'une minorité de privilégiés, certes plus éduqués, est néanmoins contrebalancée par la masse considérable des citoyens qui ont bénéficié d'une instruction primaire.

Chez les jeunes de l'âge postindustriel, cet équilibre est rompu : les éduqués supérieurs frôlent la majorité absolue, avec 49 % d'individus qui ont obtenu le bac ou plus, 38 % d'éduqués moyens, secondaires et techniques, et seulement 12 % des citoyens restés au stade de l'instruction primaire.

Les masses éduquées sont en haut, la minorité des simples alphabétisés en bas : la pyramide est inversée, elle repose sur sa pointe. Bien entendu, la coexistence des générations brouille la simplicité du modèle. Mais les jeunes générations ne représentent pas qu'elles-mêmes. Elles définissent aussi l'avenir, la forme de la stratification éducative future. Ici, cas rare, on peut dire que l'avenir anticipé agit sur le présent, en étendant à l'ensemble de la société le pressentiment d'une stratification éducative inversée.

Un tel monde n'est ni plus ni moins inégalitaire que celui du passé. Il est inégalitaire autrement. Il élargit d'une manière prodigieuse la masse des citoyens capables d'une activité culturelle autonome, différente de la réception passive de ceux qui savaient seulement lire. Il crée aussi une frange inférieure de « laissés-pour-compte » culturels, bloqués au niveau de l'instruction primaire. À l'époque industrielle, la majorité alphabétisée de la société regardait vers le haut les éduqués supérieurs et contestait leurs privilèges. À l'époque postindustrielle, une majorité d'éduqués supérieurs et moyens regarde vers le bas ceux qui sont restés bloqués au stade de l'instruction primaire, pour les oublier dans le cas des premiers ou pour craindre de leur ressembler dans celui des seconds. À la contestation succède l'indifférence ou la peur. Nous sommes ici fort près d'une explication simple du glissement du corps électoral de la gauche vers la droite.

L'arrêt du progrès éducatif entre 1995 et 2005 a conforté dans la population la représentation subconsciente d'une société stratifiée. La proportion de jeunes sortant du système scolaire sans aucun diplôme, les vrais exclus, est tombée de 35 % à 11 % entre 1965 et 1990, puis à 6 % en 2005. La courbe semble se stabiliser le long d'un plancher de 5 %, tout comme celle du bac général semble arrêtée par un plafond de 35 %. L'immobilité suggère l'horizon d'une société stratifiée de manière stable. Dans cette représentation réside une part importante du pessimisme culturel latent qui domine, non seulement chez les élites, mais aussi dans la population.

Révolution des mœurs

Deux paramètres démographiques, la fécondité et la proportion des naissances hors mariage, permettent de suivre la transformation des mœurs entre 1980 et 2010. Dans leurs cas, les mouvements s'amorcent dans la phase finale des Trente Glorieuses pour s'amplifier régulièrement dans les décennies qui suivent.

L'indicateur conjoncturel de fécondité plonge de 2,9 enfants par femme en 1966 à 1,9 en 1975, 1,6 en 1990, pour remonter et se stabiliser à 2 vers 2010, un peu parce que les femmes ont moins d'enfants, et surtout parce qu'elles les ont plus tard. Les moyens modernes de contraception ont très sérieusement réduit les grossesses non désirées, mais c'est surtout la hausse de l'âge moyen des femmes à la maternité qui a donné son caractère spectaculaire à la baisse de l'indicateur conjoncturel, semant un instant la panique chez les natalistes. À aucun moment, en réalité, la descendance finale des femmes qui avaient achevé leur vie féconde n'est tombée au-dessous de 2 enfants, première indication que la mutation mentale n'est pas une désorganisation. Les femmes ont simplement leurs enfants plus tard, évolution qui accompagne l'allongement de la durée des études.

La progression du nombre des naissances hors mariage – des enfants illégitimes ou, plus joliment, « naturels » aurait-on dit autrefois – est plus spectaculaire. Un premier frémissement était perceptible entre 1965 et 1970, avec une augmentation de 5,9 à 6,8 % du total des naissances. Suit un envol, régulier, presque linéaire, apparemment sans limites : 11 % en 1980, 20 % en 1986,

30 % en 1990, 40 % en 1997, 50 % en 2008, 54 % en 2010. Cet indicateur nous permet d'affirmer que le mariage traditionnel a vécu : une majorité d'êtres humains naissent en France sans cet encadrement juridique, l'enfant naturel devient la norme sociale.

Terminus pour l'Église

Dans ce contexte de révolution des mœurs, il aurait été étonnant que les choses s'arrangent pour l'Église. Le catholicisme actif reprend au milieu des années 1960 un déclin amorcé dès les années 1950. Il avait alors commencé sa régression, passant de 27 % à 20 % d'assistance à la messe dominicale entre 1952 et 1966. Stable à 20 % entre 1966 et 1972, la proportion de messalisants[1] chute à 14 % dès 1978, à 6 % en 1987, et à 4,5 % en 2006. Si nous tenons compte de la surreprésentation des gens âgés dans la pratique religieuse, nous constatons la disparition presque totale de la religion dans sa dimension rituelle. Nous allons montrer dans ce livre sa survie massive en tant qu'agent de structuration des comportements éducatifs ou politiques.

Liberté pour les femmes

L'évolution de la fécondité et des naissances hors mariage reflète, sur le plan démographique, l'émancipation des femmes, tendance sociologique fondamentale de la période. En 2011, si le taux d'activité des hommes de 25 à 49 ans est de 94 %, celui des femmes atteint 84 %, niveau très élevé si l'on garde à l'esprit qu'elles assurent aussi la reproduction biologique de la société.

1. Individus assistant régulièrement à la messe dominicale.

Dès la fin des années 1960, les filles avaient dépassé les garçons dans l'obtention du baccalauréat. En 2009, elles obtiennent 57 % des baccalauréats généraux, 52 % des bacs technologiques, et seulement 43 % des bacs professionnels. Aux échelons supérieurs, 59 % des licences, 57 % des masters, 45 % des doctorats reviennent à un sexe qui n'apparaît décidément plus si faible. Toutefois, malgré les progrès importants des filles, une forte spécialisation des garçons persiste dans les filières scientifiques et techniques, que celles-ci mènent ou non vers les grandes écoles. Cette résistance masculine dans un secteur intellectuel et professionnel particulier, repérable dans l'ensemble du monde développé, va poser à nouveau à la société la question de l'équivalence des sexes, mais dans le contexte révolutionnaire d'une prédominance féminine dans le domaine de l'éducation.

Détermination culturelle, conséquences économiques

La société industrielle des Trente Glorieuses était paradoxalement un monde stable. Certes, l'exode rural continuait de nourrir l'industrie, et la croissance du secteur des services à la vider. L'effet global de ces mouvements complémentaires était toutefois de maintenir le secteur secondaire à un niveau stable. Si l'on s'en tient à l'industrie proprement dite (sans la construction), la proportion d'actifs employés a oscillé entre 1950 et 1968 autour de 25 %, avec une marge de variation incroyablement faible de plus ou moins 0,5 %.

Entre 1950 et 1965, les mentalités aussi étaient pour l'essentiel stables avec, on l'a vu, deux exceptions capitales, l'une éducative, l'autre religieuse. Nous saisissons dans cette période les prémices du bouleversement de la société française. La séquence historique elle-même nous révèle une primauté du culturel sur l'économique.

L'histoire présente en effet sur la sociologie l'avantage technique d'ordonner les variables dans le temps – c'est sa routine de base. Le sociologue, partant de tableaux croisés synchroniques mettant en relation les phénomènes, cherche d'abord les interactions, à un moment donné, entre le métier, le revenu, les attentes politiques, les préférences sexuelles ou artistiques exprimées dans des sondages d'opinion. Il bute alors pour ainsi dire automatiquement sur le sempiternel problème de « la corrélation qui n'est peut-être pas une causalité ». L'historien, en revanche, place d'instinct les phénomènes « avant » ou « après ». Nous avons certes noté la façon dont la stratification éducative des jeunes générations permettait à la société d'anticiper la forme de ses inégalités futures, c'est-à-dire à un futur fantasmé d'agir sur le présent. Mais en général, nous devons l'admettre, ce qui est « après » est rarement la cause de ce qui est « avant ». C'est la raison pour laquelle la routine de l'historien permet souvent un diagnostic simple sur la séquence des déterminations sociales.

C'est le cas pour l'identification des forces qui ont fini par entraîner la société française dans une évolution accélérée entre 1980 et 2010. Chute des taux de croissance du PIB, décrue des effectifs industriels, baisse de la fécondité, augmentation des naissances hors mariage, baisse de la pratique religieuse, progrès de l'éducation… Où sont les causes, où sont les effets ? Sans négliger la forte probabilité de déterminations en boucle et de rétroactions positives, nous devons constater que les premiers mouvements, significatifs sans être massifs, sont intervenus dans deux domaines : l'éducation et la religion.

La proportion de bacheliers par génération s'élève de 5,3 % à 11,2 % entre 1951 et 1961 ; le taux d'assistance à la messe dominicale baisse de 27 % à 20 % entre 1952 et 1966. Après, seulement, commencent à chuter la fécondité et la proportion d'enfants nés dans le mariage, tandis que s'accélère la poussée éducative et que s'achève l'histoire du catholicisme.

La décrue relative du secteur secondaire hors BTP ne commence qu'en 1969. Elle sera régulière, pour ainsi dire linéaire : 23,3 % des actifs en 1980, 18,5 % en 1990, 15,4 % en 2001, 12,1 % en 2010. Nous vivons peut-être depuis cette dernière date une rupture de tendance avec l'effondrement résultant d'une gestion particulièrement incompétente de la crise économique qui a commencé en 2008.

Le taux de chômage, qui touche spécialement les ouvriers d'industrie, n'a amorcé sa dramatique croissance qu'à partir de 1975, mais il s'est élevé alors par paliers successifs de 3,4 % en 1974 jusqu'à 10,7 % en 1994, puis à nouveau en 1997. Sa retombée ultérieure à 7,7 % en 2001, puis à 7,4 % en 2008, a été suivie d'une remontée à 10 % en 2012, amorce de nouveaux records à venir.

La proportion d'ouvriers dans la population active a chuté moins vite que le secteur secondaire parce que certains des ouvriers qui ont disparu avec la grande industrie ont été remplacés par des travailleurs d'un genre nouveau : emplois externalisés, dispersion géographique, atomisation sociale, perte de conscience collective caractérisent le nouveau monde ouvrier. Nous sommes ici aux frontières de l'économique et du mental. Le reflux de la classe ouvrière est-il un phénomène fondamentalement économique ou le résultat d'une évolution des mentalités ?

L'optimisme des démographes

Il ne serait pas trop difficile de donner une interprétation réactionnaire du progrès éducatif et de la révolution des mentalités en leur attribuant la baisse du taux de croissance. La recherche de la culture et du plaisir aurait détourné de l'effort économique. Rappelons quand même que le ralentissement de la croissance est intervenu dans le contexte d'une richesse et d'une efficacité inédite dans l'histoire. L'urgence du développement était passée.

Les démographes n'ont d'autre choix possible qu'une interprétation optimiste. Car, pour eux, le progrès s'est accéléré dans les années de stagnation économique relative, du fait de la chute de la mortalité. L'espérance de vie est probablement un meilleur indicateur d'efficacité technologique et sociale que le PIB par tête.

La mortalité infantile a poursuivi son reflux. On ne peut évoquer dans son cas qu'une grande régularité d'évolution, sans accélération. Mais les niveaux atteints sont tellement bas que leur décrue en devient même difficilement concevable. Les taux semblent décrire depuis 1950 un arc qui tend asymptotiquement vers une limite à peine supérieure à 1 décès avant l'âge de 1 an pour mille naissances vivantes. La Suède est à 2,1 pour mille, le Japon à 3. La France fait à peine moins bien que ces références obligées, à 3,4 en 2011 contre 52 pour mille en 1950. Elle réalise cette performance tout en absorbant une immigration souvent venue de pays à mortalité infantile élevée. Son système de santé est décidément solide. Les États-Unis sont à 6 décès avant l'âge de 1 an pour mille naissances vivantes, presque au même niveau que la Pologne.

C'est l'espérance de vie des adultes qui s'emballe à partir de 1974. Ses progrès avaient été modestes durant les Trente Glorieuses. Un examen de la longue durée permet de sentir l'ampleur de la rupture positive intervenue dans les années de ralentissement de la croissance économique. Vers 1800, l'espérance de vie à 65 ans des hommes était de 10 années, en 1974 de 12 années, en 2000 de 16,5 années. À deux années de lente progression en 170 ans succède un brusque gain de quatre années et demie en 25 ans.

L'optimisme inconscient de la société

Philosophes, psychanalystes et moralistes s'inquiètent aujourd'hui de l'état mental de l'individu postmoderne. Hyperindividualisme, obsession de la jouissance immédiate, recherche de l'excès, déréglementation morale et financière produiraient des hommes et des femmes égarés, une société en perte de sens. Peut-on vérifier statistiquement que notre société est moralement détraquée ? On peut surtout montrer facilement qu'elle ne l'est pas.

Il existe en sociologie un indicateur officiel de dérèglement des mentalités. *Le Suicide* d'Émile Durkheim avait constitué en 1897 le bulletin de naissance de la discipline en tant que science. Durkheim y définit le suicide « anomique » comme effet et expression d'un dérèglement des valeurs et des mœurs. L'individu, libéré du carcan des croyances et des attentes traditionnelles, ne sait plus quoi attendre de sa vie. Perdu, déçu, il peut se suicider. La sociologie américaine des années 1940-1960 a plutôt utilisé le concept d'anomie pour décrire un état d'atomisation de la société de masse, cette « foule solitaire » de David Riesman[1]. Il n'y a pas contradiction mais complémentarité entre la vision américaine d'un individu crevant de solitude et la représentation durkheimienne d'un homme anomique proche du maniaco-dépressif.

L'évolution récente du taux de suicide n'évoque pas le développement en France d'un état d'anomie généralisée. Du début des années 1950 au début des années 1970, le taux de suicide était proche de 15 décès annuels pour 100 000 habitants. Nous retrouvons ici la stabilité mentale des Trente Glorieuses. Ce niveau apparaît historiquement bas si on le compare au 25 des années précédant la guerre

1. *La Foule solitaire*, Paris, Arthaud, 1964.

TABLEAU 2
L'évolution récente du taux de suicide selon l'âge

	15-24 ans	25-34 ans	35-44 ans	45-54 ans	55-64 ans	65-74 ans	75-84 ans
Hommes							
2000	12,1	26	40,3	37,1	31,2	42,7	71,4
2006	10	22	34,5	40,1	30,1	36,7	60,4
variation	-17,4 %	-15,7 %	-14,4 %	**+8,0 %**	-3,6 %	-14,1 %	-15,4 %
Femmes							
2000	3,6	6,9	11,8	14,8	13,8	15,2	17,2
2006	3,2	6,4	11,0	15,1	13,6	13,9	13,4
variation	-11,7 %	-8,2 %	-6,7 %	**+2,2 %**	-0,9 %	-8,4 %	-22,4 %

Source : Albertine Aouba, *et al.*, « La mortalité par suicide en France en 2006 », *Études et Résultats*, n° 702, septembre 2009, CépiDc/INSERM, Direction de la recherche, des études, de l'évaluation et des statistiques (DREES).

de 1914-1918, ou même au 20 de l'entre-deux-guerres. Entre 1971 et 1985, lorsque s'est amorcé le bouleversement des mentalités, le taux de suicide s'est tout d'abord élevé brutalement, de 15,3 à 22,7, retrouvant un instant son niveau de crise d'avant guerre. Mais il a baissé ensuite assez régulièrement pour revenir à 16,8 en 2009. Les gens âgés, beaucoup plus touchés en général par le suicide, ont été les grands bénéficiaires de cette chute. Nous saurons bientôt si la crise économique entraîne une remontée du taux, comme le suggère la presse. Dans le contexte de la décrue des années précédentes, nous ne pouvons toutefois considérer l'augmentation comme allant de soi. Une étude récente pour les années 2000-2006 signale une très légère hausse chez les 45-54 ans, et une baisse chez les individus plus âgés ou plus jeunes. Il n'existe pas pour l'instant une tendance de fond à l'accroissement du niveau d'anomie en France. L'homme postmoderne isolé et déséquilibré cher à la philosophie morale contemporaine n'est pas le type général.

À l'encontre de l'idée que diffusent les médias, nous devons aussi admettre que le contrôle des pulsions agressives se renforce et que nous vivons dans un univers de plus en plus paisible. La civilisation des mœurs chère à Norbert Elias continue de progresser. Le taux d'homicide a baissé, d'une manière frappante, en parallèle avec le taux de suicide. Marseille et la Corse sont ici des exceptions. Au terme d'une comparaison méthodique des statistiques de la police, de la justice et de l'INSERM, Laurent Mucchielli conclut que « les trois sources convergent sur les tendances générales et dessinent, durant la période sous examen, un mouvement en deux temps : une hausse globale sur la période 1970-1984 suivie d'une baisse globale de 1985 à nos jours[1] ». Un exemple : le nombre des homicides volontaires constatés par la police et la gendarmerie est passé de 1 119 en 2002 à 682 en 2009[2].

La crise existe et l'on peut effectivement observer dans la phase la plus récente un profond malaise dans l'éducation, une baisse de la production industrielle, une nouvelle souffrance au travail, une peur généralisée du chômage et une résignation à la baisse des revenus. La conscience sociale pessimiste n'est pas coupée de la réalité. Mais si nous glissons des plans de l'économie et du sondage d'opinion vers certaines données démographiques objectives, comme nous venons de le faire avec le suicide, c'est souvent une autre France qui apparaît, aussi optimiste dans ses comportements inconscients qu'elle apparaît consciemment pessimiste.

1. « L'évolution des homicides depuis les années 1970 : analyse statistique et tendance générale », *Questions pénales*, XXI, 4, septembre 2008.

2. Direction centrale de la police judiciaire, *Le Figaro*, 1er août 2010.

Le taux de suicide définit un rapport au présent, perçu comme acceptable ou tragique. La fécondité nous révèle le rapport des Français à l'avenir. Décider d'avoir un enfant, c'est s'engager pour vingt ans au moins, c'est faire le pari qu'une vie nouvelle a un sens. Les démographes, il est vrai, ne sentent pas toujours ce poids métaphysique des indicateurs qui décrivent la reproduction, spécialement dans les sociétés qui mettent à la disposition des femmes des moyens de contraception absolument sûrs. Alors, l'indicateur conjoncturel de fécondité et la descendance finale mesurent simplement des choix individuels agrégés : donner ou ne pas donner la vie. Les chiffres deviennent l'expression directe des mentalités.

La fécondité relativement élevée de la France – 2,0 enfants par femme, comme en Suède ou au Royaume-Uni – n'évoque en rien une population ravagée par le doute existentiel. Les chiffres de 1,4 enfant par femme de l'Allemagne, du Japon, de l'Italie ou de l'Espagne inviteraient plutôt à se poser la question pour ces quatre nations, qu'elles aient aujourd'hui le statut de modèle ou d'antimodèle économique.

L'effet le plus immédiat de la fécondité française, à laquelle s'est ajoutée une immigration de niveau moyen, a été une croissance démographique importante durant la phase de transformation mentale. Entre 1981 et 2011, la population de la France est passée de 55 à 65 millions d'habitants. Cette augmentation de 10 millions en trente ans a été nettement plus importante que celles de l'Allemagne (3 millions), de l'Italie (4 millions) ou même du Royaume-Uni (6 millions). Les bouleversements culturels des trente dernières années et les difficultés économiques aggravées des dix dernières n'ont pas empêché un développement démographique qu'il ne serait pas absurde de qualifier d'harmonieux.

Une nouvelle culture urbaine ?

Cette poussée démographique a nourri l'expansion urbaine, phénomène focal de la période dont on ne peut dire s'il relève conceptuellement de l'économie ou de l'anthropologie. Le développement du commerce ou de l'industrie ne peut se concevoir sans la ville. Mais la ville est aussi, comme le village, un lieu de vie total avec son système familial, sa pratique religieuse, son niveau éducatif, sa tradition politique.

La croissance urbaine, en territoire comme en population, fut l'élément réellement dynamique des Trente Glorieuses, indissociable du début du décollage éducatif et de l'extinction de la pratique religieuse. Entre 1960 et 1974, la part de la population vivant dans les agglomérations est passée de 62 à 73 %. Entre 1974 et 2012, la progression des villes a continué, mais à un rythme plus lent qui mène cependant à 78 % de population urbaine en 2012.

La ville, même si elle continue à accueillir des migrants (souvent des jeunes), et à en voir partir d'autres (souvent des vieux), devient un monde en soi, aussi massif et autocentré que les campagnes d'autrefois, mais avec une structure caractéristique en couronnes. Dès qu'elle dépasse une certaine taille, elle a son centre historique, sa banlieue immédiate, où se mélangent gros immeubles et maisons individuelles, puis son périurbain, dont le pavillonnaire se disperse dans la campagne en un milieu diffus.

Si la mémoire des villages et hameaux de l'ancienne France explique toujours la modernité, c'est *forcément* parce qu'elle a pénétré les villes, et nous devons nous attendre à retrouver dans les agglomérations, quelle que soit leur taille, les valeurs familiales et religieuses de leur région environnante. Mais nous devons quand même nous demander si ces villes, démesurément enflées, n'ont pas fini par constituer elles-mêmes un terrain anthropologique spécifique, avec sa propre sensibilité, ses souvenirs, et se construisant année après année une mémoire déconnectée de celle des milieux ruraux environnants. La réponse à cette question ne pourra être que négative dans l'ensemble, puisque nous constatons, en 2013, que le passé anthropologique est toujours présent. Comment concevoir autrement la persistance des valeurs anciennes si la population est urbaine à près de 80 % ? Mais nous devons saisir les spécificités de la ville, même si elles sont secondaires. Le territoire urbain est désormais tellement vaste et différencié que sa structuration interne – culturelle, démographique, économique ou politique – devient une problématique majeure. Notre cartographie nous permettra de regarder à l'intérieur des départements, à l'intérieur des villes, sans toutefois perdre de vue la permanence des grandes zones anthropologiques.

2. Une cartographie plus fine et plus synthétique

La carte statistique la plus fréquente représente, par le moyen d'une échelle de tons gradués, des quantités relatives dans des espaces géographiques et administratifs. Le procédé avait été imaginé par Charles Dupin dès 1826. Sa *Carte figurative de l'instruction populaire* présentait les départements en teintes d'autant plus sombres qu'ils scolarisaient moins les enfants. Elle mettait en évidence un écart de développement entre la France du Nord et celle du Midi ou de l'Ouest, de part et d'autre de la ligne Saint-Malo/Genève. Ce premier résultat est toujours un point de départ indispensable, ainsi qu'on le verra dans le chapitre 2, consacré à l'étude du décollage éducatif. C'est le type de carte que nous avions systématiquement utilisé dans *L'Invention de la France* en 1981. L'exode rural s'achevait. L'axiome de cultures départementales associant leur campagne et leur préfecture gardait sa pertinence, y compris dans et autour des grandes métropoles régionales comme Marseille, Lyon, Toulouse, Bordeaux, Strasbourg, Nantes ou Rennes. L'agglomération parisienne apparaissait directement grâce à sa taille puisqu'elle couvrait plusieurs départements – ville proprement dite, petite et grande couronne. Pour une part lieu de fusion des cultures régionales, la capitale reste pour l'essentiel caractérisée par les valeurs familiales libérales égalitaires et par le tempérament peu religieux du Bassin parisien, sa matrice anthropologique.

Bien que de nombreuses cartes départementales décrivent avec efficacité certains phénomènes – nous en utiliserons –, on peut soupçonner qu'elles ne rendent pas compte d'importantes interactions entre phénomènes dans le centre des agglomérations, dans les espaces périurbains et dans la zone intermédiaire de la banlieue proprement dite. Dans le centre des villes se concentrent des cadres supérieurs, des jeunes très éduqués mais en voie d'appauvrissement, des immigrés de fraîche date. Dans le périurbain se trouvent dispersées des quantités encore plus importantes d'ouvriers et d'employés.

Une nouvelle méthode cartographique permet de plonger à l'intérieur du cadre départemental, de briser sa frontière, de voir plus finement la répartition des phénomènes dans l'espace sans que les cartes apparaissent à l'œil plus compliquées ou difficiles de lecture.

Les données statistiques sont obtenues pour les 36 570 communes plutôt que pour les 96 départements de la France métropolitaine. Elles ne sont pas alors projetées sur la carte « commune par commune » mais « lissées », chaque commune étant affectée d'une valeur tenant compte de celle des communes non seulement contiguës mais proches, selon une pondération prenant en considération la distance. Au lieu de placer la population de chaque commune exactement dans ses limites administratives, nous l'étalons, mimant la façon dont le sable s'étale en tas quand on le verse à un endroit donné. Nous répétons l'opération pour toutes les communes – ou, plus exactement, l'ordinateur le fait pour nous –, si bien que les tas de sable se chevauchent. L'opération est effectuée séparément pour le numérateur du taux recherché (nombre de titulaires d'un baccalauréat par exemple) et son dénominateur (nombre total d'individus du groupe d'âge considéré). Une fois tous les tas de sable accumulés, on connaît la quantité de sable numérateur et la quantité de sable dénominateur en chaque lieu. En divisant l'une par l'autre, on a le taux recherché en chaque point. L'opération est analogue au lissage d'une courbe par une moyenne mobile[1].

1. La carte de France est convertie en un quadrillage de 1 000 lignes par 1 000 colonnes. Chaque commune occupe une case. Pour chaque commune, on dispose d'un taux, donc d'un numérateur (par exemple le nombre de bacheliers du groupe d'âge 25-34 ans), et d'un dénominateur (par exemple le nombre des 25-34 ans). On ajuste d'abord la répartition du dénominateur (ici le nombre des 25-34 ans) au voisinage de la commune par une ellipse (par exemple très étirée si l'on est sur une côte, une rivière ou dans une vallée, mais presque circulaire autrement) et cela pour chacune des 36 570 communes. Ensuite, on répand le nombre de personnes du numérateur et du dénominateur de chaque commune dans les carrés avoisinants en utilisant des courbes de niveau concentriques à l'ellipse. La formule utilisée est dite « gravitaire » car la proportion de personnes envoyées dans la tranche d'ellipse à la distance *d* est proportionnelle à une puissance inverse de *d*, plus exactement à l'inverse de $(A+d^n)$ où *n* est une puissance voisine de 2 (2,2 dans la plupart des cas). Une fois que cette opération a été effectuée pour toutes les communes, on somme les effectifs numérateurs et dénominateurs dans chacun des 1 000 × 1 000 carrés élémentaires et l'on reconstitue ainsi le taux dans chaque carré élémentaire. Il ne reste qu'à les dessiner tous en utilisant des couleurs proportionnelles aux taux, ce qui n'est pas le plus dur.

L'opération est très semblable au lissage d'une courbe par moyenne mobile, mais a une dimension de plus : dans la moyenne mobile, on

Les grandes agglomérations deviennent visibles, représentées par des espaces qui, sans être exactement proportionnels à leurs populations, permettent de repérer des effets éducatifs, démographiques, professionnels, politiques respectivement centraux ou périurbains.

Le lecteur doit garder à l'esprit que la méthode est un compromis : montrer le poids spécial des villes sans qu'il déforme complètement l'espace physique. Donnons l'exemple capital, c'est le cas de le dire, de l'agglomération parisienne. Elle apparaîtra, avec sa spécificité, telle une étoile massive au cœur de la France du Nord, sur les cartes du niveau éducatif, de l'immigration, du vote pour le traité constitutionnel européen de 2005, du vote pour François Hollande ou pour le Front national, s'opposant alors à son environnement suburbain ou rural. Elle sera bien visible, mais sa masse ne sera pas proportionnelle à celle de sa population. Si cela avait été le cas, elle aurait tout simplement écrasé son espace régional. À l'intérieur d'un Bassin parisien constitué par le bassin de la Seine et quelques départements immédiatement périphériques historiquement associés – régions Île-de-France, Haute-Normandie, Picardie, Champagne-Ardenne, auxquelles nous ajoutons les départements de l'Yonne, du Loiret, du Loir-et-Cher, de l'Eure et Loir, de la Côte-d'Or et de la Meuse –, l'agglomération parisienne condense 60 % de la population. Elle caractérise désormais à elle seule la majorité de sa région et de sa culture. Une représentation à l'échelle rendrait invisibles les spécificités des régions picarde et champenoise, par exemple, dont le comportement

répartit la valeur de chaque point en conservant la moitié de la valeur sur le point et en reportant un quart de la valeur sur chaque point encadrant, ce qui est équivalant à deux dimensions du tas de sable à trois dimensions ou d'une coupe de ce tas. On remarque que, aussi bien dans la moyenne mobile que dans le lissage spatial, les nombres totaux (d'ouvriers) du dénominateur et du numérateur (actifs) sont conservés.

s'oppose souvent à celui de la capitale, à l'intérieur d'un système anthropologique et religieux commun.

Les cartes obtenues par cette méthode permettent de voir, directement et simultanément, si le bouleversement de la société française est guidé par la rémanence des espaces anthropologiques et religieux préindustriels ou par le nouveau système urbain postindustriel. La méthode met en concurrence visuelle les deux déterminations, sans préjugé. Prenons un exemple. La carte indiquant la proportion d'individus âgés de plus de 65 ans nous offre l'archétype d'une forme et d'une détermination « anthropologiques anciennes » (carte 0.1), avec un immense Sud-Ouest âgé de couleur rouge, poussant des extensions jusqu'à la Provence et à la Bourgogne, et seulement deux poches rouges isolées en Bretagne intérieure et au pied du Cotentin. La basse fécondité des régions de famille complexe explique pour l'essentiel cette carte du vieillissement, phénomène accentué par la migration de retraités allant de la région parisienne et du nord-est vers les côtes méditerranéennes ou atlantiques. La carte de la proportion des 20-24 ans en revanche (carte 0.2), si elle laisse transparaître des effets régionaux nord et sud diffus, met surtout en évidence la constellation, rouge sur fond bleu, du système urbain. Les jeunes, attirés par les universités et par les nouveaux emplois tertiaires, constituent aujourd'hui l'une des composantes fondamentales de la ville. Une comparaison fine de cette carte des 20-24 ans avec celle du système urbain global, tenant compte de l'ensemble de la population, schématisé par la carte 0.3, révèle cependant que certaines villes ont presque disparu de la carte des jeunes : Nice, Toulon, Perpignan, Avignon, Saint-Nazaire, Le Havre, Calais, Annecy, Mulhouse, villes ouvrières ou de retraités dont la dynamique démographique n'est pas animée par une université ancienne et importante.

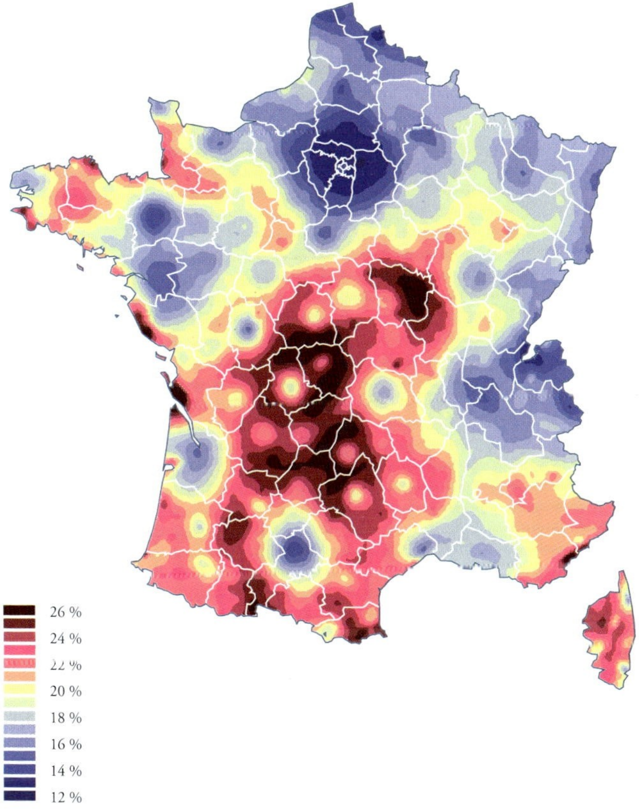

0-1. Personnes âgées

Pourcentage de personnes âgées de plus de 65 ans en 2008

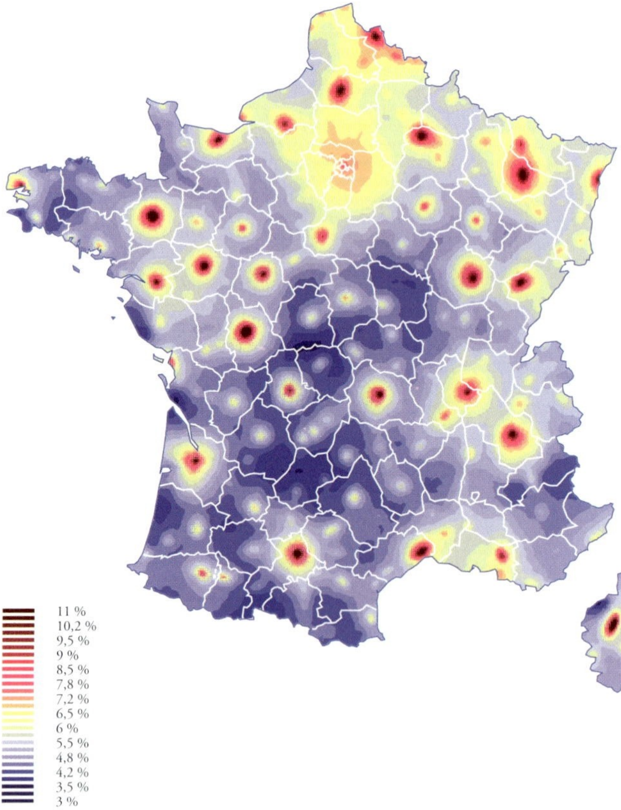

0-2. Jeunes

Pourcentage de personnes jeunes (âgées de 20 à 25 ans en 2008)

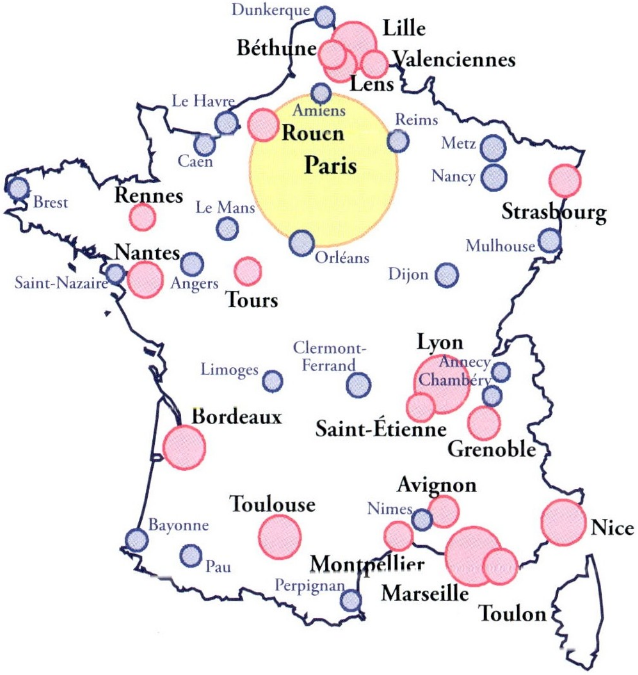

0-3. Les grandes agglomérations

En jaune Paris, en rose, au-dessus de 300 000 habitants, en bleu, entre 150 000 et 300 000 habitants : surface proportionnelle à la population

La puissance de détermination cartographique du système urbain est forte. Nous verrons cependant que, pour l'instant, la mémoire anthropologique et religieuse des régions traditionnelles l'emporte toujours pour la définition des équilibres politiques.

Notre méthode cartographique permet d'opposer avec efficacité deux types de forme : grandes zones anthropologiques d'une part, constellation urbaine d'autre part. Elle conduit donc à identifier des coïncidences structurales entre phénomènes. Mais elle a d'autres vertus. Parce qu'elle définit pour chaque variable des courbes de niveau, elle permet aussi la perception directe de vagues de diffusion des phénomènes sociaux.

Nous proposons pour finir dans cette introduction, prélude nécessaire à une étude de la dynamique sociale française, trois cartes qui présentent la croissance de la population durant les trois dernières décennies : entre 1982 et 1990, entre 1990 et 1999, entre 1999 et 2006 (cartes 0.4, 0.5 et 0.6). Leur examen permet de percevoir le mouvement d'une région parisienne devenue immense, très puissant entre 1982 et 1990, poussant un tentacule vers l'Ouest selon l'axe de la Loire. Cependant, durant les deux décennies suivantes, la dynamique de la capitale semble captée par la façade atlantique, par la frontière Est et par l'ensemble du Midi, trois ensembles régionaux que nous retrouverons dans ce livre à de multiples reprises.

Sur les deux premières cartes de la croissance de la population, nous voyons les agglomérations s'étendre par cercles concentriques à partir de leur centre. Dans la période la plus récente, entre 1999 et 2006, villes et zones rurales croissent uniformément. Au contraire de ce que l'on pourrait penser, ce mouvement n'exprime pas un renversement du rapport de forces en faveur des campagnes, mais la victoire finale de la ville. Les modes de vie régionaux sont unifiés par la facilité des communications. Tous peuvent effectuer leurs achats dans des centres commerciaux, regarder des films dans des multiplex, travailler et prendre leurs loisirs loin de leurs domiciles. Internet achève l'unification géographique. Dans cet espace social nouveau, la puissance des villes devient redoutable car la facilité de déplacement permet un tri fin des localisations selon le patrimoine et le revenu. Centrifugeuses d'un genre un peu particulier, elles rejettent loin du centre tout ce qui est faible. C'est à ce stade actuel d'une croissance démographique en apparence homogénéisée que l'opposition entre cœur et périphérie des villes devient la plus forte, et qu'elle peut se manifester le plus clairement sur nos cartes. La structuration interne aux régions n'abolit cependant pas la détermination anthropologique régionale, désormais portée par l'ensemble urbain.

Pour comprendre le déploiement dans l'espace des grands paramètres de la modernité des années 1980-2010, nous devons décrire, dans un premier chapitre, ces fonds anthropologiques et religieux qui se partagent l'espace français depuis des siècles.

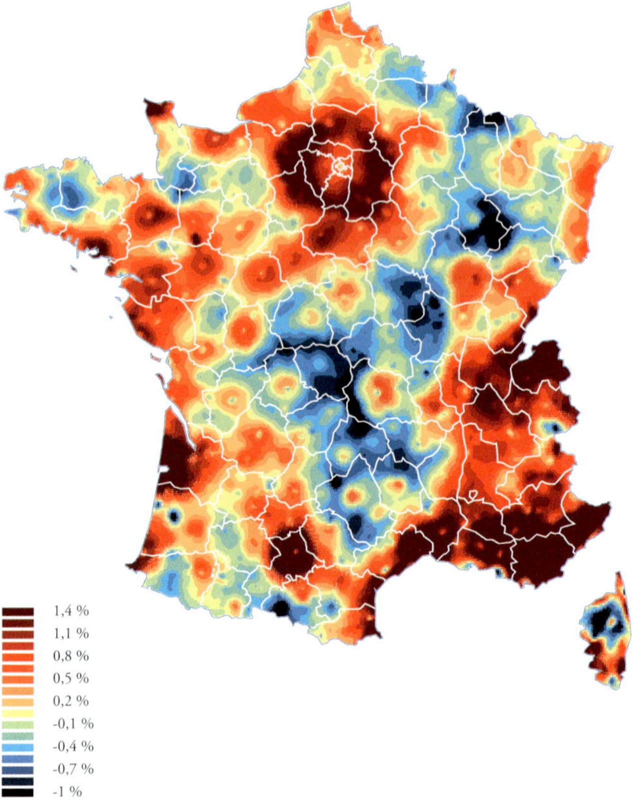

0-4. Croissance de la population entre 1982 et 1990

En pourcentage annuel de croissance

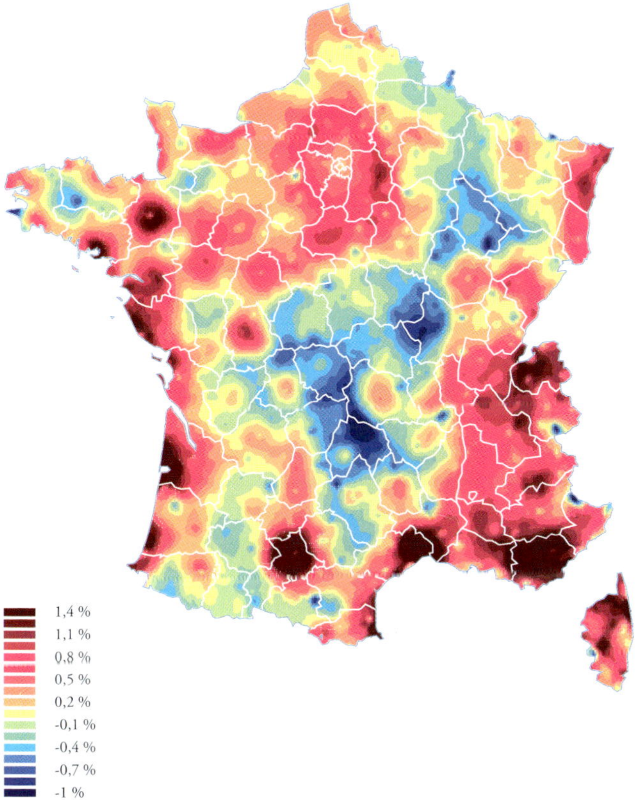

0-5. Croissance de la population entre 1990 et 1999

En pourcentage annuel de croissance

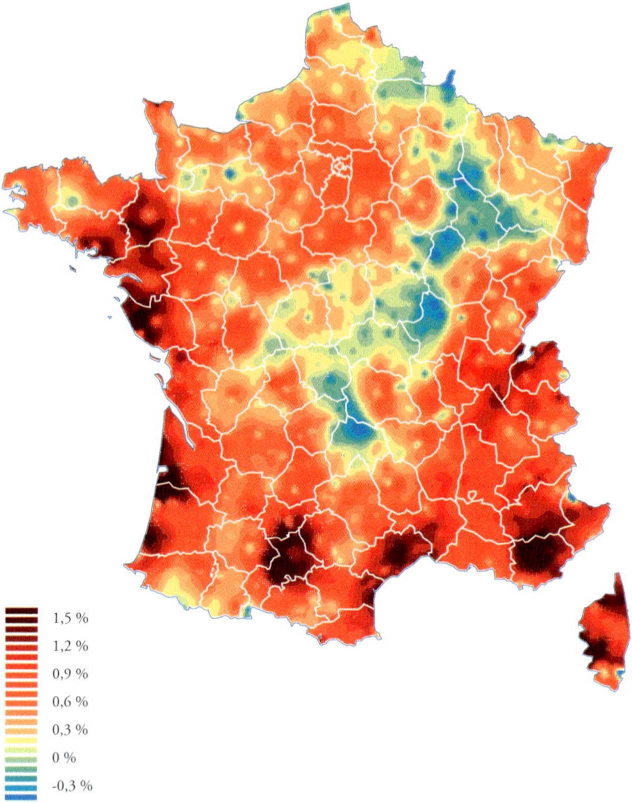

0-6. Croissance de la population française entre 1999 et 2008

En pourcentage annuel de croissance

CHAPITRE PREMIER

Fondements anthropologiques et religieux

Les cartes décrivant l'obtention du bac, les difficultés scolaires, la fécondité, les catégories socioprofessionnelles, la richesse, le vote PS, celui de l'UMP ou du Front national vont faire apparaître, dans les chapitres qui suivent, plusieurs formes, dont la diversité cependant n'est pas infinie. Le système urbain sera visible sur la plupart d'entre elles mais il ne sera que rarement maître du jeu. Quelques formes types dessinant des espaces plus vastes et diffus, venus du passé préindustriel de la France, vont nous permettre de comprendre le déploiement dans l'espace de la nouvelle modernité.

Certaines cartes saisissent le kaléidoscope anthropologique français, telle celle de la distribution des formes de ménage, nucléaires ou complexes, ou celle de l'habitat ancien, groupé ou dispersé. D'autres montrent la coupure religieuse qui s'était établie à partir du milieu du XVIIIe siècle, opposant les régions détachées du catholicisme à celles qui étaient restées fidèles aux prêtres, dualité qui avait fait de la France à la fois la fille aînée de l'Église et sa meilleure ennemie. Ce clivage reste aujourd'hui plus important, on va le voir, que l'opposition entre musulmans et chrétiens que tentent, jour après jour, de nous imposer les médias.

Concurrentes mais complémentaires, les cartes du

système anthropologique et de la religion seront finalement combinées à la fin du chapitre pour définir le rapport initial de chacune des régions de France à l'individualisme égalitaire, cœur de la culture nationale.

La polarité fondamentale : famille nucléaire et famille complexe

Les recensements les plus récents continuent d'enregistrer l'opposition entre une France de la famille nucléaire et une France de la famille complexe. Bien sûr, les ménages sont désormais, partout dans l'espace national, simples dans leur écrasante majorité, contenant rarement plus qu'un couple et ses enfants. L'un des indicateurs officiels du nouvel individualisme est d'ailleurs l'augmentation du nombre des ménages constitués d'une seule personne, dont tous ne représentent pas des veuves solitaires. Il serait toutefois abusif de considérer que ces ménages expriment sans ambiguïté une nouvelle radicalité individualiste. L'individu nouveau, affilié à la Sécurité sociale et encadré par son système de retraite, existe par la grâce d'un État qui n'a jamais été aussi étendu et puissant. Il n'est surtout pas certain que l'uniformité nucléaire, ou même postnucléaire, du ménage signifie la disparition d'interactions familiales s'exprimant par des relations de proximité plutôt que de cohabitation.

Une analyse fine des cohabitations qui subsistent dans les recensements montre cependant la permanence des cartes les plus anciennes. En 1999, 0,57 % seulement des ménages comprenaient encore plus d'une famille, au sens INSEE de couple avec ou sans enfants, ou d'adulte seul avec enfants (carte 1.1). La distribution dans l'Hexagone de ces ménages complexes résiduels fait apparaître, en rouge, orange et jaune (proportions allant de 0,6 à

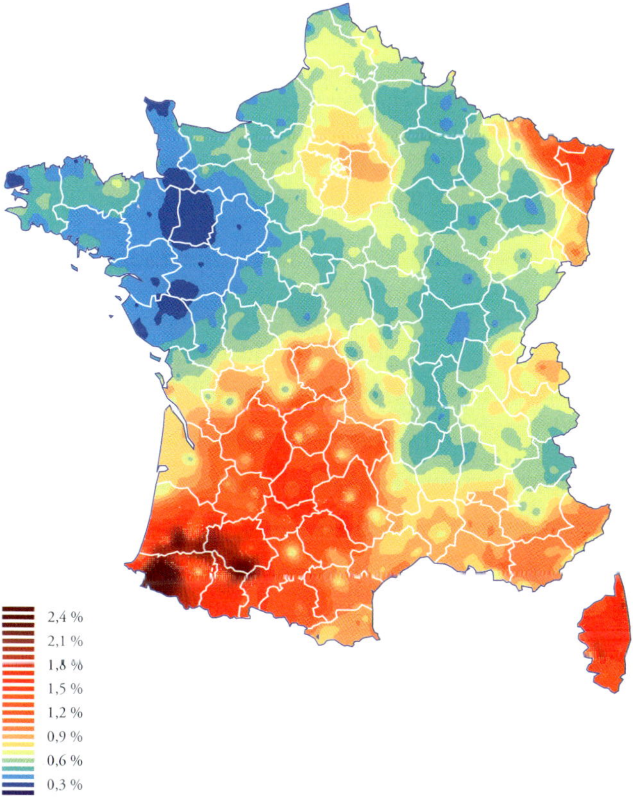

1-1. Familles complexes 1

Proportion de ménages comprenant plus d'un couple
avec ou sans enfants parmi l'ensemble des ménages comprenant
un couple avec ou sans enfants (au recensement de 1999)

2,4 %), l'Occitanie et l'Alsace-Lorraine, les deux grandes régions de famille souche, ce système à héritier unique qui associait les générations dans une ferme ou dans une échoppe. La Savoie apparaît à sa place, mais avec des types souche moins nets que ceux du Sud-Ouest profond. Les recherches de Dionigi Albera ont montré le caractère tardif et imparfait de la famille souche dans les Alpes françaises, région où le droit d'aînesse n'a jamais supplanté complètement un principe agnatique considérant les frères comme équivalents[1].

La complexité familiale de la façade méditerranéenne ne renvoie pas à la famille souche. Dans les cantons les plus proches de la mer, le principe agnatique, association du père et de ses fils, incluait une nuance égalitaire, qui ne débouchait d'ailleurs que sur une cohabitation temporaire et minoritaire du jeune couple et des parents du marié[2].

La vaste tache orange indiquant une complexité familiale en région parisienne n'est pas une trace du passé : elle signale la présence de familles en difficulté de logement et donc incapables de réaliser la norme sociale de l'indépendance du jeune couple.

Un examen attentif révèle l'existence, en bleu, dans l'Ouest intérieur, d'une zone que l'on peut qualifier d'*hyper-nucléaire*. Dans la Mayenne, la Manche, l'Ille-et-Vilaine, le Maine-et-Loire, la Loire-Atlantique, la Sarthe et la Vendée, la proportion de ménages complexes tombe à 0,1 %, valeur qui exprime, encore plus qu'une préférence nucléaire, une véritable phobie de la cohabitation des

1. Dionigi Albera, *Au fil des générations. Terre, pouvoir et parenté dans l'Europe alpine (XIVe-XXe siècle)*, Grenoble, PUG, 2011. Voir notamment la quatrième partie : « Continuités et transformations dans les Alpes françaises ».

2. Les travaux de Dionigi Albera semblent mettre sur la piste de ce système mal étudié mais qui pourrait être proche de celui de l'Italie du Nord.

générations. Deux types au moins de familles nucléaires occupent donc le Nord de l'Hexagone, sans oublier les types intermédiaires qui constituent le liant de l'espace français.

Une autre carte actuelle, celle des modes de résidence aux grands âges, statistiquement moins résiduelle, permet d'affiner l'analyse et d'atteindre les formes les plus subtiles de cohabitation du passé, notamment dans le Nord-Pas-de-Calais et en Bretagne occidentale (carte 1.2). La proportion de personnes de plus de 80 ans qui cohabitent avec au moins une personne autre que leur conjoint reproduit en gros la carte précédente de la complexité familiale occitane et alsacienne-lorraine, avec toutefois un affaiblissement sur les côtes varoise et niçoise. Le système hypernucléaire de l'Ouest intérieur est à nouveau présent. Les écarts entre régions sont ici substantiels puisque la proportion de cohabitation varie entre à peine plus de 0 % dans la Mayenne et près de 20 % dans les Pyrénées-Atlantiques, où l'archétypale famille souche basque ou béarnaise n'en finit décidément pas de mourir.

La carte des modes de résidence aux grands âges met aussi en évidence, au contraire de la précédente, des taches jaunes ou orange au nord immédiat du Bassin parisien et dans le Finistère, qui correspondent à des modèles spécifiques chti et breton.

Qu'est-ce qu'un système familial ? Les villages, les hameaux et l'égalité

Nous provenons tous d'une famille et nous pensons instinctivement qu'un système familial, c'est un mode de transmission assurant la succession des générations dans le temps. C'est cela, mais c'est aussi autre chose. Une famille ne se reproduit pas seule, elle doit trouver à

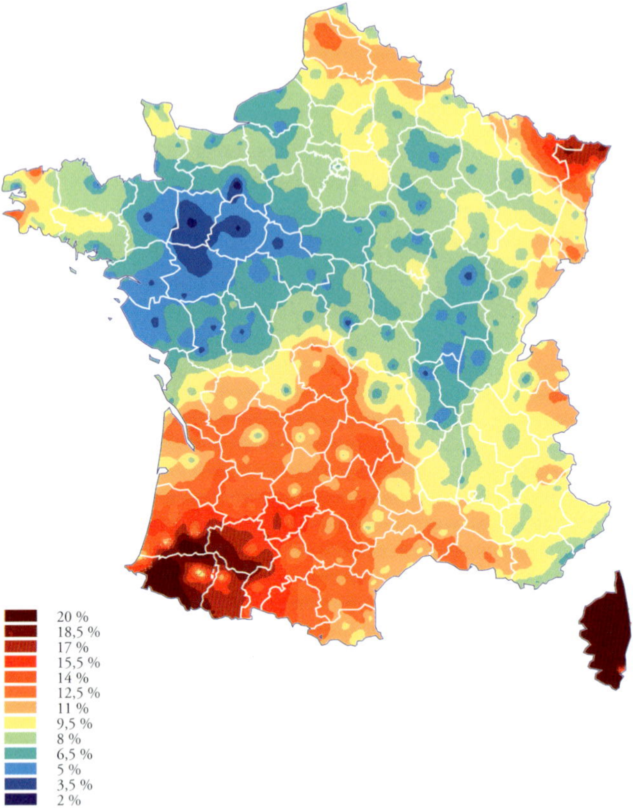

1-2. Familles complexes 2

Proportion de personnes de plus de 80 ans qui cohabitent
avec au moins une autre personne que leur conjoint
(au recensement de 1999)

l'extérieur d'elle-même des conjoints pour ses enfants, y compris dans les systèmes décrits par les anthropologues comme endogames. Dans le monde arabo-persan ou en Inde du Sud, la majorité des conjoints n'est pas, en dépit de la préférence affichée par la coutume, des cousins du premier degré. Un système familial, c'est donc en réalité un ensemble de familles échangeant des conjoints sur un territoire : son inscription dans l'espace est aussi importante que son rapport au temps. Les règles qui guident son fonctionnement – égalité, inégalité ou liberté testamentaire des règles d'héritage, préférence pour ou refus d'une cohabitation des générations adultes – expriment les valeurs du lieu, non celles de telle ou telle famille. C'est d'ailleurs la raison pour laquelle on peut cartographier des coutumes d'héritage ou des modes de résidence. C'est aussi la raison pour laquelle le type d'habitat, que l'on constate groupé en villages ou dispersé en hameaux, est inextricablement lié au modèle familial. Frédéric Le Play nous fait sentir à quel point la famille nucléaire, l'habitat groupé, le terroir divisé en trois « soles » sur lesquels se succèdent cultures et jachères, et l'égalitarisme des coutumes d'héritage formaient en Champagne (et dans l'ensemble du Nord-Est) un système global :

« Un village champenois est ordinairement bâti au centre d'une banlieue rurale de 800 à 1 000 hectares, subdivisée par d'incessants partages, en plusieurs milliers de parcelles [...]. Cette instabilité des champs peut se comparer à celle des valeurs de la bourse. Elle explique la monotonie de ces vastes plaines où, en dehors des villages, l'œil ne saurait se reposer sur un arbre, sur une haie ou sur toute autre clôture [...].

Les divers membres d'une même famille ne sont point unis par l'esprit de solidarité. Ils poussent séparément leur fortune et parfois ils se combattent. Là, comme partout, les parents se dévouent au bonheur de leurs enfants ; mais ils sont rarement payés de retour. La stérilité des unions, la convoitise des héritages, la rivalité des héritiers sont les traits caractéristiques de cette forme de société. Dans ces conditions, les fils et les gendres se montrent souvent enclins à mépriser, à dépouiller et à maltraiter leurs vieux parents[1]. »

L'habitat groupé signifie que la forme nucléaire des ménages n'implique pas l'isolement des individus, dont la liberté familiale s'exprime à l'intérieur d'une communauté locale dense[2].

L'hypothèse d'un « système anthropologique » incluant famille et habitat résout, dans le cas de l'Hexagone, l'un des problèmes techniques les plus difficiles pour qui s'intéresse à la famille du passé : le fonctionnement réel des règles officielles d'héritage. L'existence d'une coutume de division égalitaire, telle que décrite par Alexandre de Brandt ou Jean Yver, ne garantit pas qu'elle ait été vraiment appliquée[3]. De belles études nous montrent certes que, dès le XVIIe siècle, les paysans du Bassin parisien pratiquaient effectivement la plus maniaque des conceptions

1. Frédéric Le Play, *L'Organisation de la famille*, Tours, Mame, 1875, p. 21-25.

2. Voici quelques citations tirées des *Caractères originaux de l'histoire rurale française* de Marc Bloch (Paris, Pocket, 2006) sur les villages groupés des pays d'openfield : « Les détenteurs du fonds n'avaient qu'une propriété restreinte et subordonnée aux droits de la communauté » (p. 43) ; après la récolte : « La terre devient commune à tous les hommes, riches ou pauvres également » (p. 48).

Sur l'importance de la distinction population éparse/population agglomérée dans la description des relations humaines typiques, voir Hervé Le Bras : « I costumi in Europa occidentale », in *Storia d'Europa*, Paul Bairoch et Eric J. Hobsbawm (dir.), Turin, Einaudi, 1996, tome 5, p. 801-916 (notamment p. 830-834 : « Il cerchio dei vicini »).

3. Alexandre De Brandt, *Droit et coutumes des populations rurales de la France en matière successorale*, Paris, Larousse, 1901 ; Jean Yver, *Égalité entre héritiers et exclusion des enfants dotés*, Paris, Sirey, 1966.

égalitaires, divisant jusqu'aux biens meubles, ce qu'aucune clause juridique ne demandait[1]. Mais nous savons aussi que dans l'Ouest, l'égalité inscrite dans les codes pouvait laisser la place à bien des accommodements. L'inventaire général de ces accords et désaccords entre règle et pratique n'a pas encore été fait. Sans que l'on puisse confirmer une correspondance terme à terme entre village groupé et égalité réelle, il est possible de dire que le caractère groupé de l'habitat garantit la réalité de la coutume d'héritage, si elle existe.

La carte de la population française en 1876 selon qu'elle est éparse ou agglomérée est tellement simple que l'on regrette à peine l'impossibilité où nous nous trouvons de pouvoir la tracer finement à l'échelle communale. Deux zones d'habitat groupé sont dessinées : le Nord et l'Est du pays à droite d'une ligne Le Havre/Bourg-en-Bresse, la façade méditerranéenne entre Perpignan et Nice, avec seulement deux petites irrégularités en Dordogne et dans les Hautes-Pyrénées (carte 1.3).

Ces deux exceptions mises à part, ce sont effectivement des régions où la coutume d'héritage est égalitaire. Dans le Bassin parisien du nord et de l'est, la coïncidence entre village, famille nucléaire et égalité est parfaite. Sur la façade méditerranéenne, le village et l'égalité se combinent au système familial nucléaire imparfait mentionné plus haut, qui laisse subsister une proximité du père et de ses fils dans des combinaisons souples, formule dont la Corse donne une version extrême. Avec le Bassin parisien du nord-est et la façade méditerranéenne, nous tenons bien les deux grands pôles de l'égalitarisme français.

Au Sud-Ouest, nous trouvons symétriquement le pôle de

1. Jérôme-Luther Viret, *Valeurs et pouvoir : la reproduction familiale et sociale en Île-de-France, Écouen et Villiers-le-Bel, (1560-1685)*, Paris, Presses de l'université de Paris-Sorbonne, 2004.

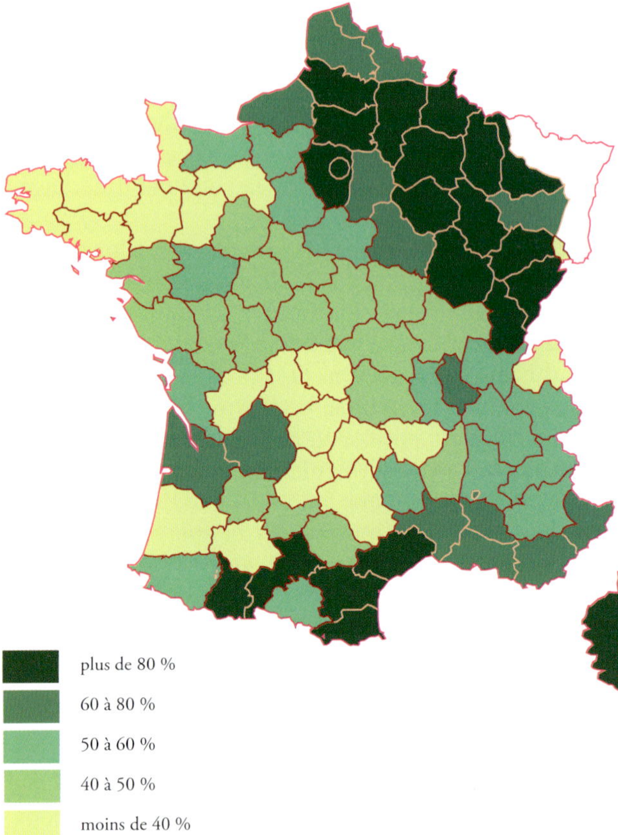

1-3. L'habitat groupé

Pourcentage de la population agglomérée
dans les villes et les villages en 1876

la hiérarchie, la grande région de famille souche et d'habitat dispersé. En Occitanie, cette zone s'étend vers l'Est, en s'affaiblissant à travers le Massif central puis les Alpes.

Une série d'exceptions : le kaléidoscope familial français

Nous venons d'identifier une France contradictoire dans ses tréfonds anthropologiques, composition qui garantit à elle seule une histoire conflictuelle. Mais pour les amoureux de l'homogénéité française, si nombreux en ces jours d'immigration, le pire reste à venir. Ensemble, les deux pôles de l'individualisme égalitaire et de la hiérarchie couvraient à peine la moitié de l'espace français. Le reste était occupé par d'autres systèmes qui combinaient différemment les valeurs d'égalité ou d'inégalité, de liberté ou d'autorité, ou s'en passaient tout bonnement et pratiquaient des formes intermédiaires. La famille nucléaire patrilocale de la façade méditerranéenne était au fond déjà, par sa pratique d'une cohabitation imparfaite ou temporaire des générations, un tel système intermédiaire.

Alsace-Lorraine

Réglons tout de suite le cas de l'Alsace-Lorraine, dont les villages groupés, tout comme les règles d'héritage égalitaire, typiquement rhénanes et viticoles, renvoient à un passé romain depuis longtemps englouti. Au-delà des apparences, la pratique dominante était celle de la famille souche, hiérarchique, essentiellement germanique, et moins souple encore que celle du Sud-Ouest. La cohabitation des générations reste exceptionnellement visible en Alsace-Lorraine (cartes 1.1 et 1.2), région pourtant fort industrielle.

Nord-Pas-de-Calais

Une trace de complexité est bien visible sur la carte de la cohabitation des plus de 80 ans à l'extrême nord de la France (carte 1.2). Les documents anciens révèlent l'existence, dans un espace centré sur la Belgique, d'un système familial intermédiaire qui permettait au jeune couple de cohabiter un temps avec ses parents avant d'acquérir sa complète indépendance. La prise en charge des vieux par l'un des enfants était également caractéristique du modèle *chti*, formule généralement exclue dans le nord-est du Bassin parisien. Il n'est pas impossible qu'au XIXe siècle, la vie de la mine ait confirmé ou même accentué cette solidarité intergénérationnelle[1]. Comme en Alsace, l'habitat groupé ne peut avoir correspondu dans le Nord-Pas-de-Calais à des règles d'héritage strictement égalitaire. Au contraire toutefois de ce qui pouvait être observé le long du Rhin, aucun autoritarisme des relations familiales n'était impliqué par ce système de corésidence souple, temporaire, des générations.

Ouest intérieur

Les cartes 1.1 et 1.2 mettent en évidence une forme particulièrement étroite de la famille dans l'Ouest intérieur français, où elle se combine à un mode d'habitat dispersé. Nous avions déjà identifié cet Ouest intérieur hypernucléaire dans *L'Invention de la France*, mais nous devons noter ici que les frontières de ce type familial ne semblent pas absolument stables. Les données plus anciennes n'auraient pas inclus la Vendée. L'espace hypernucléaire semble aujourd'hui progresser en direction du sud et de l'est, vers les Deux-Sèvres et l'Indre-et-Loire. En son cœur, il combine individualisme familial et incertitude

1. Olivier Schwartz, *Le Monde privé des ouvriers*, Paris, PUF, 1990, p. 119-281.

quant aux pratiques réelles d'héritage. Il est borné au sud par la Vendée, cœur de l'insurrection contre-révolutionnaire, et au nord par la Manche, pays de Tocqueville, qui nous a donné dans ses *Souvenirs* une description ironique du vote conservateur et grégaire de l'arrondissement de Valognes en 1848.

Bretagne péninsulaire

Nous percevons en Bretagne bretonnante la trace d'une structure familiale plus complexe, en pays de hameaux dispersés. Coopération familiale souple, incertitude sur les valeurs d'égalité ou d'inégalité, extrême diversité territoriale interne : nous avons affaire ici à un système ou à un ensemble de systèmes en évolution rapide au XIXe siècle, ainsi que nous l'avions relevé dans *L'Invention de la France*. Au cœur de la péninsule, dans l'ouest des Côtes-d'Armor et l'intérieur du Finistère, Éric Le Penven a identifié un système unique en France qui pouvait associer parfois plusieurs couples et marquait une préférence pour la cohabitation du côté de l'épouse[1]. Nous retrouverons cette zone de communautarisme souple et de matrilocalité sur les cartes du communisme breton.

Une zone familiale communautaire en partie disparue : la bordure nord-ouest du Massif central

De la Dordogne à la Creuse, la famille souche partageait le terrain avec des types communautaires capables d'associer soit plusieurs frères mariés, soit, un peu moins fréquemment, un frère marié et sa sœur mariée[2]. L'espace occupé par ces types communautaires se prolongeait vers

1. Éric Le Penven, « La famille bretonne : une forme originale. Plounévez-Quintin au XIXe siècle », mémoire dactylographié, mai 2002.

2. Voir Emmanuel Todd, *L'Origine des systèmes familiaux*, tome 1, Paris, Gallimard, 2011, p. 408-409.

le nord-est, le long du Massif central jusqu'à la Nièvre, à travers l'Indre, le Cher et l'Allier. À l'approche du Bassin parisien, ces formes communautaires coexistaient avec le type familial nucléaire égalitaire. Les règles d'héritage apparentes étaient égalitaires au nord (Nièvre, Allier, Cher, Indre) et inégalitaires au sud (en Limousin notamment). Les cartes récentes 1.1 et 1.2 suggèrent que le nord de la zone a rejoint le Bassin parisien dans sa nucléarité familiale et le sud l'Occitanie dans sa complexité. L'habitat dispersé en hameaux définit cependant la zone comme unitaire, avec sans nul doute un rapport instable à l'égalité ou à l'inégalité. Son vote communiste rural représentait en 2007 le plus beau reste d'implantation du PCF (voir carte 1.9), bel exemple de rémanence anthropologique. Par sa forme régulière et allongée, par sa dualité de règles d'héritage apparentes aussi, cette poche communautaire n'est pas sans évoquer un joint soudant l'Occitanie à la France du Nord.

Entre Loire et Gironde : une région incertaine

Nous terminons cet inventaire des formes discordantes dans l'espace français par la région intermédiaire et floue située entre la Loire, l'Atlantique et le Massif central, et constituée par les départements de la Vendée, des Deux-Sèvres, de la Vienne, de la Charente, de la Charente-Maritime et de la Gironde. Nous sommes ici sur les marges occidentales de l'Occitanie : les ménages sont parfois complexes, l'habitat est dispersé, les règles d'héritage sont souvent décrites comme égalitaires mais en vérité incertaines. La diversité des systèmes familiaux des départements de la Vienne et des Deux-Sèvres a été très finement saisie pour le XVIIIe siècle par Alain Gabet[1]. Dans le cas

1. Alain Gabet, *Structures familiales et comportements collectifs en Haut-Poitou au XVIIIe siècle*, thèse dactylographiée, université de Poitiers, 2004.

tout aussi flou de la Vendée, nous pouvons renvoyer aux recherches de Danièle Naud et de Bernadette Bucher[1].

Le système anthropologique français révèle donc trois complexités combinées :

Une *polarité* opposant l'individualisme égalitaire à la hiérarchie, soit, en termes géographiques, un très vaste Bassin parisien à une Occitanie centrée sur Toulouse mais s'étendant jusqu'aux Alpes, à laquelle nous pouvons associer l'Alsace et la Lorraine anciennement germanophones.

Une *constellation* de poches périphériques bien typées mais discordantes par rapport à l'affrontement entre le complexe liberté-égalité et le complexe autorité-inégalité : individualisme non égalitaire dans l'Ouest intérieur, nuances communautaires en Bretagne bretonnante et sur la bordure nord-ouest du Massif central, association temporaire et souple compliquant les modèles nucléaires dans le Nord-Pas-de-Calais et sur la façade méditerranéenne, avec dans ce dernier cas une inflexion patrilocale.

Un *liant* flou entre Vendée et Gironde. Une autre pondération des nuances aurait pu nous faire considérer la région Rhône-Alpes et le cœur du Massif central comme une autre zone de liant, intermédiaire à la famille souche et à des types nucléaires imparfaits.

Gardons seulement en tête que la France est simultanément bipolaire et fragmentée, avec des zones de liant qui font tenir l'ensemble.

Il ne s'agit pas ici de donner une description fine et

1. Bernadette Bucher, *Descendants de Chouans. Histoire et culture populaire dans la Vendée contemporaine*, Paris, Éditions de la Maison des sciences de l'homme, 1995, et Danièle Naud, *Les Structures familiales en Vendée au XIXe siècle*, diplôme d'études supérieures, université de Poitiers, 1976.

définitive des fonds anthropologiques régionaux, mais d'avoir en main une carte des valeurs et des mœurs anciennes qui nous aide à comprendre le déploiement géographique de la modernité des années 1980-2010.

La carte 1.4 présente la synthèse de cette description sommaire.

Si l'on se contente d'évoquer les valeurs régionales dominantes, et en laissant de côté les zones floues, on peut réduire le kaléidoscope français à cinq zones.

1. *Individualisme égalitaire* dans un vaste Bassin parisien. L'appartenance du Loir-et-Cher et de l'Indre-et-Loire à cette zone est incertaine, en particulier selon le critère de l'habitat en 1876, mais nous n'avons pas voulu compliquer la carte pour deux départements frontières seulement.

2) *Hiérarchie et coopération familiale* fortes dans le Sud-Ouest et en Alsace-Lorraine, plus diffuses vers les Alpes.

3) *Individualisme familial pur* dans l'Ouest intérieur.

4) *Nuances coopératives familiales* diverses et variées dans l'extrême nord, en Bretagne péninsulaire, sur la bordure nord-ouest du Massif central, et à l'Ouest, au sud de la Loire.

5) *Nuances coopératives familiales à égalitarisme fort* sur la façade méditerranéenne et en Corse.

Cette description resserrée utilise comme variable-clé la coopération familiale, dont l'intensité n'atteint jamais en France celle des communautarismes russe, chinois ou arabe. L'angle familial ne doit toutefois pas faire oublier l'existence de modes de coopération territoriaux non familiaux, comme les habitudes d'échanges entre hameaux. L'individualisme familial pur de l'Ouest intérieur s'insère dans un habitat dispersé qui implique des interactions territoriales fortes : son système anthropologique combine individualisme familial et coopération locale.

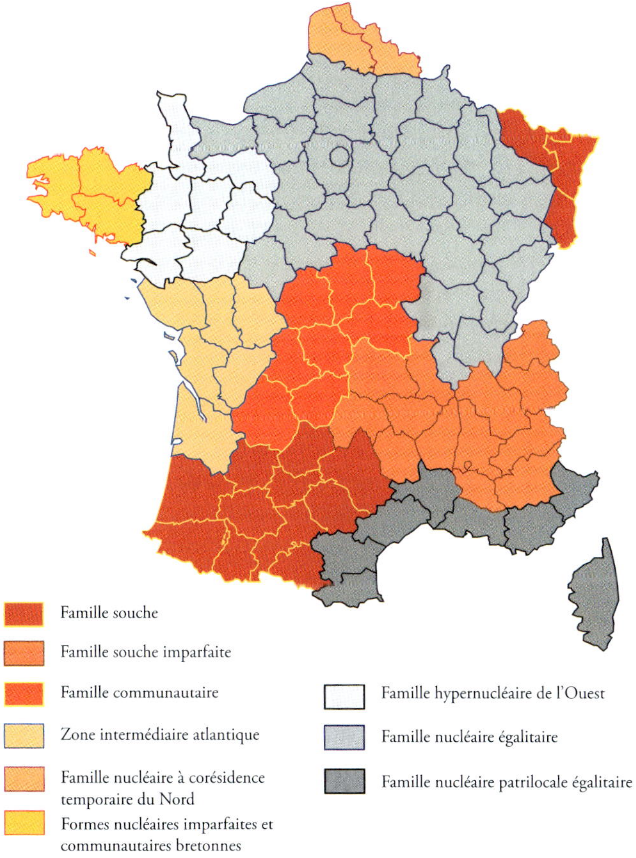

1-4. Les structures familiales : synthèse

La division religieuse de l'Hexagone entre 1791 et 1965

La division religieuse de la France est plus simple. Fondamentalement dualiste, elle semble même organiser à dessein la multiplicité des systèmes anthropologiques en deux ensembles, deux forces opposées, dont l'articulation générale semble constituer un système. Les pôles dispersés du catholicisme ne sont pas sans évoquer des piliers, le centre déchristianisé une nef, et l'ensemble un harmonieux édifice, simultanément idéologique et religieux. La correspondance entre types familiaux et choix religieux est cependant complexe et surtout imparfaite.

Frédéric Le Play ne fut pas seulement l'inventeur d'une technique d'étude et de classification des types familiaux. Il fut aussi un réactionnaire dogmatique qui, une fois tombé amoureux de sa famille souche, effectivement porteuse de l'idéal de hiérarchie, lui trouva toutes les vertus morales et religieuses. La famille nucléaire était pour lui le Diable, à l'origine de l'individualisme égalitaire de la Révolution. Le préjugé le playsien conduirait à identifier au plus vite des valeurs communes aux systèmes anthropologiques et aux croyances métaphysiques. Si l'on raisonne en termes de pôles, la coïncidence est plutôt bien vérifiée. La Champagne, de famille nucléaire égalitaire, fut en effet de bonne heure déchristianisée et républicaine, le Pays basque et l'Alsace, de famille souche, furent, eux, jusqu'à très récemment des piliers de l'Église catholique. Une cartographie fine de la force du catholicisme dans les régions de l'Hexagone entre 1791 et 1965 nous révèle pourtant une situation beaucoup plus complexe, la cristallisation d'une carte qui doit aussi beaucoup à des phénomènes de diffusion sans rapport avec les structures anthropologiques sous-jacentes. Les voies de communication et la circulation des idées ont largement contribué à la géographie de la croyance ou de l'incroyance.

L'*Atlas de la pratique religieuse* nous donne pour la plupart des 3 500 cantons ruraux français un pourcentage d'individus assistant régulièrement à la messe dominicale (messalisants) vers 1960-1965 (carte 1.5)[1]. La déchristianisation du territoire français est alors complète dans un long Bassin parisien s'étendant de l'Aisne jusqu'à la Gironde et aux Landes, ainsi que sur la majeure partie de la façade méditerranéenne. Un petit pôle interne à la péninsule bretonne s'ajoute à cet ensemble massif : la région déchristianisée isolée de l'ouest des Côtes-d'Armor et de l'intérieur du Finistère qui correspond à la zone de communautarisme matrilocal précédemment mentionnée. La carte de la pratique religieuse ajoute donc quand même ici un élément frappant de coïncidence structurale à la déchristianisation des pôles anthropologiques individualiste égalitaire parisien et patrilocal égalitaire méditerranéen. Cet élément supplémentaire ne doit pas faire oublier la puissance du mécanisme de diffusion géographique qui a fait des zones de pratique religieuse forte des bastions dispersés. Ils constituent une constellation périphérique dans l'Ouest, le Nord, l'Est lorrain et alsacien, la Franche-Comté, une partie de la région Rhône-Alpes, sur la bordure est du Massif central et dans les Pyrénées occidentales. La progression de l'incroyance par diffusion à partir des pôles égalitaires parisien et provençal saute aux yeux. Nous sentons sur la carte les voies de communication qui allaient devenir les routes nationales puis les autoroutes A6, A7 et A10. La dispersion du catholicisme sur les coins de l'Hexagone, dans les montagnes et au fond du bocage, définit l'une de ces distributions périphériques qui

1. Voir André Isambert et Jean-Paul Terrenoire, *Atlas de la pratique religieuse des catholiques en France*, Paris, Presses de Science Po, 1980.

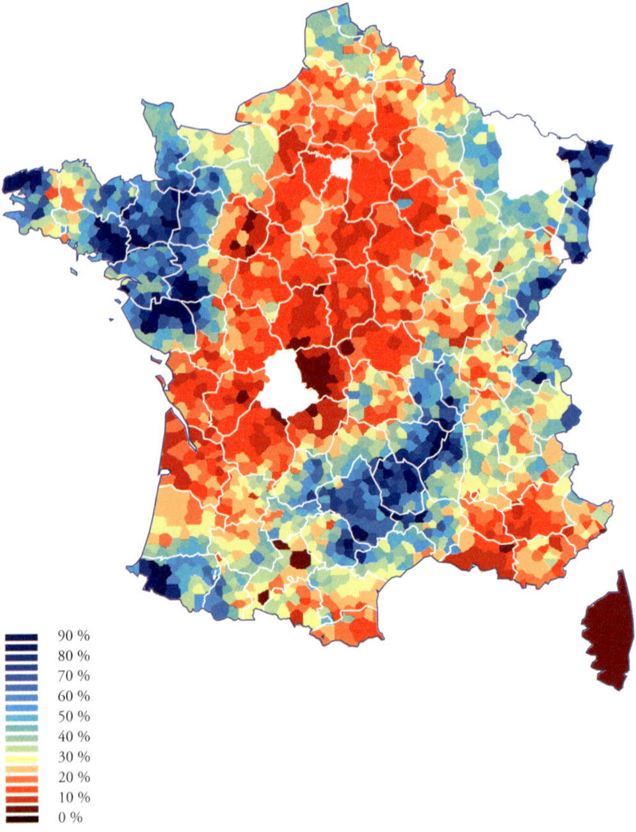

1-5. La pratique religieuse au début des années 1960

Pourcentage d'adultes assistant régulièrement à la messe hebdomadaire (messalisants) durant les années 1960 à 1965 (données manquantes en blanc) évoquent, pour tout linguiste ou anthropologue, la survie de formes anciennes dans les régions les plus éloignées d'un centre d'innovation.

Le paradoxe fondamental de cette carte, qui évoque clairement la diffusion et donc le mouvement, est que nous pouvons l'identifier dès 1791. Elle est alors brutalement définie par le choix des curés qui, à travers toute la France, ont alors accepté ou refusé la Constitution civile du clergé. Celle-ci se proposait d'inscrire les principes de la Révolution dans l'Église en instituant l'élection des curés et des évêques par les laïcs. La carte 1.6, réalisée à partir des données réunies par Timothy Tackett pour près de 350 arrondissements[1], montre que les curés avaient, pour l'essentiel, accepté la loi républicaine dans les zones qui apparaîtront plus tard comme déchristianisées. Nous voyons en rouge le même Bassin parisien, un peu plus penché vers l'Est, la même Provence, avec une région Rhône-Alpes un peu plus détachée du catholicisme à l'époque révolutionnaire que par la suite – en l'absence il est vrai de la Savoie qui n'appartenait pas alors au territoire français. La régularité de la carte montre que les curés, enserrés dans leur tissu paroissial, avaient voté comme le désiraient leurs ouailles et, lorsqu'ils l'avaient fait, rejeté l'autorité des évêques et du pape pour obéir au peuple.

Nous observons une formidable stabilité géographique des comportements religieux entre 1791 et les années 1960, période pourtant d'accélération de l'histoire qui inclut l'urbanisation, la révolution industrielle, l'émergence du socialisme et du communisme, et tant d'autres choses. Les écarts entre régions sont aussi importants aux deux dates.

1. Timothy Tackett, « L'histoire sociale du clergé diocésain dans la France du XVIIIe siècle », *Revue d'histoire moderne et contemporaine*, vol. 27, avril-juin 1979, p. 204 ; Michel Vovelle, *Piété baroque et déchristianisation en Provence au XVIIIe siècle*, Paris, Seuil, 1978, p. 305-306.

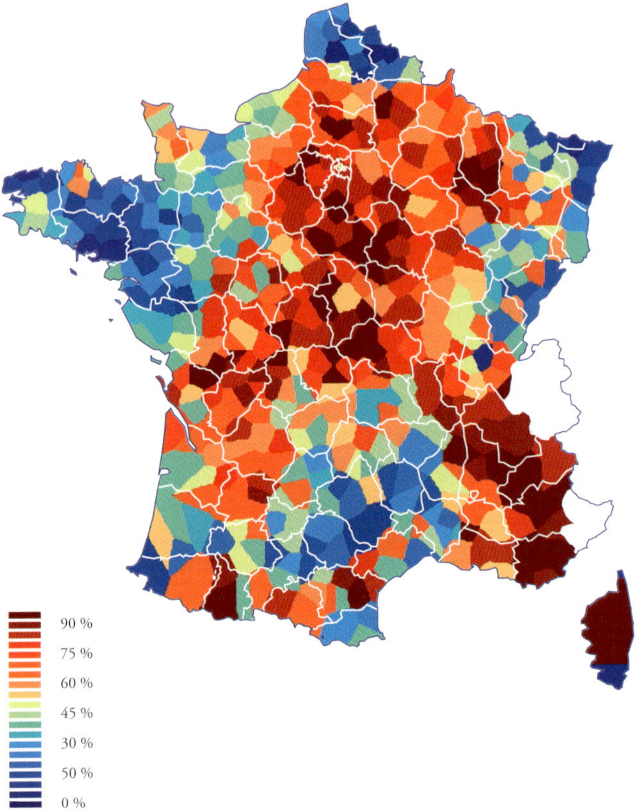

1-6. Le choix des prêtres en 1791

Pourcentage de prêtres ayant choisi de prêter serment
à la Constitution civile du clergé en 1791

C'est donc un mouvement arrêté, figé, cristallisé en une structure stable depuis au moins un siècle et demi que la sociologie religieuse a saisi au lendemain de la Seconde Guerre mondiale.

1791 fut certes un moment fondateur, mais son analyse révèle une histoire déjà longue : on décèle sur la carte de l'époque révolutionnaire les pôles d'origine de l'incroyance et un mouvement de diffusion antérieur. La recherche historique nous permet de dater des années 1730-1740 l'effondrement du recrutement en prêtres dans certaines régions. Nous pouvons donc affirmer que la diffusion du scepticisme religieux, partant de zones égalitaires, a ensuite suivi les voies classiques de la modernité entre 1700 et 1791, pour établir à l'occasion de la crise révolutionnaire une structure qui sera stable jusqu'au lendemain de la Seconde Guerre mondiale. En matière de permanences toutefois, le plus surprenant reste à venir dans ce livre : nous allons constater, entre 1980 et 2010, après l'extinction de la pratique religieuse catholique dans ses bastions, l'action continue et puissante de mentalités qui lui ont survécu.

La diffusion a donc engendré une structure, mécanisme formidablement intéressant pour les sciences historiques et sociales. Nous ne chercherons cependant pas à comprendre ici ce mécanisme de cristallisation, à expliquer les coïncidences et les discordances qui en ont résulté entre systèmes anthropologiques et religion. Notre but n'est pas de définir des lois générales d'évolution mais, beaucoup plus modestement, de comprendre la transformation de la société française entre 1980 et 2010, en tenant compte de structures profondes héritées du passé.

Il s'agit de situer dans l'espace les valeurs, venues de la famille, de l'habitat et de la religion, qui pourraient nous aider à comprendre l'action et l'adaptation différentielle des populations locales à une époque qui combine développement éducatif, globalisation économique et atomisation sociale. La famille complexe encadrait, la famille nucléaire libérait. La structure en hameaux de l'habitat encourageait les interactions territoriales entre familles, le village groupé était compatible avec des interactions faibles. La religion catholique insérait les individus dans un réseau de relations humaines fortes, la déchristianisation affaiblissait ce contrôle social. Une fois combinés, ces éléments, congruents ou discordants, vont nous permettre de comprendre pourquoi les régions ont agi ou réagi de manières très différentes dans la nouvelle modernité.

Schumpeter et les couches protectrices

Dans *Capitalisme, socialisme et démocratie*, Joseph Schumpeter considère le capitalisme comme parfaitement viable en tant que système économique mais dépendant, pour son insertion et sa survie sociale et politique, de « couches protectrices », ensemble de mœurs et de valeurs venues de l'âge féodal[1]. La rationalité inhérente à la recherche capitaliste du profit aurait selon lui miné, jour après jour, le système d'encadrement des individus hérité d'un passé plus respectueux de l'ordre et de la hiérarchie. Schumpeter, élitiste et narcissique, snob pour tout dire, pensait à l'autorité morale des aristocrates anglais ou autrichiens – son monde rêvé – lorsqu'il évoquait ces « couches protectrices ». Sa vision de l'histoire, lorsqu'elle n'est pas économiste, reste assez étroitement politique. Mais nous pouvons utilement reprendre et élargir son

1. *Capitalism, Socialism and Democracy*, New York, Harper & Brothers, 2008 (1942), p. 134-139 : « The Destruction of the Protective Strata » (trad. française, Paris, Payot, 1990).

concept de « couche protectrice » pour lui faire englober des configurations plus vastes et plus riches de sens : les systèmes anthropologiques et religieux qui préexistaient à l'émergence de la modernité, individualiste avant 1900, néo-individualiste depuis 1965 ou 1980, la datation variant selon l'indicateur statistique utilisé.

Dans un état d'esprit sociologique et démocratique, nous considérons l'ensemble de la population et non pas seulement les élites de Schumpeter, entrepreneurs magiquement créateurs de richesse ou aristocrates divinisés par l'oisiveté. Nous prenons aussi en compte la montée en puissance de l'individualisme dans l'ensemble des mœurs – familiales, éducatives, professionnelles – et pas seulement dans l'étroite sphère de la rationalité capitaliste. L'individualisme est bien plus que la recherche schizophrène du profit qui caractérise l'*homo œconomicus*.

On peut alors définir *a priori*, pour chacune des régions de France, une puissance des couches protectrices, par addition des forces d'encadrement du système anthropologique et de la religion. Un calcul très simple nous permet de définir les contextes régionaux qui existaient avant les poussées successives d'individualisme.

Niveaux d'intégration dans l'espace français

Nous avons vu que système anthropologique et religion ne sont pas des variables complètement indépendantes. Sans que la règle soit absolue, il existe des affinités entre catholicisme tardif, habitat dispersé et famille souche, ainsi qu'entre individualisme égalitaire, habitat groupé et famille nucléaire égalitaire. Si religion et anthropologie sont en accord, nous sommes confrontés à un niveau d'intégration soit maximale, soit minimale des individus : intégration maximale si l'habitat est dispersé, la famille de type souche et l'Église forte ; intégration minimale si l'habitat est groupé, la famille de type nucléaire égalitaire et si la déchristianisation remonte au XVIIIe siècle.

En cas de discordance des facteurs d'intégration et de liberté, tous les niveaux de cohésion sont concevables. Dans l'exemple précédemment cité de l'Ouest intérieur, la famille nucléaire suggère la liberté des individus, et l'habitat dispersé suppose une interaction territoriale importante. Le système anthropologique présente donc une force d'intégration intermédiaire. La religion catholique ayant été puissante dans cette région jusque vers 1965, nous pouvons, sans nous interroger sur les coïncidences entre variables, ajouter l'intégration religieuse à l'intégration anthropologique, définissant ainsi un niveau global fort quoique non maximal.

Affectons à la famille et à l'habitat des poids égaux à l'intérieur du système anthropologique (1+1 = 2), et supposons que système anthropologique et religion pèsent d'un poids égal dans la détermination des comportements sociaux (2 = 2). Considérons chacune des variables comme binaire, pouvant prendre les valeurs 0 ou 1 dans les cas de la famille et de l'habitat, 0 ou 2 dans celui de la religion. Pour l'Ouest intérieur, additionnons : 0 pour la famille, 1 pour l'habitat et 2 pour la religion, nous obtenons un niveau d'intégration 3. La Champagne combine famille nucléaire (valeur 0), habitat groupé (valeur 0) et déchristianisation (valeur 0) et son niveau global d'intégration est le plus faible possible, 0. Le Pays basque, avec sa famille souche (valeur 1), son habitat dispersé (valeur 1) et son catholicisme puissant (valeur 2), atteint 4, score d'intégration maximal.

Les données statistiques dont nous disposons nous permettent une gradation plus fine de ces trois variables. Nous conservons toutefois notre pondération simplifiée pour obtenir une carte complète de l'Hexagone. La carte 1.7

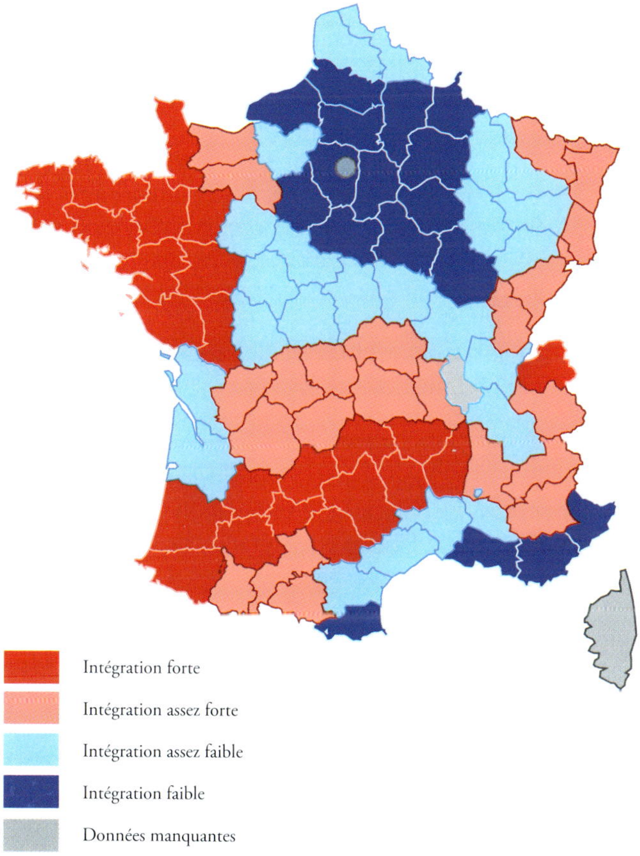

1-7. Niveau d'intégration

Combinaison de la pratique religieuse, du type de famille et d'habitat

combine ainsi religion, famille et habitat et classe les départements français en fonction de leur puissance d'intégration traditionnelle. Elle représente une sorte de matrice de la nouvelle modernité, une mesure de la puissance initiale des couches protectrices, au sens renouvelé que nous avons donné à l'expression de Schumpeter.

Cette carte nous permet de voir comment tient le « système » France, avec ses deux pôles, minoritaires (en bleu foncé), individualistes égalitaires au cœur du Bassin parisien et en Provence. Leurs couronnes extérieures, ou extensions, représentent la moitié du territoire national (en bleu clair).

La distribution des régions à culture d'intégration plus forte est globalement périphérique. Nous percevons toutefois sur cette carte dérivée de données anciennes une asymétrie originelle est/ouest, moins souvent repérée dans l'histoire de France que l'opposition nord/sud chère aux linguistes. La puissance d'intégration plus faible des sociétés locales de l'Est n'a pas grand-chose à voir avec la modernité. Elles ont certes bénéficié d'une alphabétisation et d'une industrialisation précoces. Mais c'est bien l'habitat groupé, d'origine médiévale, qui affaiblit dans notre indice global le niveau d'intégration de l'Est, l'Alsace-Lorraine étant ici exclue.

Individualisme et holisme

Nous devons à ce stade évoquer la proximité de notre conceptualisation en termes de niveaux d'intégration avec la distinction établie par l'anthropologue Louis Dumont entre sociétés individualistes et sociétés holistes. Celle-ci lui avait permis, sans renoncer à la notion de modernité individualiste, de ne pas fondre toutes les sociétés développées en une masse indistincte. Parti du holisme de la société indienne, Dumont avait ainsi pu distinguer une puissante dimension holiste dans la culture allemande[1]. Il est aujourd'hui impossible de comprendre les divergences culturelles économiques entre les Anglo-Saxons d'une part, les Allemands et les Japonais d'autre part, sans utiliser ce couple individualisme/holisme.

L'examen empirique des fonds anthropologiques et religieux régionaux qui constituent l'Hexagone va nous conduire à identifier une composante holiste périphérique dans le système culturel français. La France, que sa Grande Révolution définit sans conteste comme individualiste égalitaire sur le plan idéologique – sans oublier ses justement célèbres tendances anarchistes –, représente sur le plan anthropologique et religieux une agrégation complexe de cultures locales, dont certaines étaient à l'origine de type individualiste et d'autres de type holiste. L'ensemble constitue un système. Comprendre la France, c'est aussi saisir l'interaction holisme/individualisme au cœur des tensions, des équilibres ou des dysfonctionnements du système national.

Le communisme comme couche protectrice

Les cartes de la pratique religieuse peuvent donner l'impression trop simple d'une opposition entre un « plein » religieux et un « vide » laïc ou athée. Pourtant, dans la France du XVIIIe siècle, la sortie de la religion avait été vécue comme une libération, et non comme un abandon. Dans les espaces centraux et méditerranéens du territoire national, une foi laïque a animé, de 1791 à 1965, les populations

1. Louis Dumont, *Homo Aequalis.* Tome I : *Genèse et épanouissement de l'idéologie économique*, Paris, Gallimard, 1977, et tome II : *L'Idéologie allemande,* Paris, Gallimard, 1978.

et les élites qui avaient « échappé » à l'Église. Tocqueville avait bien senti l'existence d'une métaphysique terrestre optimiste s'opposant à la métaphysique du salut céleste, et d'un plein laïque s'opposant au plein religieux. Il avait écrit en 1856, dans *L'Ancien Régime et la Révolution* :

« Quand je cherche à démêler les différents effets que l'irréligion produisit alors en France, je trouve que ce fut bien plus en déréglant les esprits qu'en dégradant les cœurs, ou même en corrompant les mœurs, qu'elle disposa les hommes de ce temps-là à se porter à des extrémités si singulières.

Lorsque la religion déserta les âmes, elle ne les laissa pas, ainsi que cela arrive souvent, vides et débilitées ; elles se trouvèrent momentanément remplies par des sentiments et des idées qui tinrent pour un temps sa place, et ne leur permirent pas d'abord de s'affaisser.

Si les Français qui firent la Révolution étaient plus incrédules que nous en fait de religion, il leur restait du moins une croyance admirable qui nous manque : ils croyaient en eux-mêmes. Ils ne doutaient pas de la perfectibilité, de la puissance de l'homme ; ils se passionnaient volontiers pour sa gloire, ils avaient foi dans sa vertu [1]. »

Tocqueville était peut-être déprimé à cette époque de sa vie, personnellement ou politiquement, et exagérément pessimiste pour ce milieu du XIXe siècle. La pensée politique et sociale considérait alors toujours la fin du religieux comme le commencement du monde moderne : Auguste Comte avait forgé en 1839 le terme de « sociologie » pour comprendre l'achèvement de l'âge théologique. Edgar Quinet avait en 1845 retrouvé dans la Révolution française le meilleur de l'ancien christianisme [2].

1. *L'Ancien Régime et la Révolution*, Paris, Gallimard, 1985, p. 207.
2. Edgar Quinet, *Le Christianisme et la Révolution française*, Paris, Fayard, 1984 (1845).

La foi laïque eut la vie dure. Entre 1750 et 1965, nous voyons se succéder dans l'espace central français, non pas seulement déchristianisé mais porteur d'une croyance positive en l'homme, une succession hétéroclite d'idéologies et de forces politiques, de gauche ou de droite, mais qui eurent en commun d'affirmer la primauté de la liberté et de l'égalité des hommes. L'athéisme de Denis Diderot (né à Langres en Bourgogne), la terreur de Maximilien de Robespierre (né à Arras en Artois), l'école de Jules Ferry (né à Saint-Dié en Lorraine), la nation belle, grande et généreuse du militant gaulliste (idéalement né en banlieue parisienne) furent les produits de cet espace central et de ses marges.

Paradoxalement, c'est une force politique tardive, et de plus à vocation totalitaire, le communisme, qui a finalement le mieux incarné dans l'espace géographique français cette force centrale, individualiste et égalitaire.

Le militant communiste, discipliné par l'usine et pris en main par sa cellule, exprimait quand même, par sa façon d'être rebelle, l'individualisme égalitaire traditionnel du Bassin parisien. Son anarchisme foncier continuait d'ailleurs de régner discrètement sur le syndicalisme. La direction de la CGT aura bien passé l'essentiel de son existence à courir derrière sa base, seule capable de déclencher une grève sérieuse, en 1936 comme en 1968.

Au lendemain de la Seconde Guerre mondiale, la carte du vote communiste, qui aurait dû selon la théorie marxiste la plus élémentaire refléter la distribution géographique de l'industrie et du prolétariat, s'insérait presque parfaitement dans celle de la religion. Le PCF occupait l'espace central laissé vide par l'Église. La complémentarité des deux forces apparaît pleinement sur une carte simplifiée représentant simultanément le vote communiste à la veille de sa chute en 1978 et son double négatif, la pratique religieuse catholique vers 1965 (carte 1.8). En 2007 encore, le vote

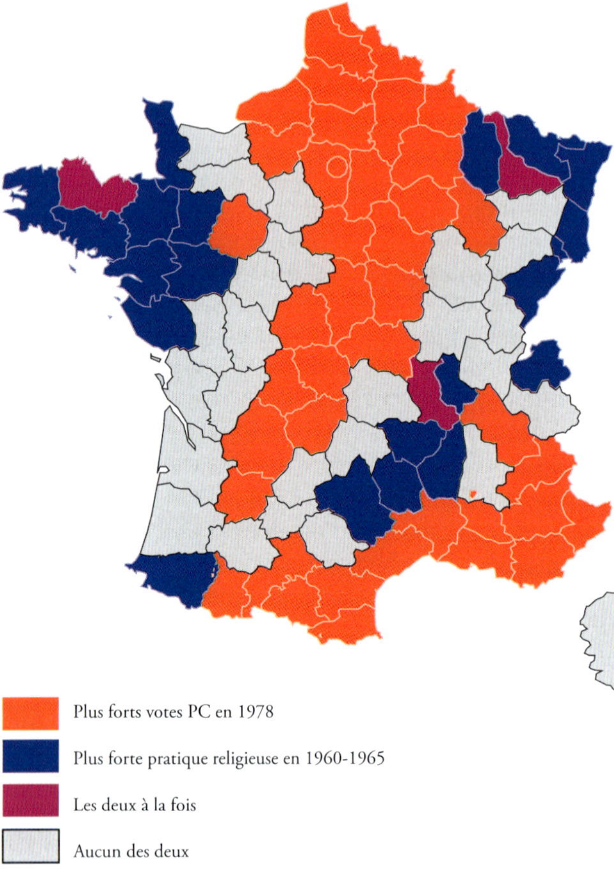

1-8. Le parti communiste et l'Église catholique

résiduel de 1,93 % de suffrages exprimés pour Marie-George Buffet n'échappait pas à la vieille détermination métaphysique (carte 1.9). Il laissait seulement apparaître une résistance spécifique des zones de famille communautaire souples de la bordure nord-ouest du Massif central ou de l'intérieur de la Bretagne, dont les valeurs favorisaient une idéologie communiste plus solide que celles de la famille nucléaire égalitaire du Bassin parisien. Le trait libéral de la famille du Bassin parisien plaçait au cœur du communisme français une fragilité de constitution qui allait l'emmener très vite vers sa disparition à partir de 1981.

Cette cartographie quasi religieuse du PCF, si elle n'est pas conforme aux attentes du marxisme – qui place dans l'économie l'explication des choses –, trahit cependant l'origine religieuse de la doctrine. C'est par une critique de la religion que Marx est entré dans son analyse de l'histoire. Son matérialisme fut, avant d'être une explication par les forces techniques et économiques, un rejet de la métaphysique religieuse, fort banal à son époque. Marx écrivait ainsi en 1843-1844, quatre ans avant la rédaction du *Manifeste du parti communiste* :

« [...] la critique de la religion est la condition préliminaire de toute critique... L'abolition de la religion en tant que bonheur illusoire du peuple est l'exigence que formule son bonheur réel. Exiger qu'il renonce aux illusions sur sa situation, c'est exiger qu'il renonce à une situation qui a besoin d'illusions. La critique de la religion est donc en germe la critique de cette vallée de larmes dont la religion est l'auréole[1]. »

Naissant contre la religion, le marxisme ne pouvait s'en

1. *Critique de la philosophie du droit de Hegel*, Paris, Aubier, 1971 (1844). Voir Karl Marx et Friedrich Engels, *Sur la religion*, textes choisis, traduits et annotés par G. Badia, P. Bange et E. Bottigelli, Paris, Les Éditions sociales, 1960, p. 41-42.

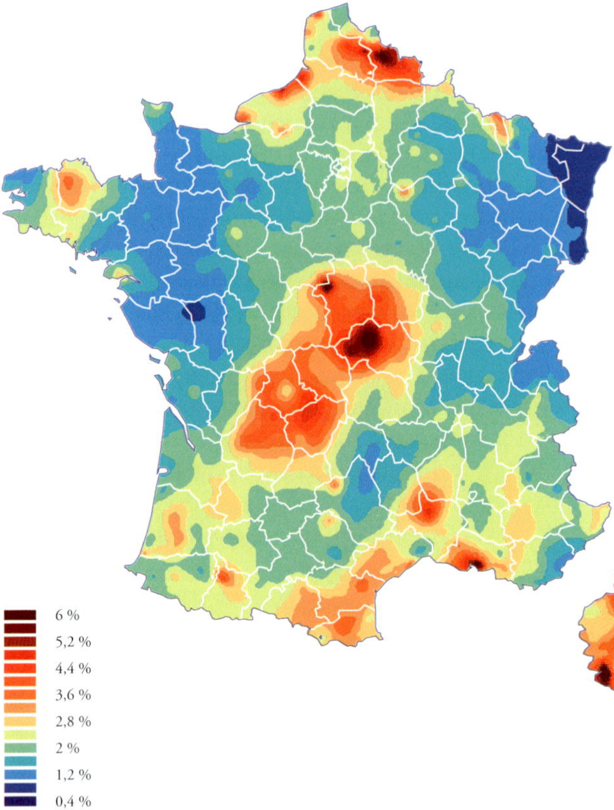

1-9. Les derniers communistes

Pourcentage de voix obtenues par Marie-George Buffet
au premier tour de la présidentielle de 2007

détacher complètement : comment s'étonner que la carte du vote communiste français reproduise fidèlement celle de l'irréligion, d'une incroyance bien antérieure à Marx, Engels ou Lénine puisque formée au milieu du XVIIIe siècle et révélée par le choix des curés en 1791 ?

Entre 1981 et 2007, nous avons vécu la fin brutale du communisme français, phénomène dont on ne peut sous-estimer l'importance une fois que l'on a compris que cette doctrine représentait, inscrite au cœur du monde populaire ou des élites éduquées, le moment terminal d'une foi optimiste née au milieu du XVIIIe siècle. Nous avons présenté plus haut l'Église catholique comme une couche protectrice capable d'encadrer les individus dans une phase de transformation éducative et économique accélérée. Nous devons maintenant admettre que l'idéologie communiste et le parti du même nom ont constitué, au-delà des apparences de la lutte des classes, une véritable couche protectrice dans la France des années 1936-1981. L'« Église rouge » fut, comme la « noire », un élément de stabilité mentale pour une partie importante de la population française, notamment au cœur du Bassin parisien et sur la façade méditerranéenne.

Communisme mort, « catholicisme zombie »

Les deux forces faisaient système sans être exactement de même nature. Né contre le christianisme, le communisme en dépendait, dans le rapport d'un effet à sa cause. Il est donc logique d'observer que, dans les années 1950-1970, la chute du religieux dans son espace périphérique français a précédé ou même causé celle du communisme dans son espace central et méditerranéen. La descente aux enfers du PCF n'a commencé qu'en 1981, le déclin terminal du catholicisme s'est amorcé dès les années 1950.

L'idéologie marxiste était une croyance pleine, positive,

en pratique protectrice de l'individu dans le monde sensible. Du point de vue de l'analyse sociologique, elle n'était cependant qu'une croyance dérivée, secondaire par rapport à la religion. Nous pourrions dire la même chose de la foi révolutionnaire, ou républicaine, ou gaulliste. La succession rapide des doctrines dans l'espace central français suggère en elle-même une instabilité qui contraste avec l'immobilité hiératique de l'Église catholique dans ses bastions périphériques entre 1791 et 1950.

Disparue avant le PCF, l'Église était pourtant l'authentique élément structurant. C'est la raison pour laquelle nous allons pouvoir observer, dans la France des années 1980-2010, l'action persistante d'un catholicisme disparu, mais non celle du communisme décédé quelques années plus tard. Les valeurs organisatrices du catholicisme apparaissent toujours actives dans les lieux qu'il occupait. L'un des paradoxes les plus étonnants de notre présent est, on va le voir, la montée en puissance sociale d'une religion qui vient de s'évanouir en tant que croyance métaphysique. Le catholicisme semble, pour l'instant, avoir atteint pour lui-même l'objectif d'une vie après la mort. Comme il s'agit d'une vie terrestre, et dont nous doutons fort qu'elle soit éternelle, nous parlerons de « catholicisme zombie ». Le communisme, lui, est vraiment mort : un véritable vide sociologique lui a succédé dans les régions où il était important – et plus généralement à la foi républicaine, gaulliste ou de gauche –, avec ce que cela implique d'atomisation et de difficultés sociales.

CHAPITRE 2

La nouvelle inégalité culturelle

L'histoire du progrès éducatif met en évidence la complexité anthropologique de la France. Les chiffres nationaux qui mesurent depuis 1700 la proportion d'hommes ou de femmes sachant lire et écrire, puis de bacheliers, et enfin de diplômés de l'éducation supérieure, décrivent une trajectoire à peu près continue : une ascension, interrompue par une pause entre les deux guerres, puis par une autre aujourd'hui. Cependant, lorsque nous observons le déploiement dans l'espace de la poussée éducative, nous voyons avec un certain étonnement des régions différentes en incarner les phases successives. Dans un premier temps, la carte de l'alphabétisation met en évidence le dynamisme des villages et de la famille nucléaire du Nord-Est. Dans un deuxième temps, la carte du baccalauréat montre le dynamisme de la famille souche occitane. Dans un troisième temps, celle des études supérieures révèle le dynamisme du catholicisme ou, pour être plus exact, du « catholicisme zombie » puisque c'est le décès de cette religion qui semble en avoir fait un facteur de progrès culturel additionnel.

Phase 1 : famille nucléaire et diffusion

La première carte statistique jamais réalisée avait mis en évidence, nous l'avons dit plus haut, l'avance éducative de la France du Nord. En 1826, Dupin avait situé au nord de la ligne Saint-Malo-Genève une France des Lumières. Dès la seconde moitié du XVIIIe siècle, la majorité de la population masculine y savait lire et écrire, ainsi que l'ont montré en détail François Furet et Jacques Ozouf dans leur étude historique et géographique de l'alphabétisation des Français[1]. Il est donc normal de trouver dans le Bassin parisien, aux XVIIIe et XIXe siècles, le centre de gravité de l'histoire de France. Révolutions politiques et industrielles s'y succèdent. Mais on aurait tort de voir dans Paris le centre du centre. Le pôle d'avance éducatif est situé nettement à l'Est de la capitale. L'examen des cartes de l'éducation évoque une entrée de l'instruction primaire par la frontière est, suivie d'un mouvement vers le cœur du Bassin parisien, favorisée par un système anthropologique qui stimule la diffusion des idées et des hommes. La facilité des communications entre villages compacts explique la vitesse de diffusion de l'alphabétisation. La tendance de la famille nucléaire à lancer dès l'adolescence ses enfants vers des villages parfois assez lointains contribue à ce premier dynamisme éducatif. Nous pouvons à ce stade écrire une histoire simple de la Nation. C'est cette France éclairée qui mène la Révolution française : les valeurs de liberté et d'égalité sont inscrites au plus profond d'elle-même, dans des familles qui encouragent la liberté des enfants et l'égalité dans la fratrie.

En 1901, la carte de l'éducation (2.1) porte la trace de ce premier décollage culturel. Nous devons, à ce stade, rester dans le cadre départemental défini par Dupin. Il est suffisant parce que les villes – Bordeaux mis à part – n'ont pas alors de rôle moteur particulier. Selon le recensement,

1. *Lire et écrire. L'alphabétisation des Français de Calvin à Jules Ferry*, Paris, Éditions de Minuit, 1977.

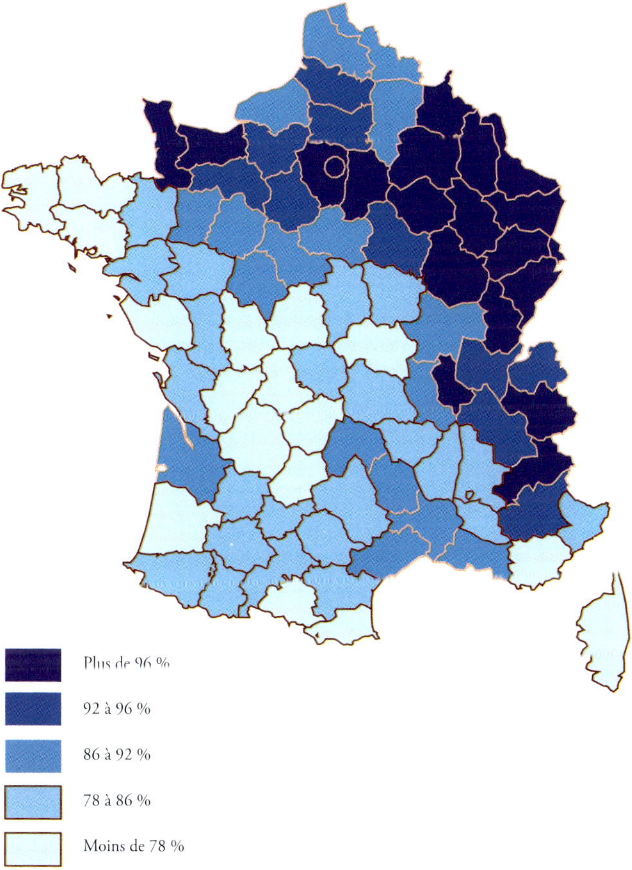

2-1. Lire et écrire en 1901

Pourcentage de personnes alphabétisées au recensement de 1901 la proportion d'hommes et de femmes sachant lire et écrire dépasse 96 % dans l'est du Bassin parisien et pousse une tentacule vers Paris. Les pôles secondaires normand et alpin que nous discernons sur la carte auraient été repérables dès le XVIIe siècle, époque à laquelle cependant le département de la Marne, plutôt que la frontière est, semblait au cœur de la modernité[1].

Phase 2 : l'entrée en scène de la famille souche

Au lendemain de la Seconde Guerre mondiale, le décollage de l'éducation secondaire bouleverse les rapports de force entre régions. Vers 1970, le taux national d'obtention du baccalauréat général atteint 17 % par classe d'âge. La carte qui décrit la possession de ce diplôme ou d'un grade supérieur par les garçons et les filles qui ont eu 18 ans entre 1962 et 1971 (saisis au recensement de 2008) révèle un basculement complet du système France (carte 2.2)[2]. Les écarts entre régions sont considérables, ainsi que le montre une échelle s'étageant de 15 à 34 % de bacheliers. Au Nord, seuls la région parisienne et quelques pôles urbains, le plus souvent de petite taille, font encore partie de la France des Lumières, dessinée ici en rouge. L'ancienne France obscure, avec l'ensemble du Midi et la Bretagne, apparaît désormais en pointe, et en un rouge d'autant plus sombre qu'on est plus au sud ou plus à l'ouest. Notons l'incroyable revanche de la Bécassine bretonne, née en 1905 pour amuser la France par sa simplicité d'esprit, et dont le niveau scolaire devient vers 1970 l'un des plus élevés du pays. Mais n'oublions surtout pas que c'est l'Occitanie,

1. Hervé Le Bras et Emmanuel Todd, *L'Invention de la France*, *op. cit.*, p. 260.
2. Proportion des 55-64 ans ayant le bac général ou plus en 2008.

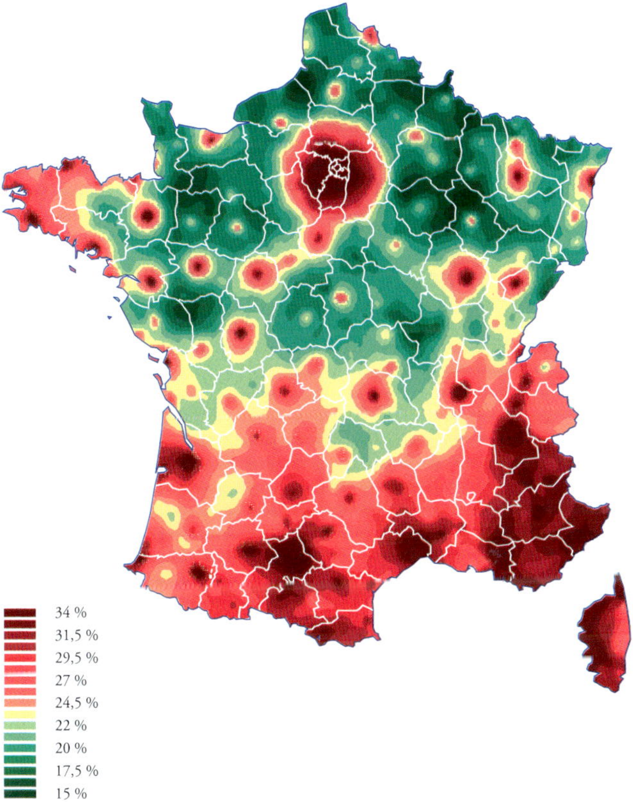

2-2. Avoir le bac vers 1970

Pourcentage de personnes âgées de 55 à 64 ans titulaires d'un bac général ou d'un diplôme universitaire en 2008 (recensement)

beaucoup plus massive, qui est devenue vers 1970 le centre de gravité du dynamisme culturel français.

Au nord, le Bassin parisien apparaît comme une zone de relatif sous-développement. La capitale semble pomper toute l'énergie de la France du Nord, absorbant tous ses bacheliers. Cela est peut-être dû en partie aux mouvements des diplômés vers la capitale, mais ceux-ci n'expliquent pas l'essentiel du retard éducatif relatif du Bassin parisien par rapport à l'Occitanie : les métropoles du Midi, plus petites mais plus nombreuses, n'aspirent pas alors toute l'énergie éducative de leur environnement.

Remarquons quand même un début d'émergence des villes des périphéries ouest, sud et est (mais non nord) du Bassin parisien avec Rennes, Nantes, Angers, Tours, Nancy et Strasbourg. On observe une montée en puissance de Besançon et surtout de Dijon : la faible notoriété actuelle de ces deux villes ne rend pas compte de leur réel dynamisme.

Si l'on s'en tient aux grands espaces définis par la carte du baccalauréat entre 1962 et 1971, une interprétation s'impose. Ce sont les régions de famille complexe, et principalement de famille souche, qui décollent. L'éducation secondaire nécessite en effet une attention plus grande aux enfants, des parents principalement mais aussi parfois des grands-parents. Là où ont existé des traditions lignagères, les enfants sont mieux encadrés. Les valeurs de transmission de la famille souche expriment pleinement leur puissance dans cette phase éducative secondaire. En Bretagne, les formes souches, tardives, n'ont jamais atteint la maturité, mais on y constate de fortes capacités familiales d'encadrement et de soutien aux adolescents.

Phase 3 : le « catholicisme zombie » et les villes

Stable entre 1995 et 2010, la proportion d'une classe d'âge obtenant le baccalauréat général a cependant doublé par rapport à 1970 et tourne autour de 35 %. Un plafond éducatif a été atteint. Toutes les régions ont participé à cet essor mais de manière différentielle, et la géographie éducative de la France a donc de nouveau muté, comme le montre la carte 2.3 qui indique, pour les individus recensés âgés de 25 à 34 ans en 2008, la proportion de titulaires du bac général ou d'un diplôme supérieur, dont certains peuvent être passés par les bacs technologiques et dans une moindre mesure professionnels. Il s'agit des jeunes qui ont atteint 18 ans entre 1992 et 2001. Parce que les niveaux sont tirés d'une simple déclaration des individus, ils sont probablement un peu surestimés, ainsi qu'on l'a dit dans l'introduction, mais ce sont ici les écarts régionaux qui nous intéressent.

Le plafond a été très différent selon les régions, avec une moyenne des scores départementaux à 45 %, mais des proportions qui tombent à 35 % dans les départements du Bassin parisien les moins favorisés.

Cette fois-ci, les pôles urbains se détachent systématiquement. La carte ne reflète plus seulement les dynamismes spécifiques des régions mais la capacité des villes, et particulièrement des villes universitaires, à capter la jeunesse en cours d'éducation supérieure. Ces dernières se manifestent sur la carte par des zones beaucoup plus vastes qu'elles, pôles diffus à niveau éducatif élevé. La masse de la région parisienne est évidente, « étoile rouge » au cœur de la partie nord de l'Hexagone, poussant un tentacule vers Orléans et Tours. Mais nous voyons aussi autour de Grenoble et de Toulouse de vastes espaces très éduqués débordant les limites départementales. Nice, Aix-Marseille, Montpellier,

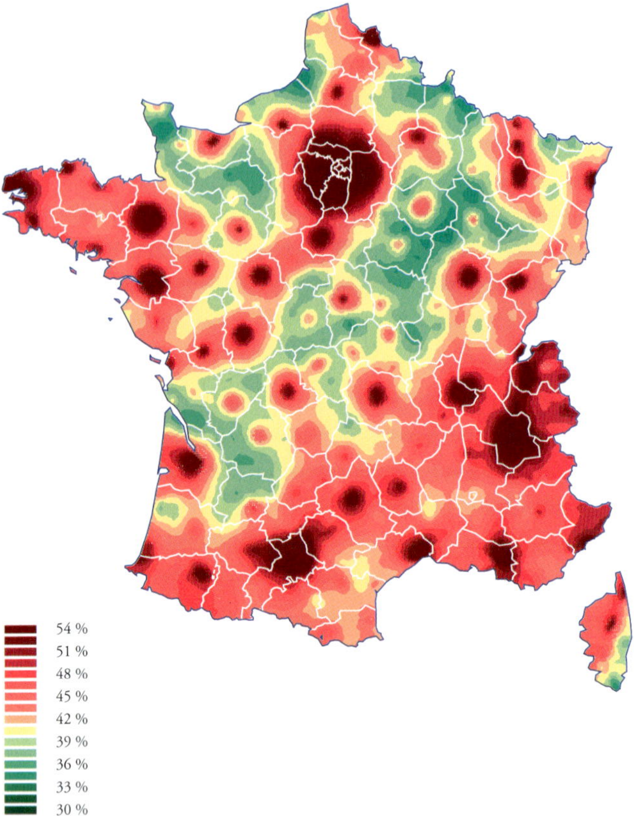

2-3. Avoir le bac vers 1995

Pourcentage de personnes âgées de 25 à 34 ans titulaires
d'un bac général ou d'un diplôme universitaire en 2008 (recensement)

Lyon, Bordeaux, Nantes, Rennes représentent des masses considérables, mais plus concentrées. Viennent ensuite les pôles moins importants de Clermont-Ferrand, Poitiers, Dijon, Besançon, Nancy-Metz, Strasbourg, Lille. Et enfin Reims, Limoges, Caen, Rouen, Angers. Les villes sans université, ou faiblement universitaires, ont disparu de la carte : Le Havre, Cherbourg, Toulon, Béziers, Perpignan.

La constellation urbaine et universitaire, qui attire ou fabrique une population de jeunes diplômés, n'est cependant pas le seul déterminant visible sur la carte. On remarque un arrière-plan de zones plus vastes, qui ne renvoie plus désormais à la répartition dans l'espace des types familiaux mais à celle des tempéraments religieux. La masse verte des régions les moins favorisées sur le plan éducatif évoque, entre le cœur du Bassin parisien et l'Aquitaine, la forme de la déchristianisation, moins la façade méditerranéenne. On sent dans les masses périphériques rouges de Bretagne, du Sud-Ouest et de la région Rhône-Alpes la marque inverse du catholicisme.

L'opposition catholicisme/déchristianisation devient complète si l'on trace la carte des régions où, parmi les « bac et plus », la proportion des « plus » est la plus forte, c'est-à-dire la carte des régions où la probabilité pour les titulaires du bac de faire des études supérieures est la plus élevée (carte 2.4). La correspondance, quoique toujours perturbée par le phénomène urbain et universitaire, est alors impressionnante. Le Midi décroche des zones les plus avancées. Avec une grande exactitude, les régions catholiques sont celles où la préférence pour des études longues est la plus marquée. Les seules exceptions, zones d'avance éducative en pays de déchristianisation ancienne, sont la frange ouest du Bassin parisien, peut-être sous l'influence de Paris et de sa banlieue ouest, bien pourvue en universités, et quelques villes universitaires des régions laïques comme Limoges, Reims, Dijon et Orléans.

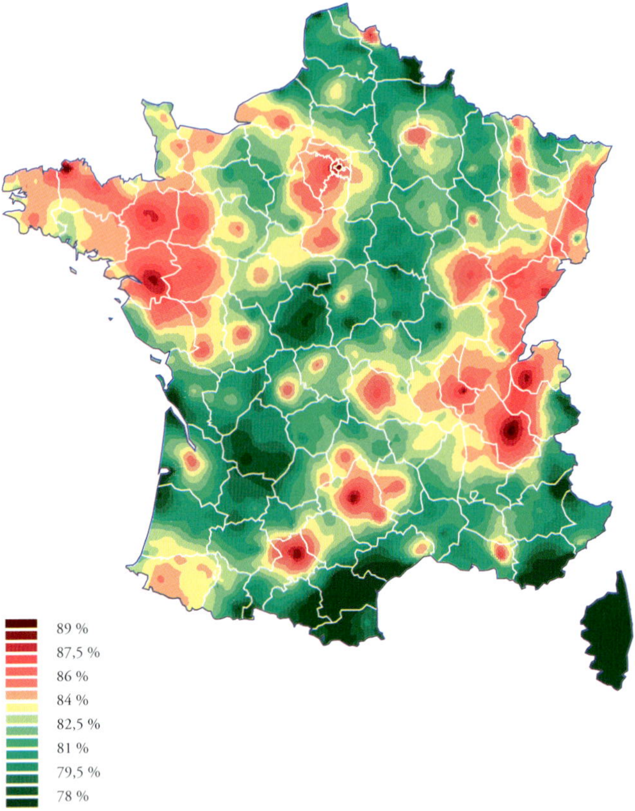

2-4. Au-delà du bac

Pourcentage de bacheliers (bac général)
qui ont obtenu un diplôme d'enseignement supérieur
(personne âgées de 25 à 34 ans en 2008)

Les bastions du catholicisme, dans l'Ouest, l'Est, la région Rhône-Alpes, le sud du Massif central et les Pyrénées-Atlantiques, apparaissent tous comme des pôles de développement éducatif. C'est une revanche posthume pour cette religion qui s'était opposée à la Révolution et à la République sur le terrain de l'éducation.

Les interprétations possibles sont presque trop nombreuses : tradition catholique d'encadrement et de coopération qui aide les individus jeunes dans leurs projets personnels, morale de l'effort, esprit de revanche aussi, porté par les lieux et par les familles… Mais l'efficacité apparente du catholicisme est surtout l'effet même de son extinction. Le catholicisme tardif, attaché à l'autorité du prêtre, opposé à la science comme à la liberté de l'individu, fut un facteur de résistance au progrès. L'effondrement ultime de la croyance là où elle vivait encore a libéré les énergies. Prenons un exemple dans le syndicalisme : la déconfessionnalisation de la CFTC, devenue CFDT en 1964, s'accompagna de la montée d'énergie typique des phases de transition. Le dynamisme nouveau de la CFDT conduisit au rééquilibrage d'un mouvement syndical jusque-là dominé par les forces laïques de la CGT et de la CGT-FO. Nous pourrions multiplier les exemples de percées nationales d'institutions d'origine catholique, « libérées » par la déconfessionnalisation, du journal *Le Monde* aux Éditions du Seuil. Ces phénomènes centraux illustrent toutefois déjà un passé et représentent, de notre point de vue, des préfigurations plutôt que la substance même du phénomène de la montée en puissance du « catholicisme zombie ». C'est dans le groupe des bacheliers des années 1991-2002 que le phénomène est le plus marqué et touche l'ensemble des provinces catholiques.

Un tel mécanisme évoque une poussée associée au moment de la libération plutôt qu'un avantage définitif. Rien ne nous permet d'affirmer que nous sommes ici confrontés à la carte ultime du développement éducatif. Les mutations rapides de la géographie du dynamisme scolaire au XXe siècle, du Nord-Est au Midi puis du Midi à la périphérie catholique – c'est-à-dire si l'on s'intéresse aux facteurs sociaux plutôt qu'aux lieux, de la famille nucléaire à la famille souche puis à une religion disparue –, incitent à la prudence.

Les laissés-pour-compte de l'éducation

Nous vivons désormais une stagnation éducative, une pause si nous sommes optimistes, dont l'une des manifestations est le maintien, au bas de la pyramide, d'une couche de « sans-diplômes » que nous définissons ici comme des individus sortis du système avec une qualification égale ou inférieure au certificat d'études. Ce titre scolaire désormais rare fut l'horizon positif des campagnes sous la IIIe République, il est aujourd'hui une marque d'échec [1]. La moyenne départementale de la proportion de sans-diplômes chez les 25-34 ans était de 12,2 % en 2008. Dans ce domaine comme dans beaucoup d'autres, la France est diverse : cet indicateur varie, de 6,6 % seulement dans le Finistère à 23 % dans la Seine-Saint-Denis. Dans ces valeurs extrêmes, nous sentons poindre la marque de l'immigration – la plus faible et la plus massive. Nous allons voir ici que les déterminants territoriaux différencient encore mieux les populations anciennement françaises qu'ils ne distinguent enfants d'immigrés et jeunes Bretons.

La répartition des « sans-diplômes » (carte 2.5), au contraire de celle des « bac et plus » (carte 2.3), ne met pas en évidence le phénomène urbain. Les difficultés éducatives des villes diffèrent peu de celles de leur environnement

1. 0,6 % des 25-39 ans en 2008.

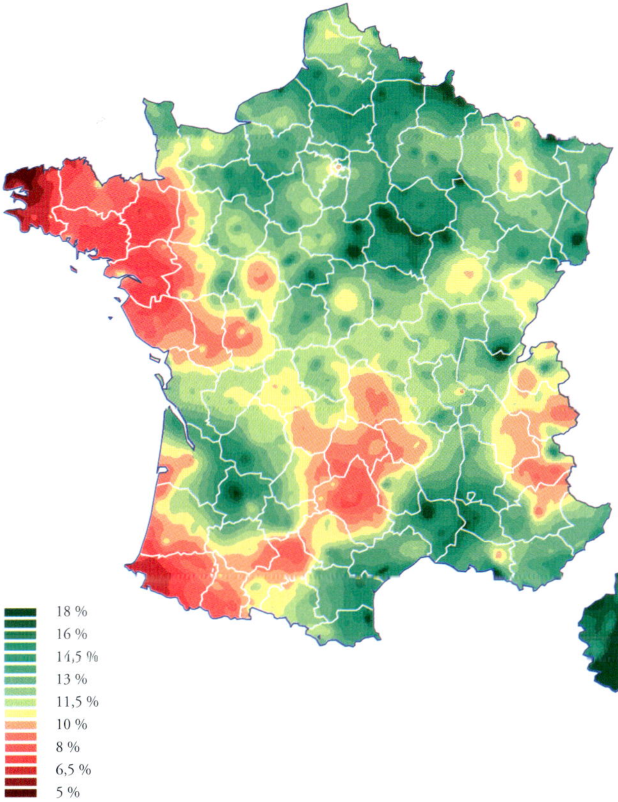

2-5. Sans diplômes

Pourcentage de personnes âgées de 25 à 34 ans sans diplômes en 2008 (en vert les plus élevés)

régional. Les sans-diplômes sont relativement rares dans les villes, banlieues et campagnes bretonnes, mais nombreux dans les villes, banlieues et campagnes du Bassin parisien. Les couches en difficulté éducative se déploient dans chaque région de manière homogène en bas de la structure sociale, horizontalement, surplombées par des couches d'éduqués moyens ou supérieurs dont les proportions relatives peuvent varier selon que le milieu est urbain universitaire ou non.

La carte 2.5 met en évidence les difficultés éducatives de l'ancienne France des Lumières, le Bassin parisien s'adjoignant ici l'ensemble d'une épaisse façade méditerranéenne. Un pôle secondaire peut être repéré en Aquitaine, dont nous sentons qu'il pourrait finir par toucher le Bassin parisien, si la progression éducative reprenait partout, mais de façon ralentie sur l'axe Paris/Bordeaux.

Nous sommes ici confrontés à la combinaison de deux cartes, celle de la déchristianisation (carte 1.5) et celle de la vieille industrie du Nord et de l'Est, en cours de liquidation (carte 5.2). Triste ironie, nous retrouvons sur cette carte de la plus grande inégalité scolaire, dans le Bassin parisien et sur la Méditerranée, la trace des vieilles zones d'égalitarisme anthropologique, pays de villages groupés et d'égalité des enfants. L'Alsace, où les difficultés éducatives semblent abonder malgré le catholicisme, paraît une exception dans la performance. Mais son système scolaire aussi est une exception, puisque toujours placé sous le régime du Concordat de 1801. Il faudrait ici étudier l'effet spécifique de l'ambiance fortement confessionnalisée de la province sur les populations immigrées d'origine musulmane.

Difficultés de lecture

Beaucoup mettent en doute la qualité des diplômes et contestent la validité d'une mesure du progrès éducatif par la progression du nombre des titres scolaires. Nous avons nous-mêmes souligné que le caractère déclaratif du recensement pouvait induire une surestimation des niveaux. Reste que les données d'enquêtes qui mesurent par des tests spécialement conçus les difficultés scolaires valident, pour l'essentiel, la géographie des performances éducatives que nous venons de présenter. Au plus bas de l'échelle des compétences, nous trouvons alors les jeunes qui ont des difficultés à lire et à écrire. N'interprétons pas trop vite leur importance, aujourd'hui repérée et mesurée par des enquêtes, comme une régression par rapport à une « Belle Époque » de l'alphabétisation universelle. Rien ne nous garantit en effet que les citoyens français qui se déclaraient capables de lire au recensement de 1901 l'étaient parfaitement.

Le test réalisé durant la « Journée défense et citoyenneté » permet une cartographie précise des problèmes de lecture. En 2011, la moyenne des départements était de 9,5 % de jeunes en difficulté, soit 2,7 % de moins que les 12,2 % de sans-diplômes âgés de 25-34 ans en 2008. La stabilité des niveaux éducatifs dans les dix-sept dernières années nous permet de ne pas tenir compte du fait que les groupes d'âge comparés ne sont pas exactement les mêmes. L'écart est faible et, de plus, assez largement conventionnel puisque ces 9,5 % additionnent seulement les catégories les plus basses, « difficultés sévères » et « très faibles capacités de lecture », classant de fait les 9,4 % de « lecteurs médiocres » avec les 80,3 % de « lecteurs efficaces ». Au premier coup d'œil, la carte des jeunes qui lisent mal (carte 2.6) reproduit celle des sans-diplômes (carte 2.5). À nouveau, un grand

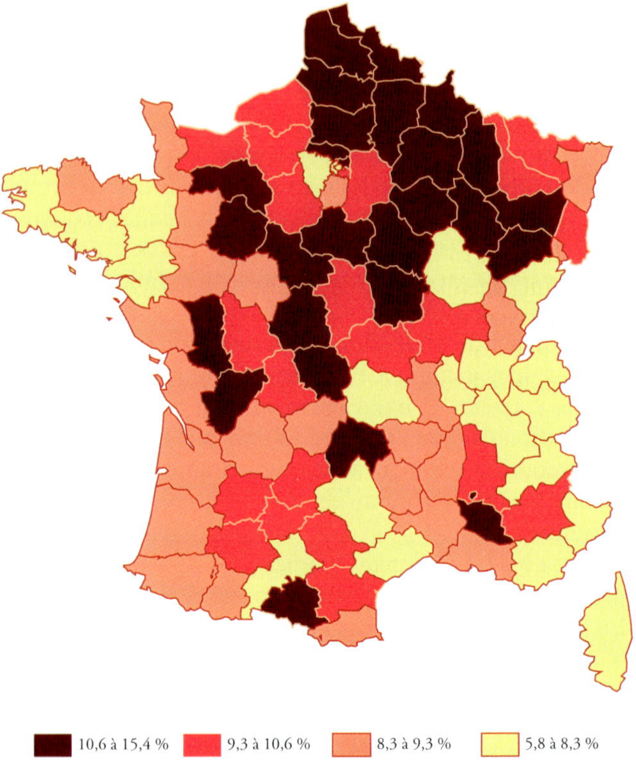

2-6. Difficultés de lecture

Pourcentage de jeunes éprouvant des difficultés de lecture lors de la journée « défense et citoyenneté » de 2009

Bassin parisien orienté nord-est/sud-ouest apparaît. La façade méditerranéenne cependant a disparu, tout comme l'Alsace.

Soustrayons, au niveau départemental, les proportions des mal-lisants de celle, plus élevée, des sans-diplômes. Nous obtenons la proportion des jeunes qui, bien que n'ayant pas de difficultés particulières de lecture, n'obtient finalement pas de diplôme. La carte résultante (carte 2.7), ressemble beaucoup à celle des Maghrébins (voir carte 2.8) sans que l'on puisse dire si le décalage vient du fait que seuls les jeunes de nationalité française se présentent, par définition, à la « Journée défense et citoyenneté », ou si l'écart vient de ce que des jeunes d'origine maghrébine ayant un niveau en lecture satisfaisant sont trop tôt écartés du système éducatif.

Des classes moyennes techniques rejetées

Ensemble, les « bac et plus » (48 % des individus) et les « sans-diplômes » (12 %) constituent 60 % des 25-39 ans. Restent 40 % de jeunes actifs titulaires du BEPC, d'un BEP, d'un bac professionnel ou technique. Ces 40 % centraux constituent une sorte de classe moyenne culturelle, que nous définissons, au contraire de tous les usages sociologiques français, par son rapport à la technique, à la transformation des choses, à la matière. La sociologie américaine des années 1950, qui intégrait une classe ouvrière alors prospère aux classes moyennes, n'aurait pas été choquée. Dans la France actuelle, culturellement dominée par les fidèles de la vieille éducation bourgeoise, l'une des réalités les plus difficiles à accepter est l'importante élévation du niveau de formation des classes populaires. La compression des salaires qui accompagne la globalisation économique touche certes les jeunes dont la formation est technique

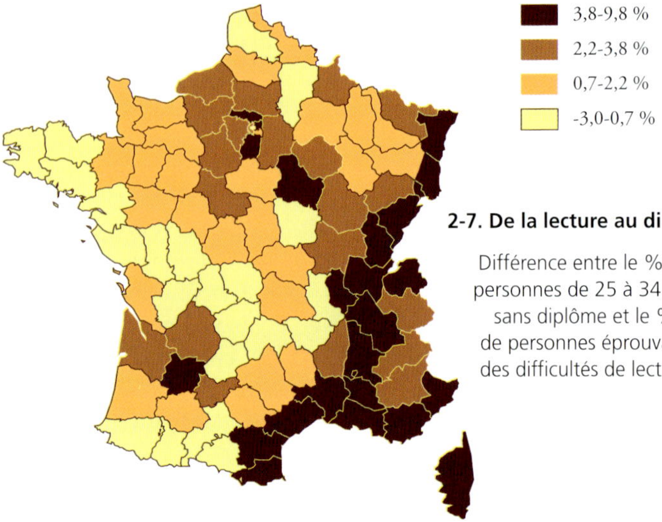

2-7. De la lecture au diplôme

Différence entre le % de personnes de 25 à 34 ans sans diplôme et le % de personnes éprouvant des difficultés de lecture

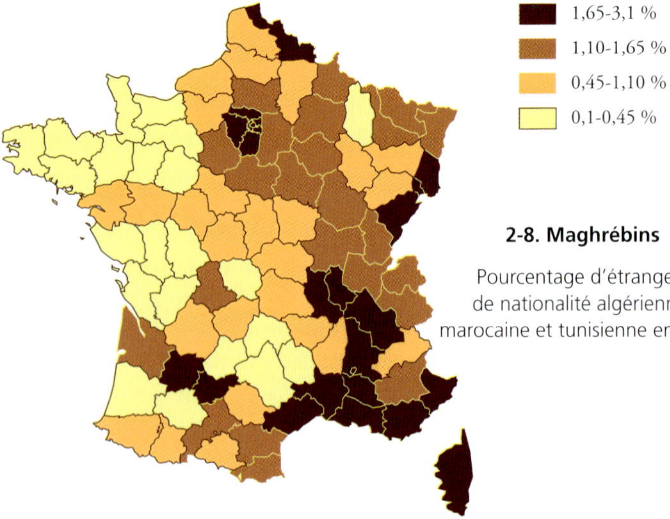

2-8. Maghrébins

Pourcentage d'étrangers de nationalité algérienne, marocaine et tunisienne en 2008

autant que les jeunes diplômés du supérieur. Mais l'évolution économique négative des dix dernières années ne doit pas nous faire oublier cette amélioration du niveau éducatif des milieux populaires, phénomène sans lequel nous ne pouvons comprendre l'évolution sociale et politique récente du pays. Si nous laissons de côté une poussière d'ultraprivilégiés sans substance statistique (1 % ou moins de la population), nous obtenons la vision, ni optimiste ni pessimiste, d'une société superposant – dans ses tranches d'âge jeunes et donc aussi dans le futur – trois couches : les classes moyennes proprement dites (48 %), des classes moyennes techniques (40 %) – soit au total 88 % qui ont énormément progressé –, et une frange de seulement 12 % de la population en difficulté éducative.

Les importantes variations entre régions ne font jamais disparaître cette structure ternaire fondamentale. Aux deux extrémités du spectre général, pour les sans-diplômes, deux départements délimitent la gamme de variation maximale : le Finistère avec seulement 6 % de sans-diplômes, 44 % de techniques et 50 % de supérieurs, la Seine-Saint-Denis avec respectivement 23 %, 32 % et 45 %. Paris avec 80 % de bac et plus, les Hauts-de-Seine avec 70 %, les Yvelines avec 60 % et la Haute-Garonne avec 62 % représentent des situations d'exceptionnelle domination par les couches éduquées supérieures, dont, ailleurs, le poids ne dépasse jamais de beaucoup 50 %.

Nous avons dit dans l'introduction comment le renversement de la pyramide éducative avait conduit la majorité des Français à regarder vers le bas plutôt que vers le haut de la société, à craindre de ressembler aux 12 % de « sans-diplômes », plutôt que de contester les 5 à 10 % d'éduqués supérieurs du passé. Cette anxiété est d'autant plus forte que le nombre de sans-diplômes est élevé, menaçant. La carte 2.5 qui décrit leur distribution dans l'Hexagone est donc peut-être aussi une carte de la peur du déclassement, surtout là où les classes moyennes techniques, qui vivent cette peur de manière plus intense, sont nombreuses, et les catégories supérieures faiblement représentées.

Nous allons maintenant décrire grâce à la cartographie la séparation physique, et donc mentale, qui s'est établie entre les classes moyennes supérieures et les classes moyennes techniques. Ce mécanisme d'éloignement contribue au glissement à droite du corps électoral et à l'impuissance d'une société qui se pense en révolte contre la régression économique néolibérale.

La carte 2.9 fait apparaître en rouge ces classes moyennes techniques chez les 25-34 ans. Cette carte présente de fait, en vert, son négatif, la somme des éduqués supérieurs et des sans-diplômes. C'est ici la carte type de la modernité urbaine qui apparaît, et non une carte anthropologique ou religieuse. Les classes moyennes techniques semblent rejetées sur la périphérie des zones urbaines. Elles sont très minoritaires dans les zones urbanisées les plus vastes et les plus dynamiques sur le plan éducatif comme l'Île-de-France, la région Rhône-Alpes, l'Alsace, la façade méditerranéenne entre Montpellier et Nice, la région toulousaine.

La culture technique est périurbanisée et parfois ruralisée. Le réel progrès qu'elle représente est regardé de haut, ou plutôt perdu de vue, par les éduqués supérieurs qui occupent l'espace urbain central. Peut-être est-ce pour cette raison qu'une partie de la gauche recherche dans l'alliance entre jeunes éduqués supérieurs et enfants d'immigrés une nouvelle martingale électorale, ainsi que le recommandait en mai 2011 un rapport du « think tank » Terra Nova. Ce dernier annonçait l'émergence d'un nouvel électorat de gauche qui comprendrait les diplômés, les jeunes, les minorités des quartiers populaires et les femmes, catégories unifiées par « des valeurs culturelles progressistes ».

Une telle option ne résulte pas tant d'une analyse sociologique que d'une incapacité de l'idéologue urbain à

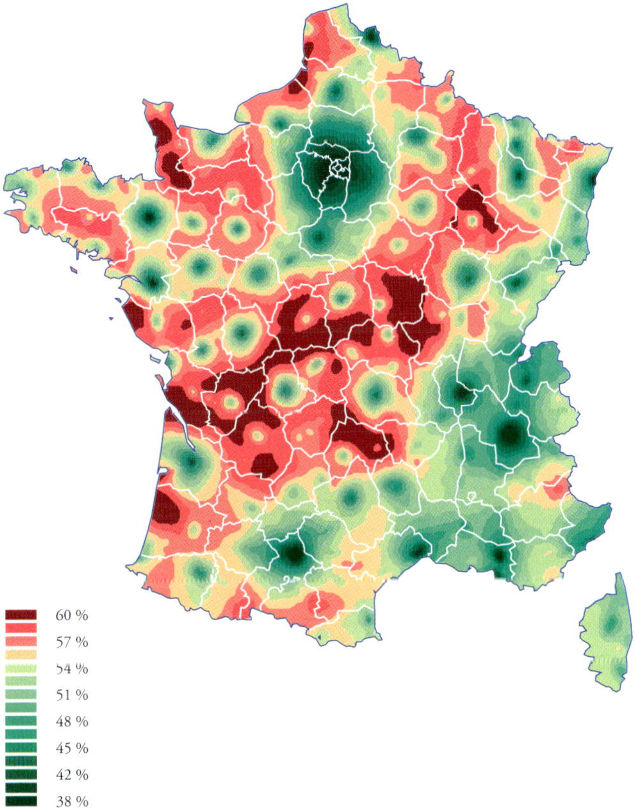

2-9. Une classe moyenne technique

Pourcentage de personnes âgées de 25 à 34 ans
ayant un diplôme technique (CAP, BEP, bac technique) (en 2008)

regarder la France au-delà de son environnement immédiat, une ville magnifiquement éduquée, plaisamment colorée mais qui reste toutefois dominée par les hommes, ainsi que nous le verrons aux chapitres suivants. Mais reconnaissons à la vision de Terra Nova le mérite de ne pas être seulement économiste.

Avant d'aborder aux chapitres suivants l'inégalité entre les sexes, puis l'inégalité économique, nous allons nous éloigner un instant de la cartographie afin de mieux comprendre l'importance de l'inégalité éducative pour l'analyse prospective.

L'économisme contre l'éducation

Notre vision d'une stratification sociale déterminée par l'éducation doit surprendre le lecteur soumis à l'ambiance « économiciste » qui règne dans les sciences sociales. C'est pourtant bien en déplaçant l'attention de la morphologie économique vers la stratification éducative que le sociologue américain Daniel Bell avait pu saisir, en 1973, l'émergence d'une société postindustrielle définie par la montée en puissance des formations supérieures et de l'université[1].

Depuis, le basculement à droite de la pensée dominante a curieusement autorisé, aux États-Unis comme en France, la survie, la prolifération paradoxale du vieux matérialisme marxiste, sous la forme inversée du matérialisme néolibéral. Ce dernier s'est contenté de déplacer le primat de l'économie de la sphère industrielle vers la sphère financière, du travail productif vers l'argent.

Nous pensons quant à nous que, dans une société donnée,

1. Daniel Bell, *The Coming of Post-Industrial Society, A Venture in Social Forecasting*, New York, Basic Books, 1973.

la conception dominante de l'égalité ou de l'inégalité doit beaucoup plus à la stratification éducative qu'à la spécialisation économique des individus et des groupes.

Le discours sur l'éducation est aujourd'hui abondant mais lui-même dominé par l'économisme. On voit dans les inégalités éducatives le reflet de la morphologie économique. On déplore, à gauche, que les enfants d'ouvriers soient sous-représentés dans les grandes écoles. Cette juste indignation conduit à ne pas comprendre l'autonomie et la puissance de l'élévation générale du niveau culturel de la société et la nouvelle stratification qui en découle. Répétons-le : la formation des jeunes définit la société du futur, la distribution des niveaux éducatifs des 25-39 ans en 2008 nous donne une image de la France, non seulement pour aujourd'hui mais, encore mieux, pour 2030. L'économie doit, dans une large mesure, s'adapter à une structure éducative faiblement élastique parce qu'elle évolue au rythme des générations. Si l'économie ne suit pas le mouvement de l'éducation, le niveau de vie baisse et la société entre en crise. Nous sommes au début d'un tel processus de désadaptation économique.

Michael Young et l'anticipation éducative

Dans *The Rise of the Meritocracy*, publié en 1958, Michael Young sut, le premier, lire dans le mouvement de l'éducation une menace paradoxale pour l'égalité[1]. Young, intellectuel travailliste né en 1915, écrivait au cœur de l'optimisme d'après guerre. Mais ce militant de l'éducation pour tous avait anticipé que la promotion des enfants les plus doués des milieux populaires allait tendre à fabriquer,

1. Michael Young, *The Rise of the Meritocracy,* Londres, Penguin Books, 1958.

au nom même du principe de l'égalité des chances, une nouvelle inégalité beaucoup plus cruelle, justifiée par la notion de mérite. Si les meilleurs atteignent le sommet de la société, au nom de quoi peut-on contester l'inégalité ? Young avait compris qu'une nouvelle stratification éducative pouvait engendrer blocage social, populisme et élitisme, notre monde en somme. *The Rise of the Meritocracy* se présente comme un court essai de science-fiction dont le narrateur parle en 2033.

« Selon les nouvelles règles, la division entre les classes s'est révélée plus forte qu'elle n'était selon les anciennes ; le statut des classes supérieures est désormais plus élevé, celui des classes inférieures plus bas [...]. Tout historien sait que le conflit de classe était endémique à l'époque antérieure au règne du mérite, et pourrait s'attendre, au vu de cette expérience passée, à ce que l'abaissement rapide du statut d'une classe sociale mène nécessairement à l'aggravation des conflits. D'où la question : pourquoi les changements du siècle dernier n'ont-ils pas mené à une telle situation ? Pourquoi la société est-elle stable en dépit du gouffre qui s'élargit entre le haut et le bas de la société ?

La raison fondamentale en est que la stratification sociale est désormais en accord avec l'idée de mérite, acceptée à tous les niveaux de la société. Il y a un siècle, les classes inférieures avaient leur propre idéologie – dans ses traits essentiels celle qui est aujourd'hui devenue dominante – et elles pouvaient l'utiliser à la fois pour progresser elles-mêmes et pour attaquer leurs dominants. Elles niaient la légitimité de la position des classes supérieures. Mais avec le principe nouveau, les classes inférieures ne peuvent plus avoir une idéologie spécifique s'opposant à l'*ethos* social dominant, pas plus que les ordres inférieurs n'en avaient à l'âge d'or du féodalisme. Dans la mesure où, en bas comme en haut de la société, on admet que le mérite doit régner, ceux des classes inférieures peuvent tout au plus chicaner sur la manière dont la sélection a été effectuée, mais non s'opposer à une norme à laquelle tous adhèrent. Rien de choquant à ce stade. Nous faillirions cependant à notre devoir de sociologue si nous n'étions pas capables de souligner que l'acceptation généralisée du mérite comme arbitre ne peut que condamner au désespoir et à l'impuissance les hommes nombreux qui n'ont pas de mérite[1]... »

La prédiction de Michael Young s'est révélée insuffisante sur deux points importants. Deux évolutions peuvent nous faire échapper au monde cruel et stable redouté par le sociologue britannique.

Tout d'abord, l'ampleur du mouvement éducatif vers le haut avait échappé à Young. Son modèle s'arrêtait à l'émergence d'une caste supérieure ne comprenant pas plus de 5 % de la population. Daniel Bell, au fond très influencé par Young, fut quand même sauvé du pessimisme radical par l'ampleur de la révolution éducative qu'il avait sous les yeux dans les États-Unis du début des années 1970[2]. L'hypothèse d'un renversement complet de la pyramide éducative, aujourd'hui caractéristique de la France après l'avoir été des États-Unis un quart de siècle plus tôt, n'était donc pas envisagée par Young. Nous avons certes noté les implications aujourd'hui négatives pour l'idéal d'égalité de ce renversement, qui explique le glissement à droite des classes moyennes techniques par la peur de ressembler aux 12 % d'en bas. Mais il est évident qu'une autre orientation reste possible, si les divers acteurs, confrontés aux difficultés économiques et à l'appauvrissement général, reprennent conscience de l'unité de la société, de son niveau éducatif élevé et de la solidarité qui pourrait exister entre éduqués supérieurs et éduqués techniques. Le regard porté vers les 10 % d'en bas pourrait redevenir fraternel au

1. *Ibid.*, p. 123-124.

2. *The Coming of Post-Industrial Society*, *op. cit.*, p. 408-410.

prix d'un effort moral minimal. La perception du comportement des 1 % ou des 0,01 % les plus riches pourrait devenir plus critique. La nature des valeurs transmises par le fond anthropologique – égalitaire ou non selon la société nationale ou régionale – devient alors un élément de prévision crucial.

Deuxième insuffisance prospective : Young n'avait pas anticipé la montée en puissance de l'argent qui allait découler de la nouvelle stratification éducative. Il imaginait une société fortement stratifiée par le prestige, dans laquelle les « méritocrates bénéficieraient certes d'avantages en nature – domicile ou voiture de fonction, aides domestiques –, mais dans laquelle les écarts de revenus seraient plutôt réduits. La menace était pour lui celle d'une société platonicienne, ou plus modestement soviétique, abominablement stable. L'inégalité culturelle a mené, nous le constatons aujourd'hui, à l'inégalité économique. Or l'argent, par le mécanisme d'accumulation sans limites qu'il enclenche, est déstabilisateur par nature. L'injustice et la pauvreté menacent, en aucun cas, la stabilité…

CHAPITRE 3

L'émancipation des femmes

L'émancipation des femmes n'est nulle part plus évidente que dans le domaine éducatif, qui apparaît bien, une fois de plus, comme le moteur de l'évolution sociale. Partout dans le monde, si l'on met de côté les sociétés antillaises, l'alphabétisation a été un phénomène d'abord masculin, les femmes suivant avec un temps de retard les hommes dans l'apprentissage de la lecture et de l'écriture. Le développement des éducations secondaire et supérieure, en revanche, est apparu très vite dominé, statistiquement, par les femmes. En France, depuis plus de trente ans, les filles constituent la majorité des bacheliers français : 57 % des admis au bac général en 2009[1]. À la même époque, parmi les jeunes ayant achevé leurs études depuis moins de six ans, 51 % des filles avaient un diplôme de l'enseignement supérieur contre seulement 37 % des garçons[2]. Les faits éducatifs ne doivent pas nous faire oublier la persistance d'inégalités économiques importantes – d'emploi ou de salaire – favorisant les hommes. Mais le caractère premier, en termes de logique sociale, de l'évolution

1. L'avance éducative des femmes est typique des pays développés. En Europe, parmi les 25-34 ans, la proportion de femmes qui possèdent au moins un diplôme du secondaire est toujours plus élevée que celle des hommes, l'Allemagne seule faisant exception.

2. *L'État de l'école 2010*, ministère de l'Éducation nationale, p. 64-65.

éducative, nous garantit que l'égalisation des conditions féminines et masculines est un phénomène irrésistible qui va continuer de s'affirmer dans les décennies qui viennent.

Le retard considérable de 14 % du sexe masculin dans la tranche d'âge 25-34 ans, préfiguration éducative du futur économique, pourrait même suggérer que nous vivons le début d'une dérive matriarcale du système anthropologique. Les choses ne sont toutefois pas si simples parce que la spécialisation selon le domaine d'études maintient deux pôles de résistance masculine, qui parfois se superposent : les filières scientifiques et les formations techniques.

Les filles constituaient 80 % des lauréats en lettres à la session de 2009 du bac général et 63 % en série économique et sociale, mais seulement 47 % en série S scientifique, ce dernier pourcentage représentant tout de même une hausse de 5 points par rapport à 1990. Au-delà du baccalauréat, et malgré les progrès récents des filles, un déséquilibre important persiste au profit des garçons pour l'accès, *via* les classes préparatoires, aux grandes écoles scientifiques.

Les spécialités tertiaires du bac technologique sont dominées par les filles (58 % de la filière « gestion » et 94 % de la filière « santé et social ») et les spécialités industrielles par les garçons (90 %).

Les femmes continuent donc de progresser dans les domaines scientifiques et techniques. Compte tenu de l'important retard accumulé par les hommes dans les formations littéraires et tertiaires, l'accession des femmes à la parité dans les domaines scientifiques et techniques signifierait un écrasement éducatif global des hommes. C'est alors qu'on devrait sans doute évoquer la naissance d'une société matriarcale. Nous nous éloignons certes ici des préoccupations conscientes d'une société qui s'inquiète, au présent et avec raison, des violences masculines et du retard des salaires féminins. Mais une approche anthropologique objective nous oblige à envisager cette possibilité indépendamment de tout débat idéologique, même si les statistiques interdisent une réponse immédiate.

Les données politiques, qui traitent du pouvoir, suggèrent quand même une accélération dans la période la plus récente, entre 2002 et 2012. La proportion de femmes à l'Assemblée nationale n'était que de 2,3 % en 1968, de 7,3 % en 1981, de 6,1 % en 1993. Elle atteint 10,9 % en 1997, 12,3 % en 2002, 18,5 % en 2007, 26,9 % en 2012.

La problématique est tout simplement fascinante : aucune société matriarcale n'a jamais existé dans l'histoire de l'humanité – hors des mythes, ceux des Grecs comme ceux des savants européens du XIXe siècle –, et une telle transformation représenterait une mutation de l'espèce, une victoire de l'évolution culturelle sur la nature originelle de l'homme.

L'analyse géographique des différences éducatives entre hommes et femmes va toutefois nous ramener à une vision plus conservatrice, en suggérant un ancrage anthropologique des spécialisations littéraires et tertiaires, ou scientifiques et industrielles.

Géographie de l'avance féminine

En 2008, selon les données du recensement, la proportion de femmes de 25 à 34 ans titulaires du bac général ou d'un diplôme de l'éducation supérieure était de 53 %, proportion tombant à seulement 39 % pour les hommes[1]. Ce mode de calcul révèle donc à nouveau un écart de 14 % entre hommes et femmes. Le retard moyen des hommes masque des différences importantes entre régions, que nous décrit la carte 3.1, avec des avances féminines s'étageant entre 7 et 20 %.

1. Moyenne des valeurs départementales.

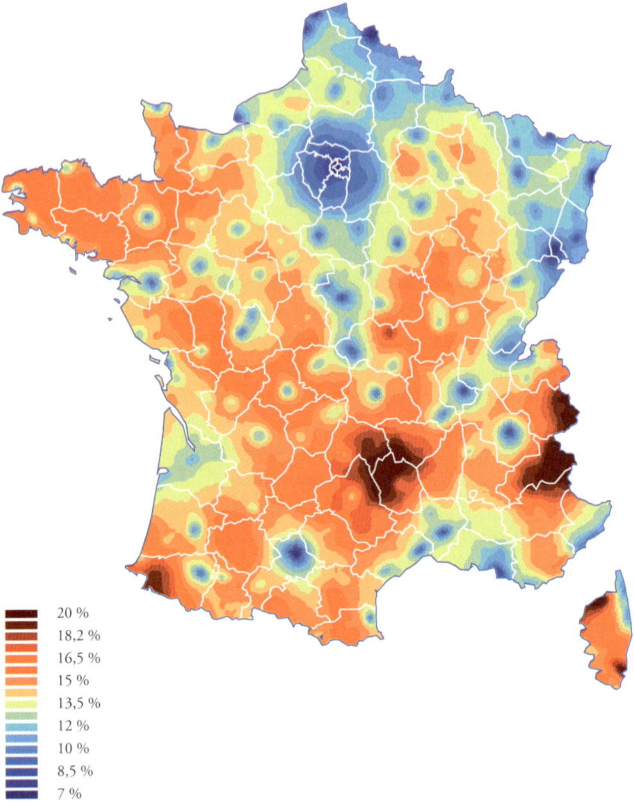

3-1. L'avance des femmes dans l'éducation

Différence entre la proportion de femmes et d'hommes âgés de 25 à 34 ans bacheliers ou diplômés du supérieur

Les dynamiques éducatives régionales devraient expliquer une partie des différences : le dépassement des hommes par les femmes serait d'autant plus important que l'élévation du niveau global est plus rapide. Ce n'est pourtant pas cette corrélation qui apparaît sur la carte 3.1 ainsi qu'on peut le constater en la comparant à la carte 2.3, qui décrivait au chapitre précédant la proportion de la population titulaire du bac ou d'un diplôme supérieur, hommes et femmes confondus, très différente.

Trois facteurs permettent d'expliquer les variations de l'avance féminine dans l'Hexagone.

Industrie et conservatisme sexuel

Dans le Nord et l'Est, la résistance du monde industriel ancien au féminisme freine la montée du déséquilibre éducatif entre les sexes. Nous voyons apparaître ces régions en bleu sur la carte avec une avance féminine ne dépassant pas 7 à 12 %. Olivier Schwartz avait bien décrit, dans une enquête ethnographique réalisée entre 1980 et 1985, la séparation sexuelle des rôles dans une communauté ouvrière du sud de Lille. Il y a vérifié une situation très générale :

« [...] Les enquêtes d'opinion font régulièrement apparaître cette fidélité des catégories ouvrières à une nette division des rôles, ainsi que l'opposition parfois très tranchée entre leurs réponses et celles des classes moyennes ou supérieures. La méthode des "scénarios", consistant à interroger les enquêtés, non pas sur leurs positions de principe en général, mais sur ce que serait leur réaction face à telle difficulté précise, exposée sous la forme d'une histoire qu'on leur demande de compléter, met particulièrement bien en évidence les différences de réponses entre catégories sociales. Les classes populaires tiennent au primat masculin du travail et de l'autorité, comme elles défendent aussi, dans leurs réponses, la place "naturelle" de la femme auprès des enfants et du foyer[1]. »

Catholicisme et féminisme

Le catholicisme définit au contraire des pôles d'avance féminine en Bretagne, dans les Pyrénées occidentales, le sud-est du Massif central et les Alpes. Le lien unissant l'Église aux femmes à travers l'histoire doit être ici évoqué. Le rôle des épouses romaines puis des princesses barbares y fut capital dans l'épanouissement du christianisme européen. Clotilde, femme de Clovis, princesse burgonde et reine des Francs, est entrée dans le légendaire religieux français où elle figure en tant qu'agent de la conversion de son époux.

Sous la IIIe République, l'une des grandes peurs du radical-socialisme fut, avant comme après la séparation de l'Église et de l'État en 1905, une alliance conservatrice et sournoise des femmes et de l'Église. Leur crainte explique largement la résistance de la France au vote des femmes, accordé seulement en 1944. Sans apporter réellement une démonstration, la carte de l'avance éducative féminine en 2008, parce qu'elle porte dans sa partie positive la trace du catholicisme, suggère que les fantasmes misogynes des notables radicaux-socialistes ne contredisaient pas complètement la réalité socioculturelle.

Le catholicisme tardif fut extraordinairement centré sur le culte de la Vierge Marie, au point qu'Erich Fromm a pu le

1. Olivier Schwartz, *Le Monde privé des ouvriers*, *op. cit.*, p. 204-205. Les familles étudiées par Olivier Schwartz ne vivaient plus de la mine comme leurs parents. Cette origine maximisait chez eux la dimension sexuée de la vie familiale, commune cependant à l'ensemble du monde ouvrier européen.

caractériser comme une religion à tendance matriarcale, au contraire du protestantisme luthérien, à tendance patriarcale.

« Alors que le catholicisme exhibe de nombreux traits patricentriques – Dieu le Père, la hiérarchie des prêtres masculins, etc. –, le rôle d'un important complexe matricentrique ne peut être nié dans son cas. La Vierge Marie et l'Église elle-même sont des représentations psychologiques de la Grande Mère qui abrite tous ses enfants en son sein… Le protestantisme, en revanche, a efficacement expurgé du christianisme ses traits matricentriques. Les substituts maternels, comme la Vierge Marie ou l'Église, en ont disparu, ainsi que les traits maternels de Dieu. Au centre de la théologie de Luther, nous trouvons le doute ou le désespoir du pécheur qui n'a aucune certitude d'être aimé[1]. »

Le frein de la culture industrielle et l'accélérateur de la tradition religieuse n'expliquent cependant qu'en partie l'avance éducative des femmes. Nous ne pouvons ici nous contenter d'une analyse statique de la carte, présupposant une immobilité des individus dans leurs régions de la naissance à la mort. Hommes et femmes bougent parfois, et de manières différentes.

La ville comme refuge masculin

L'émancipation des femmes est historiquement associée à l'émergence d'une société postindustrielle et à la prédominance du secteur tertiaire. Nous pouvons cependant observer sur la carte 3.1 que l'avance féminine reste mesurée, de l'ordre de 7 à 12 %, dans les agglomérations urbaines, comparable à celle qui caractérise les vieilles

1. Erich Fromm, *The Crisis of Psychoanalysis, Essays on Freud, Marx and Social Psychology*, Londres, Jonathan Cape, 1971, p. 130-131.

régions industrielles (en bleu sombre, voir notamment Paris, Toulouse, Lyon, Grenoble, Marseille, Bordeaux, Nice, Nantes et Strasbourg). C'est tout simplement parce que les femmes éduquées émigrent moins que les hommes éduqués vers les zones urbaines les plus vastes et les plus dynamiques.

Par effet de symétrie, l'écart entre hommes et femmes s'envole en zone « rurale », ruralité qui désigne ici tous les espaces non urbains, indépendamment de leur éventuelle spécialisation agricole. Ce qui est ici saisi est une association du dynamisme éducatif et du mouvement géographique, forte chez les hommes, moindre chez les femmes. Dans le contexte général d'une montée en puissance plus rapide de l'éducation féminine, on constate ici que cette éducation mène moins souvent les femmes à bouger géographiquement et socialement[1].

Le catholicisme et les hommes

Erich Fromm avait justement noté la coexistence, à l'intérieur du catholicisme – qui ne peut être décrit comme simplement « féministe » –, de traits matricentriques et patricentriques. Cette religion diverge cependant de façon assez nette de la culture républicaine centrale dans sa vision de l'homme idéal et de la masculinité, sur le plan professionnel notamment. La géographie des comportements sociaux porte dans ce cas la trace d'attitudes qui furent tout à fait conscientes jusqu'au XIXe siècle, mais qui sont aujourd'hui pour l'essentiel oubliées. La cartographie révèle ici des inconscients collectifs régionaux.

1. Nous retrouvons ici peut-être sous une forme nouvelle le biais matrilocal si souvent associé au salariat, celui des ouvriers agricoles du Bassin parisien du XVIIIe siècle comme celui des ouvriers anglais du XXe.

Dans le domaine de l'éducation technique, on l'a vu, les hommes l'emportent toujours sur les femmes. La carte 3.2 mesure cette avance masculine et, une fois encore, nous voyons ressurgir le « catholicisme zombie » comme un facteur social déterminant : il encourage l'enseignement technique masculin. Sa carte standard apparaît ici en rouge, avec la Bretagne, les Pyrénées occidentales, le sud-est du Massif central, les Alpes, le Jura, le Nord. Il y a, comme toujours, des exceptions puisque nos cartes saisissent les aléas de l'histoire avec autant d'efficacité que ses régularités. Le monde catholique perd l'Alsace, comme il est fréquent dans le domaine éducatif pour une province restée concordataire, mais il annexe le Limousin rouge ainsi que la Bourgogne et la Champagne laïques. Ces pertes mises à part, l'espace déchristianisé bleu apparaît en négatif dans toute son ampleur, parce qu'il n'assure pas aux hommes une avance considérable sur les femmes dans le domaine de l'enseignement technique.

La carte de France restitue la vision de l'homme qu'avait l'Église, et celle de sa rivale, la République. Le catholicisme valorisait le travail manuel et faisait de Joseph un charpentier. La Révolution pensait le citoyen indépendamment de son métier.

Ce respect du travail manuel est tout à l'honneur de l'Église mais nous devons souligner qu'il a longtemps accompagné une méfiance viscérale devant la vie intellectuelle et les livres. Cette posture catholique était née en réaction à la volonté protestante d'une éducation permettant à tous l'accès aux Saintes Écritures. Dans le contexte du décollage de l'éducation primaire, l'hostilité catholique à l'écrit avait puissamment contribué, à partir du XVIIe siècle, au blocage des développements de l'Italie, de l'Espagne et du Portugal. La France, certainement freinée, avait été sauvée de la stagnation par la déchristianisation précoce du Bassin parisien et la proximité géographique du monde protestant.

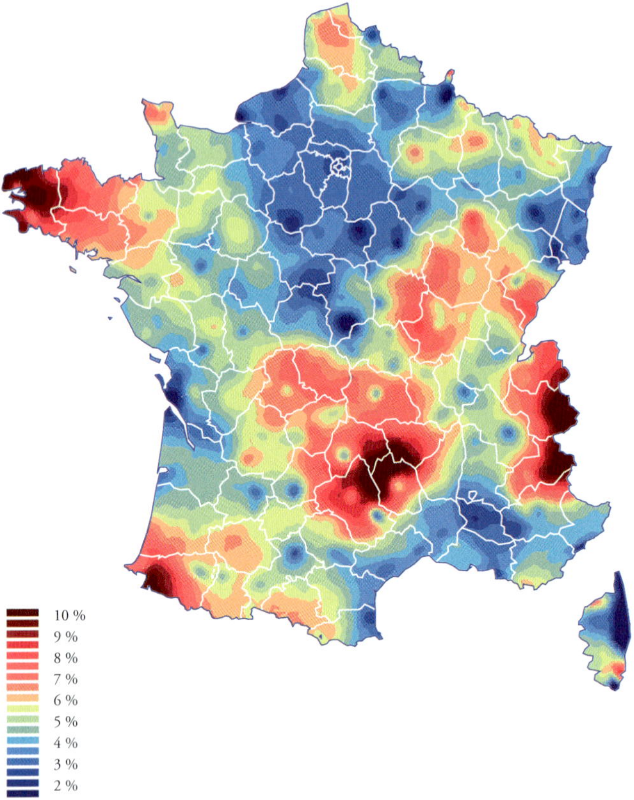

3-2. La résistance des hommes dans le technique

Différence entre le pourcentage d'hommes et de femmes
âgés de 25 à 34 ans en 2008 titulaires du BEP ou du bac technique

Dans le contexte actuel d'une société postindustrielle qui se détache de la production physique, cette attitude catholique n'a plus que des effets négatifs. Elle assure parfois un avantage de survie économique aux régions et aux groupes qui restent, grâce à elle, fidèles au travail manuel. En France, l'exemple le plus frappant est sans doute celui des immigrés portugais et de leurs enfants – originaires dans leur écrasante majorité du Nord, très catholique, de leur pays –, qui refusent les études longues pour s'engager rapidement dans des métiers manuels. Leur taux de chômage, au contraire de celui de tous les autres groupes immigrés, est inférieur à celui des citoyens français. Solution pour un groupe minoritaire, cette attitude ne peut toutefois que conduire un système national à la déroute, parce qu'elle exclut les études longues, c'est-à-dire les performances scientifiques et technologiques qui seules peuvent assurer la survie à long terme d'un pays dans le monde féroce de la globalisation.

Femmes de l'Ouest

Nous avons examiné le renversement du rapport de forces entre hommes et femmes en haut de la pyramide éducative, puis identifié une zone de résistance masculine dans l'enseignement scientifique et technique. Dans les deux cas, la carte d'un catholicisme matriarcal et favorable au travail manuel masculin semblait jouer un rôle important quoique non exclusif. Nous devons achever cet inventaire des nouvelles différences entre hommes et femmes par un examen de la situation en bas de l'échelle des performances éducatives. Au niveau national, on l'a vu, les « sans-diplômes » et les jeunes ayant du mal à lire et à écrire sont surreprésentés chez les garçons. La carte 3.3 indique la proportion d'hommes parmi les « sans-diplômes » de 25 à

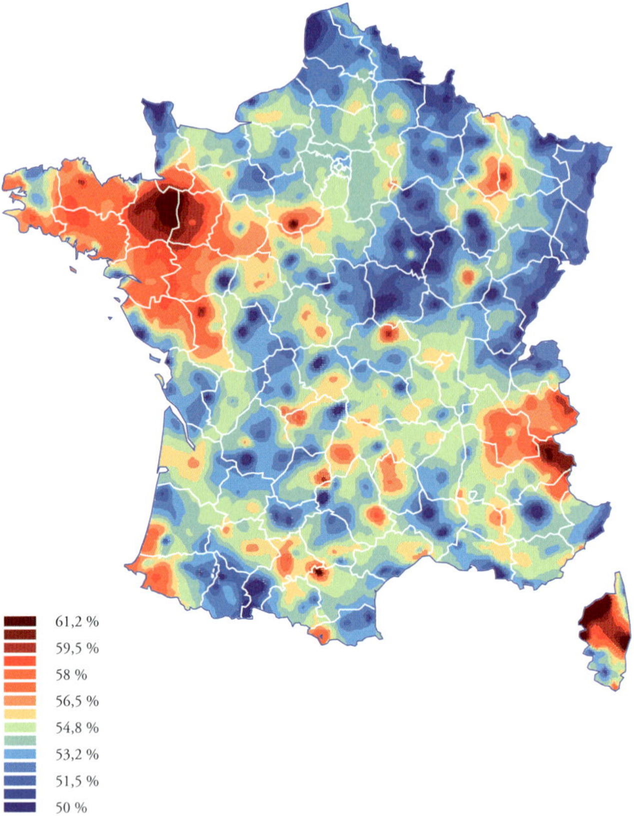

3-3. Hommes sans diplômes

Pourcentage d'hommes parmi les sans-diplômes dans la population âgée de 25 à 34 ans en 2008

34 ans en 2008. Cet indicateur varie dans l'Hexagone de 50 à 61,5 %, amplitude qui ne renvoie pas à des effectifs très importants parce qu'elle ne fait que fluctuer autour d'une moyenne nationale de 12 % de « sans-diplômes ». La carte est assez homogène, à une exception près, très significative, l'Ouest intérieur et breton, qui explose en rouge sur la carte. L'exception alpine n'a guère de sens compte tenu des petits chiffres : il s'agit d'un « effet moniteur de skis » dans des régions ne comprenant guère que des stations de sports d'hiver comme activité économique.

La proportion élevée d'hommes parmi les « sans-diplômes » de l'Ouest ne révèle pas un sous-développement masculin. Cette région, ainsi que le montre la carte 2.5 au chapitre précédent, est l'une de celles où le nombre global des « sans-diplômes » est le plus faible, compris entre 6 et 8 %. Ce qui émerge est une situation de performance féminine maximale, excellente introduction à la position exceptionnelle des femmes de l'Ouest de la France. Un véritable matricentrisme de l'Ouest existe, indépendamment du fort catholicisme de la région, élément toujours actif du fond anthropologique régional. La place des femmes dans l'économie traditionnelle confirme leur position particulière.

L'émancipation des femmes apparaît aussi pleinement dans la vie professionnelle que dans le domaine éducatif, avec un temps de retard, primat de l'éducatif oblige. En 1968, les femmes constituaient 34 % de la population active, en 2008, 47 %, soit une augmentation relative près de 40 % en 40 ans. Nous pouvons observer une convergence vers le haut des régions françaises : vers 1968, la proportion de femmes dans la population active variait entre 21 et 42 %, c'est-à-dire du simple au double. En 2008, cet indicateur oscillait selon les régions entre deux bornes proches l'une de l'autre, 45 et 50 %, soit un écart maximal de 5 %. L'entrée des femmes dans le monde du travail a donc bien été un phénomène universel et massif, qui a contribué à une homogénéisation de l'Hexagone. La mutation cependant représente plus qu'une convergence, puisqu'elle inclut un changement de structure, et qu'elle fait apparaître un nouveau clivage dans l'espace national.

Vers la fin des Trente Glorieuses, en 1968, la carte de l'emploi féminin restait pour l'essentiel anthropologique et industrielle (carte 3.4). La participation féminine à l'emploi tombait entre 24 % et 20 % le long d'une assez épaisse bande industrielle au nord-est de l'Hexagone, en bleu foncé sur la carte. Nous saisissons ici l'une des expressions statistiques de la séparation des rôles masculins et féminins étudiée par Olivier Schwartz entre 1980 et 1985. Loin de cette zone d'industrie massive, on trouvait aussi une faible participation féminine le long de la Méditerranée, sur le côté sud-est de l'Hexagone. Ici, c'est le fond anthropologique patrilinéaire qui expliquait la moindre représentation des femmes dans la force de travail. La famille traditionnelle de la région méditerranéenne de la France, bien que nucléaire, laissait apparaître, on l'a vu, la force des liens entre le père et ses fils dans des rapports de proximité et de coopération (voir carte 1.4). À l'opposé, la participation féminine à l'emploi était déjà très importante dans l'Ouest intérieur. Au cœur de cette zone, la proportion avoisinait les 40 % dès 1968.

L'Ouest intérieur, qui associe la Mayenne, l'Anjou, parfois la Bretagne de dialecte français et une partie de la Basse-Normandie, a rarement attiré l'attention des chercheurs, si nous mettons à part le classique *Tableau politique de la France de l'Ouest sous la IIIe République* d'André Siegfried, paru en 1913. Il est aujourd'hui calme, conservateur et silencieux. Mais il est aussi extrêmement typé dans ses comportements – hypernucléarité familiale, éducation et participation des femmes au travail et, ainsi que nous le verrons bientôt, forte fécondité – et illustre

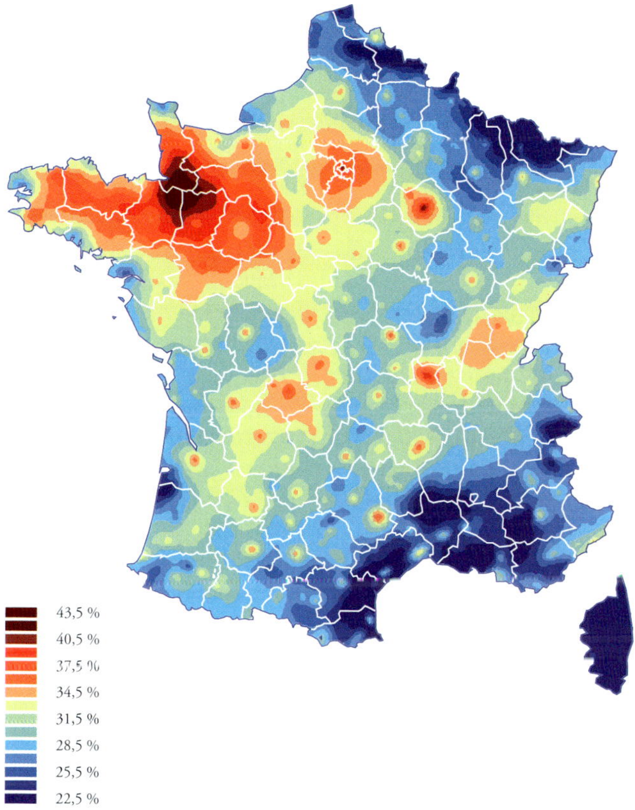

3-4. Femmes actives en 1968

Pourcentage de femmes dans la population active
âgée de 25 à 55 ans en 1968

le fait que certaines provinces attirent moins que d'autres l'attention de la Nation. Nous avions déjà évoqué le cas de la discrète Champagne, opposée à l'ouest par ses comportements religieux et politiques, presque effacée par la notoriété de son vin. Des provinces plus périphériques, comme la Bretagne bretonnante, le Pays basque, le Béarn, l'Aquitaine, la Provence ou l'Alsace, sont plus présentes dans la conscience nationale. Très souvent, les provinces oubliées sont des pays de famille nucléaire, zones d'individualisme peu intéressées par la perpétuation des lignages et par leur mémoire généalogique. Elles se contentent d'exister, sans conscience historique particulière, et donc sans l'exigence d'une image précise dans la Nation. L'Ouest intérieur, hypernucléaire, est très logiquement le plus oublié des sous-ensembles qui constituent l'Hexagone. La froide objectivité de la statistique redonne sa juste place à ce système anthropologique fort en dépit de sa discrétion. Elle valide, hors du domaine politique, la description extrémiste de la région qu'en avait donnée André Siegfried sur le plan idéologique :

« La Normandie n'est que conservatrice. La Bretagne, au fond démocratique, évolue ou évoluera. Ce sont les provinces de l'Ouest intérieur qui constituent, en France, la forteresse ultime de l'esprit contre-révolutionnaire[1]. »

Belle prédiction. En 2013, la Bretagne est devenue l'une des provinces françaises les plus orientées à gauche et la Normandie est toujours aussi insaisissable. Mais l'Ouest intérieur reste, pour l'instant, de droite. La coïncidence curieuse, dans l'Ouest intérieur, de l'esprit contre-révolutionnaire et du féminisme pourrait ouvrir un domaine de recherche.

1. *Tableau politique de la France de l'Ouest*, Paris, Armand Colin, 1913 (réimp. Bruxelles, Éditions de l'université de Bruxelles, 2010, p. 73).

L'empirisme statistique conduit aussi à remettre en question un stéréotype bien ancré, celui du matriarcat « breton ». Le statut élevé des femmes bretonnes est le contraire d'un mythe ethnologique et les ouvrages qui en traitent sont absolument pertinents[1]. Il n'est cependant pas impossible que les charmes de la Bretagne et de la celtitude nous rendent aveugles au fait que l'épicentre de la zone où la femme jouit d'un statut élevé est peut-être l'Ouest intérieur plutôt que la Bretagne. Il existe un rapport structurel entre statut de la femme élevé et hypernucléarité. Dans un système familial nucléaire, le seul lien fort entre adultes est celui qui constitue la paire conjugale, tous les autres apparaissant secondaires. Le statut de la femme ne peut qu'être fondamental dans un système nucléaire pur. L'absolue nucléarité de l'Ouest intérieur renforce cette tendance et rehausse encore d'un cran le statut de la femme.

Interrogations urbaines en 2008

L'émancipation des femmes a propulsé toutes les régions au-dessus du seuil de 44 % de participation à la population active en 2008 (carte 3.5). Rien ne reste de la carte ancienne : en 1968, toutes les régions étaient au-dessous de 42 %, et en 2008, toutes sont au-dessus de 44 %.

En 2008, c'est le réseau des agglomérations et non plus un zonage anthropologique qui apparaît. Nous pouvons donc parler sans emphase particulière d'une mutation urbaine, postindustrielle et féminine de la société. Un examen attentif de la carte révèle toutefois que certains des déterminants anciens ne sont pas enfouis bien profondément.

1. Voir Agnès Audibert, *Le Matriarcat breton*, Paris, PUF, 1984, et Philippe Carrer, *Le Matriarcat psychologique des Bretons*, Paris, Payot, 1983.

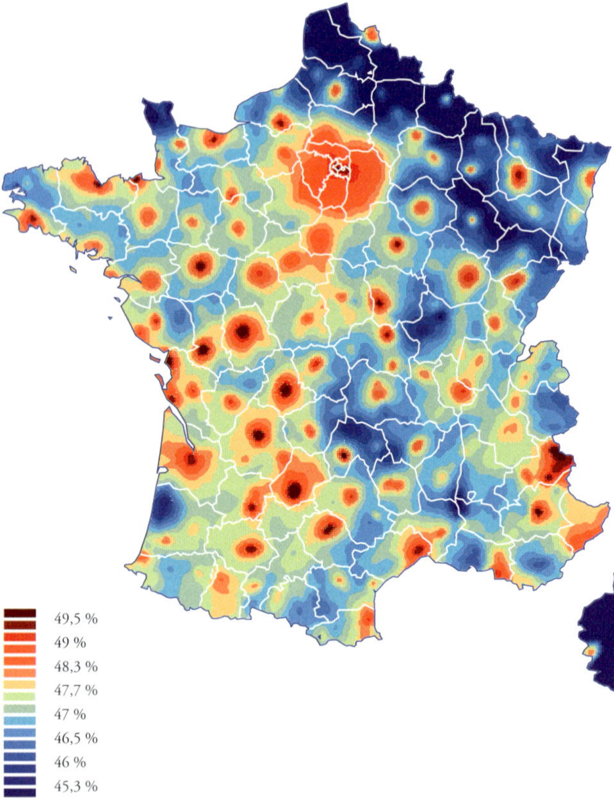

3-5. Femmes actives en 2008

Pourcentage de femmes dans la population active âgée de 25 à 55 ans en 2008

La zone industrielle du Nord est toujours un peu en retard, avec des taux proches du plancher de 44 %. Le système urbain de la moitié ouest de la France apparaît beaucoup plus féminisé que celui de la moitié est, et semble de plus avoir mieux entraîné son environnement périurbain et rural. Mais c'est maintenant une sorte de « centre-ouest et sud-ouest », entre Poitiers, Bordeaux et Cahors, qui est en pointe de l'émancipation des femmes par le métier. Cette émergence est inattendue parce que la région est intermédiaire sur le plan anthropologique. Cet espace occidental et méridional doit être lu comme l'inverse de la carte de l'industrie : l'entrée dans la société postindustrielle semble d'autant plus facile qu'il n'y a pas eu, localement, d'âge industriel.

La région parisienne reste cependant le cœur de l'évolution, large globe rouge à la jonction des zones avancées et en retard. Les deux grandes agglomérations de Toulouse et Grenoble sont en revanche absentes de la carte, reflet de la résistance masculine dans les métiers scientifiques et techniques.

La carte de la part des femmes dans la population active fait surgir un paradoxe lorsqu'on la compare à celle de l'avance éducative féminine (carte 3.1, titre égal ou supérieur au bac). Aucune discordance n'apparaît dans le cas du Nord-Est où accès aux études longues et accès au marché du travail marquent tous deux un temps de retard par rapport à l'ensemble national. Mais ailleurs, une discordance apparaît en zone urbaine : la main-d'œuvre y est très féminisée mais l'avance éducative des femmes reste minimale. Cela ne signifie nullement que l'émancipation par les études et le travail est un leurre puisque nous trouvons bien, dans les agglomérations, d'une part une quasi-égalité entre hommes et femmes sur le marché du travail et, d'autre part, une légère avance éducative des femmes sur les hommes. Mais le maximum d'accès au marché du travail s'observe souvent dans des villes où l'avantage éducatif féminin est le moins grand. Nous sentons ici le reflet d'une organisation du travail combinant direction masculine très éduquée et main-d'œuvre féminine plus moyennement éduquée. Les féministes qui insistent sur l'inachèvement de l'émancipation n'ont pas tort de souligner que des pôles stratégiques de pouvoir masculin subsistent : ici, en haut des organisations et donc dans les zones urbaines.

Le travail à temps partiel : retour au catholicisme

L'examen du travail à temps partiel conduit à une interrogation beaucoup plus générale sur la nature de l'émancipation féminine. Le fait qu'il soit plus fréquent pour les femmes que pour les hommes n'impliquerait pas à lui seul qu'il exclue la possibilité d'une réelle autonomie. Mais voir la carte de ce travail à temps partiel (carte 3.6) des femmes s'insérer, avec un niveau élevé de précision, dans celle de la religion (1.5) peut nous faire douter de l'unicité du concept d'émancipation. En 2009, la proportion de femmes de 25 à 55 ans travaillant à temps partiel variait selon le département, avec une très grande amplitude, entre 18 et 40 %[1]. Les grandes villes de l'Ouest suivent leur région.

Ce que nous retrouvons dans le cas du travail est l'ambivalence fondamentale du catholicisme, ici du « catholicisme zombie », vis-à-vis des femmes. S'il admet pleinement leur existence spécifique dans la réalité du monde social, il leur affecte cependant un rôle spécifique, ne leur accordant pas le statut d'« être humain en général ». Elles peuvent travailler,

1. Le coefficient de corrélation avec la pratique religieuse vers 1960-1965 est de +0,70.

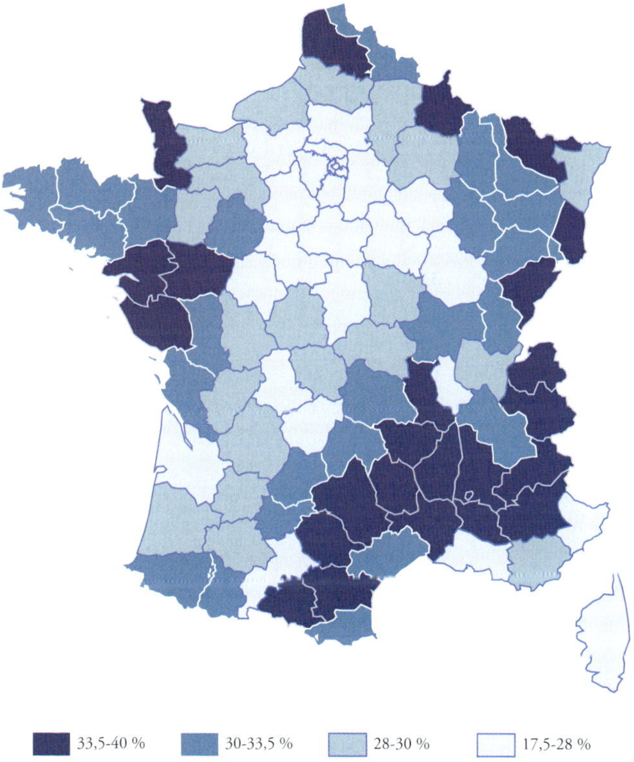

3-6. Femmes à temps partiel

Femmes de 25 à 54 ans travaillant à temps partiel en 2009
(en pourcentage des femmes actives de la même classe d'âge)

mais leur place reste à la maison, ce que le temps partiel autorise. Les régions centrales déchristianisées, qui résistèrent au droit de vote des femmes par tactique politique, ont beaucoup moins de mal à leur donner, par le travail à temps plein, le statut d'« être humain en général », de citoyenne pleine et entière.

CHAPITRE 4

La famille est morte, vive la famille

L'analyse géographique des performances éducatives nous a montré que l'une des bizarreries de la France actuelle était la montée en puissance des régions traditionnellement catholiques au moment même où cette religion disparaissait en tant que croyance métaphysique. Nous allons maintenant devoir affronter un paradoxe complémentaire, la fin de l'influence du catholicisme dans ce qui fut son domaine d'excellence, la régulation de la vie familiale et de la sexualité.

Sur la famille, le mariage, la sexualité, l'Église a été depuis l'origine intarissable. Elle a fini par faire du mariage un sacrement, indissoluble. Ce mariage devrait être, selon elle, le cadre de toute vie sexuelle, et la procréation l'objectif unique de toute vie sexuelle. La contraception, insulte à la volonté de l'Éternel sans doute – « croissez et multipliez » –, est proscrite. Dans un accès de réalisme, et pour tenir compte des dures réalités de la vie dans des sociétés paysannes aux ressources limitées, l'Église a admis la possibilité pour les femmes de retarder leur mariage et d'éviter ainsi une descendance trop nombreuse. Concession facile : au-dessus même de la vie sexuelle dans le mariage, l'Église avait toujours placé l'excellence morale de la chasteté et du célibat.

Il existe donc un « type idéal » démographique de la

famille catholique associant âge au mariage élevé, fécondité forte, naissances illégitimes peu nombreuses. Dans l'histoire démographique de la France, la constellation des provinces catholiques fut souvent visible, parfois éclipsée mais toujours renaissante, tout du moins jusqu'aux années 1990-2010, moment d'une disparition sans doute définitive. Au niveau départemental, la corrélation entre le nombre d'enfants par femme et la pratique religieuse était en 2009 tombée à +0,04, ce qu'on peut considérer comme nul. Cette absence de relation entre religion et fécondité apparaît d'une autre manière à l'échelle européenne, puisque les pays de tradition catholique peuvent aussi bien avoir les fécondités les plus fortes, comme la France ou l'Irlande, que les plus faibles, cas de l'Espagne, de l'Italie et du Portugal.

La très réelle libération des mœurs après 1968 n'a cependant pas aboli toute détermination anthropologique puisque la carte de la fécondité, tout comme celle des naissances hors mariage, débarrassée de l'influence religieuse, laisse désormais apparaître la matrice des types familiaux les plus anciens qui se partageait l'espace français. Cette correspondance est particulièrement frappante lorsque l'on réalise une carte de la fécondité utilisant des données communales lissées.

La fécondité en 2006

La carte de la fécondité réalisée au niveau le plus fin (4.1) ne révèle aucun rapport avec la géographie du catholicisme. Elle fait en revanche apparaître un lien entre la complexité des structures familiales et la fécondité. La faiblesse de l'indicateur simultanément dans le Sud-Ouest et en Alsace évoque la carte la plus classique de la famille souche dans l'espace français. La France la plus féconde est, sans que la correspondance soit parfaite, celle de la

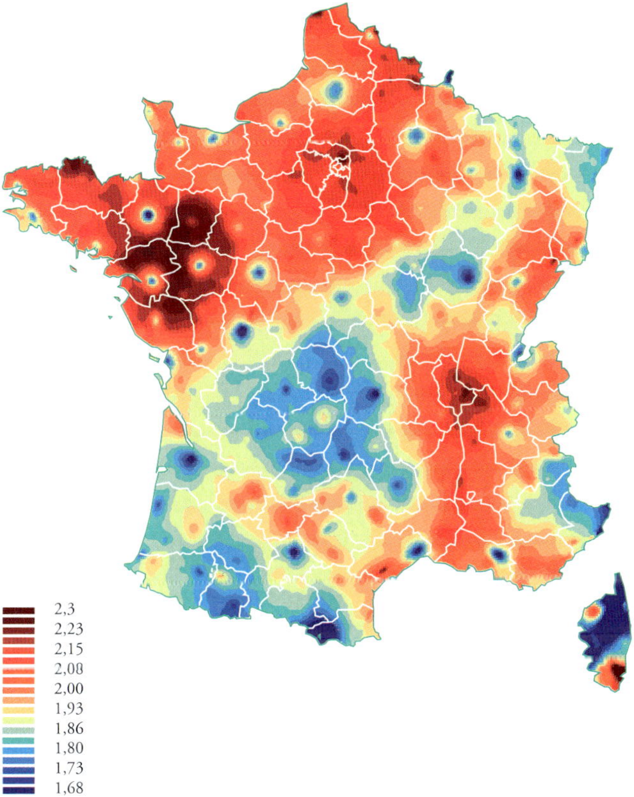

4-1. Fécondité

Indice conjoncturel de fécondité en 2006

TABLEAU 3
Corrélations entre la fécondité, le catholicisme et la complexité familiale

Année	Catholicisme	Complexité familiale
1831	0,02	0,05
1861	0,11	0,01
1891	0,43	0,01
1911	0,47	- 0,07
1926	0,42	- 0,19
1954	0,12	- 0,51
1962	0,2	- 0,53
1968	0,29	- 0,53
1975	0,38	- 0,53
1982	0,28	- 0,64
1990	**0,06**	**- 0,7**
1999	0,09	- 0,55
2005	0,14	- 0,36
2009	0,04	- 0,39

Sources : INSEE (mouvements de la population), recensement de 1999, et François-André Isambert et Jean-Paul Terrenoire, *Atlas de la pratique religieuse des catholiques en France*, Paris, Presses de Science Po, 1980.

famille nucléaire, avec une signature anthropologique qui authentifie l'interprétation, la fécondité maximale dans la région hypernucléaire de l'Ouest intérieur. La cartographie ne permet de taire aucune exception et nous notons sur la carte que la fécondité élevée du Nord nucléaire semble se répandre assez largement vers le sud le long de la vallée du Rhône, autour de l'axe Lyon/Marseille. Ainsi qu'on l'a vu plus haut, cette région fut tardivement et de façon incomplète le siège de la famille souche. Elle est aujourd'hui comme autrefois un axe de migration majeur. Un pôle récent de basse fécondité en région nucléaire est récemment apparu en Côte-d'Or, autour de Dijon, ville dont nous avions déjà relevé au chapitre premier la poussée éducative.

Ces irrégularités n'empêchent pas la mesure de corrélations très significatives à certaines dates.

En 2009, le coefficient de corrélation départemental entre famille nucléaire et fécondité reflète imparfaitement la proximité des cartes puisqu'il n'est plus que de -0,39. Mais en 1990, il était de -0,70, point maximal d'une intensification presque continue de la relation famille nucléaire/fécondité à partir de 1900.

Adieu la religion, bonjour la famille

La longue durée des années 1830-2010 nous permet de suivre l'étonnant chassé-croisé des déterminants religieux et familiaux. L'évolution des corrélations entre fécondité et pratique religieuse, et entre fécondité et complexité familiale, décrit avec précision la montée en puissance des structures familiales qui a accompagné l'effacement de l'effet religieux.

La relation statistique entre catholicisme et fécondité fut longtemps structurellement importante bien que les chiffres donnent l'impression fausse d'un mécanisme cyclique. La corrélation apparaît nulle en 1831 parce que le nombre élevé de femmes célibataires en région catholique y fait alors disparaître la très réelle surfécondité des femmes mariées. Notons un effet religieux maximal en 1911, à la veille de la Première Guerre mondiale (corrélation +0,47), une chute au lendemain immédiat de la

Seconde Guerre mondiale, à +0,12 en 1954, suivis de façon tout à fait significative d'une remontée de la corrélation globale à +0,38 en 1975. À nouveau, les Trente Glorieuses apparaissent comme une période conservatrice sur le plan des mentalités. Mais on voit déjà dans cette période une détermination supérieure de la fécondité par les structures familiales anciennes, avec une corrélation comprise entre -0,51 et -0,53 entre 1954 et 1968. Le signe négatif indique que la fécondité est d'autant moins élevée que la famille est plus complexe.

Frédéric Le Play et bien d'autres idéologues conservateurs avaient dénoncé au XIXe siècle l'effet destructeur du code civil égalitaire sur la fécondité française. La division obligatoire des héritages aurait, selon eux, mené à une restriction volontaire des naissances dans le but d'obtenir des héritiers uniques. Une telle attitude aurait dû toucher spécifiquement les régions de famille souche où le code civil menaçait la règle de l'héritier unique, notamment dans le Sud-Ouest. L'anthropologue Georges Augustins a résumé la situation par une formule : « Au nord de la Loire, on héritait d'un nom qu'on pouvait partager ; au sud, on héritait d'une maison qu'on ne pouvait pas partager[1]. » Les coefficients de corrélation entre famille complexe et nombre d'enfants par femme, nuls ou insignifiants jusqu'à l'entre-deux-guerres, ne révèlent rien de tel. Le catholicisme pesait alors plus que la famille dans la détermination des comportements, menant, lorsqu'il y était fort, les pays d'héritiers uniques à une fécondité dépassant le niveau nécessaire à la reproduction des lignages.

Il faut attendre la fin de la Seconde Guerre mondiale, soit près d'un siècle et demi, pour que la fécondité réagisse au fond anthropologique. Le baby-boom a principalement

1. *Comment se perpétuer ? Devenir des lignées, destin des patrimoines*, Paris, Société d'ethnologie, 1989.

touché les régions de famille nucléaire : Bassin parisien, région lyonnaise, vallée de la Loire avant même l'extinction du catholicisme. Les régions de famille complexe ne furent guère concernées par l'extraordinaire mutation familiale qui s'est alors produite : quasi-disparition, à la fois, des familles nombreuses et des couples sans enfants ou avec enfant unique, au profit des familles de 2 ou 3 enfants.

Une fois le catholicisme hors-jeu, particulièrement après 1982 et 1990, la corrélation entre famille nucléaire et fécondité forte est devenue maximale. La coupure entre régions laïques et régions catholiques masquait ou recouvrait l'influence de la structure familiale. La religion disparue, la structure familiale a pu manifester pleinement sa puissance.

À partir de 1975, les moyens modernes de contraception et la possibilité de l'IVG ont dissipé le brouillage que causait jusqu'alors une maîtrise imparfaite de la fécondité. Durant les années 1960, les enquêtes de Jean Sutter montraient qu'un tiers environ des naissances n'étaient pas désirées. Depuis la seconde moitié des années 1970 la fécondité effective représente presque exactement le nombre d'enfants désirés. C'est alors qu'apparaît dans toute sa force la relation positive entre famille nucléaire et fécondité.

La famille nucléaire, on l'a dit plus haut, n'admet comme relation fondamentale que la paire conjugale. Dans un tel système anthropologique, les autres liens entre adultes ne sont pas niés, mais ils restent secondaires. Or ce qui justifie pleinement l'existence du couple est sa capacité à procréer, à s'incarner dans une descendance qui, idéalement, comprendra deux enfants, comme il y a deux parents. La descendance ne peut évidemment être un reflet parfait puisque les paires d'enfants ne vont que dans la moitié des cas être constituées d'un garçon et d'une fille. En région de famille complexe, à l'inverse, la persistance de liens entre les jeunes adultes et leurs familles d'origine signifie *a priori* que les enfants ne sont pas tout. Ils définissent certes la continuation d'un lignage, mais d'un lignage qui n'a besoin que d'un seul enfant pour se poursuivre.

La décision de reproduction est par essence mystérieuse, et pas seulement pour le démographe. Les futurs parents sont mus par des représentations inconscientes qu'ils ne maîtrisent pas. Des facteurs sociaux et économiques multiples brouillent la séquence logique qui associe la paire conjugale à une forte fécondité, la famille lignage à de faibles fécondités. Reste que la coïncidence géographique entre la famille nucléaire et une fécondité supérieure à 2 enfants par femmes, et entre la famille souche et une fécondité inférieure à 1,8 enfant par femme, est suffisamment nette pour que l'on considère comme utile cet élément d'explication.

Les écarts de fécondité entre régions françaises sont aussi importants que ceux qui existent entre pays européens, légèrement décalés vers le haut. Les régions de famille souche françaises atteignent des nombres d'enfants par femme compris entre 1,6 et 1,8, quand un pays de famille souche comme l'Allemagne n'est qu'à 1,4. La fécondité de la France nucléaire du Nord se situe quant à elle entre 2,2 et 2,5, supérieure à celle d'un pays de famille nucléaire comme l'Angleterre, qui tourne autour de 2.

Éducation des femmes et basse fécondité

Un élément a accru temporairement la différence de fécondité entre les régions de famille nucléaire et celles de famille complexe : l'éducation des femmes. Ainsi qu'on l'a vu au chapitre 2, les générations féminines en âge d'enfanter entre 1975 et 2000 étaient plus diplômées dans les régions de famille complexe du Sud que dans celles de famille nucléaire du Nord. Or c'est une constante qu'à l'échelle mondiale, la fécondité diminue avec le niveau d'éducation des femmes. La relation n'est pas mystérieuse et traduit seulement l'aspiration des femmes à obtenir les mêmes places que les hommes dans la société, refusant d'être cantonnées dans le rôle de mère et de reproductrice. Aujourd'hui, la faible fécondité des femmes éduquées des régions françaises de famille complexe n'obéit donc plus au vieil objectif masculin de n'avoir qu'un seul héritier mâle, elle exprime à l'inverse une sortie de l'ancien système patriarcal. Ce glissement interprétatif est important sur le plan théorique parce qu'il permet une vision mesurée et raisonnable de la détermination anthropologique : la mémoire des lieux n'exclut pas le changement et l'histoire. La famille souche du Sud-Ouest est visible sur la carte de la fécondité en 2009. En effet, ce type familial a encouragé l'éducation secondaire, notamment celle des femmes des générations d'après guerre, et leur émancipation éducative a entraîné une basse fécondité, d'où la corrélation maximale entre famille complexe et fécondité en 1990.

Ensuite, l'histoire continue. La corrélation entre structure familiale et fécondité repart à la baisse à partir de 1990 pour tomber à -0,39 en 2009. Le niveau d'éducation féminine a partout atteint un niveau suffisant pour favoriser la modernisation démographique. Les régions de famille complexe perdent leur spécificité dans ces domaines.

Vers 1990, nous pourrions trouver bien d'autres exemples d'une modernisation mentale temporairement guidée par les structures familiales complexes de l'Occitanie. L'une des plus surprenantes est celle de l'homosexualité masculine. L'apparition du sida, par les décès qu'elle a malheureusement entraînés, a permis de tracer la carte de l'homosexualité masculine à l'époque où n'existait aucun traitement. La carte 4.2, qui présente les décès résultant du sida contracté par rapports homosexuels et bisexuels, cumulés au 1er mars 1990, fait apparaître l'Occitanie et

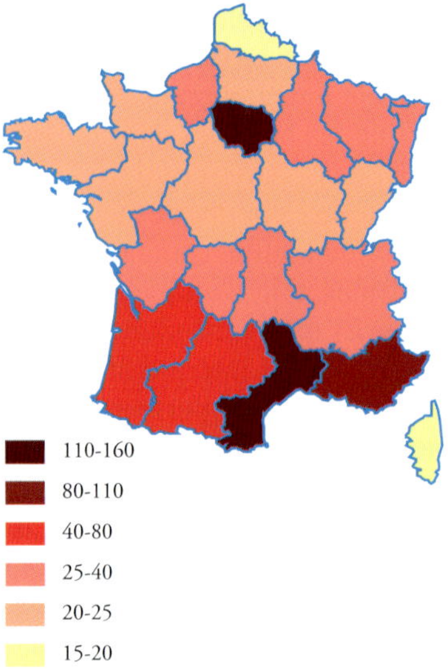

4-2. Homosexualité masculine vers 1985

Taux de décès par sida contracté par rapports homosexuels ou bisexuels, cumulés en 1990 (pour 100 000 habitants)

la région parisienne comme particulièrement touchées[1]. Ce phénomène n'est que paradoxal : la reconnaissance de l'homosexualité est positivement corrélée au niveau d'études, essentiellement à un diplôme supérieur, titre plus fréquent à cette date en région parisienne et en Occitanie[2].

1. *Bulletin épidémiologique hebdomadaire*, n° 23, 11 juin 1990.
2. Nathalie Bajos et Michel Bozon (dir.), *Enquête sur la sexualité en France*, Paris, La Découverte, 2008, p. 268. La relation est cependant complexe puisque la fréquence de l'homosexualité masculine effective (pratique homo-bisexuelle dans les douze derniers mois) apparaît moyenne au niveau bac, faible à bac +2, et maximale au niveau d'un diplôme supérieur. On ne peut exclure des aléas tenant à la taille des échantillons.

Effets urbains

La cartographie au niveau communal lissé nous permet d'observer directement sur la carte de la fécondité l'existence d'un effet urbain. La faible fécondité des grandes villes s'oppose à celle plus forte des zones rurales environnantes. Sur la carte 4.1, les grandes villes apparaissaient en creux, c'est-à-dire en bleu, que la fécondité de leur région soit faible ou élevée. Toutes les villes ne sont pas également visibles, en particulier dans les zones de forte fécondité. Nous voyons bien Amiens, Rouen, Caen, Rennes, Nantes, Angers, Tours, Dijon, Besançon, Reims et Nancy. Nous notons l'absence de certaines villes sans université comme Le Havre, Arras ou Laon, où la fécondité semble presque aussi forte qu'en zone rurale parce que le niveau éducatif n'est pas particulièrement élevé. Nous relevons surtout la disparition de Paris, Lyon et Marseille. La basse fécondité du centre urbain de la ville est ici effacée par la fécondité élevée des banlieues immédiates et des zones suburbaines.

Hameaux, petites villes et banlieues

On peut mieux saisir statistiquement la dimension urbaine en traçant des cartes de la fécondité par catégorie de communes en 2006. Celles qui montrent le niveau de fécondité dans les communes rurales (moins de 5 000 habitants) et dans les communes moyennes (5 000 à 200 000 habitants) mettent en évidence des phénomènes spécifiques.

Dans les zones rurales (carte 4.3), la faible fécondité du Sud-Ouest, en bleu, ne semble plus s'opposer à celle du reste de la France, mais surtout à la très forte fécondité

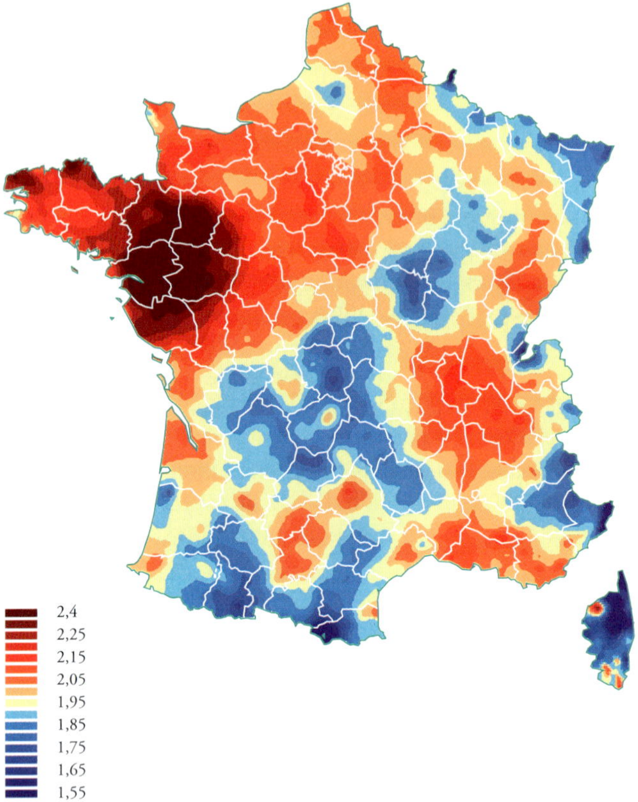

4-3. Fécondité rurale

Indice conjoncturel de fécondité en 2006
calculé en ne retenant que les communes de moins de 5 000 habitants

de l'Ouest intérieur, pôle d'hypernucléarité familiale et, déjà dans le passé, d'une forte activité féminine (en rouge sombre). Nous saisissons ici l'ancrage rural de cette culture régionale qui garde toute sa puissance dans le monde des hameaux, puisqu'il s'agit d'une zone d'habitat dispersé.

La géographie de la fécondité des communes moyennes, qui sont souvent des banlieues, est tout à fait différente (carte 4.4). La position du Sud-Ouest, où la fécondité reste basse, ne change pas, mais les régions de forte fécondité, en rouge, se sont déplacées. La fécondité dépasse 2 ou même 2,2 enfants par femme dans une large région parisienne, dans une sorte de chapeau nord de la France, dans la région de Montbéliard et de Belfort, dans la région lyonnaise et dans le couloir rhodanien. Cette liste recoupe en partie celle de villes et de communes suburbaines à forte population immigrée. La fécondité des femmes immigrées, de 2,91 enfants par femme, est de moitié supérieure à celle des Françaises de naissance, de 1,94, pour un indice de fécondité global de 2 enfants par femme. Au niveau national, les femmes immigrées ne représentent que 6 % de la population et leur fécondité plus élevée ne change guère la fécondité totale. Au niveau local, elles peuvent entraîner l'indicateur à la hausse. C'est pourquoi le département de la Seine-Saint-Denis vient de détrôner la Mayenne, pourtant cœur de la zone hypernucléaire de l'Ouest, comme département le plus fécond. La présence de 30 % de femmes immigrées dans la tranche d'âge 20-40 ans fait monter dans le 93 la fécondité à 2,40 enfants par femme.

La correspondance entre immigration des banlieues et forte fécondité est cependant très imparfaite parce que les jeunes couples des classes moyennes, le plus souvent nés français, refluent eux aussi vers les banlieues lorsqu'ils désirent avoir des enfants, chassés par le coût de l'immobilier dans les centres-ville, phénomène particulièrement important en région parisienne.

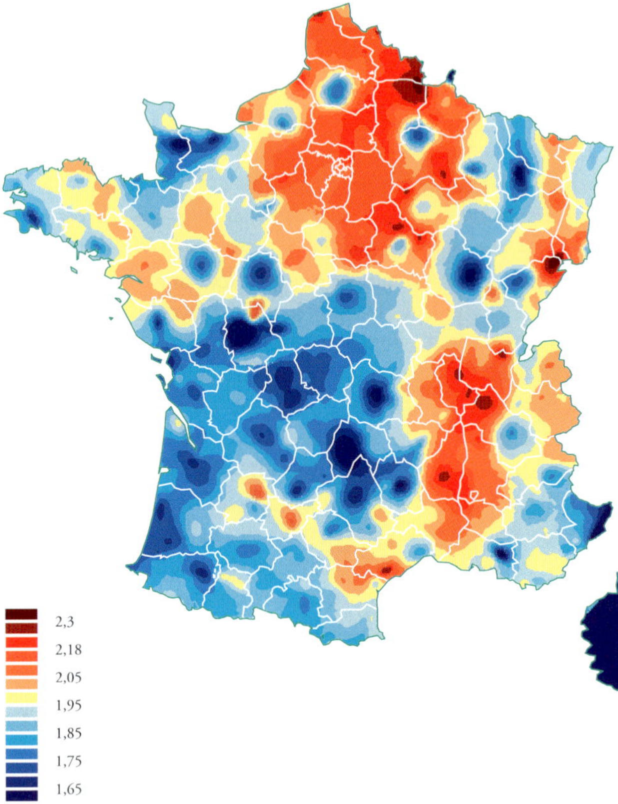

4-4 Fécondité des villes moyennes

Indice conjoncturel de fécondité en 2006 calculé en ne retenant que les communes comptant entre 5 000 et 200 000 habitants

Mutations du mariage

La rupture du lien entre fécondité et pratique catholique a été accompagnée, sinon orchestrée, par le changement de nature du lien conjugal à partir de 1975. Cette année-là, deux phénomènes se produisent : la proportion de naissances hors mariage, stable au niveau de 7 % depuis 150 ans, commence une croissance rapide qui se poursuit encore aujourd'hui, où elle atteint 55 % du total. Par ailleurs, l'âge moyen au premier mariage, qui diminuait lentement depuis la fin de la Seconde Guerre mondiale, commence à s'élever. Il est passé pour les femmes de 23 à 29 ans, et pour les hommes de 25 à 31 ans.

La hausse du nombre des naissances hors mariage s'est produite en même temps que l'élévation de l'âge au mariage, et surtout de la raréfaction de ce dernier, de 400 000 unions légales par an en 1974 à 250 000 en 2011. L'âge à la maternité a augmenté aussi vite que celui du mariage, la construction de la famille se décalant vers des âges de plus en plus élevés. Quand on regarde de plus près cette évolution, on s'aperçoit que c'est l'âge à la première maternité qui a tout d'abord bougé, entraînant en quelque sorte un retard de l'âge au mariage. Cette transformation du calendrier des naissances a brisé le lien entre la géographie de l'âge moyen à la maternité et celle du catholicisme.

L'âge des mères

Depuis le XIXe siècle en effet, l'âge moyen des mères à la naissance de leurs enfants était le meilleur indicateur statistique de l'influence de la religion dans la vie familiale : plus le catholicisme dominait une région, plus les femmes y enfantaient tardivement. En 1962, la corrélation entre

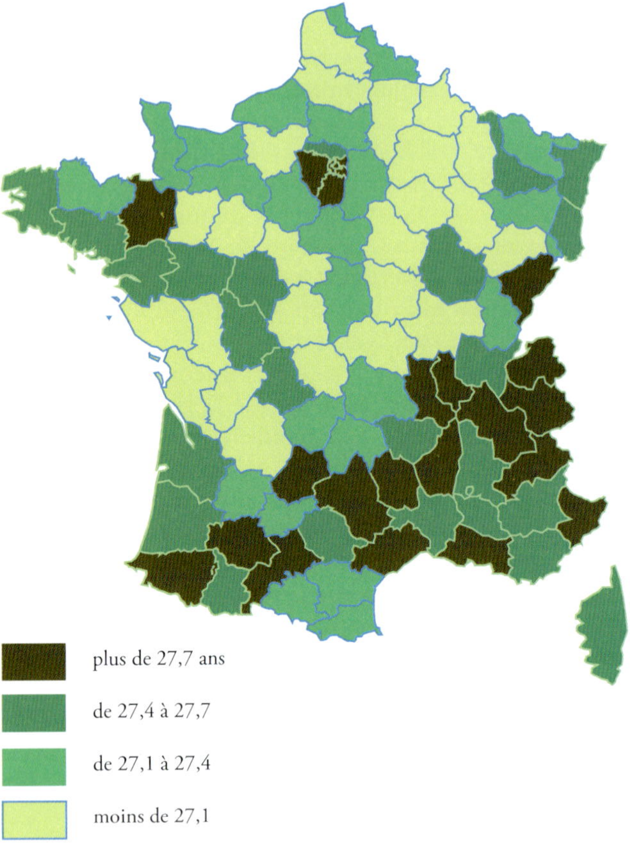

4-5a. Âge au mariage en 1968

Âge moyen des femmes à leur premier mariage en 1968

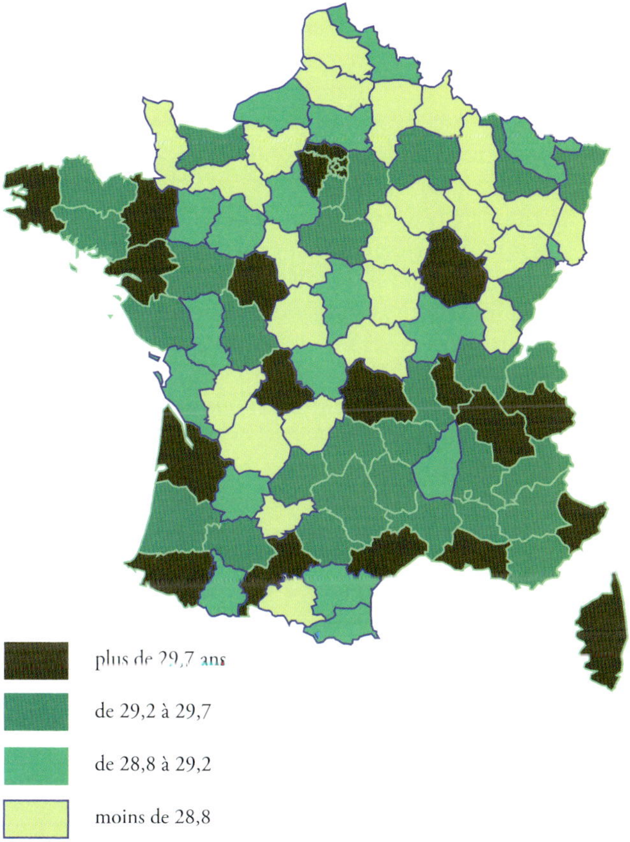

4-5b. Âge au mariage en 2009

Âge moyen des femmes à leur premier mariage en 2009

pratique religieuse et âge moyen à la maternité s'élevait encore à +0,82. Dans les années qui ont suivi, le lien entre les deux comportements s'est défait, d'abord lentement, la corrélation baissant à +0,72 en 1968 puis à +0,60 en 1975. Une rupture est intervenue entre 1975 et 1982, période durant laquelle la corrélation a chuté à +0,35. Après 1990, aucune coïncidence géographique n'apparaît plus, les coefficients de corrélation ne dépassant plus +0,20. Lorsqu'on compare la carte de 1962 à la carte de 2009 (4.5a et 4.5b), la disparition de la relation entre catholicisme et âge tardif à la maternité est évidente, mais l'on peut aussi être frappé par le contraste entre l'organisation régulière de la carte de 1962 et le désordre apparent de celle de 2009.

Sur la carte la plus récente, cependant, un nouvel ordre se dessine, celui qui oppose les grandes villes aux zones rurales. C'est dans les agglomérations urbaines que l'on a ses enfants de plus en plus tard aujourd'hui. La corrélation entre niveau d'urbanisation des départements et âge à la maternité, négative avant 1975, devient de plus en plus nettement positive jusqu'à atteindre + 0,69 aujourd'hui.

TABLEAU 4
Corrélation entre niveau d'urbanisation des départements et âge à la maternité

Année	Corrélation
1962	-0,21
1968	-0,08
1975	0,29
1982	0,54
1990	0,62
1999	0,68
2005	0,69

Source : INSEE.

Les naissances hors mariage : fin du catholicisme et retour de la famille

Les régions catholiques n'ont pu résister longtemps à la généralisation des naissances hors mariage dont la multiplication signifie en réalité la disparition du mariage-sacrement, idéal de l'Église. On observe cependant, dans les premières années de l'augmentation, de 1975 à 1990, comme une « crispation » des régions catholiques. Elles résistent mieux que les autres, si bien que la répartition des naissances hors mariage se calque un instant sur celle de la laïcité. En 1990 encore, alors que le seuil de 25 % de naissances hors mariage est dépassé, les régions de tradition catholique semblent en retard (carte 4.6a). Mais dans les années qui suivent, elles sont emportées par le courant : de -0,67, la corrélation entre pratique catholique et proportion de naissances hors mariage baisse à -0,59 en 1995, à -0,48 en 2000 puis, à une vitesse accélérée, à -0,35 en 2005 et -0,12 en 2009. La carte actuelle des naissances hors mariage en 2009 (4.6b) ne porte plus aucune trace du passé religieux.

La géographie la plus récente révèle cependant de nouvelles déterminations. Deux facteurs apparaissent, assez inattendus. La ville est désormais un lieu de résistance du mariage ; la famille complexe favorise les naissances hors mariage.

Depuis la Révolution au moins, les naissances hors mariage étaient rares à la campagne et plus fréquentes en ville, soit parce que les mères célibataires s'y réfugiaient pour éviter l'opprobre du voisinage, soit parce que les unions informelles y étaient fréquentes au sein des classes laborieuses, et « dangereuses », pour paraphraser le titre de l'ouvrage de Louis Chevalier[1]. Aujourd'hui, les grandes villes sont en retrait.

1. *Classes laborieuses et Classes dangereuses*, Paris, Plon, 1958.

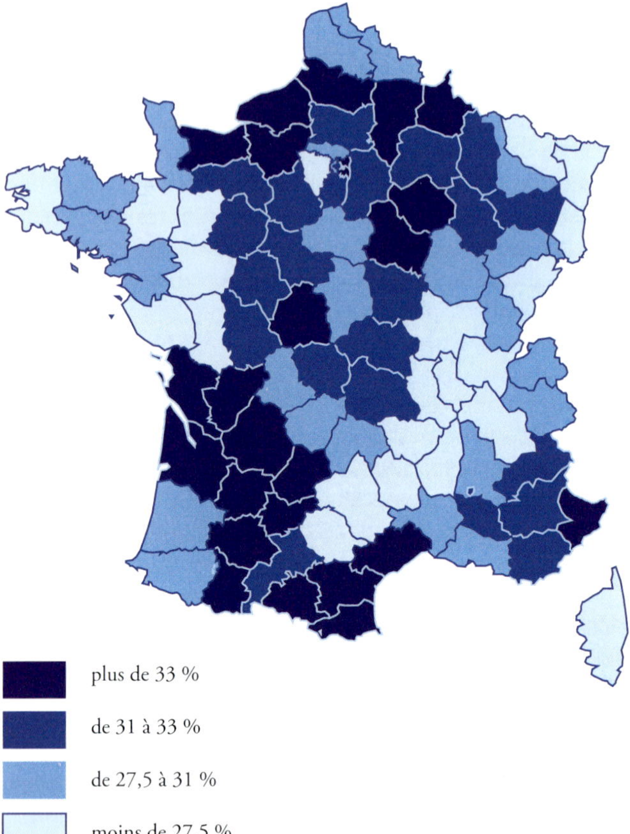

4-6a. Naissances hors mariage en 1990

En pourcentage

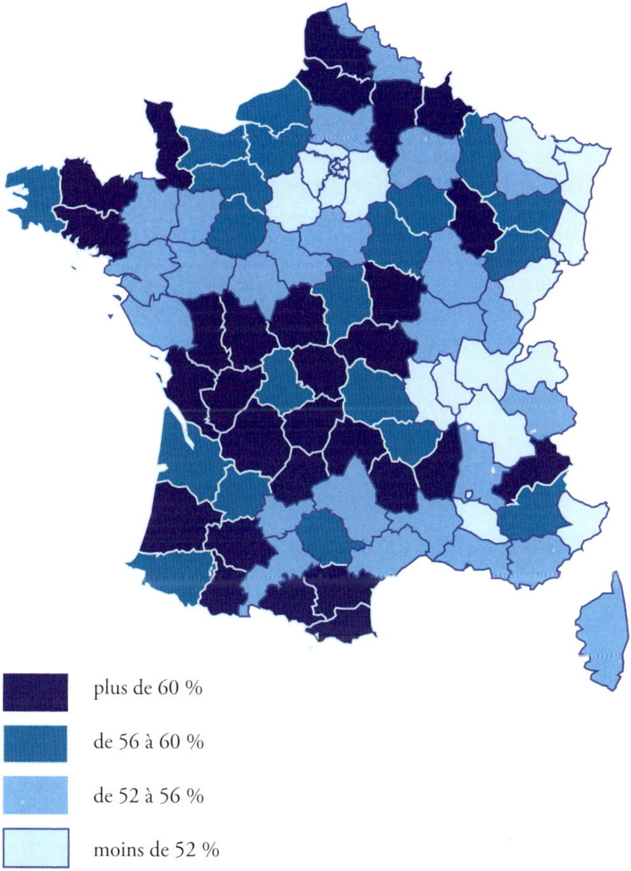

4-6b. Naissances hors mariage en 2008

En pourcentage

Il est possible que les classes supérieures cherchent actuellement à nouveau à se distinguer des autres en replaçant le mariage avant la maternité, pour faciliter la transmission des patrimoines, à cause aussi du prestige social des unions homogames de la bourgeoisie. Nous sommes sans doute confrontés à un cycle dans l'évolution des mœurs. Premier temps : la procréation hors du mariage se répand en haut de la société, vague émancipatrice portée par les femmes qui ont eu une éducation supérieure. Deuxième temps : le nouveau comportement se diffuse dans la société, si bien que le mariage classique cesse d'être statistiquement majoritaire. L'union libre, souvent régularisée après un ou deux enfants par un mariage, devient la norme pour la majorité de la population. Nous sommes peut-être déjà dans un troisième temps : dans un contexte d'insécurité économique et de début d'appauvrissement, le mariage est peut-être à nouveau perçu comme une protection plutôt que comme une prison. L'union libre et les naissances hors mariage peuvent retrouver une partie de leur relation ancienne avec l'instabilité sociale et le chômage.

Quoi qu'il en soit, nous constatons que la proportion de naissances hors mariage tombe au-dessous de la moyenne nationale dans quatre grandes régions où les professions libérales et les cadres supérieurs sont particulièrement nombreux : Île-de-France, Rhône-Alpes, Provence-Alpes-Côte d'Azur et Alsace (carte 4.6b). Le dynamisme économique y est, de fait, associé à un reste, ou à un retour, de conservatisme des mœurs.

Au paradoxe de villes favorisant désormais la résistance du lien conjugal, nous devons ajouter celui d'une famille complexe, de type souche notamment, encourageant sa dissolution.

Les régions de famille complexe écartaient autrefois les naissances hors mariage, elles les acceptent désormais plus massivement encore que ne le font les régions de famille nucléaire. L'augmentation de la corrélation entre la proportion de naissances hors mariage et la complexité familiale est en effet régulière même si le niveau actuel reste encore assez faible.

TABLEAU 5
Corrélation entre la complexité familiale et la proportion de naissances hors mariage entre 1911 et 2009

Année	Corrélation
1911	-0,43
1975	-0,42
1990	-0,07
1995	0,07
2000	0,21
2005	0,22
2009	0,26

Sources : INSEE et SGF.

Dans les régions qui furent de famille complexe, la solidarité des générations agit comme une protection pour les unions non validées par le mariage. Le lignage a maintenu ses règles et son pouvoir, souvent contre celui de l'État et de sa législation, centrée sur la famille nucléaire, voire sur un individu détaché de tout lien familial. Sa protection informelle continue de s'exercer. Procréer sans se marier est alors socialement moins risqué en cas de rupture entre deux jeunes parents qui peuvent compter sur leurs familles respectives.

La modernisation produit donc en démographie des effets paradoxaux. Les moyens nouveaux de contraception et l'évolution des mœurs ont sans conteste libéré les individus. Mais il est difficile d'agir vraiment librement, c'est-à-dire hors de toute détermination inconsciente. C'est pourquoi la disparition de la détermination religieuse n'a pas mené au désordre, mais à la révélation d'une couche déterminante encore plus profonde, anthropologique et familiale.

CHAPITRE 5

Vers la société postindustrielle, trop vite

Nous venons d'esquisser, dans les quatre premiers chapitres ce livre, une histoire des mentalités pour l'essentiel indépendante de l'évolution économique. Ascension éducative, crise religieuse, mutation démographique se déploient dans l'espace, interagissent de façon complcxc et parfois circulaire, selon une logique conditionnée par un fond anthropologique qui n'a pas grand-chose à voir avec les variables économiques privilégiées par le marxisme ou le néolibéralisme. Jusqu'ici, il n'a pas été question du capitalisme, des rapports de production, du système financier ou du taux de profit, toutes choses qui existent cependant et ont leur importance. Notre présentation s'est efforcée d'éviter tout dogmatisme et nous avons pu en appeler à l'économie quand c'était nécessaire : l'industrie s'est tout d'abord développée avec l'alphabétisation, selon un processus de diffusion analogue et associé dans le quart nord-est de l'Hexagone. L'effet aggravant de l'industrie sur la séparation des rôles masculin et féminin, véritable choc en retour de la vie économique sur les mentalités, a été souligné. Nous venons de noter un retour possible du mariage dans les régions où les cadres supérieurs sont particulièrement nombreux.

Les déploiements dans l'espace de l'éducation, de la fécondité, de l'âge des mères, des naissances hors mariage nous ont surtout révélé certaines déterminations culturelles ou religieuses. Plus globalement et plus fondamentalement, la cartographie a permis de percevoir l'existence autonome d'une vie humaine et sociale des profondeurs, indépendante de l'actualité économique et politique mise en scène par les médias, et d'échapper à la perception du monde rétrécie qui sert d'évangile à l'instruction des élites. Nous l'avons souligné plus haut, un étrange néomarxisme, de droite, domine la pensée contemporaine. On aurait parlé autrefois d'une victoire de la conception matérialiste de l'histoire sur sa conception idéaliste.

En vérité, les catégories classiques du matérialisme et de l'idéalisme compliquent l'analyse plus qu'elles ne la simplifient. L'économie n'est après tout que l'application de l'intelligence humaine à la transformation de la matière et du monde, et donc une composante parmi d'autres des « mentalités ». Il ne peut y avoir de primat de l'économie parce que l'économie fait partie des mentalités.

Le primat des mentalités

Revenons à la séquence temporelle des variables, économiques ou mentales, telle qu'elle s'exprime au niveau des générations. Dans le contexte de sociétés à enseignement supérieur très avancé, l'éducation d'une génération née durant l'année X est réalisée, en simplifiant, entre les années X et X+25 ; elle définit l'efficacité économique potentielle de cette génération entre les années X+25 et X+65. Le développement concret de la société place clairement la hausse du niveau éducatif avant le changement économique. À tout moment, la vie économique doit s'adapter aux possibilités intellectuelles et techniques de la population. Si nous travaillons sur le modèle fermé d'une société nationale qui, sans être farouchement protectionniste, serait autonome à 90 % pour la production des biens et services dont elle a besoin, nous pourrions être sûrs que l'ajustement des activités économiques aux capacités de la population active se ferait et ce, quelles que soient la volonté de ses dirigeants et les préférences de ses économistes. Aucune lévitation du « système économique » ne pourrait le libérer de ce qu'il est, fondamentalement : une population qui travaille et se reproduit, avec ses goûts et ses compétences. Le primat de l'éducatif s'exprimerait pleinement.

Une fois encore, nous devons éviter tout dogmatisme et accepter le monde tel qu'il est, tel qu'il change. La globalisation économique modifie les données du problème parce qu'elle met en place des échanges extérieurs aux systèmes anthropologiques et religieux nationaux. La spécialisation qu'elle entraîne tend à dissocier, dans chaque pays, l'évolution économique, désormais internationale, de la dynamique des mentalités, qui reste nationale.

L'exemple le plus évident de déformation d'une trajectoire mentale et économique par la globalisation est celui du passage à la société postindustrielle.

Déformation du passage à la société postindustrielle par la globalisation économique

Colin Clark, économiste britannique et australien, avait identifié dès 1940, dans *The Conditions of Economic Progress*[1], une loi de glissement de la population active de l'agriculture vers l'industrie, puis de l'industrie vers les services ou, exprimée autrement, du secteur primaire (qui inclut les mines) vers le secteur secondaire, puis vers le secteur tertiaire. Ce mouvement, observé partout mais selon des rythmes divers, résulte à la fois de la diversification

1. Londres, Macmillan, 1940.

des besoins humains et d'augmentations inégales de la productivité dans les divers secteurs. Au terme de l'évolution, il devait y avoir la « société postindustrielle », dont Daniel Bell pouvait, en 1973, définir les tendances fondamentales, mêlant allègrement variables économiques et culturelles :

« L'exigence d'une vie meilleure, promise par la société, se focalise sur deux éléments fondamentaux – la santé et l'éducation. L'élimination des maladies, l'augmentation du nombre de ceux qui peuvent vivre des vies complètes, ainsi que les efforts pour allonger la durée de cette vie, font des services de santé un aspect essentiel de la société moderne ; la croissance des besoins en compétences techniques et professionnelles fait de l'éducation, et notamment de l'accès à l'éducation supérieure, une condition même de l'entrée dans la société industrielle. Nous saisissons ici la croissance d'une nouvelle *intelligentsia*, et particulièrement celle des enseignants. Enfin, l'exigence de ces services supplémentaires, l'incapacité du marché à satisfaire les besoins accrus dans les domaines de l'environnement, de la santé, de l'éducation conduisent à la croissance de l'État, particulièrement aux niveaux national et local, c'est-à-dire là où s'expriment ces besoins[1]. »

Nous percevons malgré tout chez Daniel Bell, dont la pensée (autant que celles de Joseph Schumpeter ou de Raymond Aron) part de Marx, une résistance du primat de l'économie. Mais nous voyons aussi à quel point sa vision d'une société progressant dans les domaines de l'éducation et de la santé a été vérifiée par l'ensemble du monde développé dans les décennies qui ont suivi. C'est ce que nous avons décrit dans l'introduction avec, en France, une progression accélérée de l'enseignement supérieur et de la longévité humaine dans les années 1975-1995. Les années

1. Daniel Bell, *The Coming of Post-Industrial Society, op. cit.*, p. 128.

qui suivirent les Trente Glorieuses furent bien celles du décollage de la société postindustrielle. Nous sentons toutefois aujourd'hui que, dans le cas de l'Hexagone, le mouvement a été trop rapide et trop violent. La désindustrialisation menace. Bell n'avait pas envisagé une société postindustrielle sans économie industrielle. Le monde qu'il anticipait devait être une société dominée par les valeurs et les mœurs du secteur tertiaire ou de l'éducation supérieure, mais disposant toujours d'une base industrielle, humainement minoritaire parce que très productive. Dans le cas de la France, comme dans ceux des États-Unis ou du Royaume-Uni, le reflux du secteur secondaire est allé largement au-delà de celui qu'une trajectoire historique autonome, sans globalisation, aurait impliqué.

L'échange des biens est au cœur de la mondialisation. Il concerne évidemment au premier chef les secteurs primaire et secondaire. Les services sont par nature plus solidement accrochés au terrain national, même dans les pays de forte spécialisation financière. En France, une ouverture aux échanges de 30 %, concentrée sur le secteur secondaire, a accéléré la marche vers la société postindustrielle. La très récente, et fragile, industrie française, largement issue des Trente Glorieuses, s'est trouvée prise en tenaille. D'un côté, le travail peu spécialisé est délocalisé vers les pays à bas salaires ; de l'autre, le travail qualifié se concentre, depuis l'instauration de l'euro, dans l'espace germanique. Or, en l'absence d'une base industrielle minimale mais solide, une société postindustrielle risque fort de revenir au stade préindustriel. L'examen par la cartographie du processus même de la désindustrialisation révèle d'ailleurs une curieuse réémergence dans l'Hexagone des déterminations familiales et rurales. La globalisation économique, supposée moderniser la France, n'a pour le moment réussi qu'à faire renaître l'opposition entre le Nord et le Midi, en éliminant de ce dernier l'essentiel de l'activité industrielle.

La désindustrialisation dans l'Hexagone

En 1975, l'industrie employait 40 % des actifs. Partant d'un niveau moins élevé, son reflux a été cependant aussi rapide que celui de l'agriculture autrefois puisque, en 2009, il ne restait déjà plus que 23 % de la population dans le secteur secondaire, contre 2,5 % dans le primaire et 74,5 % dans les services.

La comparaison des cartes indiquant la proportion de la population active employée dans le secteur secondaire en 1968, apogée de la société industrielle, et en 2008 – alors même que la grande crise économique n'avait pas encore donné une impulsion nouvelle aux fermetures d'usines et aux délocalisations – est stupéfiante. Les cartes 5.1 et 5.2, réalisées avec une échelle commune, mettent en évidence la violence du choc de la désindustrialisation dans l'espace français.

La géographie initiale très particulière de l'industrie dans l'Hexagone nous permet de comprendre la rapidité de son reflux. En 1968, comme en 1921 ou 1954, l'industrie semble accrochée aux frontières nord et est, pour diffuser vers l'intérieur du pays, notamment vers le Sud. Elle ne semble pas endogène mais venue de l'extérieur. Seule la région Rhône-Alpes, certes située à l'Est, donne quand même par sa masse relative l'impression d'une dynamique interne et évoque une endogénéité du développement industriel.

Au soir du cataclysme, en 2008, les quelques poches industrielles importantes qui subsistent (en orange sur la carte) restent collées aux frontières est et nord, avec toutefois quelques petites taches résiduelles dans l'Ouest, témoins du mouvement de l'industrie dans les années 1960 et 1970. Notre mémoire conserve le souvenir d'une société industrielle dans le nord-est du Bassin parisien. Mais la comparaison des cartes réalisées pour 1968 et 2008 nous

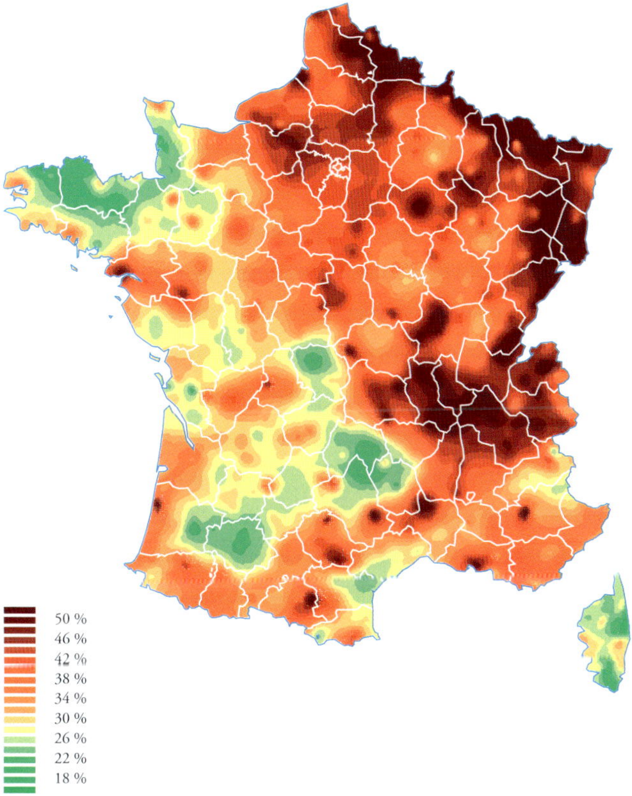

5-1. L'industrie en 1968

Pourcentage de la population active
dans le secteur secondaire en 1968

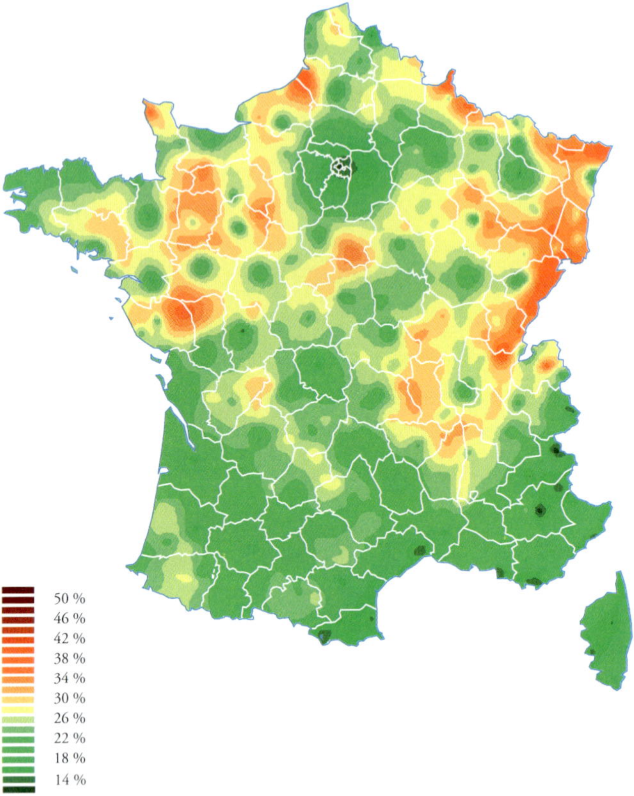

5-2. L'industrie en 2008

Pourcentage de la population active
dans le secteur secondaire en 2008

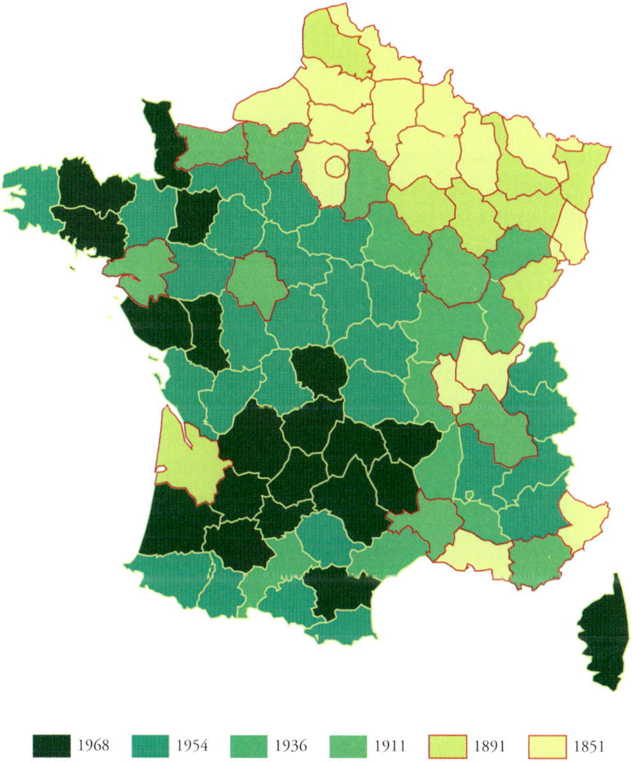

5-3. Le dernier exode rural

Date du recensement à partir duquel la population active dans l'agriculture est passée au-dessous de 50 % des actifs révèle, concernant le Midi, un phénomène d'amnésie. En 1968, la Provence n'était pas dépourvue d'industries, loin de là, et la région Rhône-Alpes poussait un long tentacule industriel au sud du Massif central et le long des Pyrénées. Rien de tout cela ne subsiste. La désindustrialisation a frappé aussi violemment le Midi industriel que le Nord-Est. Mais le niveau de départ y était plus bas et il ne reste plus rien. Si nous regardons attentivement la carte 5.2, nous voyons qu'au Nord subsiste une activité industrielle diffuse quoique faible, et au Sud, des Hautes-Alpes à la Charente-Maritime – région qui recouvre l'ancienne Occitanie linguistique –, rien du tout.

La carte 5.3 nous permet de comprendre à quel point l'histoire de la société industrielle aura été courte en France. Elle nous indique quand s'est achevé le stade précédant de la société rurale et donne pour chaque département la date à laquelle la proportion d'agriculteurs dans la population active est tombée au-dessous de 50 %. Dans 47 des anciens 90 départements, ce seuil n'a été franchi qu'après la Seconde Guerre mondiale, et dans 20 d'entre eux à partir du recensement de 1968 seulement. L'Ouest, le Sud-Ouest et les Alpes sont bien représentés dans ce bataillon de la ruralité tardive. On peut même évoquer dans le cas d'une partie de l'Ouest et du Sud-Ouest, si l'on est optimiste, un passage direct du stade agricole au stade postindustriel, et, si l'on est pessimiste, une permanence dans l'état non industriel.

L'industrie hors des villes

La carte du secteur secondaire en 2008 inclut cependant un élément nouveau et paradoxal de ruralité : elle fait apparaître en creux (en vert) le réseau urbain, avec en son cœur l'agglomération parisienne, île principale d'un archipel urbain désindustrialisé.

En 1968, les fortes densités industrielles ne s'opposaient pas à la ville mais entretenaient avec le phénomène urbain une relation nuancée. Elles n'étaient pas centrées sur les très grandes villes mais sur de plus petites, souvent spécialisées dans un type de production : Alès, Millau, Saint-Nazaire, Montluçon, Thionville, Commentry par exemple. Les villes plus importantes, ou simplement les préfectures, équilibraient l'orientation de leur région : elles étaient plus industrielles dans les régions rurales, moins dans les régions de forte activité secondaire. Ainsi, à l'Ouest et au Sud, Angers, Le Mans, Toulouse étaient plus industrielles que leur environnement immédiat. En revanche, au Nord et à l'Est, Amiens, Nancy, Strasbourg, Reims ou Dijon accordaient moins d'importance à l'industrie que leur arrière-pays. Une certaine cohésion territoriale était ainsi assurée à l'intérieur de chaque région.

La situation change radicalement en 2008, non seulement comme effet de la rétractation du secteur secondaire, mais aussi à cause du nouveau partage des activités entre villes et territoires ruraux : désormais, partout, les villes refusent l'industrie, qu'il s'agisse des grandes agglomérations comme Lille, Paris, Lyon, Toulouse et Bordeaux, ou de cités plus modestes comme Mende, Digne, Mont-de-Marsan, Vannes ou Alençon. Les rares endroits où la proportion de travailleurs dans l'industrie dépasse 30 % sont situés à l'écart, sur les frontières des départements ou à la frontière nord-est, filant de Genève aux Ardennes.

L'examen de la distribution dans l'espace des catégories socioprofessionnelles va confirmer ce phénomène de rejet hors du cœur des villes de groupes sociaux entiers, dans une France pourtant urbaine à près de 80 %.

Sauver l'industrie, dans une société postindustrielle

Au lendemain de l'élection de François Hollande, la France a pris conscience de ce qu'une société avancée ne pouvait espérer préserver son indépendance économique sans industrie. Le débat est salutaire et urgent. Il ne doit toutefois pas conduire à une vision de la société postindustrielle comme « illégitime », comme une erreur de l'histoire dans un monde où la concurrence industrielle aurait remplacé la guerre. Le secteur tertiaire annoncé par Colin Clark et Daniel Bell contribue à notre bien-être ; l'éducation et la santé sont bien le cœur d'un développement normal dont la masse est postindustrielle. La spécialisation des tâches à l'échelle mondiale impose cependant le maintien d'un secteur industriel suffisamment exportateur pour assurer l'équilibre des comptes extérieurs. Or la France des années 2000-2010 est entrée dans le rouge d'un déficit commercial qui risque de devenir structurel. Cette évolution, si elle se poursuit, ne peut avoir comme effet à long terme que la baisse du niveau de vie de l'ensemble de la société. Sur un territoire, les fonctions et les hommes sont solidaires.

Les cartes montrent que la France souffre d'une véritable dissociation entre dynamique des mentalités et niveau d'activité industrielle. La mise en carte de l'activité d'exportation (carte 5.4) donne la vision la plus cruelle du dilemme qu'affrontent les dirigeants du pays, du moins ceux qui comprennent que la sécurité de la France dépend de lieux comme Florange, nouveau désastre industriel et social. La contribution moyenne par habitant aux exportations du pays reste élevée dans la France du Nord « en difficulté éducative », au nord et à l'est d'une ligne Le Havre-Genève.

À l'opposé, la dynamique éducative a été maximale, vers 1990, dans les régions anciennement catholiques,

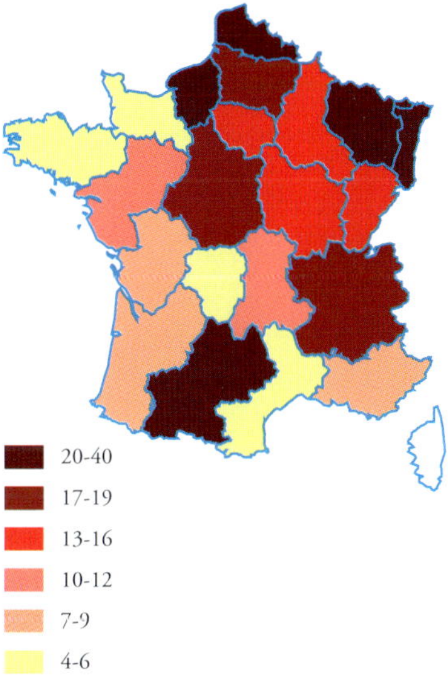

5-4. Exporter

Coefficients d'exportation en 2005

dispersées sur la périphérie de l'Hexagone, après l'avoir été vers 1970 dans l'ensemble du Midi. Parmi les zones qui contribuent le plus positivement aux exportations, peu relèvent de cette sphère éducative privilégiée. Dans la moitié sud de l'Hexagone, seules les régions Rhône-Alpes, ce qui est traditionnel, et Midi-Pyrénées, grâce à Airbus, contribuent fortement et positivement aux échanges extérieurs français, et combinent donc, en simplifiant, éducation et exportation. La plus grande partie de la zone exportatrice est de médiocre dynamisme éducatif, et de plus amoindrie par une balance migratoire négative. Mais la zone qui souffre et se vide reste celle dont dépend l'équilibre économique extérieur de la France. Elle est économiquement exploitée

TABLEAU 6
Régions et exportations

	Proportion des exportations françaises assurées par la région %	Proportion des exportations françaises par habitant (multiplié par 10^7)
Alsace	6,42	36
Haute-Normandie	5,94	33
Midi-Pyrénées	6,09	22
Lorraine	5,14	22
Nord-Pas-de-Calais	8,62	21
Picardie	3,73	20
Rhône-Alpes	11,13	19
Centre	4,49	18
Franche-Comté	1,92	17
Île-de-France	18,76	16
Champagne-Ardenne	2,00	15
Bourgogne	2,27	14
Pays de la Loire	4,10	12
Auvergne	1,43	11
Aquitaine	3,24	10
Provence-Alpes-Côte d'Azur	4,77	10
Poitou-Charentes	1,38	8
Bretagne	2,12	7
Basse-Normandie	0,91	6
Limousin	0,44	6
Languedoc-Roussillon	1,29	5
Corse	0,00	0

Sources : Direction générale du Trésor et de la politique économique (MINEFI), et Assemblée des chambres françaises de commerce et d'industrie (décembre 2006).

et sacrifiée, et bien sûr culturellement dominée. Nous nous extasions sur les charmes de la Bretagne, de l'Aquitaine ou du Poitou, mais nous dépendons toujours pour notre niveau de vie de la Haute-Normandie, du Nord-Pas-de-Calais et de la Picardie.

CHAPITRE 6

L'exil des classes populaires

La carte 6.1 est l'une des plus claires de ce volume. Elle oppose nettement un Sud où la proportion d'ouvriers tombe à 20 % (en violet) à un Nord où elle reste supérieure à 30 % (en marron), mais troué de vides urbains, en violet. Elle combine un vaste zonage anthropologique venu du passé à un réseau urbain dont la montée en puissance est récente. Elle superpose la plus massive des modernités au plus évident des archaïsmes.

Le départ de l'industrie a donc entraîné celui des ouvriers. On voit sur la carte qu'ils sont d'autant plus nombreux que l'on est loin d'une agglomération importante. Ces villes sont souvent des préfectures, choisies en 1790 pour être facilement atteintes à pied par les ruraux, et donc placées au centre du département. C'est la raison pour laquelle les frontières des départements abritent les plus fortes proportions d'ouvriers. Éloignées des centres de décision, ce sont des zones de relégation où s'accumulent les éléments économiques et sociaux négatifs : dépopulation, transports difficiles, personnes âgées dans leurs maisons de retraite. Qui inclurait spontanément aujourd'hui, parmi les régions les plus ouvrières de France, le Vimeu, sous la baie de Somme, le plateau de Langres, les environs de Roanne, le Perche à la jonction de l'Orne, du Calvados et de la Manche ? Le dynamique Choletais seul, entre la Vendée et l'Anjou, échapperait peut-être à cet oubli. Ces

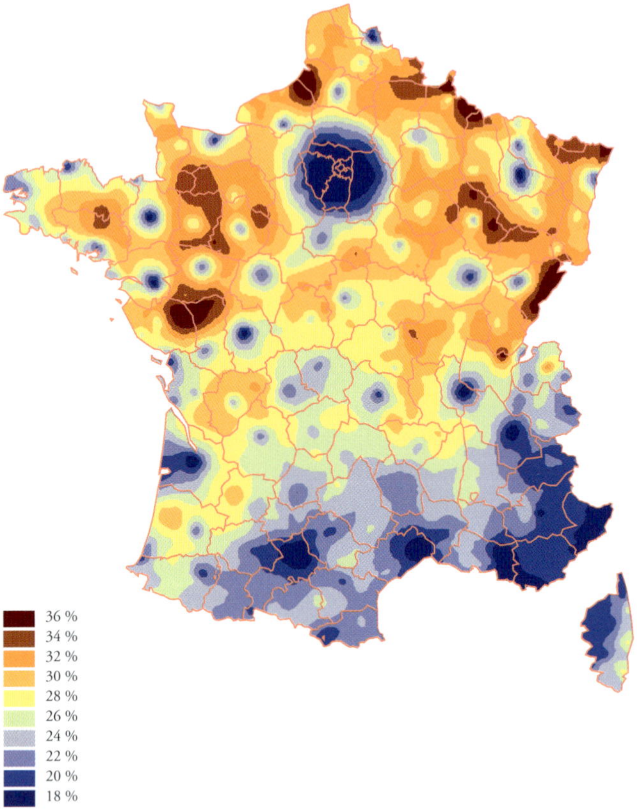

6-1. Les ouvriers en 2009

Pourcentage d'ouvriers dans la population active

petits pays ne regroupent certes pas la majorité des ouvriers français, mais ce sont ceux où ils sont le plus concentrés, des lieux où subsiste une classe ouvrière.

Ce monde de travailleurs est bien différent de celui qui habitait autrefois les faubourgs urbains, et était, lui, massif et doué d'une sociabilité autonome. Aujourd'hui, l'ouvrier idéal-typique, au sens de Max Weber, est rural et comme dissous dans le territoire. Il ne voisine pas avec ses compagnons de travail mais avec des agriculteurs et, plus encore, avec des employés, dont il est de plus en plus fréquemment le conjoint puisque près de 79 % des ouvriers sont des hommes et 78 % des employés des femmes.

TABLEAU 7
Les catégories socioprofessionnelles en France

	Proportion dans la population active en 2011 (%)	Proportion de femmes (%)
Agriculteurs exploitants	2	30
Artisans, commerçants, chefs d'entreprise	6,5	30
Cadres et professions intellectuelles supérieures	17,6	42
Professions intermédiaires	24,4	53
Employés	28,3	78
Ouvriers	21,1	21
dont :		
Ouvriers qualifiés	13,8	13
Ouvriers non qualifiés	7,3	37

Source : INSEE, enquête Emploi 2011.

Toujours la famille souche

Partout périurbaine ou rurale, l'implantation des ouvriers suit une autre régularité, qui oppose deux grandes parties de l'Hexagone : ils restent assez nombreux dans la partie nord de la France mais beaucoup moins au sud. Cette très ancienne division du territoire avait disparu pendant la période de forte industrialisation. Elle ressurgit, signalant qu'elle n'avait pas été arasée mais seulement recouverte. L'opposition famille nucléaire/famille souche se manifeste à nouveau, véritable leitmotiv anthropologique qui n'en finit pas de concurrencer le leitmotiv religieux, le couple catholicisme tardif/déchristianisation précoce.

La distribution des ouvriers dans l'espace national ne devrait pas être une surprise : elle dérive dans une large mesure de l'évolution éducative différentielle du nord et du sud du pays, elle-même déterminée en partie par les structures familiales. La carte 2.2 indiquait la proportion d'individus ayant obtenu le baccalauréat général ou plus entre 1962 et 1971 : elle faisait apparaître la même avance considérable du Sud, poussée qui a permis à un maximum d'individus de fuir la condition ouvrière dans les décennies qui ont suivi. L'impact positif et tardif du catholicisme sur l'éducation, dans l'enseignement général comme dans l'enseignement technique, devrait amener dans les années qui viennent un début de réconciliation cartographique entre le monde ouvrier et le niveau éducatif général. Les trous urbains de la carte renvoient quant à eux à l'afflux de jeunes éduqués du supérieur au cœur des villes, qui, de fait, les rend simultanément postindustrielles et postouvrières.

La relégation territoriale du prolétariat est un destin bien tragique pour la classe que Marx avait désignée comme agent principal de la transformation révolutionnaire. À moins justement que cette mise à l'écart ne représente le point d'aboutissement de deux siècles de luttes de classes et une absolue défaite du prolétariat. Ne pourrait-on d'ailleurs pas mettre sur le même plan l'expulsion des ouvriers hors des villes, vers des espaces intérieurs mais isolés de la nation, et l'utilisation d'ouvriers extérieurs beaucoup plus lointains, vivant en Chine ou dans d'autres pays émergents ? La relégation du prolétariat est générale.

Si nous situons maintenant dans l'espace les artisans et les petits commerçants (carte 6.2), nous voyons apparaître une opposition nord/sud complémentaire de celle des ouvriers : ces professions sont plus fréquentes dans le Midi, en pays de famille souche et de propriété paysanne. En France, en ce début de IIIe millénaire, le postindustriel ramène au préindustriel : les ouvriers subsistent dans ce Nord où les ouvriers agricoles étaient nombreux au XVIIIe siècle. Les artisans et commerçants prospèrent au Sud, où l'exploitation familiale par des paysans propriétaires dominait sous l'Ancien Régime (carte 6.3). Les traditions opposées du salariat et de la petite entreprise ont survécu à la brève parenthèse d'une société industrielle dominante. Les déterminations économiques passent, les structures anthropologiques restent. Les lieux ont décidément bonne mémoire.

Ouvriers, artisans et commerçants ont en commun de ne pas avoir accédé en masse à l'enseignement supérieur. La nouvelle stratification éducative les met en bas de l'échelle, ce qui va se traduire, en termes géographiques, pour les uns comme pour les autres, par une répartition périphérique dans l'espace,

Artisans et commerçants apparaissent, selon le recensement, aussi éloignés du centre des grandes villes que les ouvriers, et tout aussi concentrés sur les frontières des départements. La plainte récurrente des urbains, et particulièrement des Parisiens, de ne pas trouver un plombier ou un électricien trouve peut-être ici une confirmation chiffrée.

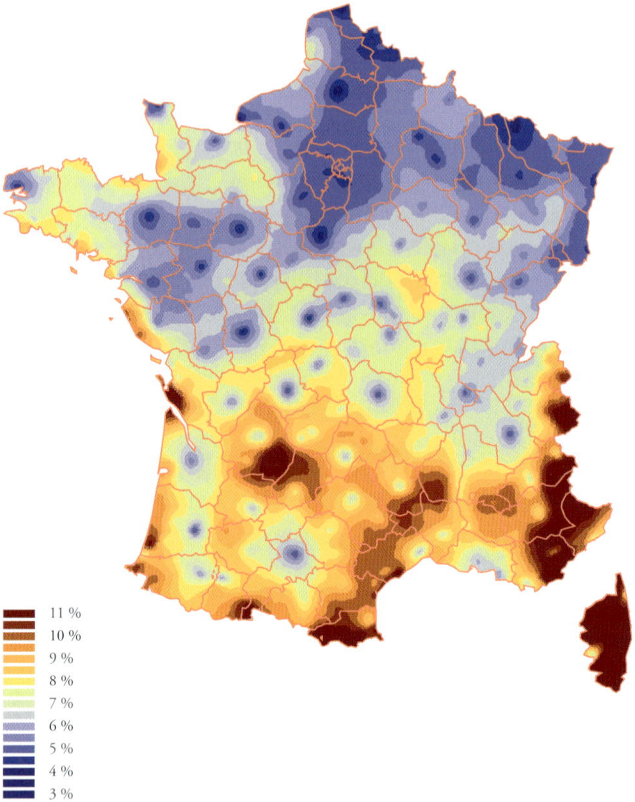

6-2. Les artisans et commerçants en 2009

Pourcentage d'artisans et de petits commerçants dans la population active

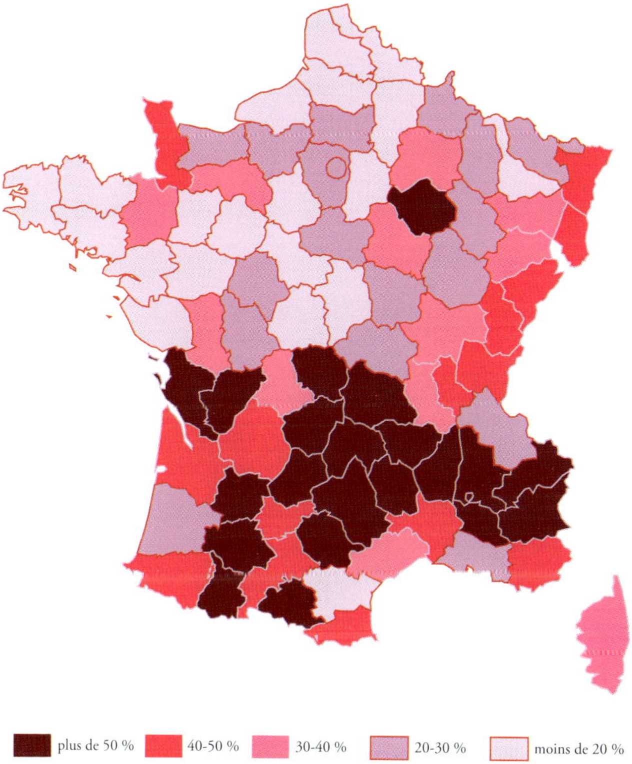

6-3. Paysans propriétaires en 1851

Pourcentage de paysans propriétaires de la majorité de leurs terres en 1851

N'oublions pas cependant que beaucoup de ces artisans et petits commerçants travaillent en ville mais habitent dans des banlieues lointaines, le métier de chauffeur de taxi optimisant cette alternance.

Si l'on trace la carte globale de la proportion d'ouvriers, artisans et petits commerçants (carte 6.4), on s'aperçoit qu'elle ressemble, par son uniformité mitée par le système urbain, à celle des derniers agriculteurs (carte 6.5). Les professions culturellement dominées semblent toutes se réfugier à la campagne. Avant de disparaître ? Nous n'en sommes pas là puisque ces catégories représentent encore un bon tiers de la population active, plus de quinze fois le nombre des agriculteurs, Mais le dispositif de refoulement est en place. Une différence importante apparaît en Alsace et dans la région Rhône-Alpes où, à cause d'une dynamique industrielle plus forte, les agriculteurs sont quantitativement insignifiants. À l'est, la campagne – malgré quelques beaux vignobles alsaciens – n'est plus agricole mais toujours populaire.

Une nouvelle noblesse urbaine

Qui a remplacé les ouvriers et les artisans dans les villes ? La réponse porte le doux nom de *gentrificatio*n. La reconquête des quartiers populaires des centres-ville progresse dans le monde entier, de Mexico à Pékin, de New York, où même Harlem devient chic, à Paris – où la Goutte d'or semble sur le point de devenir un autre Montmartre. La carte de la répartition des cadres et professions intellectuelles supérieures (carte 6.6) confirme ce mouvement jusqu'à l'absurde. Ces professions sont de trois à cinq fois plus présentes au centre des grandes villes que dans le rural profond, et elles se permettent en outre de choisir, parmi les villes, les plus belles, les plus universitaires, etc.

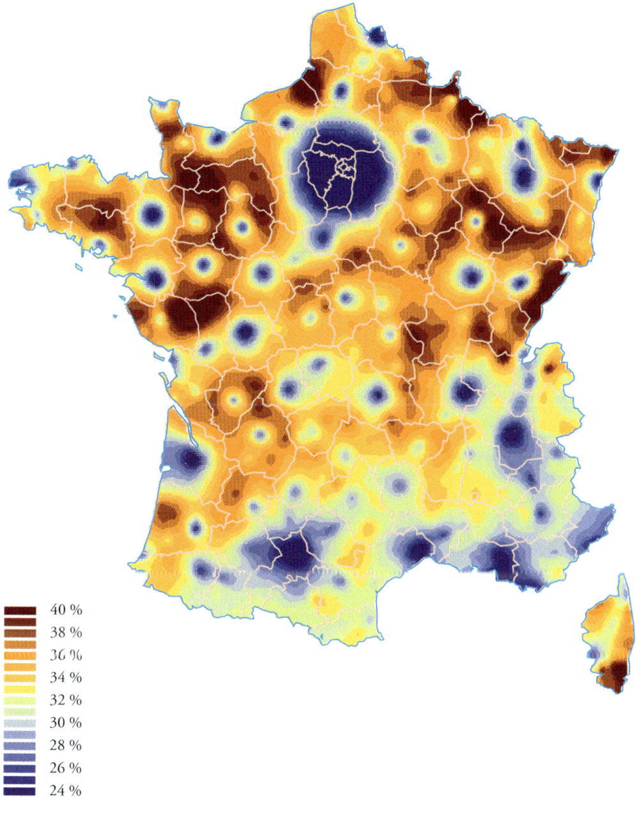

6-4. Les métiers populaires traditionnels en 2009

Pourcentage d'ouvriers, d'artisans et de petits commerçants dans la population active

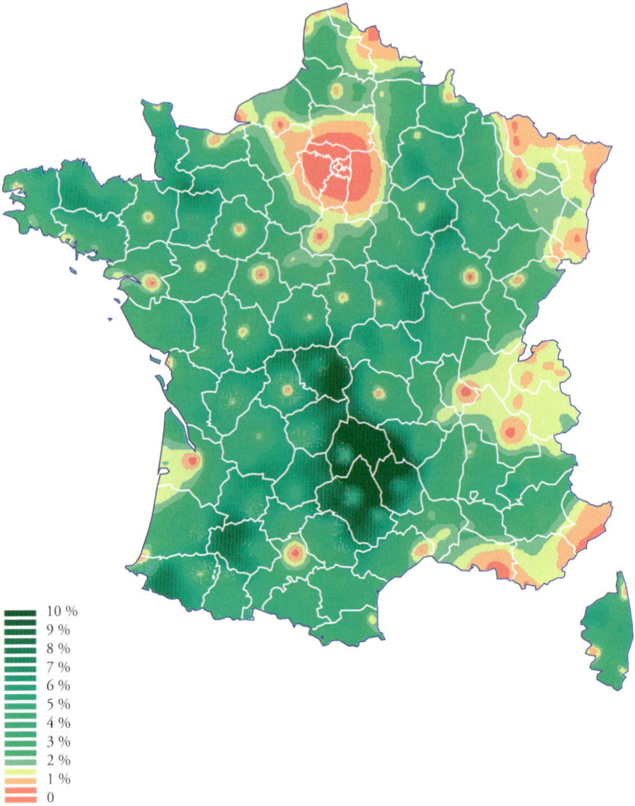

6-5. Les paysans en 2009

Pourcentage d'agriculteurs dans la population active

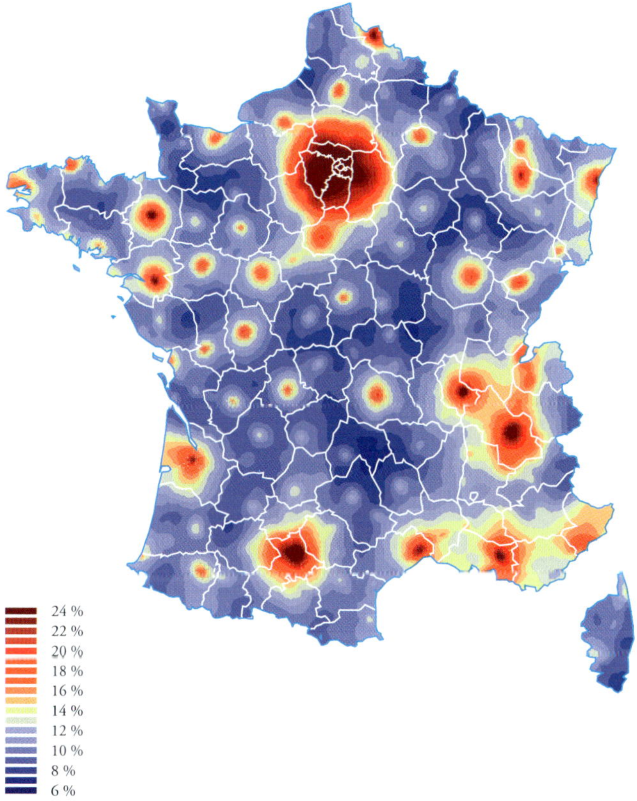

6-6. Les cadres en 2009

Pourcentage de cadres et professions libérales
dans la population active

Elles préfèrent Aix à Marseille, Montpellier à Nîmes, Rouen au Havre, Strasbourg à Mulhouse, Lyon à Saint-Étienne, bref ce que les géographes appellent les « villes de commandement », qui organisent et dirigent un territoire. Pour autant, toutes les petites villes ne sont pas négligées. On y trouve de nombreux cadres et professions intellectuelles supérieures : Aurillac, Bergerac, Saint-Dié… Les rares irrégularités laissant apparaître du cadre supérieur rural sont facilement explicables : installations de la recherche spatiale à Pleumeur-Bodou, au cœur des Côtes-d'Armor, résidences de fonctionnaires internationaux genevois à Annemasse, sur les bords du lac Léman. Les anciennes petites villes industrielles sont impitoyablement gommées : on chercherait en vain sur la carte Alès, Thionville, Montluçon, Roanne, Le Creusot ou Maubeuge.

La nouvelle pauvreté urbaine

L'histoire est rapide en ces temps de décollage éducatif et de globalisation économique, et l'image de villes privilégiées, régnant à la manière des cités italiennes de la Renaissance sur une campagne de métayers exploités, restera pour nous un instantané fugace. Le cadre supérieur bien payé est l'homme d'une génération qui vieillit, sexagénaire souvent, quinquagénaire parfois encore. Les diplômés du supérieur des générations suivantes, beaucoup plus nombreux, doivent affronter l'écrasement des salaires et l'instabilité des emplois qui résultent, conformément à la théorie économique, du libre-échange[1]. Le trop célèbre « bobo », s'il est effectivement bourgeois par le

1. Selon le théorème de Heckscher-Ohlin, le facteur de production relativement le plus rare dans un pays donné est défavorisé : dans le monde développé, les jeunes et les ouvriers.

niveau éducatif, ne l'est guère par le niveau de revenu et peine à payer son loyer. S'il a des enfants et besoin d'un peu d'espace, il doit migrer vers une banlieue proche et s'estimer heureux d'y rester sans devoir aller jusqu'aux franges du périurbain.

Nous devons percevoir dans les villes une dynamique historique continue. Une fois de plus, l'éducation apparaît en moteur du mouvement. Dans un premier temps postindustriel, elle a fait des villes des pôles de privilège social ; dans un deuxième, qui ne fait que commencer, celles-ci deviennent les lieux de concentration d'une nouvelle pauvreté éduquée.

Complétons ici notre tableau social de cette ville postindustrielle qui ne réussira pas à chasser tous ses pauvres. Elle est aussi un lieu d'immigration. Qu'ils soient encore étrangers ou aient acquis la nationalité française, une large part des immigrés sont des ouvriers peu qualifiés. Beaucoup sont installés dans les agglomérations, particulièrement dans leurs centres. Leur distribution sur le territoire est donc presque l'inverse de celle des ouvriers nés de parents français : ils résident plus fréquemment dans les grandes agglomérations, et aussi au Sud. Ils ne sont pas en concurrence immédiate avec des ouvriers anciens mais ne sont pas non plus à leurs côtés. La « classe ouvrière » est encore parfois évoquée par les syndicats ou par quelques sociologues, mais elle devient fort abstraite, brisée et répartie en îlots, distincts spatialement et, au stade actuel, ethniquement.

Les professions « intermédiaires » sont spatialement intermédiaires

La répartition dans l'espace français des professions dites intermédiaires (carte 6.7) justifie cette catégorie en

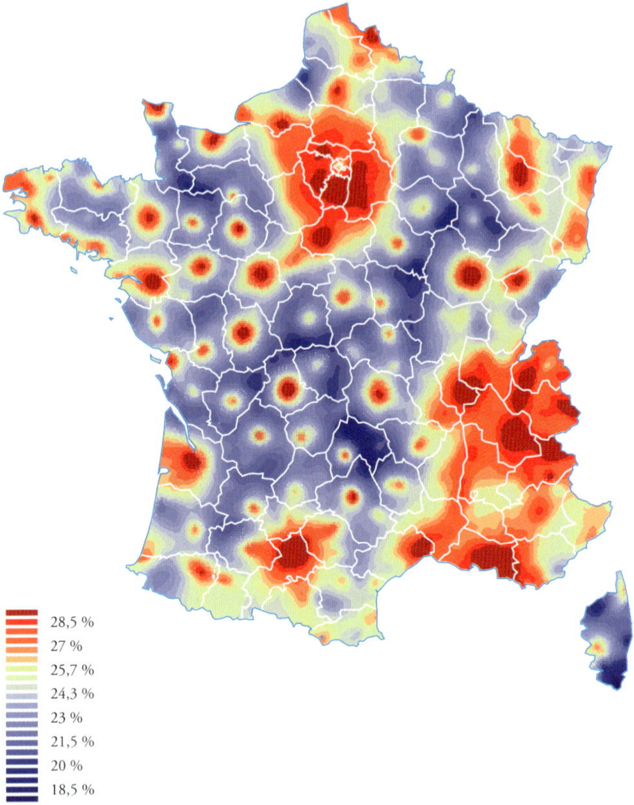

6-7. Les « intermédiaires » en 2009

Pourcentage de professions intermédiaires
dans la population active

apparence fourre-tout de l'INSEE. Elle regroupe, entre autres, les instituteurs, les infirmières, les agents de maîtrise et les techniciens. Mais sa distribution géographique est claire. Elle s'intercale entre la concentration des cadres urbains et la dispersion des artisans et des ouvriers ruraux. Elle occupe l'espace interstitiel aux abords immédiats des grandes villes et des plus petites villes, qui refont ici surface sur la carte, ainsi Morlaix, Valenciennes, Saintes ou Bar-le-Duc, pour ne donner que quelques exemples. La réalité « géographique » de cette catégorie des professions intermédiaires montre que l'ancienne catégorie des ouvriers a commencé d'éclater en une élite technicienne, qui s'est rapprochée des classes supérieures, y compris dans l'espace, et un prolétariat peu qualifié qui s'est éloigné des centres, pulvérisé dans l'espace rural.

Les employés, les femmes et l'État

Nous avons laissé pour la fin la catégorie socioprofessionnelle la plus massive, la plus caractéristique, peut-être, de la société postindustrielle, les employés : 28 % de la population active, contre 24 % pour les professions intermédiaires, 21 % pour les ouvriers, 17,6 % pour les cadres et professions intellectuelles supérieures, 6,5 % pour les artisans commerçants et chefs d'entreprise, 2 % pour les agriculteurs. Près de 80 % des employés sont des femmes. Les professions intermédiaires qui les suivent immédiatement en termes de féminisation le sont à seulement 53 %.

La rareté des hommes dans le groupe suggère qu'il ne pourrait être autonome dans la vie sociale, sous peine de célibat généralisé. Les employées vont être femmes d'ouvriers, de cadres ou de techniciens, et ces liens multiples devraient entraîner une dispersion géographique des employées. Leur insertion dans l'espace serait

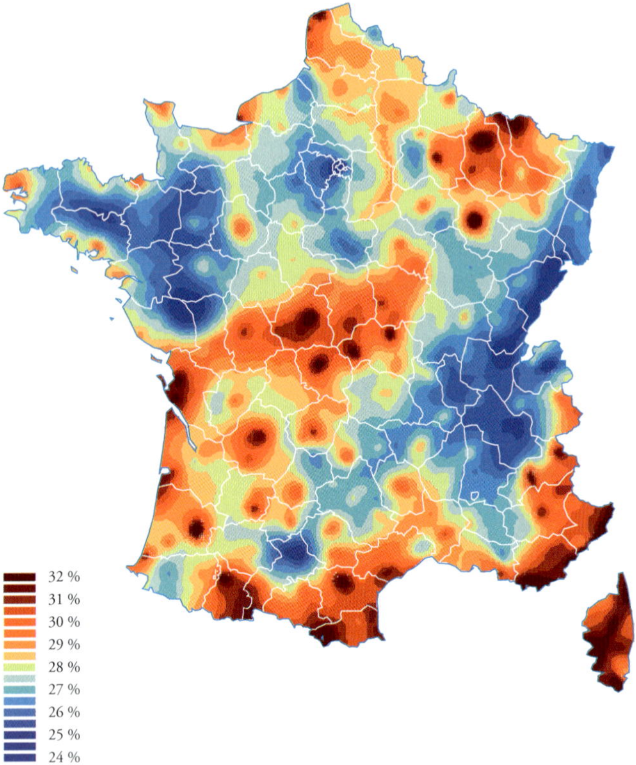

6-8. Les employés en 2009

Pourcentage d'employés dans la population active

dépendante de celle des autres groupes. Un tel raisonnement n'est pas dépourvu de sexisme puisque le groupe ouvrier, masculin à 80 %, doit aussi trouver ses conjoints à l'extérieur, chez les employées justement. Pourquoi la profession de l'homme déterminerait-elle plus que celle de la femme le lieu de résidence du ménage ?

Un premier coup d'œil à la carte des employés (carte 6.8) peut donner l'impression d'une répartition dépourvue de sens. Les villes ne définissent aucune polarisation claire. Quant aux grandes zones repérables, elles sont loin d'évoquer immédiatement une détermination quelconque : un axe horizontal rouge à l'extrême Sud entre les Alpes-Maritimes et les Hautes-Pyrénées, une large bande transversale entre la Gironde et la Nièvre, une troisième flaque couvrant le Nord et le nord-est du Bassin parisien. Quelle cohérence derrière cette géographie des employés ? Une lecture inverse fixant les zones où le groupe est le moins représenté peut suggérer un rapport négatif au catholicisme : plus d'employés en zone de déchristianisation ancienne, de républicanisme précoce ? L'hypothèse n'est pas absurde mais certainement insuffisante. L'effet repoussoir du catholicisme semble beaucoup plus clair qu'une éventuelle stimulation par la laïcité : le cœur laïc du Bassin parisien ne semble guère encourager une multiplication du nombre des employés au-delà de la moyenne nationale.

Cherchant un élément positif, nous pouvons trouver un lien assez direct avec le politique. Allons tout de suite au cœur, non du côté de l'idéologie, de la religion ou des alignements partisans, mais du côté de l'État et de ses employés. Dans notre société postindustrielle, sa puissance coexiste bizarrement avec celle de l'idéologie néolibérale. On peut la mesurer par la pression fiscale ou par le nombre de ses agents. Par définition omniprésent dans l'Hexagone, l'État devrait-il être homogène, et répartir ses fonctionnaires équitablement sur l'ensemble du territoire national ?

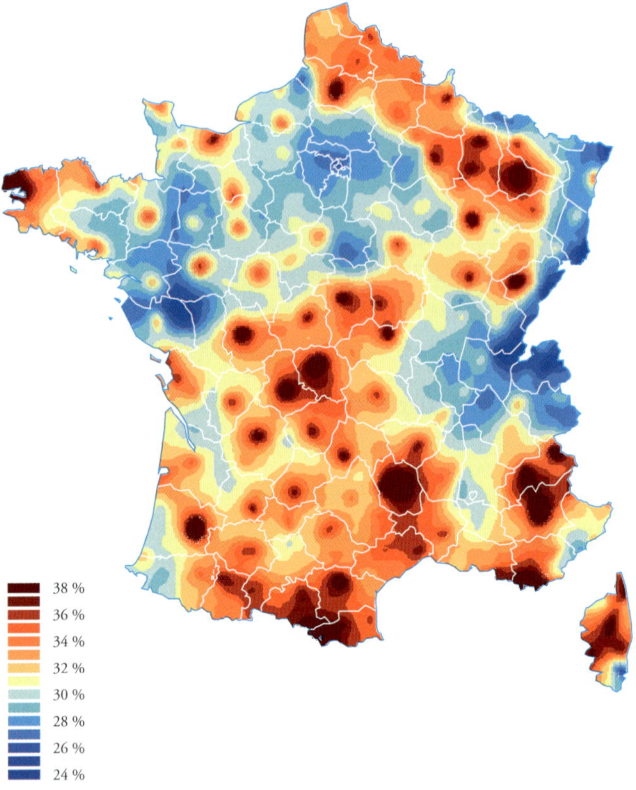

6-9. Les agents de l'État en 2009

Pourcentage d'actifs travaillant dans le secteur public

La carte décrivant la proportion de la population employée dans la fonction publique (carte 6.9), qui inclut des cadres, des professions intermédiaires, des employés et quelques ouvriers, fait apparaître un zonage d'une grande simplicité avec des scores atteignant 32 à 35 % d'agents publics dans un vaste Midi, contournant la région Rhône-Alpes jusqu'à la Nièvre, et dans le nord-nord-est du Bassin parisien entre les Vosges et le Pas-de-Calais. Les petites villes sont bien représentées, les métropoles non.

En revanche, dans l'Ouest intérieur, au cœur du Bassin parisien, en région Rhône-Alpes et en Alsace, la proportion de la population active employée par le secteur public tombe à 25 %. Cette carte est explicable par le couple dissocié « dynamisme éducatif/dynamisme économique ». L'afflux de femmes éduquées nourrit l'État au sud, le reflux industriel accroît la masse relative de l'État au nord. Nous retrouverons cette carte fondamentale lorsque nous en viendrons à l'interprétation politique.

Dans le contexte plus restreint de ce chapitre, nous devons surtout voir le lien entre cette carte du secteur public et celle des employés. La correspondance est normale. En tant qu'agent économique, l'État opère surtout dans le secteur tertiaire, qui mobilise beaucoup d'employés. Notons toutefois que le tiers seulement des employés appartiennent au secteur public. La capacité de l'État à influer sur la distribution spatiale des employés n'en apparaît que plus remarquable. Il ne garantit pas l'homogénéité du territoire national en répartissant ses agents de façon égalitaire, mais en plaçant ou maintenant une partie de ses services en contrepoids de la dynamique du secteur privé. La carte cependant est loin de suggérer une répartition optimale. Si la masse relative des administrations publiques dans les zones industrielles sinistrées du Nord et du nord-est du Bassin parisien se justifie pleinement, le dynamisme étatique du Midi apparaît quelque peu exagéré, reflet d'une tradition locale de dépendance à la fonction publique plutôt que d'une juste politique d'équilibre entre les territoires.

CHAPITRE 7

Inégalités économiques

La montée des inégalités économiques sera sans doute pour les historiens futurs – avec Internet, l'émergence de la Chine, l'émancipation des femmes et le mariage pour tous – l'un des traits distinctifs de ce début de IIIe millénaire. L'OCDE, l'un des temples de l'orthodoxie néolibérale, a fini par s'en inquiéter. Plusieurs de ses études mettent en évidence la montée générale du coefficient de Gini, l'une des meilleures mesures de l'inégalité des revenus, ou de l'augmentation de la part du revenu national accaparée par les 10 % les plus favorisés par rapport à celle des 10 % les moins payés[1]. L'OCDE tente de minimiser le rôle de la globalisation économique dans cette progression de l'inégalité. Ses économistes restent, comme ceux des banques, des mercenaires. C'est sans importance : leur refus d'une interprétation admise par la plus orthodoxe théorie libérale du commerce international ne retire pas à ces études leur intérêt empirique.

Le coefficient de Gini varie de 0, si tous les revenus sont égaux, à 1 si une seule personne perçoit l'ensemble du revenu national. Il était, pour l'ensemble des pays de l'OCDE – revenus mesurés après transferts fiscaux et

1. « An Overview of Growing Income Inequalities in OECD Countries : Main Findings », *Divided we Stand : Why Inequality Keeps Rising*, OECD, 2011.

sociaux –, de 0,290 au milieu des années 1980. Il a atteint 0,316 vers 2010. Mais les différences d'évolution entre nations sont aussi fascinantes que le mouvement général.

La France semble une exception, aux côtés de la Belgique, de la Hongrie, de la Grèce et de la Turquie, par sa longue résistance à l'inégalité. Nous voyons la marche triomphale des revenus les plus élevés commencer aux États-Unis et au Royaume-Uni dès la fin des années 1970 (coefficients de Gini de 0,38 et 0,35 respectivement à la veille de la grande récession). Elle se généralise à la fin des années 1980, pour toucher enfin, au début des années 2000, des pays traditionnellement égalitaires comme l'Allemagne, la Suède, la Norvège, le Danemark et la Finlande. Ne confondons pas point de départ et mouvement. En termes d'inégalité, la France partait de plus haut, malgré la chute de son coefficient de Gini entre 1963 et 2007. En Allemagne, la hausse a seulement conduit au niveau de la France (0,30). Les pays scandinaves, malgré l'augmentation qui a fini par les atteindre, restent plus égalitaires (autour de 0,25).

De l'OCDE à Marx

Ne nous arrêtons pas à la méthode de l'OCDE. Dans chaque pays, le monde des riches est une poupée russe. À l'intérieur des 10 % se cachent les 1 % les plus riches, qui dissimulent eux-mêmes les 0,1 %, les 0,01 % et ainsi de suite. Le monde des riches est inégalitaire. Dans ses études comparatives, Thomas Piketty a judicieusement attiré l'attention sur l'évolution spécifique des plus hauts revenus – 1 %, 0,1 % ou 0,01 % –, qui peuvent diverger notablement de ces 10 % sur lesquels l'OCDE veut attirer notre attention. Dans le cas de la France par exemple, l'augmentation des revenus des 10 % supérieurs est pour l'essentiel entraînée par celle des 1 %, l'évolution positive étant des plus modestes pour les 9 % suivants. Les vrais gagnants sont bien sûr les 0,1 %, où nous retrouvons le monde des affaires, plus quelques chanteurs, acteurs et footballeurs, souvent issus de milieux modestes mais parfois transformés par l'inégalité des temps en feuilles de vigne de la classe capitaliste.

Dans le cas de la France, homogène dans sa résistance à l'inégalité jusqu'à l'approche de l'an 2000, les plus hauts revenus ont fini par se séparer de la masse des 10 % supérieurs dans la première décennie du IIIe millénaire. Ainsi que l'écrit Camille Landais, « les indicateurs d'inégalité fondés sur des comparaisons inter déciles, du type rapport du revenu au seuil du dernier décile sur le revenu au seuil du premier décile sont donc naturellement aveugles à cette explosion récente des très hauts revenus[1] ».

Cette explosion des revenus les plus élevés ne peut pas faire de la France un pays très inégalitaire dans le monde le plus développé. La part du revenu national accaparé par les 1 % les plus riches était, vers 2000 et avant transferts, de 7,8 % en France, contre 8,2 % au Japon, 11,2 % en Allemagne, 12,7 % au Royaume-Uni et 16,9 % aux États-Unis. Seule la Suède était, à cette date, plus égalitaire que la France avec 6,0 %[2]. Notons quand même la puissance inattendue de la classe supérieure allemande, masquée par l'analyse en termes de déciles.

Combinant l'approche OCDE par les 10 % et la technique utilisée par Thomas Piketty avec les 1 %, nous pouvons dessiner un modèle des rapports de forces entre classes qui ne se contente pas d'opposer la masse de la population à une fraction supérieure mal définie, mais qui distingue et

1. Camille Landais, « Les hauts revenus en France (1998-2006) : Une explosion des inégalités ? », École d'économie de Paris, juin 2007, p. 7.

2. D'après Anthony B. Atkinson, Thomas Piketty *et al.*, *Top Incomes over the XXth Century* », Oxford, Oxford University Press, 2007.

oppose les classes vraiment supérieures (les 1 %, mais une étude plus fine devrait aussi cibler les 0,1 %) aux classes moyennes supérieures (les 9 % suivants). La spécificité de l'évolution française devient évidente. En France, les classes supérieures ont tardivement réussi à se détacher de la masse, mais les classes moyennes supérieures y sont restées soudées et ne sont pas sorties du modèle égalitaire de l'après-guerre. Nous voyons donc se recréer la configuration de classes qui avait conduit à la révolution de 1789, avec une aristocratie coupée, non pas seulement du peuple, mais surtout de cette strate moyenne supérieure dont dépend l'équilibre politique de la société. Depuis Aristote, l'usage est de désigner cette couche, plus modestement, par l'expression « classe moyenne ». C'est cette distribution des forces qui a permis à François Hollande d'être élu en désignant les riches – implicitement les 1 % ou les 0,1 % supérieurs – plutôt que les immigrés comme problème principal de la société française.

Notre analyse, qui distingue, par exemple, la bourgeoisie financière des cadres de l'éducation et de la recherche, conduit à une étude précise des affrontements entre groupes dominants, différente mais cousine de celle proposée par Marx dans *Les Luttes de classes en France*[1].

Nous n'avons pas besoin de cartes pour localiser les 1 %. Nous savons qu'ils ont pour la plupart au moins une résidence à Paris ou dans l'une des métropoles provinciales. La cartographie des coefficients de Gini et des déciles nous permet en revanche de décrire des équilibres sociaux régionaux, et ce d'autant mieux que nous pouvons voir localement à quel point les 10 % supérieurs sont riches ou les 10 % inférieurs pauvres. N'oublions cependant jamais, si nous voulons comprendre le rapport de la France à l'égalité, que nous devons tenir compte des 1 % supérieurs,

1. Paris, Gallimard, 2002 (1850).

concentrés en un point du territoire mais dont l'ombre porte sur l'ensemble du système national.

Adam Smith, l'égalité et la morale

Dans le monde enchanté des économistes, les inégalités ont un sens… économique. La foi de ces spécialistes de la richesse et de la pauvreté en la logique interne de leur discipline est compréhensible, identitaire au fond, mais elle représente une sérieuse rupture avec les traditions religieuses ou philosophiques antérieures. Celles-ci cherchaient plutôt du côté de la morale, ou plutôt de l'immoralité, la cause de l'inégalité de richesse entre les hommes. Il serait un peu facile de citer saint Augustin ou Rousseau. Constatons qu'Adam Smith, père fondateur de l'économie politique, n'avait pas fait le grand saut. L'inégalité ne se justifiait nullement pour lui par l'intelligence, la compétence ou l'efficacité intrinsèque des individus. Elle résultait de la division sociale du travail. La prétention actuelle des privilégiés du revenu à « valoir » plus que les autres, à justifier leurs privilèges par une utilité économique plus grande, aurait rendu perplexe, attristé peut-être, l'auteur de *La Richesse des nations*. Smith l'Écossais croyait en l'égalité des hommes et l'un de ses développements va nous préparer à l'examen des inégalités économiques, dont l'amplitude dépend largement, nous allons le voir, de facteurs extra-économiques, éducatifs et religieux.

« Dans la réalité, la différence des talents naturels entre les individus est bien moindre que nous ne le croyons, et les aptitudes si différentes, qui semblent distinguer les hommes de diverses professions quand ils sont parvenus à la maturité de l'âge, n'est pas tant la cause que l'effet de la division du travail, en beaucoup de circonstances. La différence entre les hommes adonnés aux professions les plus opposées, entre un philosophe, par exemple, et un portefaix, semble provenir beaucoup moins de la nature que de l'habitude et de l'éducation. Quand ils étaient l'un et l'autre au commencement de leur carrière, dans les six ou huit premières années de leur vie, il y avait peut-être entre eux une telle ressemblance que leurs parents ou camarades n'y auraient pas remarqué de différence sensible. Vers cet âge ou bientôt après, ils ont commencé à être employés à des occupations fort différentes. Dès lors a commencé entre eux cette disparité qui s'est augmentée insensiblement, au point qu'aujourd'hui la vanité du philosophe consentirait à peine à reconnaître un seul point de ressemblance[1]. »

La vanité que nous devons affronter aujourd'hui est plutôt celle de gens de la finance qui croient valoir leurs revenus plutôt que celle de philosophes qui surestiment le poids de leurs mots.

Huit cartes vont nous permettre d'analyser les inégalités dans l'espace français (cartes 7.1 à 7.8). Nous demandons au lecteur de les regarder tout d'abord rapidement les unes après les autres comme une séquence dynamique. Celle-ci permet de saisir une émergence, un processus, et de se projeter dans une certaine mesure vers l'avenir. La lecture détaillée de chacune de ces cartes ne devrait constituer qu'un second moment. Elles vont situer dans l'espace français, successivement : la richesse des plus riches, la pauvreté des plus pauvres, l'inégalité mesurée par le coefficient de Gini, le rapport entre décile supérieur et décile inférieur de la distribution des revenus, le taux de chômage total, le taux de chômage des plus de 55 ans, celui des 15-24 ans, et enfin les familles monoparentales.

1. *Recherches sur la nature et les causes de la richesse des nations*, Paris, Flammarion, 1999 (1776).

Nous considérons le chômage comme l'un des indicateurs fondamentaux de l'inégalité.

Privilège religieux

Ce qu'il faut sentir, lorsque l'on passe des riches aux pauvres, des vieux aux jeunes, puis lorsque l'on atteint les familles monoparentales, c'est la montée en puissance, dans l'explication de l'inégalité, de deux variables : en première instance, l'éducation et en seconde instance, la religion, ou son absence. L'inégalité qui se développe touche de plus en plus des zones de faible niveau éducatif, qui sont elles-mêmes de plus en plus souvent les zones anciennement déchristianisées de l'espace français. Au moment où nous écrivons, l'ajustement n'est pas achevé.

La carte 7.4 décrit l'inégalité par le rapport du décile supérieur au décile inférieur ; la carte 7.7 la saisit, plus brutalement encore, par le taux de chômage des 15-24 ans. Toutes deux se rapprochent tendanciellement des cartes détaillant au chapitre 2 les inégalités régionales d'éducation (cartes 2.3, 2.4 et 2.5).

Si nous remontons d'un cran dans la chaîne des causalités, nous devons admettre que les cartes de l'inégalité ou du chômage renvoient aussi à celles de l'opposition « déchristianisation ancienne/catholicisme tardif » (cartes 1.5 et 1.6 du chapitre premier). Nous avions évoqué, pour comprendre l'ultime poussée éducative des années 1985-1995, le dynamisme spécifique induit par la disparition finale du catholicisme dans ses bastions, et l'effet positif du « catholicisme zombie ». L'affection traditionnelle de l'Église pour le travail manuel expliquait quant à elle une spécialisation professionnelle et technique protectrice dans le contexte économique actuel. On pourrait, symétriquement, souligner les moindres performances – qu'il s'agisse d'éducation

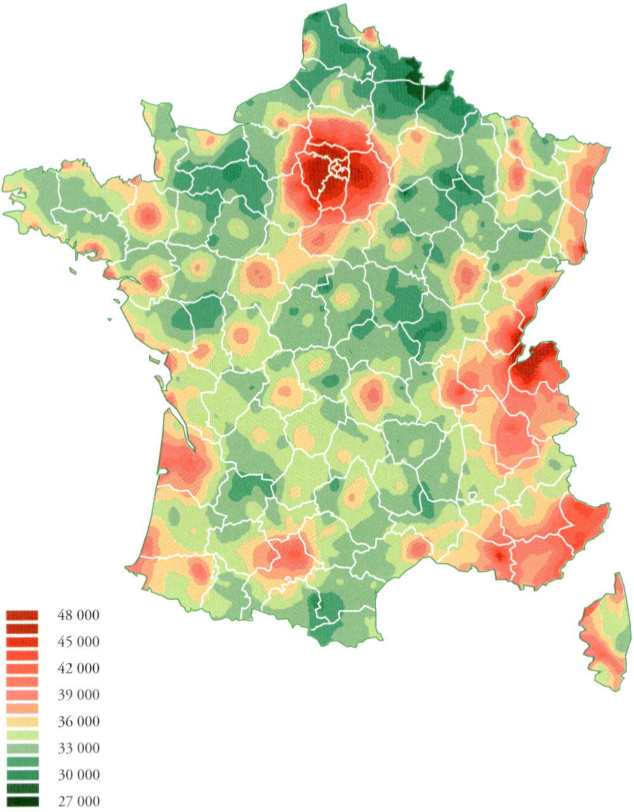

7-1. Riches parmi les riches

Revenu annuel du dernier décile
(montant au-dessus duquel on trouve les 10 %
de revenus les plus élevés)
(en euros en 2010)

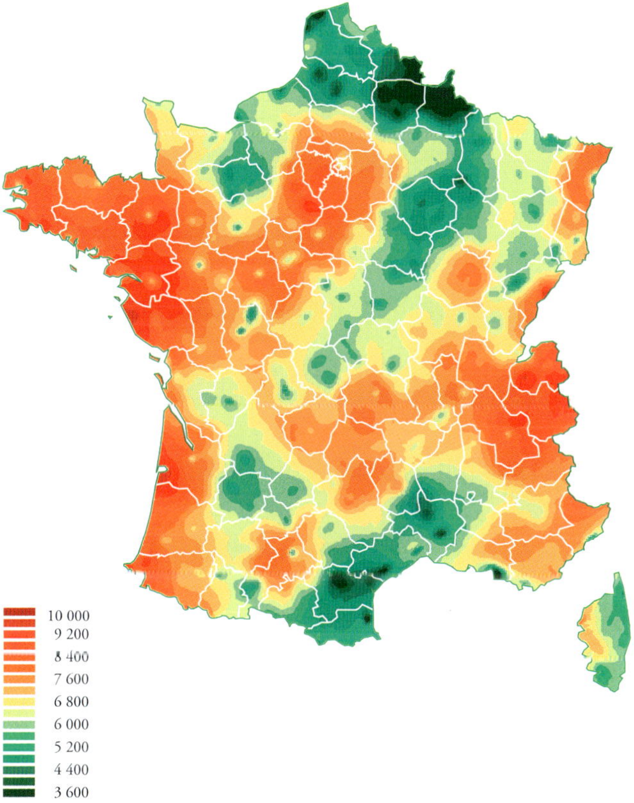

7-2. À quel point pauvres ?

Revenu annuel du premier décile
(montant au-dessous duquel on trouve les 10 %
de revenus les plus faibles)
(en euros en 2010)

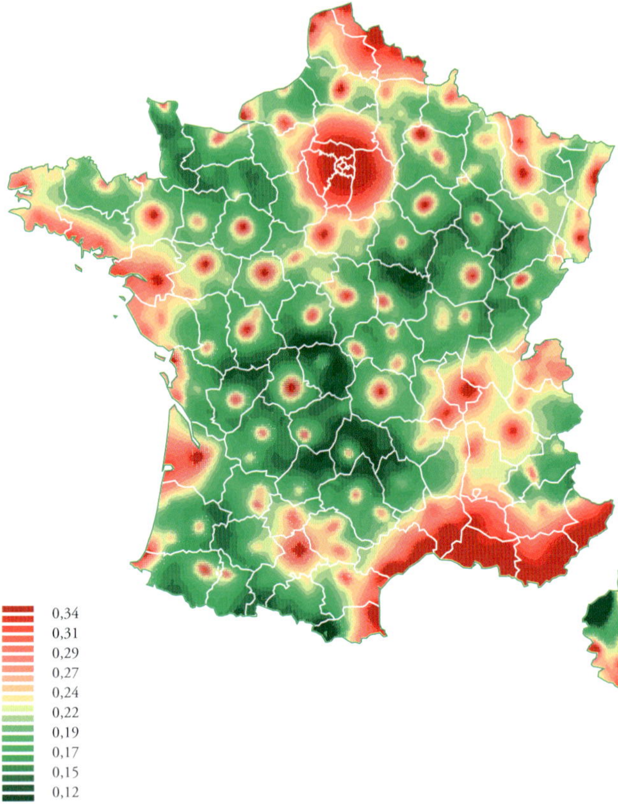

7-3. Inégalité 1 : le coefficient de Gini

Inégalité des revenus par unité de consommation en 2010

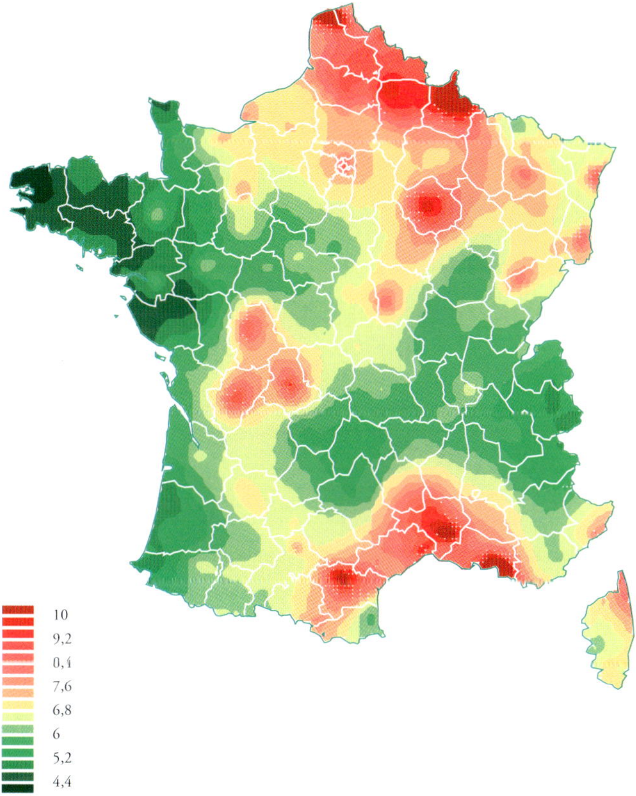

7-4. Inégalité 2 : le rapport inter-décile

Revenu du dernier décile (le plus riche)
divisé par le revenu du premier décile (le plus pauvre) en 2010

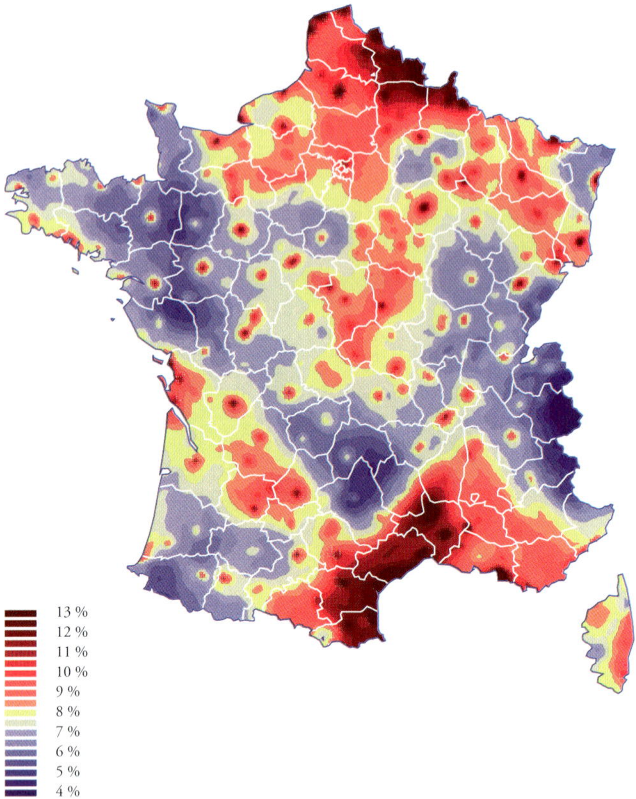

7-5. Taux de chômage en 2008

Pour les hommes de 25 à 55 ans

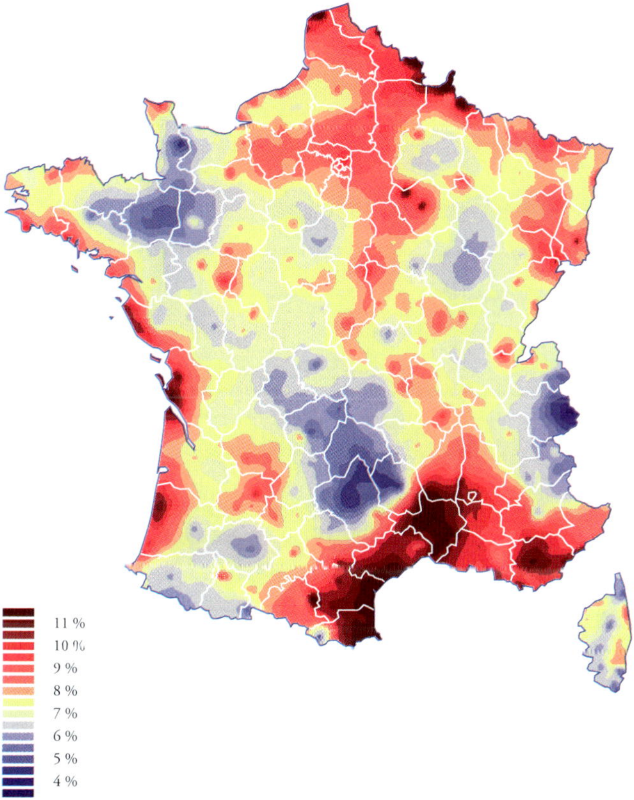

7-6. Le chômage avant la retraite

Taux de chômage en 2008 pour les actifs de 55 à 65 ans

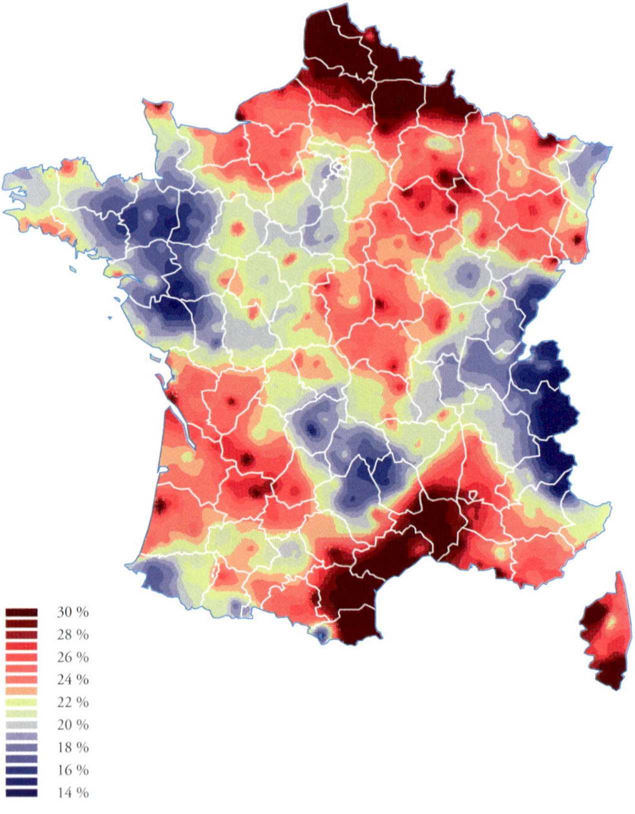

7-7. Le chômage des jeunes

Taux de chômage en 2008 pour les actifs de 16 à 24 ans

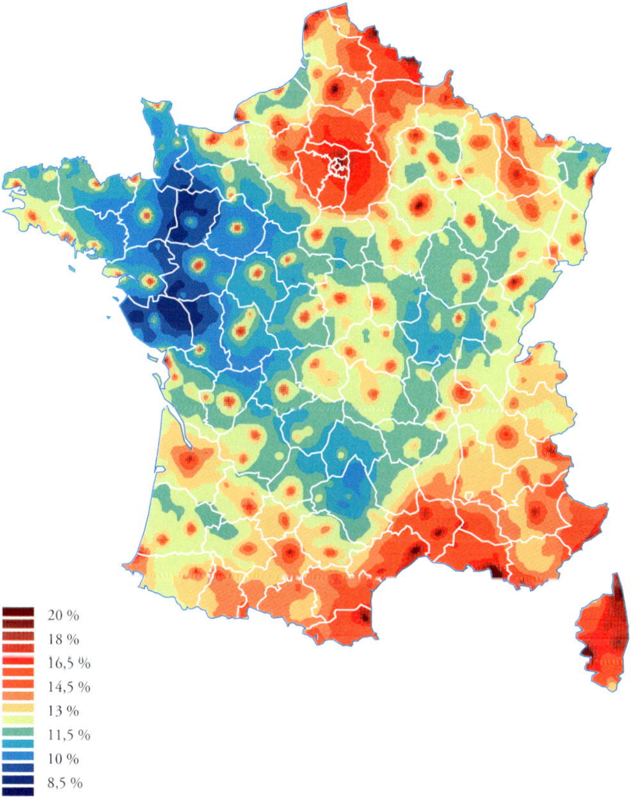

7-8. Familles monoparentales

En pourcentage de l'ensemble des familles en 2009

ou d'emploi – des anciennes zones révolutionnaires, et notamment des populations de tradition communiste. Il est particulièrement cruel de voir une montée spécifique de la pauvreté et donc de l'inégalité s'inscrire peu à peu dans ces régions, inversion tragique du message révolutionnaire, que celui-ci ait été républicain ou bolchevique.

Dépression postcommuniste

Nous devons comprendre cette inversion, qui fait partie du mystère français. Il n'est pas impossible d'imaginer, répondant silencieusement et tristement au sentiment positif de libération intellectuelle des catholiques de l'Ouest, d'Alsace, des Alpes, du Massif central ou du Pays basque, une déprime idéologique et culturelle des populations anciennement laïcisées. On aurait tort de sous-estimer l'effet dépressif sur la société française de l'effondrement de la croyance communiste. Le PCF portait, dans les banlieues qu'il contrôlait, une véritable foi en la culture bourgeoise, qu'il voulait accessible à tous. Il portait cette moralité révolutionnaire que Tocqueville avait su apprécier à sa juste valeur[1]. Nous avons dit au premier chapitre que le communisme avait été une couche protectrice, au sens schumpetérien élargi de système de valeur encadrant les individus dans le monde froid de la rationalité capitaliste[2]. Or nous devons effectivement constater, dans les régions où les milieux populaires étaient sous influence communiste, une accumulation de phénomènes négatifs depuis la disparition du PCF. Une partie du chômage s'expliquerait sans doute, indépendamment de la performance éducative, par une préférence patronale pour les populations plus

1. *Cf. supra*, p. 68.
2. *Cf. supra*, p. 73.

dociles formées par le catholicisme. Mais les problèmes éducatifs des vieilles régions laïques suggèrent un poids encore plus important de la perte de sens qui a résulté de l'implosion communiste. Le phénomène est complexe et mériterait un livre complet. Ce qui est sûr, à ce stade de simple identification du problème, c'est qu'une partie de la société française vit dans l'amnésie, pour ne pas dire le mensonge : la foi révolutionnaire, et spécifiquement communiste, a existé. Mais une notion de honte a fini par s'y attacher qui a entraîné, pour les générations communistes qui ont vécu l'effondrement et pour leurs enfants, une perte de confiance en l'avenir, un abandon de la notion de progrès. Une telle interprétation n'exclut pas, on le verra plus loin, l'hypothèse distincte et complémentaire d'un rapport complexe, pour ne pas dire pervers, du communisme à la pratique de l'égalité. Mais, quoique difficilement quantifiable, la dépression postrévolutionnaire a représenté pour la société française une perte d'énergie culturelle et sociale considérable, massive.

Nous n'excluons d'ailleurs pas la possibilité d'une crise analogue touchant dans l'avenir le « catholicisme zombie ». Régions révolutionnaires et catholiques vivent des histoires décalées dans le temps. Les provinces périphériques, qui viennent d'échapper à la discipline de l'Église, bénéficient aujourd'hui de l'enthousiasme résultant de leur récente ouverture au monde terrestre. Viendra le temps où le bonheur de la liberté retrouvée ne pourra plus remplacer l'absence de Dieu.

Face à des données en pleine évolution, abstenons-nous de toute conclusion définitive. Chacune de ces huit cartes présentées fourmille de détails fascinants qui valent par eux-mêmes. Relevons les plus importants.

Riches parmi les riches

La carte 7.1 nous indique, pour chaque lieu, le seuil de revenu au-dessus duquel on peut trouver les 10 % d'individus (ou unités de consommation[1]) les plus favorisés. Plus ce seuil est élevé, plus les riches sont riches. Les revenus sont donnés avant transferts sociaux. L'échelle des teintes nous indique une variation allant du simple au double, de 25 000 à 50 000 euros annuels par unité de consommation. Les privilégiés de la région parisienne règnent évidemment sur le pays. Mais nous pouvons observer la persistance de groupes très favorisés – des bourgeoisies, des noblesses ? – dans les métropoles du Sud, Bordeaux, Toulouse, Aix plutôt que Marseille, Nice qui se spécialise dans le riche retraité. Les villes du Nord, et notamment Rennes, Nantes et Lyon, n'apparaissent que plus modestement sur la carte, et Lille pas du tout. L'accumulation de riches vraiment riches en région Provence-Alpes-Côte-d'Azur n'est pas une surprise. En revanche, leur concentration aux abords de la Suisse, telles des grenouilles autour d'une mare, est réellement merveilleuse. On connaissait le rapport de la Suisse à l'argent mais l'ampleur du phénomène – niveau de revenus très élevés le long de la frontière, auquel s'ajoute une vaste tache couvrant le gros de la Franche-Comté et des Alpes du Nord – dépasse ce que l'on pouvait anticiper. Dans la mesure où les 10 % du haut de l'échelle de revenus semblent se porter bien en

1. Le revenu n'étant connu qu'au niveau des ménages, pour le calculer au niveau des individus, on attribue le poids 1 au premier adulte du ménage, le poids 0,5 à chaque autre membre du ménage âgé de plus de 14 ans, et le poids 0,3 aux plus jeunes. Le total des poids dans un ménage est la somme des « unités de consommation ». En divisant le revenu du ménage par cette somme, on obtient le revenu par unité de consommation.

Alsace aussi, on finit par percevoir un effet global de la frontière est. Les facteurs en sont multiples, mêlant travail frontalier de Français à revenus élevés et fuite résidentielle vers la France d'Allemands, de Suisses, de Piémontais ou de Ligures, mais la bordure est de la France apparaît bien globalement comme un monde où les hauts revenus sont vraiment hauts. Nous verrons l'influence de ce fait sur la droitisation politique dans cette étrange région frontalière.

À quel point pauvres ?

La carte 7.2 nous indique le seuil de revenus par unité de consommation au-dessous duquel on trouve 10 % de la population. À ce niveau par définition très inférieur, nous trouvons une dispersion plus frappante que pour les riches, avec des seuils s'étageant entre 3 000 et 10 000 euros annuels. Cela nous explique pourquoi les mesures régionales synthétiques de l'inégalité (cartes 7.3 et 7.4) dépendent plus des écarts de revenus entre les pauvres qu'entre les riches. La zone de pauvreté classique des dernières années commence d'apparaître, en vert sombre sur la carte : nord et est du Bassin parisien, parties centrale et orientale de la façade méditerranéenne, plus une flaque qui s'étend et progresse, à la suite de déficiences éducatives relatives et récentes, entre Toulouse, Bordeaux et Angoulême. Dans ces régions, 10 % des unités de consommation touchent moins de 6 000 euros par an, soit moins de 500 euros par mois.

On hésite à parler de pauvres « privilégiés ». Parlons donc de pauvres moins pauvres, avec des seuils atteignant 8 000 à 10 000 euros annuels. La carte du catholicisme commence d'apparaître, en orange ou rouge sur la carte, avec la Bretagne, la Vendée, les Alpes du Nord, l'Alsace. La religion n'explique pas tout. Un arc de cercle relie la région parisienne aux pays de la Loire, qui manifeste l'impact positif du dynamisme spécifique de l'économie privée dans ces régions sur les revenus des moins favorisés. Symétrique de l'effet frontière « Est » des 10 % supérieurs, on perçoit un effet « Atlantique », allant d'ailleurs jusqu'au pied du Cotentin. Le long de toute la côte ouest, les pauvres ne semblent pas trop pauvres. Un coup d'œil à la carte 7.6, qui nous donne les taux de chômage des plus de 55 ans, fournit un élément d'explication. Les grandes régions de chômage y apparaissent, comme sur la carte 7.5 du chômage total : Midi méditerranéen, Nord, quoi que fort atténué dans ce dernier cas. Mais nous voyons aussi se dessiner un curieux « mur de l'Atlantique », de la pointe du Raz aux rochers de Biarritz, où le taux de chômage des plus de 55 ans dépasse le plus souvent 8 %. Impossible de ne pas faire l'hypothèse d'une variété de préretraite. La façade Atlantique est peut-être aux moins favorisés ce que la frontière est représente pour les riches, un refuge. Dans les deux cas, le mouvement migratoire ne peut être que celui de gens d'un certain âge. Vers 2010, dans tous les milieux sociaux, le privilège inclut le plus souvent une dimension générationnelle. Louis Chauvel l'a montré dans *Le Destin des générations*[1] : les groupes d'âges coexistent dans la société à un moment donné, mais vivent, depuis la Seconde Guerre mondiale, des trajectoires distinctes. Plus qu'à aucune autre époque dans l'histoire, les vieux achèvent avec une retraite décente une vie qui n'aura pas été trop perturbée par la compression des salaires ou le chômage. Ils sont très souvent propriétaires de leur logement. Nous parlons ici de quelques générations nées entre 1930 et 1960 approximativement. Les jeunes en cours d'appauvrissement risquent fort de ne pas devenir des vieux relativement

1. Louis Chauvel, *Le Destin des générations. Structure sociale et cohortes en France au XXe siècle,* Paris, PUF, 1998.

protégés comme ceux d'aujourd'hui. Le chômage préretraite de la façade Atlantique marque sans doute le point terminal d'une période heureuse.

Mères seules avec enfants

Nous terminons à dessein cet examen des inégalités par une variable décalée, qui aurait pu aussi bien figurer dans l'examen de la famille ou de la fécondité : la distribution des familles monoparentales, qui sont, dans 85 % des cas, des mères seules avec enfants. Toute la pauvreté du monde développé ne résulte pas en effet de l'évolution inégalitaire des revenus. La fragilisation du lien conjugal est en elle-même génératrice de difficultés économiques et agit comme un facteur autonome sur la distribution des inégalités. Sur la carte (7.8) donnant la proportion de familles monoparentales nous distinguons la plupart des centres urbains, à l'exception de Rennes et de Nantes. Une mère célibataire (pour simplifier, nous incluons dans le concept les mères divorcées avec enfants et les veuves) qui travaille ne peut se déplacer quotidiennement entre centre et banlieue. Nous observons un nouvel effet maritime, sur la côte bretonne (sud en particulier), normande et picarde et surtout tout le long de la côte méditerranéenne, où les proportions de familles monoparentales, sont les plus élevées de toute la France. Comme dans le cas des chômeurs de plus de 55 ans, nous imaginons dans le comportement des mères isolées un mélange de détresse et d'ajustement rationnel. Les prestations de l'État-providence ne sont pas forcément attachées à des lieux et réservées aux habitants des zones les plus désagréables. Dans une société moderne et mobile, l'adversité semble souvent mener vers les régions maritimes, et parfois ensoleillées.

Le gros de la carte des familles monoparentales renvoie

cependant à la classique polarité religieuse de la France. Elles sont particulièrement peu nombreuses dans l'Ouest, les Pyrénées-Atlantiques, le sud du Massif central, le nord des Alpes, la Franche-Comté et l'Alsace. La carte du catholicisme n'explique pas tout. En Bourgogne, Poitou et sur la Loire, les mères seules avec enfants ne sont pas particulièrement nombreuses malgré l'appartenance de ces régions à l'espace laïque ancien.

On peut expliquer aussi certaines pointes par des éléments non religieux de culture locale : au Nord par le fond culturel ouvrier et mineur, dans l'espace méditerranéen par la survie, en dépit des migrations, d'une culture familiale particulière. Nous avions noté au chapitre 4 la forte séparation des rôles masculin et féminin dans la culture ouvrière du Nord. Nous avions défini au chapitre premier un type familial particulier sur la Méditerranée, centré sur les hommes. Dans le Nord ouvrier comme dans le Midi méditerranéen, on peut supposer que l'émancipation des femmes pose des problèmes spécifiques à des cultures fortement sexuées, et qu'elle entraîne par conséquent plus de ruptures de couples.

La règle associant fond catholique et faiblesse de la proportion des familles monoparentales n'est donc pas absolue. Mais l'évolution n'est pas achevée et rien n'interdit de supposer un processus dynamique d'ajustement à ce paramètre ancien.

La disparition de la régulation par le mariage est l'un des traits centraux de la nouvelle modernité, y compris en zone catholique. Ce que nous saisissons peut-être ici est une stabilité plus grande du lien entre partenaires, même en l'absence du lien conjugal, dans les régions de tradition catholique. Ce serait un bel exemple de rémanence des comportements après la disparition des formes juridiques qui les encadraient.

Le parti communiste, l'Église et l'égalité

L'analyse cartographique nous mène donc à une contradiction entre égalité réelle et égalité rêvée. Sans que la correspondance soit encore absolue, les régions les plus travaillées par l'inégalité économique sont celles que nous avions définies, au terme de notre premier chapitre, comme les plus attachées *a priori* à l'idéal d'égalité, soit parce que les structures anthropologiques y définissaient des frères égaux et des villageois solidaires, soit parce que le reflux précoce du catholicisme y avait tôt laissé les hommes libres des conceptions hiérarchiques de l'Église. En pays égalitaire, les hommes et les femmes furent toutefois privés, pour deux siècles, de ces couches protectrices que sont toujours, malgré leur disparition, la famille souche et l'encadrement religieux. Plus de deux siècles après la Révolution, et alors que s'est éteint le parti communiste français, nous devons affronter une dure réalité : l'égalité concrète a été mieux préservée dans les sociétés holistes de la périphérie française, fortement intégratrices des individus, que dans l'espace central où a régné l'individualisme égalitaire du projet révolutionnaire.

Nous retrouvons, au fond, dans l'espace français un paradoxe présent à l'échelle continentale. Les sociétés germaniques et scandinaves n'ont pas un fond anthropologique et religieux égalitaire. La structure familiale paysanne – famille souche en Allemagne ou en Suède, famille nucléaire sans règle d'héritage ferme au Danemark, mélange de ces deux types en Norvège – n'y fut jamais vraiment égalitaire. Seule la Finlande relève pour une part du type familial communautaire, égalitaire et autoritaire, mais sous une forme très atténuée par la présence et l'influence suédoises. Quant à la religion protestante, qui couvre l'ensemble du monde scandinave et les deux tiers de l'Allemagne, elle répudie officiellement, par le concept de prédestination, l'idée d'une égalité métaphysique des hommes, condamnés, avant même leur naissance, à mort ou à vie par un choix fort peu égalitaire de l'Éternel. Pourtant, l'Allemagne fut jusqu'à très récemment économiquement plus égalitaire que la France ; quant au monde scandinave, malgré un effritement récent, il l'est toujours. L'égalité rêvée et l'égalité économique concrète ne semblent guère marcher du même pas.

L'accumulation de données régionales épaissit le mystère français, si nous plaçons au cœur de ce mystère la résistance de la nation à la montée de l'inégalité. Certes, la nation est globalement et officiellement attachée à l'égalité, mais c'est dans la partie de l'Hexagone qui s'y intéresse le moins que la résistance à la montée des inégalités a été la plus efficace.

Pour progresser vers la résolution de ce paradoxe, nous devrons examiner le fonctionnement de la valeur d'égalité dans le champ politique. Avant d'aborder ce problème, nous devons comprendre pourquoi les cultures régionales françaises n'en finissent pas d'être actives, malgré la très réelle mobilité des populations. Il faut expliquer comment les migrations n'ont pas affecté la mémoire des lieux.

CHAPITRE 8

Les migrations et la stabilité du système

Les Français bougent beaucoup. Entre 2004 et 2009, 26 % des jeunes de 20 à 25 ans ont changé de département, 22 % des personnes de 25 à 40 ans et 8 % de celles de 40 à 55 ans. À ce rythme, chaque personne devrait changer de département en moyenne 1,7 fois durant son existence. Les changements de commune ont été, sur la même période, encore plus fréquents puisqu'ils ajoutent au total des mouvements les migrations entre communes d'un même département. Tous âges confondus, 25 % des résidents français ont déménagé au moins une fois d'une commune à une autre durant ces cinq dernières années. La fréquence des mouvements est très variable selon la région et selon la dimension des agglomérations, comme on le voit sur la carte 8.1. Le Nord-Est et le centre de la France reçoivent peu de nouveaux venus, tandis que sur les côtes atlantiques et dans les grandes villes proches, près du tiers de la population communale est installé depuis moins de cinq ans. Comment le comportement anthropologique de chaque région peut-il se maintenir avec un tel brassage de la population ? Existerait-il en chacun des Français une capacité d'adaptation instantanée aux mœurs du lieu où il s'installe, illustration hexagonale du proverbe sénégalais : « Lorsqu'on arrive dans un village où tous marchent sur une seule jambe, le mieux est de marcher

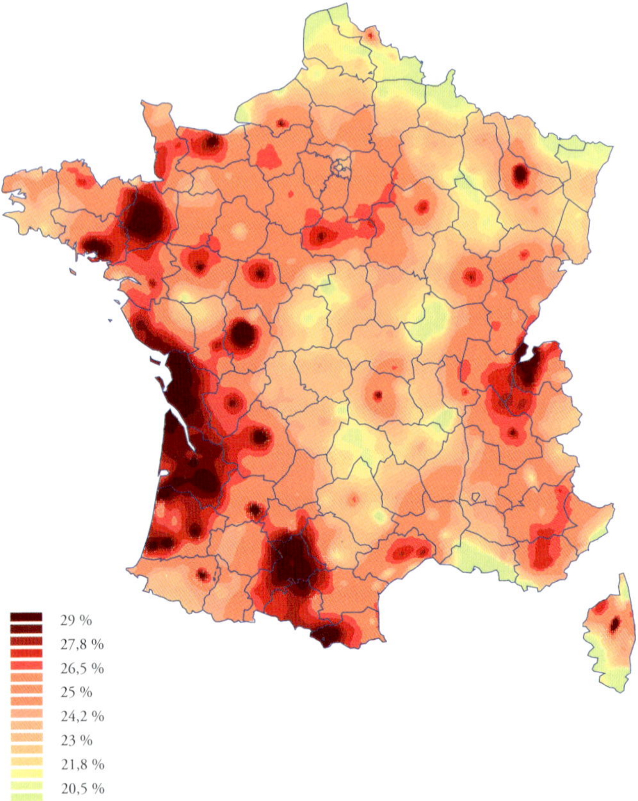

8-1. Mobilité générale

Pourcentage des habitants en 2008 qui ne résidaient pas dans la commune en 2003

aussi sur une seule jambe » ? Il n'y aurait en réalité ni Bretons, ni Alsaciens, ni Picards, ni Bourguignons, mais seulement et essentiellement une Bretagne, une Alsace, une Picardie et une Bourgogne ?

Mais pourquoi cette adaptation instantanée serait-elle inaccessible aux Roumains, Marocains ou Turcs, condamnés, selon les Diafoirus de l'immigration, à cinq générations d'efforts pour maîtriser les usages et coutumes de leur pays d'accueil ? Existerait-il un mystérieux caractère permettant un changement immédiat de mœurs, possédé seulement par les habitants français, indépendamment des spécificités de leur région d'origine ? C'est peu vraisemblable.

La contradiction apparente entre l'intensité des migrations internes et le maintien des spécificités régionales a une explication plus simple : les mouvements d'un individu au cours de sa vie ne sont pas indépendants les uns des autres. On retourne souvent à son point d'origine, on circule entre des départements voisins relevant du même univers culturel. Tel le parcours de nomades repassant indéfiniment par les mêmes lieux, la migration interne s'apparente souvent à un mouvement sur place. Nous allons vérifier cette explication de deux façons complémentaires : dans un premier temps une comparaison entre le département de naissance et le département de décès, comparaison qui efface les migrations intermédiaires, et dans un second temps une évaluation de la progression dans l'espace des noms de famille au cours du dernier siècle.

Lieux de brassage, lieux de stabilité

La carte 8.2 représente la proportion de personnes décédées dans le département où elles sont nées. Elles peuvent avoir vécu dans d'autres départements une partie

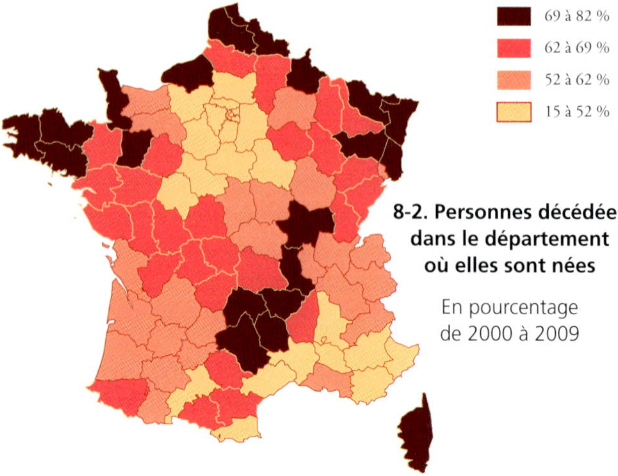

8-2. Personnes décédées dans le département où elles sont nées

En pourcentage de 2000 à 2009

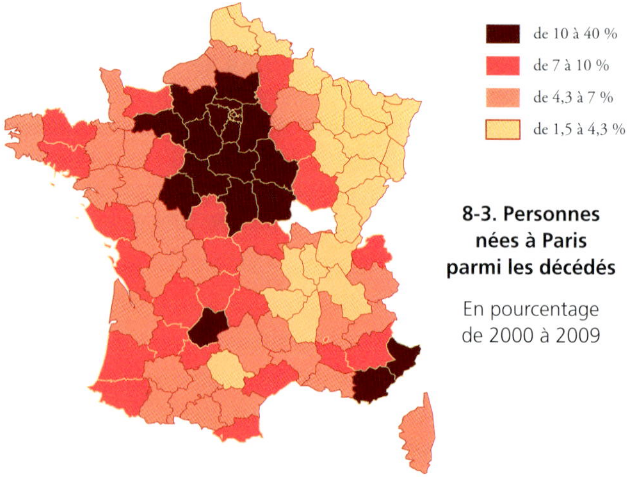

8-3. Personnes nées à Paris parmi les décédés

En pourcentage de 2000 à 2009

de leur vie, mais sont, dans ce cas, revenues mourir à leur lieu d'origine.

Dans les zones les plus claires, ces personnes sont minoritaires. Le brassage de population y a été important : une grande région parisienne, un vaste sud-est centré sur la Méditerranée mais englobant la région lyonnaise et, à un niveau un peu plus faible, le Sud-Ouest, de Toulouse à Bordeaux. Les bassins des grands fleuves définissent les axes du mouvement de la population. À leurs frontières et à celles du pays, le mouvement cesse : 75 % des personnes meurent dans le département où elles sont nées et où elles ont sans doute vécu la majeure partie de leur vie. Ces zones de stabilité comptent parmi les plus religieuses du pays, phénomène normal : l'éloignement par rapport aux grands centres d'animation favorise le maintien des structures d'encadrement traditionnelles.

Au total, 60 % des personnes décèdent dans leur département de naissance, 23 % des décès proviennent des 25 départements les plus proches, 10 % de l'Île-de-France et 7 % de départements lointains. Ces chiffres expliquent la persistance des mœurs. Plus des trois quarts des individus restent attachés à leur région d'origine. Les 7 % qui arrivent effectivement de loin, porteurs d'autres habitudes et coutumes, se fondent d'autant mieux dans la masse qu'ils ne constituent pas un groupe homogène mais proviennent d'horizons divers. Restent les 10 % originaires de l'Île-de-France, qui incluent une proportion importante de retraités.

Le rôle de Paris

Le pourcentage de ces Parisiens immigrés, au sens large, varie beaucoup selon la région, comme on peut le constater sur la carte 8.3 : sur la bordure est de la France, de Calais à Genève, ils ne représentent pas 5 % des décès. À l'Ouest et au Sud, au contraire, leur proportion est souvent deux fois plus élevée. Le lien démographique avec Paris est un élément essentiel du système français. Son relâchement est l'indice d'une autonomie anthropologique qui peut favoriser un affaiblissement du lien national. L'autonomie démographique est manifeste dans la région Rhône-Alpes, et surtout plus au nord, où l'on peut supposer qu'elle contribue à la crise du sentiment national et au vote d'extrême droite. N'imaginons pas une détermination simple : l'extrême droite est aussi très présente sur les côtes méditerranéennes où les originaires de la région parisienne sont nombreux. Mais ils n'y sont pas les seuls immigrés de l'intérieur. Les originaires de départements lointains, rares dans le reste de la France, sont en revanche fréquents dans les départements du Sud-Est : 30 % des décédés du Var et des Alpes-Maritimes étaient nés dans un lointain département du Nord, de l'Est ou de l'Ouest. Ces immigrés de l'intérieur représentent moins de 5 % des décès au Nord ou à l'Est. Les Méridionaux disent souvent ne plus reconnaître leur pays et s'y sentir étrangers. En ce cas, c'est bien un sentiment d'invasion qui peut stimuler le vote d'extrême droite. Les Méridionaux placent sans doute l'origine des envahisseurs au sud, mais la réalité démographique la place au nord. Ce sont bien des « vrais » Français, venus de tous les horizons, qui perturbent le Midi méditerranéen.

Coupure verticale : les Plantagenêts face à la Lotharingie

« Tous les horizons » est une expression trop forte. Les migrants originaires de départements lointains ne se dirigent pas vers n'importe quel sud indistinctement : ceux du Nord-Est gagnent le Sud-Est, ceux du Nord-Ouest le Sud-Ouest. Les cartes 8.4 et 8.5 indiquent le département

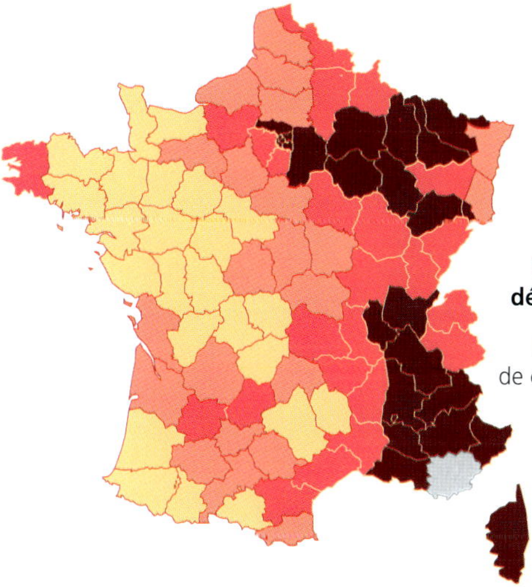

8-4. Immigrants décédés dans le Var

Pour 1 000 natifs de chaque département

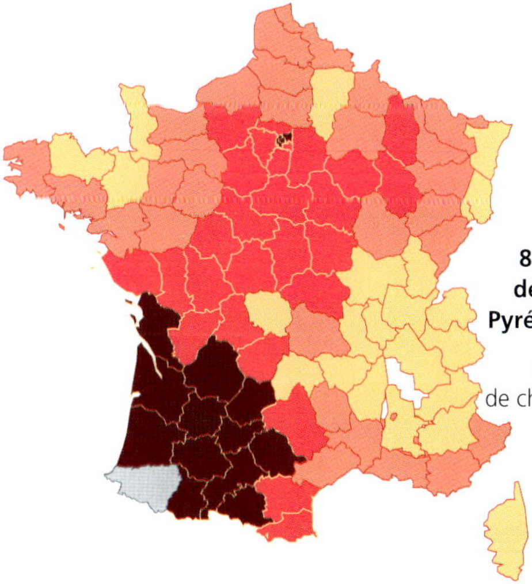

8-5. Immigrants décédés dans les Pyrénées-Atlantiques

Pour 1 000 natifs de chaque département

de naissance des personnes décédées entre 2000 et 2009 dans les départements du Var et des Pyrénées-Atlantiques. Le contraste est saisissant. Dans le Pays basque, on arrive plus souvent de Seine-Maritime ou du Pas-de-Calais que de l'Ardèche ou du Rhône, pourtant beaucoup plus proches. De même, dans le Var, on vient de Moselle et de Côte-d'Or plutôt que de l'Aveyron et de Haute-Garonne ou, bien sûr, du Maine-et-Loire. Ce ne sont pas des cas isolés. Des constats analogues pourraient être faits pour tous les autres départements du Sud-Ouest et du Sud-Est. Un historien facétieux pourrait suggérer une persistance de la Lotharingie germanique à l'Est et de l'empire Plantagenêt anglais à l'Ouest… Dure résistance de l'histoire et du relief : les circulations restent entravées en France par une barrière verticale composée de deux éléments superposés : la région parisienne qui, telle un trou noir géant, attire ceux qui passent à proximité, et le Massif central, obstacle si bien nommé.

Cette coupure verticale entre Est et Ouest a des conséquences profondes. Elle entraîne des rapprochements de comportements sociaux et politiques indépendants dans les moitiés est et ouest de l'Hexagone.

Itinéraires des noms de famille

On peut aussi saisir les migrations précautionneuses des Français en suivant la répartition d'un nom de famille donné au cours du temps. L'INSEE fournit la distribution des naissances selon le patronyme par département, pour quatre périodes de 25 années chacune, entre 1890 et 1990. Les noms sont très localisés durant la première période, puis s'étendent lentement, très lentement en fait si l'on se souvient du volume important des migrations entre départements. Nous avons cartographié trois noms, caractéristiques chacun d'une région française distincte – Le Bihan, patronyme breton, Müller, alsacien-lorrain, et Fabre, occitan. Leur répartition est dessinée pour les quatre périodes successives d'un quart de siècle sur les cartes 8.6, 8.7 et 8.8. Sont représentés, par une échelle de teinte allant du très foncé au très clair, d'abord les départements qui englobent plus de la moitié des naissances du nom en question, puis le quart suivant, puis les 15 % suivant, si bien que les trois premières teintes regroupent 90 % des cas. On trouve dans des teintes encore plus claires les 5 % suivants, et finalement les départements où ont été enregistrées les 5 % de naissances restantes.

Le cas des Le Bihan est exemplaire : 50 % des naissances portant ce nom entre 1890 et 1914 sont survenues dans deux départements bretons, et 95 % dans 5 départements seulement, hors région parisienne. Au cours du quart de siècle suivant, la progression est lente et limitée au quart nord-ouest du pays. Un demi-siècle après 1890, 4 départements bretons concentrent encore 75 % des naissances. L'apparition de Le Bihan dans le Var résulte de la circulation entre les arsenaux et les bases marines de Lorient, Brest et Toulon. Dans la période la plus récente, la concentration bretonne se maintient avec 75 % des naissances dans les 5 départements bretons et en région parisienne. Les départements qui apparaissent ensuite obéissent à une logique implacable : le long des côtes et des fleuves à partir de la Bretagne, puis les grandes villes, Lille, Lyon, Marseille, Toulouse, Montpellier, Dijon et Reims.

Initialement, les Müller apparaissent un peu plus dispersés que les Le Bihan. Ils s'échelonnent le long de la frontière nord-est à partir de l'Alsace. Mais ensuite, ils progressent très lentement. Au cours de la période la plus récente, ils atteignent la Méditerranée par la vallée du Rhône et s'installent dans quelques rares grandes villes du reste de la France, comme Nantes et Bordeaux. Cependant, plus de

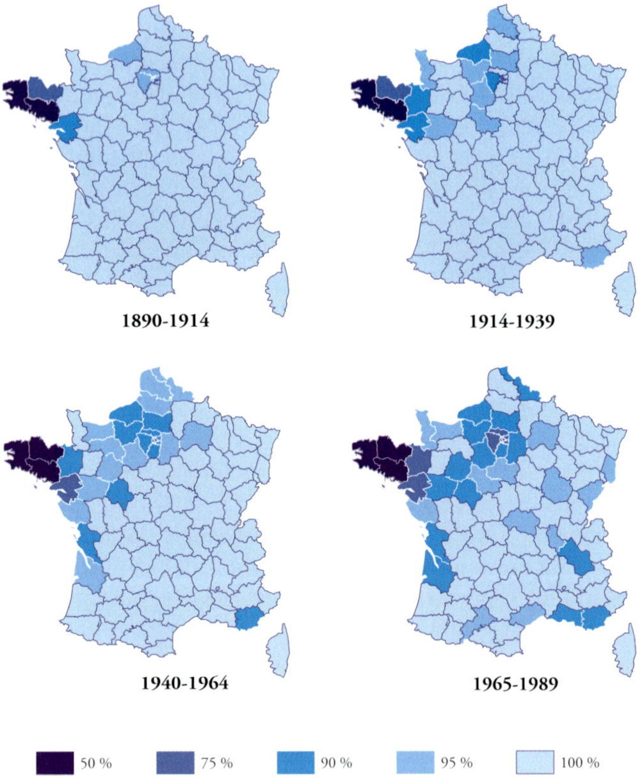

8-6. Les Le Bihan

Expansion géographique du nom de famille Le Bihan de 1890 à 1990 (50 % des naissances de ce nom dans les départements en bleu foncé, 75 % avec le bleu moyen, puis 90 % et 95 %)

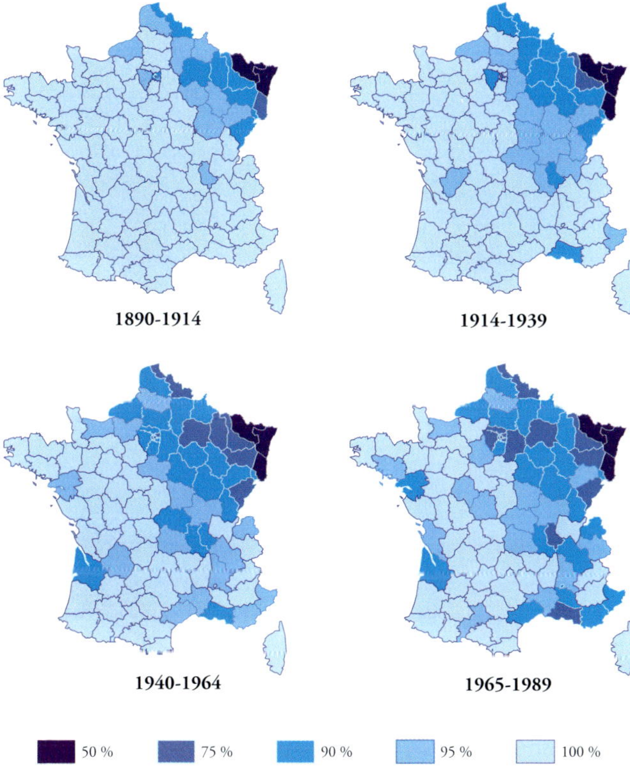

8-7. Les Müller

Expansion géographique du nom de famille Müller de 1890 à 1990 (50 % des naissances de ce nom dans les départements en bleu foncé, 75 % avec le bleu moyen, puis 90 % et 95 %)

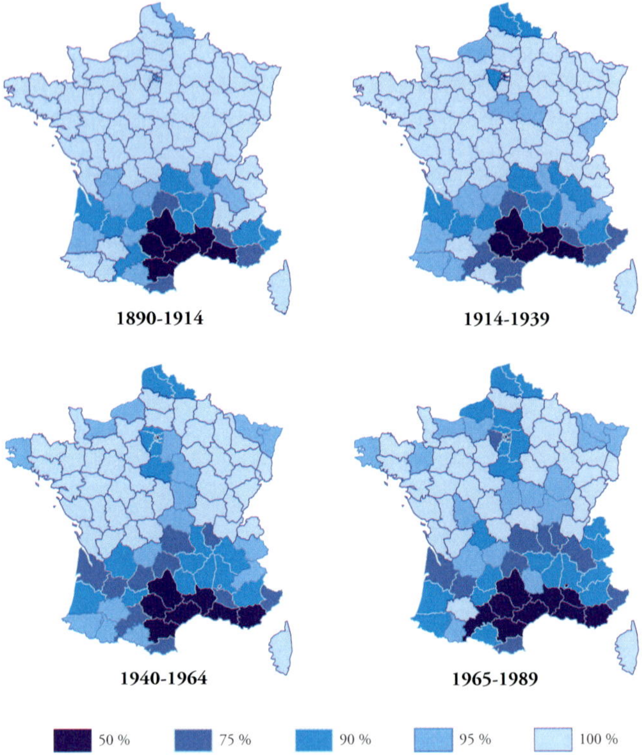

8-8. Les Fabre

Expansion géographique du nom de famille Fabre de 1890 à 1990 (50 % des naissances de ce nom dans les départements en bleu foncé, 75 % avec le bleu moyen, puis 90 % et 95 %)

50 % d'entre eux sont encore dans les trois départements d'Alsace-Lorraine. Leur distribution actuelle est très proche de celle de l'origine des décédés dans le département du Var, ce qui confirme à un niveau fin ce que les migrations dessinaient au niveau plus général. Non seulement les natifs des départements de l'Est et du Nord-Est ont tendance à se rendre dans le Sud-Est, mais les lignages individuels font de même.

Le dernier nom de famille, Fabre, se comporte un peu différemment. Il est initialement plus répandu que les deux précédents, de la vallée de la Garonne à la frontière italienne. 75 % des naissances portant ce nom ont lieu dans 10 départements (contre 3 pour les Müller et les Le Bihan). Mais ensuite, la situation évolue peu. Les Fabre restent cantonnés dans le Midi de la France avec une petite pointe vers la région parisienne au cours de la dernière période. Aujourd'hui, comme au temps de la croisade contre les Albigeois, c'est le Nord de la France qui envahit le Sud et non l'inverse, non pas sans doute parce que le soleil est plus généreux au Sud, mais parce que la fécondité y est plus faible et que l'insuffisance démographique doit être compensée.

Lieux de décès des individus et géographie des patronymes mettent en lumière les caractères essentiels des migrations internes. Celles-ci se produisent de proche en proche sur de courtes distances. Les migrants venant de loin sont minoritaires et d'origines assez diverses. Ils doivent donc s'adapter rapidement aux comportements locaux. Enfin, la région parisienne joue un rôle de pivot de redistribution pour les migrations proches comme lointaines. Elle facilite les évolutions dans les régions les plus éloignées, sans toutefois brusquer les tempéraments locaux, parce que ceux qui viennent de Paris ont souvent des liens anciens avec le département où ils émigrent. Tous ces éléments contribuent à effacer les frontières culturelles. Entre les pôles historiques bien identifiés – la Bretagne, l'Alsace-Lorraine, le littoral méditerranéen, la région lyonnaise –, de larges zones de transition assurent l'interface. Personne ne peut dire où commence la Bretagne, l'Aquitaine ou toute autre région culturellement typée. Ces transitions cimentent la France. À la fin du XIXe siècle, le géographe allemand Friedrich Ratzel avait décrit cet équilibre dans son « anthropogéographie » : « Les lentes migrations pacifiques par déplacements individuels eurent au cours des siècles plus de poids par leur effet cumulatif que les migrations massives[1]. »

L'immigration étrangère a suivi jusqu'à la Seconde Guerre mondiale ce modèle de mouvement de proche en proche, immigrations juive, polonaise et yougoslave exceptées. La nature des migrations a changé depuis lors. Une bonne partie des difficultés d'intégration aujourd'hui attribuées à la différence culturelle résulte en fait d'un changement dans la forme géographique des migrations.

Arrivée des étrangers

Dès la seconde moitié du XIXe siècle, des étrangers ont commencé d'immigrer en France. La faible croissance démographique du pays ne fournissait plus suffisamment de main-d'œuvre pour, à la fois, l'agriculture et l'industrie. Dans le Nord, tandis que les enfants de paysans devenaient ouvriers et mineurs, des Belges les remplaçaient comme ouvriers agricoles. Un mécanisme analogue aspirait des Italiens dans le Sud-Est. Comme on le voit sur la carte 8.9, ces migrations étrangères obéissaient aux mêmes règles que les migrations internes actuelles. Elles restaient localisées

1. *Géographie politique*, Paris, Éditions régionales européennes et Economica, 1988 (1897), p. 15.

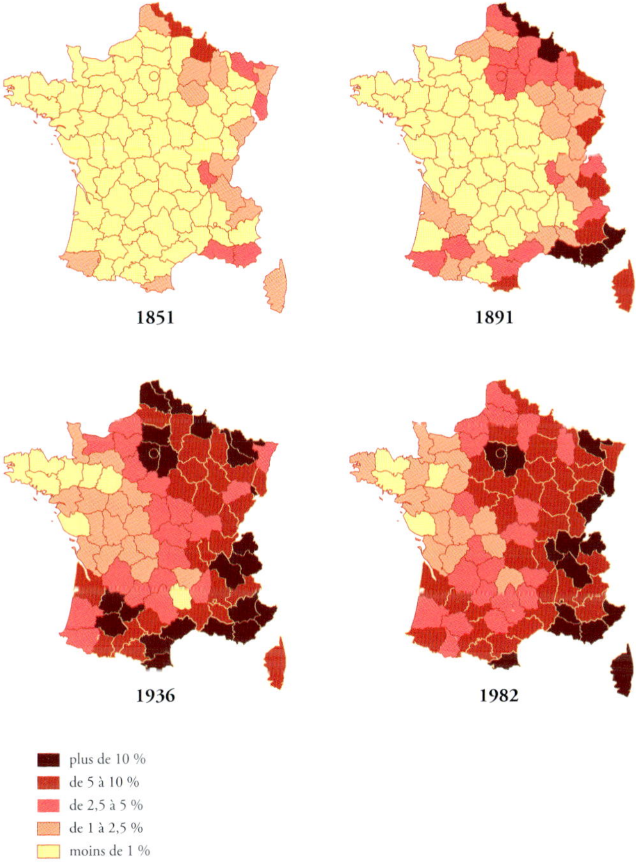

8-9. Étrangers

Pourcentage d'étrangers dans la population totale
en 1851, 1891, 1936 et 1982

sur les frontières, à proximité des pays dont provenaient les immigrants : Flandres, pays de Bade, Wurtemberg, Piémont, Suisse romande, Catalogne. Les cartes montrent la lente progression des étrangers, depuis 1851, à partir des frontières terrestres et de la façade méditerranéenne. Concentrée à leur voisinage jusqu'au début du XXe siècle, l'immigration s'est étalée ensuite jusqu'à la Seconde Guerre mondiale. Si l'on compare la carte de 1936 à celle de 1982, on voit que l'immigration tend finalement à s'immobiliser, non parce que les arrivées cessent, mais parce qu'elle s'accumule dans les mêmes lieux tandis que naturalisations et départs réduisent sa masse.

Le changement de modèle d'implantation remonte à l'entre-deux-guerres. Dans les années 1920, la pénurie aggravée de travailleurs a conduit le patronat à rechercher une main-d'œuvre plus lointaine en Pologne ou en Yougoslavie. Une rupture intervient alors entre le lieu de départ et le lieu d'arrivée, par exemple entre les cités de mineurs polonais et leur pays d'origine. Le cas très minoritaire des Juifs arrivés directement à Paris d'Europe de l'Est à partir de 1905 avait préfiguré cette mutation[1]. Les mécanismes traditionnels de transition entre cultures d'origine et d'arrivée ne peuvent plus opérer. Deux solutions extrêmes commencent à être envisagées par les « idéologues de l'immigration » : soit l'assimilation pure et simple qui signifie l'abandon immédiat par les immigrés de leurs comportements et attributs culturels, soit la rotation rapide des travailleurs étrangers, phénomène qui prendra dans les années 1960 le nom de « noria ».

Avant la Seconde Guerre mondiale, l'assimilation l'emporte facilement en raison de la stagnation démogra-

1. À cause de la fermeture du Royaume-Uni, lieu d'immigration principal en Europe de l'Ouest, sur la route des États-Unis, jusqu'à cette date.

phique de la France. Après 1945, le baby-boom et la baisse de mortalité relancent la croissance de la population française, et le concept de « noria » passe au premier plan.

Les travailleurs migrants s'entassent alors dans des villes ou des banlieues industrielles sans essaimer à proximité. L'arrivée des populations étrangères n'est pas spontanée. Comme au début des années 1920, les rabatteurs des grands groupes industriels vont les chercher au fond de l'Algérie et du Maroc. Elles sont installées à Mantes, Nanterre, Villeurbanne ou Sochaux, mais les petites villes et les villages à dix kilomètres de là n'en accueillent pas.

Les Algériens, les Marocains, les Tunisiens d'abord, les Turcs et les Africains du sud du Sahara ensuite ont pu dans un premier temps quitter lentement leurs lieux d'atterrissage, acquérir la nationalité française et se fondre dans le reste de la nation. Mais les nouveaux arrivants des mêmes pays ont continué à s'installer dans les mêmes localités que leurs devanciers. Sur les cartes 8.10a et 8.10b, nous avons indiqué où se trouvaient les Algériens en France en 1982 et en 2008, en adoptant la même convention que précédemment pour les noms de famille. Les départements qui comprenaient la population algérienne la plus importante, jusqu'à englober 50 % du total, sont en bleu foncé, jusqu'à 75 % en bleu moyen, à 90 % et à 95 % en teintes les plus claires. On voit que, en 1982 comme en 2008, 50 % de la population de nationalité algérienne est concentrée dans la région parisienne et 12 départements, tandis que 47 départements n'en reçoivent que 5 %. À deux exceptions près, ce sont les mêmes départements qui contiennent les résidents algériens en 1982 et en 2008, et les mêmes où ils sont rares. La corrélation entre les proportions d'Algériens en 1982 et 2008 est supérieure à 0,99, preuve de cette immobilité.

1982

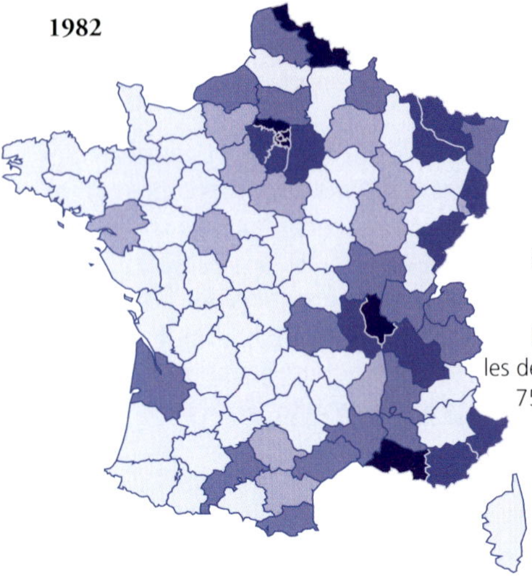

8-10a. Les Algériens en 1982

50 % d'entre eux dans les départements en bleu foncé, 75 % avec le bleu moyen, puis 90 % et 95 %

2008

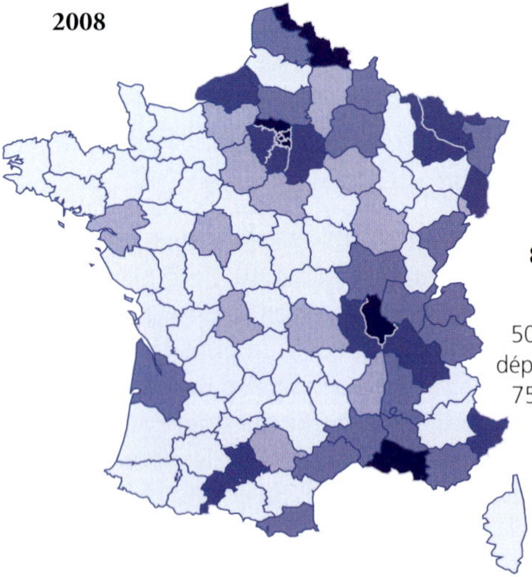

8-10b. Les Algériens en 2008

50 % d'entre eux dans les départements en bleu foncé, 75 % avec le bleu moyen, puis 90 et 95 %

Les derniers arrivés

Les Marocains et les Tunisiens ont été placés dans des lieux différents mais voisins. La fixité de leur implantation est analogue à celle des Algériens. Ils sont arrivés à peine plus tard. En revanche, les vagues les plus récentes, en provenance du sud du Sahara et de pays européens non latins, ont été contraintes de trouver de nouveaux territoires, peu occupés par des migrants plus anciens. Une sorte de partage s'est opéré, les Africains s'installant dans le quart nord-ouest et les Européens dans le quart sud-ouest, les uns comme les autres sans continuité avec leurs nations d'origine (cartes 8.11a et 8.11b).

Le phénomène n'est pas propre à la France mais s'observe à l'échelle de toute l'Europe. Les Espagnols et les Portugais, puis les Yougoslaves, les Grecs et les Italiens se sont dirigés vers les pays les plus proches où ils pouvaient trouver un emploi. Mais les derniers venus, Moldaves, Irakiens, Ukrainiens et Roumains, n'ont pas eu cette possibilité : ils ont migré vers les pays d'Europe leur offrant des opportunités, mais encore délaissés par leurs devanciers, le Portugal, la Suède, la Finlande où ils ont parfois constitué le contingent étranger le plus important à partir des années 2000.

Étrangers et naturalisés : une dispersion arrêtée

Après avoir acquis la nationalité française, et en raison de leur ancienneté dans le pays, les Algériens et les membres des autres nationalités ayant immigré au cours des Trente Glorieuses auraient pu commencer à se diffuser dans les régions voisines de leurs premiers pôles de peuplement, puis dans des régions plus lointaines selon le modèle

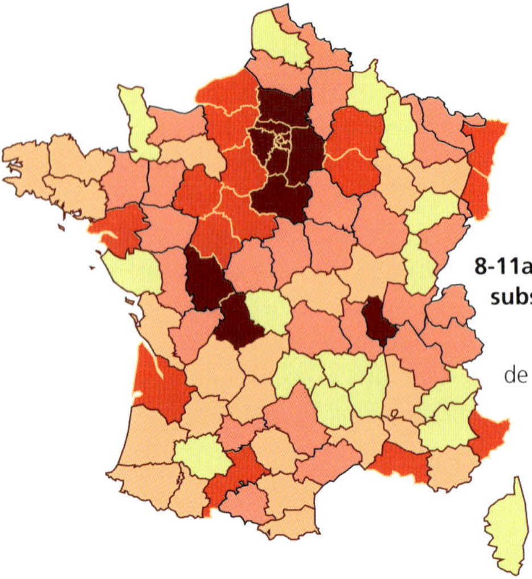

8-11a. Étrangers d'origine subsaharienne en 2009

En pourcentage de la population totale

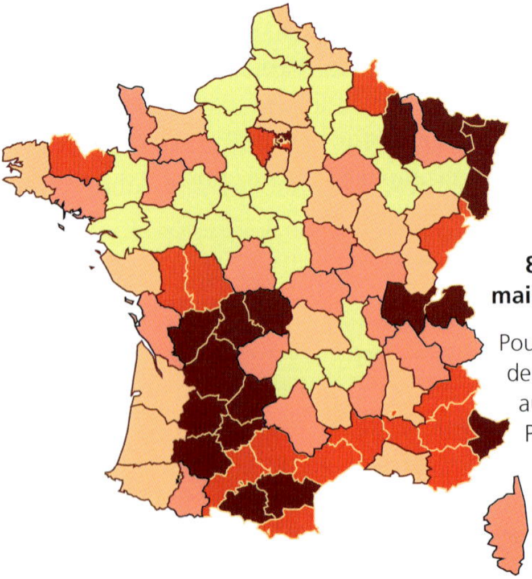

8-11b. Européens mais non latins en 2009

Pourcentage d'étrangers de l'Union européenne autres qu'Espagnols, Portugais et Italiens observé pour les noms de famille. Cela n'a pas été le cas ainsi que le révèle une comparaison au niveau communal entre le nombre des « étrangers » et celui des « immigrés », cette dernière catégorie ajoutant aux étrangers les naturalisés. S'il y avait eu diffusion, les étrangers auraient été relativement plus nombreux dans leurs points de fixation initiaux, les départements urbains de la ligne Paris-Lyon-Marseille et les départements industriels du Nord et de Lorraine. Les immigrés, à l'inverse, auraient été plus nombreux en dehors de ces pôles de première arrivée. La carte 8.12 indiquant la proportion d'étrangers parmi les immigrés au niveau local montre l'inverse : les étrangers constituent une fraction plus importante des immigrés dans le centre-ouest, le nord-ouest de la France et sur la frontière Est.

Les raisons en sont multiples, mais nous croyons identifier des retraités britanniques en Bretagne et dans le Périgord, et des résidents suisses ou allemands en Franche-Comté et en Alsace. Une fois encore, l'envahisseur n'est pas celui qu'on pense. Si les immigrés naturalisés d'Afrique du Nord s'étaient dispersés sur le territoire national, ces régions périphériques aux zones d'atterrissage de l'immigration – Alsace mise à part – auraient dû comprendre plus de naturalisés et donc une plus faible proportion d'étrangers par rapport aux immigrés.

Pause dans la dispersion : la preuve par le mariage mixte

Deux grandes enquêtes sur l'insertion des immigrés dans la société française, réalisées à 17 ans d'intervalle par l'INED et l'INSEE, nous permettent de vérifier par l'analyse des mariages mixtes l'existence d'un modèle spécifique d'entrée dans la société française des groupes

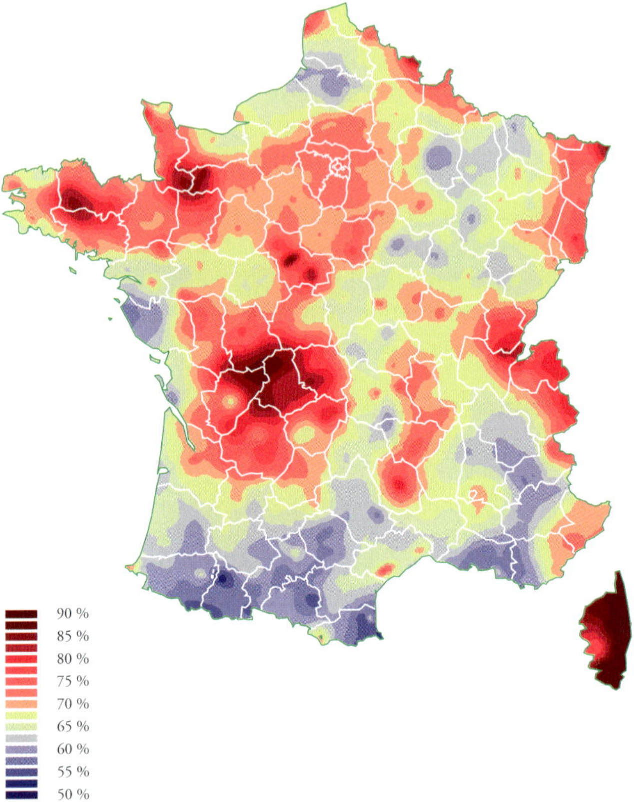

8-12. Pourcentage d'étrangers dans la population immigrée

Au recensement de 2008

arrivés en France depuis la guerre. Ici encore, le cas des Algériens et de leurs enfants est particulièrement éclairant. Le taux de mariage mixte de la deuxième génération, vite important, a marqué une pause entre 1992 et 2008. L'absence de dispersion géographique se reflète dans une dispersion matrimoniale qui n'est pas achevée.

Nous reproduisons l'ensemble d'un tableau publié par Beate Collet et Emmanuelle Santelli, qui nous permet d'observer comment se marient (ou vivent maritalement) les descendants d'immigrés en distinguant leurs conjoints, non pas seulement selon la nationalité, mais aussi selon l'origine[1]. Or, si 46 % des hommes et 41 % des femmes descendant d'immigrés algériens se marient en 2008 dans la « société française centrale », c'est-à-dire avec des enfants de parents nés français ou des enfants de couples mixtes ou d'origine sans rapport avec la leur, 54 % et 59 % respectivement continuent de se marier à l'intérieur de leur groupe d'origine. Ils vivent soit avec des individus arrivant d'Algérie (30 % et 34 %), soit avec des descendants de parents de même aire culturelle (24 % et 25 %).

Nous sommes ici confrontés à la situation classique d'un verre que l'on peut voir soit à moitié plein, soit à moitié vide. Si nous comparons ces taux à ceux des descendants d'immigrés venus d'Europe du Sud – Italie, Espagne ou Portugal –, nous pouvons considérer que l'endogamie algérienne reste forte. Si nous comparons les Algériens aux Juifs émancipés en 1791 par la Révolution française, mais qui ne commencèrent de pratiquer le mariage mixte qu'après la Première Guerre mondiale, nous devons considérer que l'absorption des Algériens est, malgré la pause, très rapide.

1. Beate Collet et Emmanuelle Santelli, « Les couples mixtes franco-algériens en France ; d'une génération à l'autre », *Hommes et Migrations*, n° 1295, janvier-février 2012, p. 62.

TABLEAU 8
Exogamie et endogamie des immigrés

Conjoint	immigré même aire %	descendant même aire %	sans ascendance migratoire %	autre %	exogamie %
Hommes descendant d'immigrés d'origine :					
algérienne	30	24	31	15	46
marocaine	33	25	34	9	43
tunisienne	29	8	34	29	63
sahélienne	32	9	38	21	59
turque	62	18	11	9	20
européenne du Sud	7	13	59	22	81
Vietnam, Laos, Cambodge	15	9	41	35	76
Femmes descendant d'immigrés d'origine :					
algérienne	34	25	25	16	41
marocaine	44	27	17	13	30
tunisienne	51	13	16	21	37
sahélienne	57	6	12	26	38
turque	75	18	4	3	7
européenne du Sud	10	15	55	20	75
Vietnam, Laos, Cambodge	9	23	41	32	73

Autres : enfants de couples mixtes ou de parents immigrés d'une autre aire géographique.

Source : Beate Collet et Emmanuelle Santelli, « Les couples mixtes franco-algériens en France ; d'une génération à l'autre », *op. cit.*, p. 62.

Les données très riches contenues dans le tableau évoquent des déviations par rapport à notre modèle central d'après guerre, comme la fermeture plus grande du groupe turc et l'ouverture plus rapide du groupe asiatique. Résistance de certaines cultures immigrées et attitude spécifique de la France vis-à-vis de certains groupes expliquent ces différences. Elles ne représenteront pourtant dans la longue durée que des variations temporaires par rapport à un modèle standard auquel les populations sahéliennes semblent d'ailleurs se conformer.

Ni la concentration persistante des immigrés sur certains axes, ni la pause dans la progression des mariages mixtes n'empêchent par ailleurs un ajustement rapide des immigrés aux mœurs de la France moderne, comme ce fut le cas pour les Juifs entre 1791 et 1914.

Le rôle nouveau des villes

L'immigration cependant continue d'évoluer. Elle est de plus en plus constituée d'individus éduqués qui ne ressemblent guère aux travailleurs analphabètes des Trente Glorieuses. Les plus jeunes arrivants se fixent dans les grandes villes. La carte 8.13 est particulièrement claire : nous avons indiqué la proportion de jeunes de 20 à 30 ans au sein de l'immigration, au niveau communal : les grandes agglomérations ressortent. C'est normal puisque beaucoup sont étudiants, mais la prédominance du quart nord-ouest de l'Hexagone, zone de dynamisme du secteur privé, évoque une dimension économique. Face aux difficultés de l'embauche, les jeunes immigrés ne peuvent que miser sur la ville où ils possèdent des relais. Leur insertion sociale et spatiale n'est pas sans rappeler – au-delà de toutes les différences – celle des Juifs à partir du Moyen Âge, dont la spécialisation urbaine fut créée par l'interdiction de

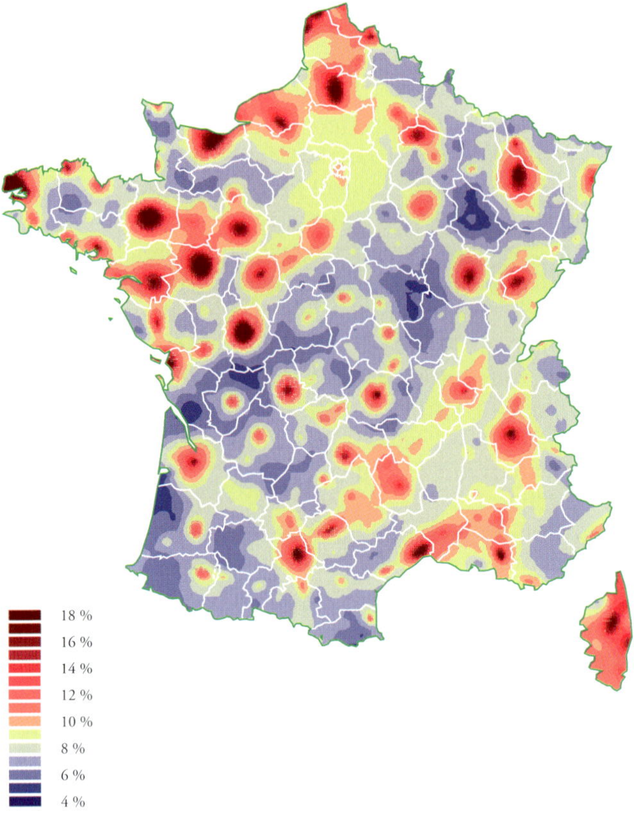

8-13. Jeunes étrangers

Pourcentage de jeunes de 15 à 24 ans dans la population étrangère (au recensement de 2008)

posséder ou de travailler la terre. Le désavantage initial des Juifs, massif dans le contexte d'une société agraire traditionnelle, se retourna en un avantage non moins massif dans la phase suivante, urbaine, de l'histoire. Si nous essayons de discerner dans nos données des évolutions futures, nous devons envisager la possibilité de tels retournements pour les « beurs » maltraités de seconde ou troisième génération, comme pour les arrivés les plus récents de toutes origines.

Le mécanisme actuel de l'intégration n'est pas arrêté mais spécifique. L'absorption des étrangers n'est plus induite par ces migrations de voisinage qui assuraient une transition sans à-coups entre les régions de cultures différentes. Elle résulte de la localisation des immigrés dans les grandes agglomérations, c'est-à-dire dans les lieux qui dominent l'espace français par leur potentiel éducatif, leur richesse et leur proximité à la décision politique.

La pause dans la dispersion pourrait donc bien être suivie par une accélération, d'autant plus importante que les nouveaux arrivants ont un bagage éducatif important – d'après les dernières statistiques de l'OCDE, supérieur à celui de la moyenne des Français. Immigrés et enfants d'immigrés sont aujourd'hui fortement désavantagés, dans les banlieues françaises ou au cœur des villes. La position de ces jeunes dans l'espace garantit toutefois qu'eux-mêmes ou leurs descendants seront au cœur de la culture française, dans un avenir qui est si peu lointain qu'il s'agit déjà d'un présent. Le succès de Jamel Debbouze et d'Omar Sy, au-delà de leur talent, revêt un sens sociologique.

La centralité géographique et culturelle des immigrés explique certains mécanismes – conscients ou inconscients – de jalousie, notamment l'apparition d'une nouvelle islamophobie, non pas dans les milieux populaires mais, bizarrement, dans certains secteurs de l'*intelligentsia* qui ne souffrent pas vraiment du malaise des banlieues.

Nous sommes cependant ici aux frontières du politique, dont nous allons maintenant voir qu'il n'échappe pas mieux que l'éducation ou l'économie à la mémoire et à la logique des lieux. La crise du politique est bien réelle, profonde, tout à fait moderne, mais elle s'inscrit pour l'essentiel dans les espaces anthropologiques et religieux traditionnels.

CHAPITRE 9

À droite tous

Une France férocement divisée : c'est le sentiment que donne tout d'abord le résultat du second tour de l'élection présidentielle de 2012, représenté sur la carte 9.1. Dans plusieurs régions, en particulier sur la frontière Est, Hollande ne recueille pas le tiers des suffrages exprimés, tandis que dans le Sud-Ouest et en Bretagne, il en obtient parfois plus des deux tiers. Ces contrastes masquent pourtant le sens d'un vote qui signe aussi la fin d'une guerre de plus de deux siècles entre la France laïque et la France cléricale. Le retour de la gauche au pouvoir résulte paradoxalement d'une droitisation générale du système politique français. C'est la conclusion inévitable à laquelle on arrive lorsque l'on compare méthodiquement l'élection de François Hollande en 2012 à celle de François Mitterrand en 1981.

En 1981, le spectre politique se composait de quatre couleurs : l'extrême gauche (essentiellement le parti communiste), la gauche (le parti socialiste), le centre et la droite. En 2012, il existe toujours quatre couleurs, mais elles se nomment gauche, centre, droite et extrême droite. L'ensemble du corps électoral a glissé d'une teinte vers la droite. L'extrême gauche a presque disparu et l'extrême droite s'est installée durablement dans le paysage.

Le phénomène de droitisation n'est pas propre à la France puisqu'on l'observe dans la plupart des pays développés, particulièrement en Europe. Les causes de

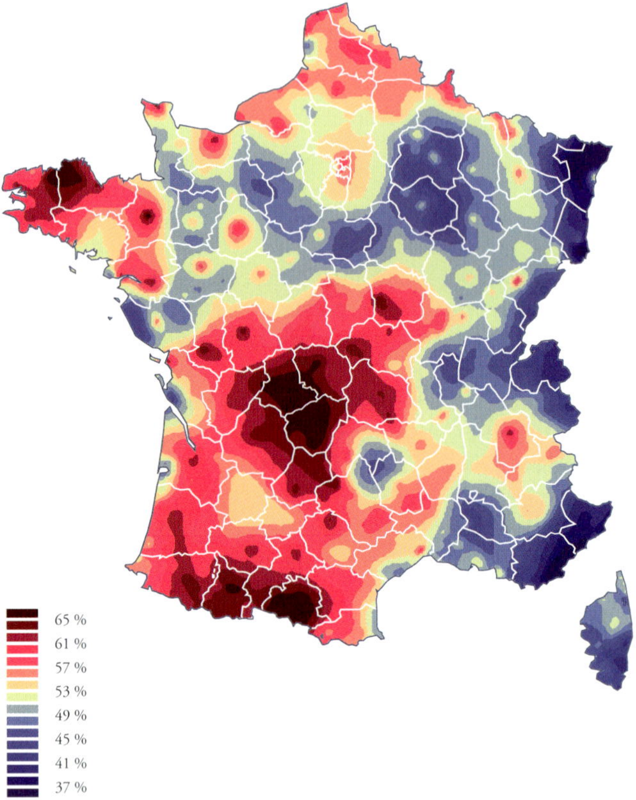

9-1. Hollande au second tour de 2012

Pourcentage de suffrages exprimés pour Hollande
au second tour de l'élection présidentielle de 2012

ce déplacement vers la droite sont partout les mêmes. Il y a, bien sûr, le phénomène politico-idéologique mondial que furent l'implosion de l'Union soviétique et le discrédit du communisme. Mais les causes sociales internes aux nations sont plus puissantes dans la durée : enrichissement des personnes âgées dont la masse augmente sans cesse à cause de l'allongement de l'espérance de vie, nouvelle stratification éducative qui a fabriqué des sociétés où l'on craint surtout de ressembler à ceux du bas, atomisation individualiste qui mine la capacité d'action collective. Ces trois thèmes, récurrents dans ce livre sur la France, pourraient être traités dans chacun des pays développés. En contraste avec cette universalité des causes, l'ajustement des partis à la droitisation de l'électorat a largement varié. En Italie, l'extrême droite de Gianfranco Fini a été digérée par la droite de Silvio Berlusconi, le centre et la gauche ont éclaté, pour finir par se rapprocher. Au Royaume-Uni, la droite s'est radicalisée, le travaillisme blairiste a légitimé un mouvement vers les thèmes conservateurs et l'extrême droite peine toujours à émerger. En Espagne, au Portugal, en Grèce, en Irlande, la droite et la gauche ont glissé parallèlement vers le conservatisme en maintenant un rapport de forces équilibré, ce qui a multiplié les cas d'alternance à des dates rapprochées.

Mais en France ? Superficiellement, la droitisation s'y est soldée par l'élection d'un président de gauche, d'une Chambre de gauche, d'un Sénat de gauche et de 20 sur 22 exécutifs régionaux de gauche. Au-delà des mots, des programmes et des postures, la réalité révélée par les cartes est qu'une course-poursuite s'est engagée, dans laquelle chaque parti a cherché et trouvé sur sa droite un nouvel électorat. À ce jeu, le parti socialiste l'a temporairement emporté, mais la droite a servi de moteur. La dérive de l'UMP vers l'extrême droite a libéré un espace au centre, vite envahi par un PS déjà renforcé par la récupération des électeurs d'un communisme et d'un gauchisme en pleine déliquescence. L'irruption du PS au milieu du spectre a semé la confusion dans le vieux centre politique, produisant d'abord les hésitations de François Bayrou, puis son vote pour Hollande, en même temps qu'une perte totale de visibilité du Nouveau Centre immergé dans l'UMP. Pendant que les ténors politiques cafouillaient face à la droitisation de l'opinion, l'électorat a changé à son rythme, suivant des lignes de pente anciennes. L'évolution du vote de gauche, de Mitterrand à Hollande, illustre bien le mécanisme.

Hollande, l'Église et le FN

L'égalité des scores – 51,76 % des voix pour Mitterrand en 1981, 51,63 % pour Hollande en 2012 – masque des mouvements d'ampleur tectonique. Si l'on reporte sur une carte (9.2a) la différence entre les pourcentages de voix obtenues par Mitterrand et par Hollande aux seconds tours des élections présidentielles de 1981 et de 2012, deux changements majeurs sautent aux yeux : l'effacement du catholicisme de droite et la montée de l'extrême droite. Les zones de plus forts progrès de Hollande par rapport à Mitterrand (en rouge) ont été les anciens bastions de la pratique religieuse : la Bretagne et l'Ouest intérieur, le Pays basque, le sud-est du Massif central. Manquent seulement l'Alsace, la Lorraine, la Franche-Comté et une partie de la région Rhône-Alpes, nous verrons pourquoi. Le bond en avant final qui mena la gauche à l'Élysée s'effectua en pays catholique.

La carte 9.3 qui évalue la progression du vote Hollande de 2012 par rapport aux votes de gauche cumulés du premier tour de 2002 – l'absence de Jospin au second tour contraint à cette approximation – le démontre.

Revenons maintenant à la période entière des

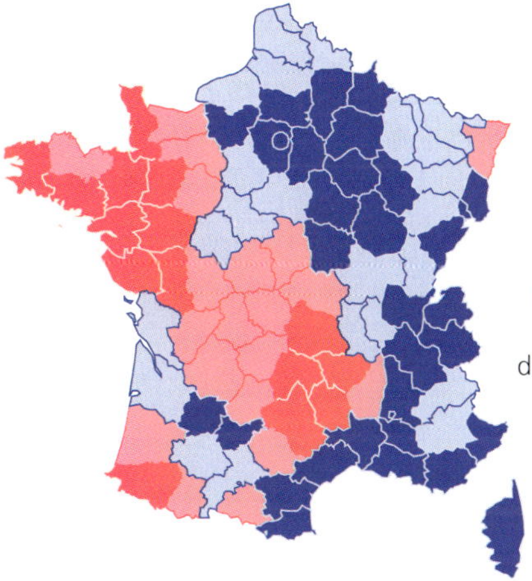

9-2a. De Mitterrand à Hollande

Différence entre le % de voix de Hollande et le % de voix de Mitterrand (deuxièmes tours des élections présidentielles de 2012 et de 1981)

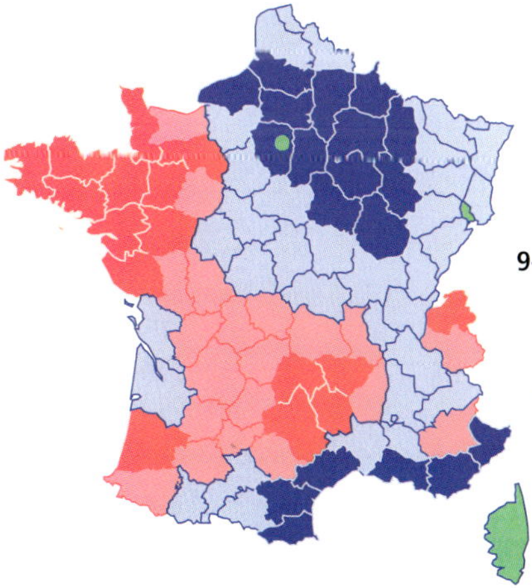

9-2b. Religion, Front national et vote de gauche

Ajustement de la carte précédente par la différence entre le niveau de pratique religieuse et le vote FN à la présidentielle de 2002 (en bleu, fort vote FN et faible pratique religieuse, en rouge, l'inverse)

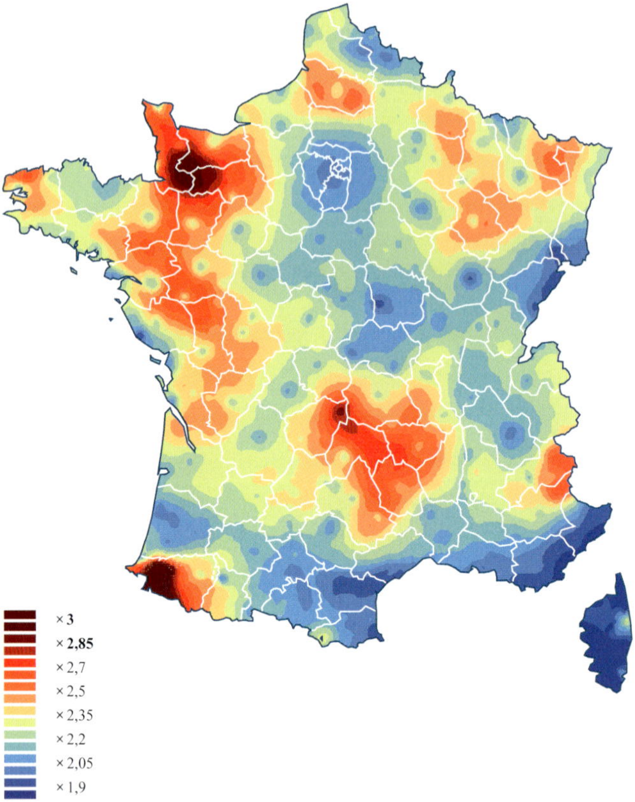

9-3. De Jospin à Hollande

Rapport du vote en faveur de Hollande
(second tour de la présidentielle 2012)
au vote de gauche (Jospin + Hue + Chevènement)
au premier tour de la présidentielle de 2002

années 1981-2012, et examinons les pertes plutôt que les gains de la gauche. Les régions où Hollande a obtenu des scores nettement inférieurs à ceux de Mitterrand sont toutes des places fortes du FN : pourtour méditerranéen, vallée du Rhône, nord-est du Bassin parisien, moyenne vallée de la Garonne.

On peut facilement vérifier que ces deux clés explicatives, Église et Front national, dominent toutes les autres : il suffit de dessiner une carte combinant le niveau standard de pratique religieuse d'après guerre – facteur favorable à Hollande – et le vote pour Marine Le Pen en 2012 – facteur défavorable[1]. Nous soustrayons, dans chaque département, par une méthode statistique adaptée, l'effet du score de Marine Le Pen à celui du niveau de la pratique religieuse[2]. La carte 9.2b qui représente le résultat de l'opération est presque identique à la carte 9.2a des différences entre les votes Hollande et Mitterrand, qu'elle explique donc presque parfaitement[3].

Les causes Église et Front national ne rendent pas compte de tout – il serait beau mais inquiétant qu'un déterminisme aussi implacable s'impose ici. Les écarts entre les deux cartes ont toutefois aussi un sens sociologique.

Le long de la frontière Est, entre Metz et Nice, les pertes de Hollande par rapport à Mitterrand sont plus fortes que celles anticipées par la combinaison du catholicisme et

1. Nous avons mené cette comparaison en effectuant une régression linéaire multiple des votes pour Hollande sur le niveau de pratique religieuse et sur celui du vote FN du second tour de la présidentielle de 2002.

2. Plus exactement, on a déterminé quelle était la combinaison de ces deux facteurs qui se rapprochait le mieux de la différence observée entre les votes pour Hollande et pour Mitterrand (régression multiple).

3. Le coefficient de corrélation entre les deux cartes est r = 0,81, valeur très élevée indiquant que les deux causes alléguées expliquent les 2/3 des variations du vote (exactement 64 % de la variance).

du vote FN. C'est la France des riches vraiment riches, identifiée par la carte 7.1.

De plus, au nord-est du Bassin parisien, dans une vaste zone peu peuplée, les pertes de Hollande sont plus importantes que prévues. Cette région a des caractéristiques anthropologiques et culturelles particulièrement claires, ainsi qu'on l'a vu au chapitre premier : la famille nucléaire égalitaire et le village groupé, ainsi qu'un taux élevé de difficultés éducatives qui stimule la peur de ressembler à « ceux d'en bas ».

Enfin, à Paris et dans sa première couronne, la progression du vote de gauche a été particulièrement importante. À l'échelle départementale, qui est celle des deux cartes, on ne peut pas voir ce qu'une analyse plus fine révèle : à Paris et dans presque toutes les grandes agglomérations, le cœur urbain est passé à gauche. Le rôle des jeunes éduqués en cours d'appauvrissement est ici important.

Disparition de l'extrême gauche

Comment se sont conjuguées dans le temps, entre 1981 à 2012, les deux causes principales, reflux de la pratique religieuse et montée de l'extrême droite, de l'évolution structurelle du vote de gauche ? En 1984 surgit le vote FN, à l'occasion d'élections européennes qui semblent définir immédiatement une implantation géographique stable et contrastée. En apparence simultanément, le parti communiste s'effondre. Mais, électoralement, les deux phénomènes ne sont pas liés puisque le coefficient de corrélation entre le vote frontiste de 1984 et le vote communiste de 1978, dernière date à laquelle le PCF a dépassé 18 % des suffrages, est nul. L'implosion du PC libère des voix qui se reclassent à travers tout le spectre politique et, souvent, se perdent dans l'abstention. Il manque dès lors au PS des suffrages des régions laïques au second tour des élections, car les voix communistes provenaient, géographiquement et métaphysiquement, des sphères les moins catholiques du pays.

Les trotskistes peuvent un instant penser que leur heure est venue parce que leur vieux rival stalinien est à terre. Effectivement, leur score s'élève pour finalement dépasser 10 % au premier tour de l'élection présidentielle de 2002. Le soufflé retombe pourtant si vite qu'en 2012, Philippe Poutou et Nathalie Arthaud atteignent ensemble à peine 2 % des voix. Où les plus fortes pertes ont-elles été enregistrées ? On voit sur la carte 9.4 qu'elles se situent surtout dans le Nord et dans le centre, deux des régions où le PC obtenait ses meilleurs scores. Mais l'Ouest chrétien, autrefois fortement PSU, est aussi une zone de régression du gauchisme tardif.

Où sont passées les voix trotskistes ? Comme dans le cas du PC, il est impossible de le savoir. Mais, comme dans le cas du PC, ces voix ne sont plus acquises à la gauche au second tour des élections, d'où un nouvel affaiblissement de la composante laïque du vote de gauche. À l'issue de ces évaporations du communisme et du trotskisme, la géographie du vote pour Jean-Luc Mélenchon (carte 9.5a) ne correspond plus à celle de l'extrême gauche. Elle ressemble à celle du vote Hollande du premier tour (carte 9.5b) : les deux socialistes ne se partagent pas la France, ils chassent sur les mêmes terres, preuve qu'ils représentent deux interprétations de la gauche socialiste plutôt qu'une extrême gauche dure s'opposant à une gauche socialiste molle.

Sarkozy et Bayrou : droite décomplexée et droite malgré elle

Le glissement de l'extrême gauche vers la droite ne pourrait faire plus que stabiliser la gauche, la maintenir en l'état, si toutes ses voix se reportaient fidèlement. C'est son extraordinaire glissement au centre qui va permettre au

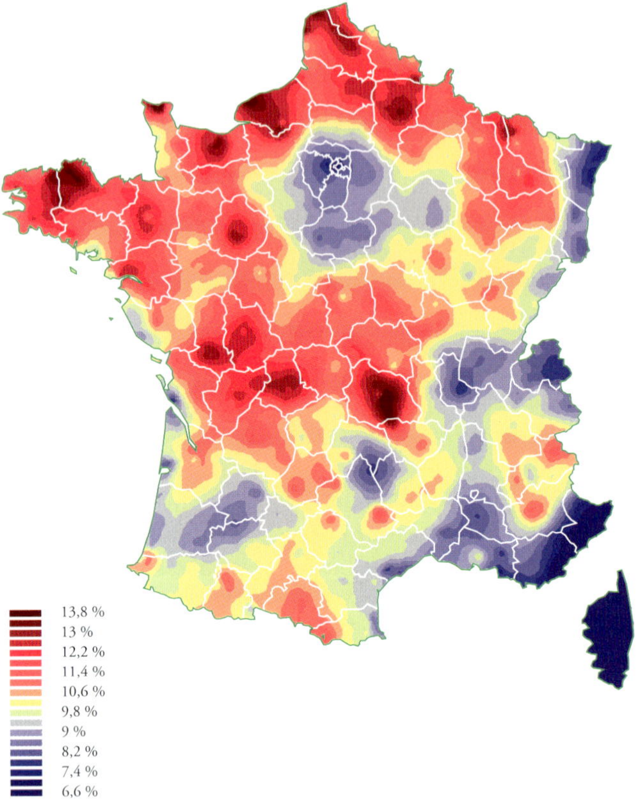

9-4. La chute du trotskisme

Pertes des candidats trotskistes entre le premier tour
de la présidentielle de 2002 et le premier tour de 2012
(en différences des pourcentages obtenus en 2002 et 2012)

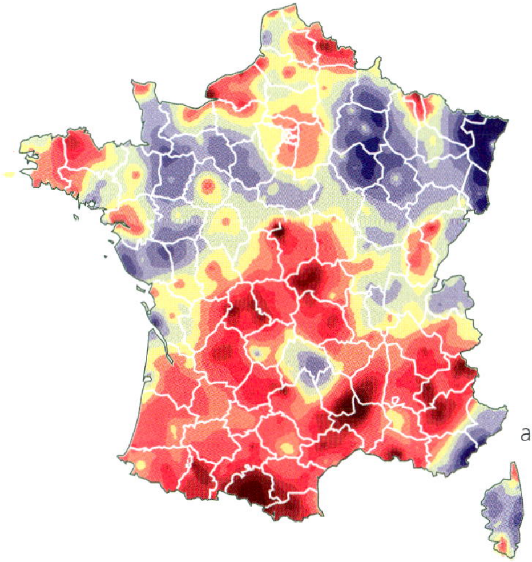

9-5a. Mélenchon au premier tour

Pourcentage de voix au premier tour de l'élection présidentielle de 2012

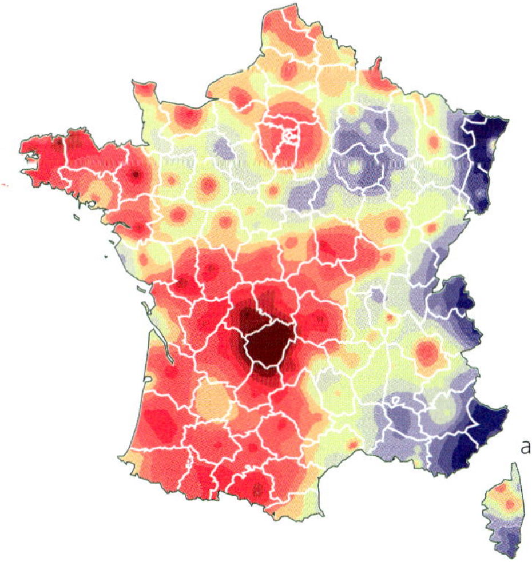

9-5b. Hollande au premier tour

Pourcentage de voix au premier tour de l'élection présidentielle de 2012

parti socialiste de gagner, en devenant majoritaire au sein même de l'électorat de tradition catholique, dernière étape d'un mouvement amorcé dès le milieu des années 1960.

Le premier acte de l'ultime comédie se joue en 2007, lorsque Nicolas Sarkozy décide de faire campagne en droitisant son programme et ses proclamations. Il est élu. L'UMP paiera le prix de sa radicalisation en 2012, et avec des intérêts, bien au-delà d'une simple défaite à une présidentielle, par une désintégration de son électorat et de ses structures. La carte 9.6a montre les gains de Sarkozy au premier tour de 2007 par rapport au score de la droite en 2002, que nous obtenons en faisant la somme des scores des candidats Jacques Chirac, Christine Boutin et Alain Madelin, tous trois membres du RPR. Les gains de Sarkozy dessinent exactement la carte du vote FN. Pari gagné donc pour ce qui va devenir la droite forte, ou décomplexée, qui récupère près de 7 % de voix en provenance du FN, mais victoire à la Pyrrhus, car les pertes de Sarkozy sont considérables dans les régions catholiques. Par sa droitisation à marche forcée, Sarkozy heurte la composante démocrate-chrétienne de la droite, encore fortement présente avant lui dans l'électorat du parti néogaulliste. L'électeur de tradition catholique voit surtout dans l'absence de complexes à droite l'effet d'une mauvaise éducation. Il vote pour Bayrou. Le score de celui-ci bondit de 7,5 % en 2002 à 18 % en 2007, essentiellement par l'apport de la droite modérée, comme on le voit sur la seconde carte (9.6b) où ses gains sont représentés.

Les aspects paradoxaux de la droitisation apparaissent ici dans toute leur ampleur : Sarkozy, parce qu'il a droitisé son programme, s'est déplacé vers l'extrême droite. La droite modérée, elle, se gauchise, si l'on peut dire, en se tournant vers le centre de Bayrou, mais ce dernier se droitise, puisque le centre de gravité de son électorat se déplace, du fait de cet apport, vers la droite. Ce remue-ménage ne modifie pas la frontière entre la droite et la gauche, mais la rend

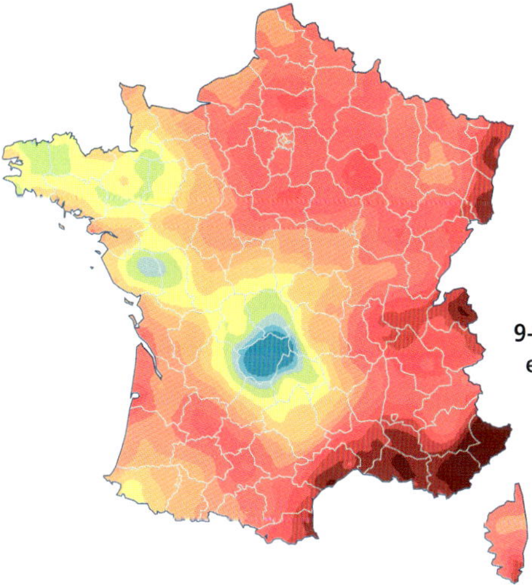

9-6a. Gains de Sarkozy en 2007 sur la droite en 2002

(premiers tours de la présidentielle)

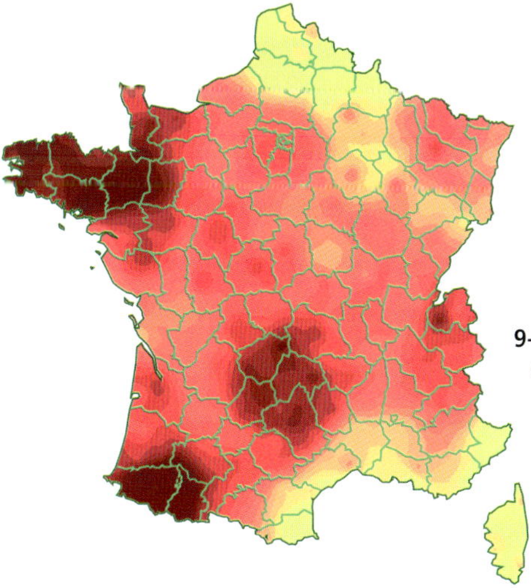

9-6b. Gains de Bayrou entre 2002 et 2007

(premiers tours de la présidentielle)

perméable : le mouvement des électeurs devient vraiment facile entre une gauche presque débarrassée de son extrême gauche et la partie de la droite qui n'accepte pas le rapprochement avec l'extrême droite.

Le second acte de la comédie se joue à la présidentielle de 2012. Sarkozy, à court d'idées dans une ambiance de déroute économique, veut rejouer la même partie qu'en 2007, mais avec surenchère. L'électorat du Front national, cette fois, ne suit pas l'étalage indécent de xénophobie orchestré par son «*spin doctor*», le maurassien Patrick Buisson. À deux points près, Marine Le Pen retrouve les scores additionnés de son père et de Bruno Mégret au premier tour de la présidentielle de 2002. La carte des pertes de Sarkozy entre les premiers tours de 2007 et de 2012 n'est pas très éloignée de celle de ses gains entre 2002 et 2007 (carte 9.7a). Mais il y a une différence capitale, vengeance de l'histoire : s'il a perdu les voix FN gagnées en 2007, Sarkozy n'a pas récupéré les voix démocrates-chrétiennes passées chez Bayrou. Son seul gain apparent en pays catholique est enregistré en Vendée parce que Philippe de Villiers, qui s'était présenté en 2007, n'a pas renouvelé sa candidature en 2012.

Les voix modérées de l'UMP qui avaient fait défaut à Sarkozy en 2007, et qui ne sont pas revenues au bercail en 2012, se sont-elles établies chez Bayrou ? Probablement. Mais en déportant le MODEM sur sa droite, elles ont provoqué le même genre d'effet que Sarkozy à l'UMP en 2007 : la fraction la plus à gauche du centrisme a réagi en votant pour Hollande. Et voilà donc Bayrou, gagnant sur sa droite et perdant sur sa gauche, revenu finalement en 2012 à son score de 2002. La carte de ses pertes entre 2007 et 2012 ressemble beaucoup à celle de ses gains entre 2002 et 2007 (carte 9.7b). S'y ajoutent toutefois des pertes plus fortes dans les villes grandes et moyennes, qui correspondent bien aux gains de la gauche au premier tour de la présidentielle de 2012.

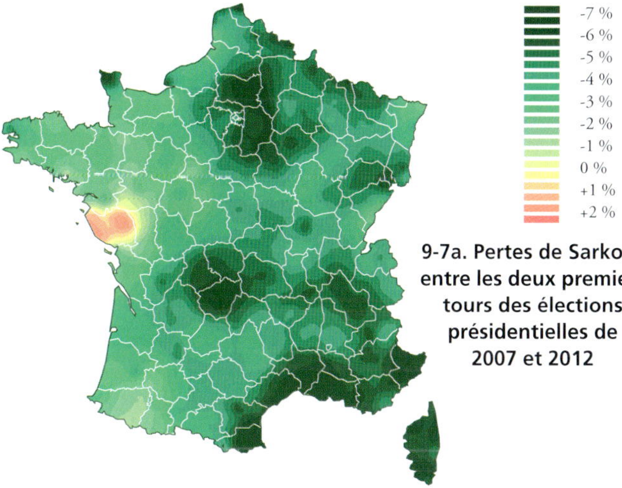

9-7a. Pertes de Sarkozy entre les deux premiers tours des élections présidentielles de 2007 et 2012

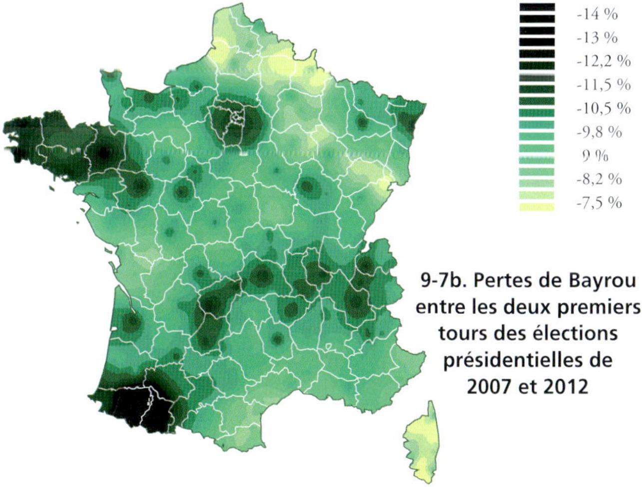

9-7b. Pertes de Bayrou entre les deux premiers tours des élections présidentielles de 2007 et 2012

Droite et catholicisme dans la longue durée

Cette évolution résulte-t-elle des paris douteux d'hommes politiques qui comprennent mal leur électorat ? En réalité, parlementaires, ministres et présidents n'ont fait qu'accompagner, cahin-caha, l'évolution de longue durée des régions cléricales. Alors qu'à la première élection présidentielle, en 1965, et plus encore à celle de Valéry Giscard d'Estaing en 1974, la séparation entre régions de droite et régions de gauche recoupait presque parfaitement l'opposition entre catholicisme tardif et déchristianisation, la relation s'est distendue progressivement pour finalement disparaître. La forte corrélation négative entre pratique religieuse et score du candidat de gauche au second tour de l'élection présidentielle a diminué constamment depuis 1974, pour atteindre une valeur nulle en 2007, comme on le voit ci-dessous.

TABLEAU 9
Corrélations entre vote de gauche au second tour des élections présidentielles et pratique religieuse

Année	Corrélations
1965	-0,603
1974	-0,680
1981	-0,570
1988	-0,370
1995	-0,275
2007	-0,004
2012	+0,069

Sources : ministère de l'Intérieur, cahiers élections du journal *Le Monde*, et François-André Isambert et Jean-Paul Terrenoire, *Atlas de la pratique religieuse des catholiques en France, op.cit.*

L'opposition, structurante pour la politique française durant presque tout le XXe siècle, a donc cessé d'exister. Son importance avait émergé sous la IIIe République avec l'instauration du suffrage universel. La corrélation était montée en puissance entre 1890 et 1906, menant dès 1905 à la séparation de l'Église et de l'État. Elle a atteint un niveau élevé et stable à partir des années 1930.

TABLEAU 10
Corrélations entre pratique religieuse (messalisants) et scores de la droite aux élections législatives (au niveau départemental)

Année	Corrélations
1893	+0,366
1898	+0,529
1902	+0,508
1906	+0,564
1910	+0,364
1924	+0,484
1928	+0,474
1932	+0,556
1936	+0,610

Source : François Goguel, *Géographie des élections françaises de 1870 à 1951*, Paris, Presses de Sciences Po, 1951.

Sous la IVe République, l'opposition entre l'Église et la gauche s'est radicalisée à cause de l'importance du vote communiste, qui a ravivé le vieil affrontement entre l'Église et la Révolution. Aux législatives de 1946 et de 1956, la corrélation entre suffrages du PC et pratique religieuse a atteint la valeur négative élevée de -0,63, puis elle a décliné au rythme de la baisse du vote communiste. C'est alors la fin du conflit qu'illustrait en Italie, de manière plus consciente et plus détendue, la bagarre permanente entre le curé Don Camillo et le maire communiste Peppone.

La fin du communisme d'État en URSS et en Europe de l'Est a joué un rôle mais cette évolution vient de plus loin, comme le montre la baisse de la corrélation dès 1981. On a abondamment glosé sur la petite église que Mitterrand fit figurer sur son affiche de campagne en 1981, et qui semblait vouloir réconcilier la gauche et l'Église. La vérité est que le futur président de la République accompagnait un mouvement de sécularisation, mais ne l'impulsait pas.

Le « catholicisme zombie » et le référendum de 2005

La France serait-elle donc devenue un pays réunifié dans la laïcité, ainsi que le suggèrent les enquêtes sur la pratique religieuse qui enregistrent désormais moins de 5 % de personnes se rendant à la messe régulièrement ? Le croire serait réduire l'emprise de la religion à ses rites. Nous avons vu dans les chapitres précédents à quel point un « catholicisme zombie », certes mort en tant que croyance mais vivant en tant que force sociale, avait dynamisé l'éducation entre 1985 et 1995, et facilité l'adaptation économique des populations dans les régions autrefois pratiquantes. La politique ne fait pas exception. Les référendums de 1992 et de 2005 sur l'Europe nous offrent deux exemples remarquables d'action politique du « catholicisme zombie » dans un domaine essentiel, la crise économique et monétaire.

Durant la campagne pour le référendum du 25 mai 2005 sur la constitution européenne, la gauche était divisée, et la droite opposée à l'extrême droite. Mais la confusion des partis ne semble guère avoir troublé les électeurs. Elle les a peut-être même libérés. Les régions autrefois pratiquantes catholiques ont nettement plus voté pour la constitution européenne que les régions laïques (carte 9.8), sans d'ailleurs que le « oui » l'emporte forcément en terre chrétienne. Les seules exceptions à l'association du catholicisme et du « oui » concernent certaines villes favorables au « oui » en zone « noniste », comme Reims, Orléans et Dijon et, bien sûr, la très massive région parisienne, toutes anciennement déchristianisées mais favorables à la constitution européenne. La carte réalisée au niveau communal nous permet ici de discerner directement la dimension éducative et socio-économique du vote, le « oui » des grandes villes universitaires, le « non » extrêmement puissant des zones de détresse économique du Nord et de la partie ouest du Languedoc-Roussillon, régions de chômage, de faibles revenus et de fortes inégalités.

La géographie catholique du vote « oui » ne résulte pas d'une coïncidence ou d'un sursaut mais bien plutôt d'une constante : lors de chaque référendum – en 1969 sur les pouvoirs du Sénat et la décentralisation, en 1972 sur l'élargissement de la Communauté économique européenne, en 1992 sur le traité de Maastricht –, le même contraste géographique s'est manifesté : toujours les régions catholiques votent plus facilement « oui » que les autres, toujours les laïques plus facilement « non » (carte 9.9). S'agit-il de soumission chrétienne à l'autorité ? On pourrait se contenter de cette interprétation pour comprendre les référendums de 1992 et 2005, qui ont mis en scène l'opposition des élites et du peuple, et rappelé la capacité des zones centrales, anciennement déchristianisées, autrefois révolutionnaires, à rejeter l'autorité de leurs dirigeants. Mais cette explication ne suffit pas pour les référendums de 1969 et 1972, tenus à une époque où personne ne discutait la capacité des élites à gouverner.

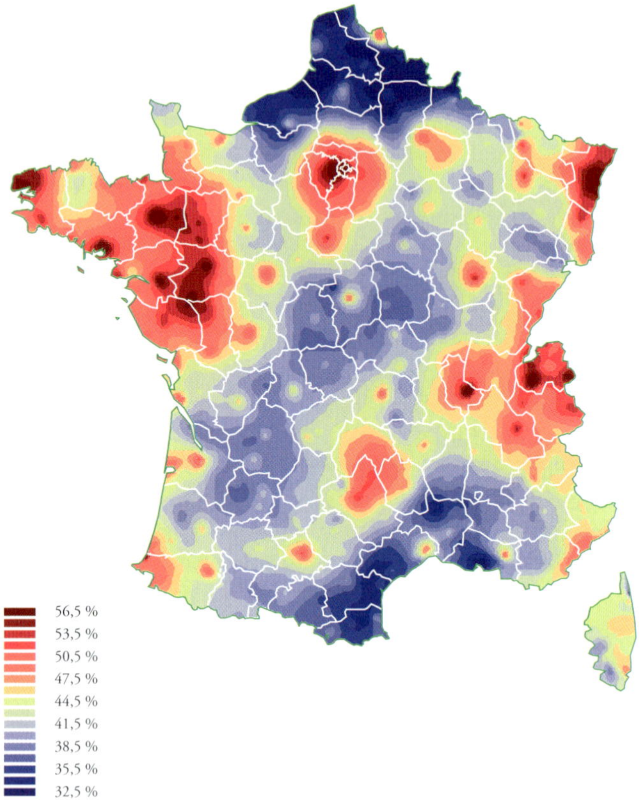

9-8. Votes « oui » au référendum de 2005

En pourcentage

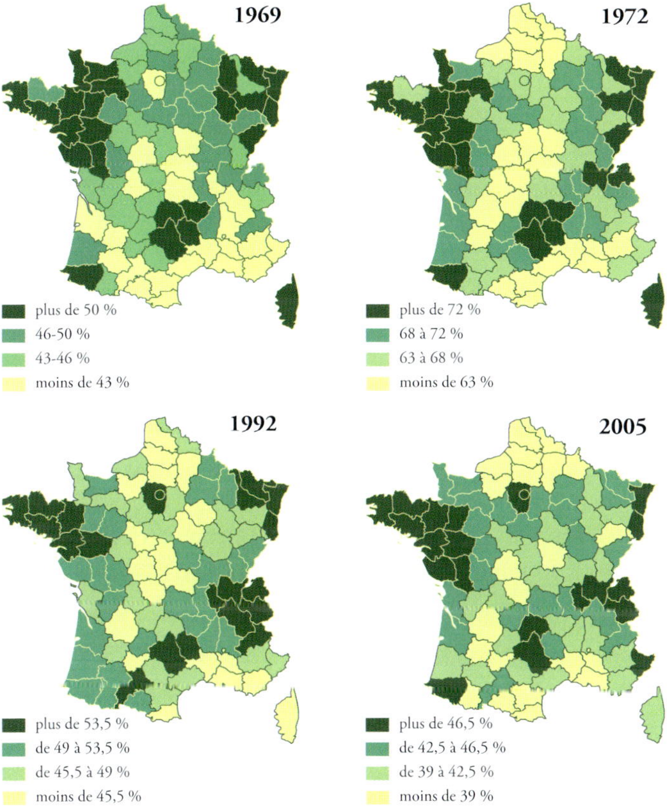

9-9. Pourcentage de votes « oui » aux référendums de 1969, 1972, 1992 (Maastricht), 2005

Les départements ont été classés par rang d'importance du vote « oui » et rangés en 4 catégories comprenant un nombre à peu près égal de départements. Les pourcentages correspondant à ces catégories sont indiqués pour chaque référendum

Le véritable trait commun de tous les référendums depuis 1969 a été de proposer de retirer à l'État certaines attributions et de les confier, selon les circonstances, soit aux régions et aux départements, soit à l'Europe. Voter « oui » revenait à affaiblir le niveau national. Ces référendums ont donc aussi révélé, non plus une résistance de l'Église à l'État, mais une résistance autonome des régions anciennement catholiques à l'État jacobin.

On peut trouver des racines non religieuses à ces attitudes. Les régions de tradition catholique, on l'a noté à plusieurs reprises, sont pour la plupart périphériques. Elles avaient conservé jusqu'à la Révolution des prérogatives particulières, comme des parlements votant l'impôt en Bretagne, en Languedoc, en Dauphiné et dans les petits « États » pyrénéens. La Franche-Comté, l'Alsace et la Lorraine faisaient encore théoriquement partie du Saint Empire romain germanique, et les Flandres ou l'Artois étaient « réputées étrangères », dans la langue de l'Ancien Régime. La France centrale, au contraire, groupée dans les « cinq grandes fermes », ainsi que la Provence, la Normandie, la Guyenne et la Gascogne, dépendaient directement du pouvoir de Versailles. Les référendums depuis 1969 permettent de constater la survie d'un complexe « religieux-périphérique » qui associe acceptation de la hiérarchie sociale et refus de la centralisation parisienne. L'effet politique global le plus récent est paradoxal : face à la tentative de construction d'un État européen, les provinces autrefois décentralisatrices se rangent du côté d'une centralisation continentale.

N'exagérons toutefois pas la constance des attitudes et n'oublions pas une histoire qui est aussi d'échelle nationale : si le traité de Maastricht avait été validé par 51,04 % des suffrages exprimés, la Constitution européenne de 2005 a, elle, été rejetée à 54,87 %. Les départements de tradition catholique ont certes plus voté « oui » que les autres mais une telle formulation masque le fait que, dans plus de la moitié d'entre eux, c'est le « non » qui l'a emporté. En vérité, le « oui » n'a été majoritaire que dans 13 départements métropolitains : Paris, les Hauts-de-Seine, les Yvelines, le Rhône, le Bas-Rhin, la Haute-Savoie, l'Ille-et-Vilaine, le Finistère, le Morbihan, la Mayenne, la Loire-Atlantique, le Maine-et-Loire, la Vendée. Les bastions du « oui » sont, soit riches soit, c'est vrai, « zombies-catholiques ». Mais l'unique grande région entièrement fidèle au « oui » et à l'Europe fut, dans la France de 2005, l'Ouest, où seul le département des Côtes-d'Armor a voté « non », trace de déchristianisation ancienne, de communisme et de famille communautaire. Conformément à la prédiction d'André Siegfried, l'Ouest intérieur fut particulièrement ferme dans son acceptation de l'autorité sociale des élites. Malgré tout, la cartographie dévoile ici une plaisanterie non dépourvue de sens : la seule culture régionale globalement fidèle à l'Europe fut, proche de l'Atlantique, la plus éloignée du cœur du continent.

La rétraction spatiale du « oui » s'est accompagnée d'une montée socio-économique du « non » : en 1992, lors du vote sur le traité de Maastricht, le « non » avait été majoritaire chez les ouvriers (61 %) et les employés (53 %), le « oui » majoritaire dans les autres catégories sociales. Au-delà d'un renforcement du « non » dans ces catégories populaires (79 % chez les ouvriers, 67 % chez les employés), le fait sociologique marquant du vote de 2005 a été le basculement vers le « non » des professions intermédiaires, passées d'un vote « oui » à 62 % à un vote « non » à 53 %. N'ont voté « oui » en 2005 que les cadres supérieurs, de peu, et les gens âgés, largement.

Le catholicisme ayant depuis le XIXe siècle partie liée avec les classes supérieures, on ne peut guère considérer que les deux biais, populaire et laïque, du vote « non » sont contradictoires. Si nous oublions le discours progressiste sur l'Europe pour nous concentrer sur les paramètres classiques de l'analyse électorale, le choix « oui » apparaît comme un classique vote de droite. Le passage du « oui » majoritaire de 1992 au « non » majoritaire de 2005 devrait donc s'interpréter comme un glissement vers la gauche, mouvement contradictoire en apparence avec le glissement à droite généralisé que nous observons au niveau des partis. La France est décidément un pays mystérieux.

Classe, âge et région dans la détermination du vote

Nous avons analysé l'élection présidentielle de 2012 sans tenir compte d'aucune détermination socio-économique ou sociodémographique des votes. Pourtant, les enquêtes d'opinion montrent que la répartition des suffrages varie selon l'âge et selon la catégorie sociale, ainsi qu'on vient de le voir pour le référendum de 2005. Le vote Hollande est proche de sa moyenne chez les cadres supérieurs, plus élevé chez les ouvriers, les employés et dans les professions intermédiaires, nettement plus bas chez les artisans et les commerçants et, ce qui est plus important en termes de masses électorales, plus bas chez les retraités. La distribution par âge est congruente : les plus de 60 ans votent majoritairement à droite, tout comme les retraités (ce sont assez largement les mêmes personnes), tandis que les 18-24 ans, et encore plus nettement les 25-34 ans, sont orientés à gauche.

La répartition des votes en faveur de Hollande, dont la carte 9.1 révèle les forts contrastes régionaux, reflète-t-elle la distribution des ouvriers, des employés et des professions intermédiaires dans l'espace français ? Pas du tout, mais nous allons voir que rien n'est finalement plus révélateur qu'une contradiction apparente.

TABLEAU 11
Le vote des catégories socio-économiques et des groupes d'âges

catégorie sociale	**% votes Hollande**
Artisans-commerçants	30 %
Cadres et prof. lib.	52 %
Professions intermédiaires	61 %
Employés	57 %
Ouvriers	58 %
Retraités	43 %
âge	**% votes Hollande**
18-24 ans	57 %
25-34 ans	62 %
35-49 ans	53 %
50-59 ans	55 %
60 ans et plus	41 %

Source : sondage Ipsos.

La composition par âge de la population et sa répartition par catégorie sociale étant connues pour les 36 600 communes françaises, on peut calculer ce qu'aurait dû être le résultat de l'élection dans chaque commune si les électeurs avaient voté en fonction seulement de leur âge, ou seulement de leur catégorie sociale, en appliquant partout le même vote national moyen des diverses tranches d'âge ou catégories socioprofessionnelles. Si ce calcul conduisait à des résultats proches de ceux qui ont été observés dans les faits, nous en déduirions que le vote fut effectivement déterminé par la situation socio-économique ou d'âge des électeurs. Or ce calcul livre un résultat surprenant, tant pour le rôle de l'âge que pour celui de la structure socio-économique. Selon les proportions définies par les sondages, les régions jeunes et populaires du Nord et de l'Est auraient dû voter à gauche, alors qu'elles ont voté à droite. Le Sud-Ouest – très âgé, fort peu ouvrier, richement doté en artisans et en petits commerçants – aurait dû voter très à droite alors qu'à l'inverse, Hollande y a obtenu ses meilleurs scores. Le vote de gauche n'apparaît socio-économiquement « rationnel » que dans le Nord extrême. Les sondages seraient-ils gravement inexacts ? Le comptage des votes serait-il faussé ? Absolument pas. Les deux ensembles de faits sont exacts. Si l'on admet qu'il peut exister deux types de cause de variation du vote, la cause sociale et démographique d'une part, la cause régionale de l'autre, le paradoxe peut être levé.

En effet, la variabilité sociale ou par âge modifie peu le résultat régional du vote. Un exemple simple mais assez proche des chiffres réels peut aider à le comprendre. Supposons que les personnes âgées votent à 60 % à droite et le reste des électeurs à 40 %. Dans une région vieillie où les personnes âgées constituent 60 % de la population, le vote à droite sera de 0,6 × 60 % + 0,4 × 40 % = 52 %. Inversement, dans une région jeune où l'on compte seulement 40 % d'électeurs âgés, le vote de droite sera de 0,4 × 60 % + 0,6 × 40 % = 48 %. La différence de vote ainsi obtenue entre les deux régions est beaucoup plus faible que la différence selon l'âge des votants. La déviation due à leur structure sociale ou à leur structure d'âge comptera donc peu face à des déterminants culturels territoriaux qui peuvent mener à des écarts beaucoup plus massifs, produisant dans telle région un vote de droite de 60 %, et dans telle autre de 40 %. La résolution du paradoxe nous permet donc de saisir la puissance de détermination des cultures régionales, que nous allons expliquer au chapitre suivant.

CHAPITRE 10

Socialisme et sarkozysme

La consolidation du vote socialiste évoque à elle seule l'émergence d'une détermination régionale anthropologique venue des profondeurs. La répartition géographique des votes socialistes au second tour des élections présidentielles fut rigoureusement la même en 2007 et 2012 (cartes 10.1c et 10.1d). De plus, la même répartition caractérise le vote pour le candidat socialiste par rapport au vote pour Sarkozy au premier tour de ces deux élections (cartes 10.1a et 10.1b). Les corrélations départementales entre ces quatre cartes oscillent entre 0,97 et 0,98, valeurs excessivement rares en sciences politiques, tellement élevées qu'elles évoquent un monde arrêté. Le plus étonnant n'est pas tant la stabilité des résultats du second tour que la corrélation entre le score des candidats socialistes au premier tour, relativement au candidat de droite, et leur score au second tour, comme si le résultat du second tour était encapsulé dans le vote du premier tour. Les électeurs qui n'avaient d'abord voté ni pour Hollande ni pour Sarkozy se sont distribués au second tour exactement comme ceux qui avaient voté Hollande ou Sarkozy au premier. Voilà de quoi ramener à de justes proportions les spéculations des commentateurs sur le report des voix bayrouistes, écologistes, souverainistes ou trotskistes. Tout cela prouve que nous sommes en présence d'une détermination profonde des électorats régionaux.

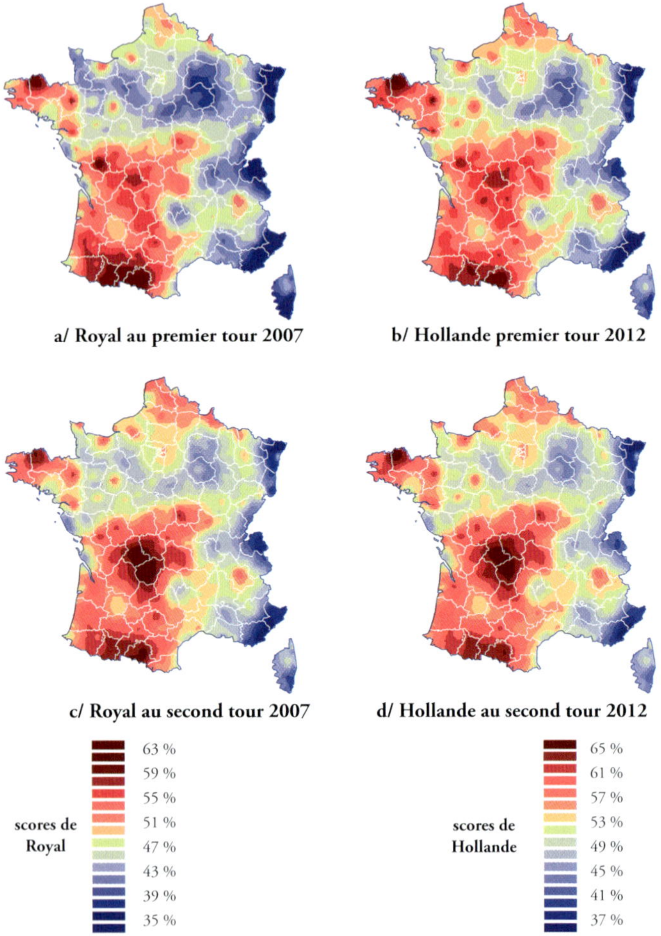

10-1. Une gauche figée

Pourcentage de suffrages exprimés pour Royal en 2007 et Hollande en 2012 aux premiers et seconds tours de l'élection présidentielle par rapport à la somme de leurs voix et de celles obtenues par Sarkozy

Émergence de la famille

La prédominance du vote en faveur de Hollande dans le Sud-Ouest, la Bretagne et le Nord doit donc être expliquée par d'autres causes que celles habituellement mises en avant par les sondages. À ce stade, deux facteurs sautent aux yeux : la structure familiale et, dans le cas de la Bretagne et du Sud-Ouest, un phénomène de rattrapage régional qui concerne l'éducation aussi bien que l'abandon de l'agriculture traditionnelle.

Si nous laissons de côté la question des villes, que nous traiterons plus loin, la répartition des votes en faveur de Hollande apparaît incluse dans la carte des types familiaux complexes, famille souche du Sud-Ouest, famille communautaire du nord-ouest du Massif central, ou formes étendues mal définies qui occupaient la Bretagne et le Nord (voir la carte-synthèse 1.4). Le phénomène d'ajustement du vote socialiste à ce fond anthropologique est récent et remonte au plus tôt à la candidature de Ségolène Royal en 2007. En effet, la corrélation entre le score de la gauche au second tour des élections présidentielles et le degré de complexité familiale a augmenté brusquement en 2007. C'est l'érosion de l'antagonisme entre régions laïques et catholiques qui a permis l'émergence de cette cause de variation plus profonde, jusqu'alors masquée ou plutôt inactivée par une couche supérieure religieuse.

Pourquoi la diversité de ces types familiaux régionaux, que nous croyions disparus, prend-elle une telle importance maintenant, en ce début de IIIe millénaire, dans un pays préoccupé par la mondialisation, dans toutes ses dimensions et dans tous ses effets : concurrence économique, écrasement des salaires, chômage, immigration, islam ? La réponse est simple mais elle contredit l'axiomatique aujourd'hui dominante d'une convergence des

TABLEAU 12
Coefficients de corrélation entre le vote pour le candidat de gauche au second tour des élections présidentielles et l'indice de complexité familiale (par départements)

Année	Corrélation
1965	0,29
1974	-0,19
1981	0,27
1988	0,06
1995	0,12
2007	0,45
2012	0,46

Source : ministère de l'Intérieur, recensement de 1999.

sociétés développées : la famille ancienne prend de l'importance, non pas malgré la crise, mais à cause de la crise. Une société qui va mal, qu'elle soit nationale ou locale, cherche dans ses profondeurs anthropologiques des forces de résistance à l'adversité. Dans le cas de la France, ce mécanisme opère au moment même où les élites dirigeantes s'efforcent au contraire de trouver une solution dans un ajustement mimétique à la modernité des autres.

L'anthropologie de la famille et de la communauté locale pourrait bien devenir une discipline reine pour analyser les réactions à la crise économique, car c'est désormais une question de survie pour beaucoup d'individus que de savoir s'ils pourront ou non compter sur leurs proches en cas de licenciement ou de faillite. Leur aide sauve de la rue, leur abandon y condamne. Or la capacité de soutien des systèmes familiaux complexes est sans commune mesure avec ce que peuvent assurer les systèmes nucléaires. La famille étendue, qu'il s'agisse de la forme souche du Sud-Ouest, communautaire du Limousin, ou mal définie de Bretagne, favorise l'aide pratique aux individus. Il ne semble pas que les formes familiales du Nord, travaillées par des mécanismes de décomposition comme la monoparentalité, soient d'une telle efficacité dans le soutien à leurs membres.

Les familles complexes toulousaines ou bretonnes, actives dans l'assistance aux individus, voient leurs conceptions holistes réactivées par la crise, phénomène qui influence puissamment l'orientation politique des régions concernées.

La famille complexe réémerge donc simultanément dans la vie quotidienne *et* dans l'idéologie. À un niveau pratique, elle encourage l'entraide entre couples, souvent sous la forme de ce que les économistes nomment transferts intergénérationnels. La famille souche du Sud-Ouest avait été inventée, à partir du XIIIe siècle, précisément pour ce type d'échange. À un niveau idéologique et politique, la famille souche (ou communautaire) voit dans le socialisme l'extension à la Nation entière de ses propres pratiques de redistribution. Dans le cas du Sud-Ouest, l'affection pour l'État est une vieille tradition que nous avons retrouvée bien vivante dans la puissance régionale de la fonction publique (carte 6.9).

En pays de famille nucléaire au contraire, c'est-à-dire dans un vaste Bassin parisien allant de Nancy à Laval, qu'il s'agisse du type égalitaire de l'Est ou du type hypernucléaire de l'Ouest, aucune couche protectrice équivalente n'existe. À l'opposé, l'individualisme familial peut nourrir l'individualisme économique. La concurrence entre individus et entre générations trouve donc sa contrepartie idéologique dans une certaine acceptation du néolibéralisme, attitude peu compatible avec un programme socialiste de défense de l'État et de respect de la fonction publique. Nous commençons à comprendre l'alignement à droite de ces régions dont certaines sont pourtant ravagés par la désindustrialisation. Si Hollande l'a emporté en pays de famille complexe, Sarkozy a gagné en pays de famille nucléaire, en dépit, ou à cause, de sa thématique ultra-individualiste.

Le décalage temporel est/ouest : ruralité socialiste et désindustrialisation sarkozyste

Malgré la prédominance générale du vote Sarkozy dans le Bassin parisien et du vote Hollande au cœur de l'Occitanie, le lien entre vote socialiste et famille complexe d'une part, entre famille nucléaire et vote de droite d'autre part est imparfait, surtout à l'Est : ni l'Alsace, pays de famille souche germanique, ni la région Rhône-Alpes où prédominent des types souche imparfaits, n'ont voté socialiste. Le type nucléaire à proximité patrilocale de Provence ne semble quant à lui n'avoir aucun effet socialisant.

Si nous voulons comprendre l'inflexion à droite que nous percevons à l'est de l'Hexagone, nous devons inclure dans la mémoire de ces lieux le passé culturel et industriel des deux derniers siècles. Il n'est pas le même pour les parties Est et Ouest du système national.

Dans les chapitres qui précèdent, nous avons saisi à l'Est un complexe historique associant habitat groupé, alphabétisation précoce et, à leur suite, une industrialisation rapide et complète. Le complexe Ouest s'oppose terme à terme : habitat dispersé, décollage tardif de l'éducation, maintien jusqu'au lendemain de la Seconde Guerre mondiale d'une agriculture de subsistance importante. La mémoire de ces régions renvoie à un passé très proche, en termes générationnels surtout, de sous-développement et de pauvreté. S'ils veulent sonder la misère du passé, les électeurs des pays de l'ouest n'ont qu'à penser à leurs grands-parents. En revanche, si les électeurs de la partie est de l'Hexagone évoquent leurs grands-parents, ils sont confrontés au souvenir d'un monde qui, certes, n'était pas riche, mais était à sa manière moderne et vivait la notion de progrès, malgré la saleté et la dureté de l'usine. C'est la mort de ce monde qu'ils vivent quotidiennement.

En Aquitaine, en Bretagne, en Anjou, en pays de famille complexe comme en pays de famille hypernucléaire, tout a bougé dans un sens positif depuis la guerre : éducation, passage du métier d'agriculteur à celui d'ouvrier, d'employé, d'enseignant ou de cadre. Dans ces régions, l'ascension sociale et l'avancée culturelle sont une réalité de mémoire immédiate qui donne encore au présent un sens optimiste, malgré la crise. Dans le contexte de la grande récession, nous pouvons au contraire supposer un pessimisme social à l'Est, où se délite le progrès ancien. L'optimisme dirige assez naturellement vers le parti socialiste, qui garde une conception positive de l'homme et une vision coopérative de la vie en société. Que cette option soit réaliste ou non n'est pas ici la question. Le pessimisme mène vers cette droite qui accepte ou prône la concurrence entre individus et l'abandon des faibles. Que cette option soit réaliste ou non n'est pas non plus ici la question.

Parties est et ouest de l'Hexagone sont hétérogènes sur le plan des structures familiales, dont le dessin général oppose un Nord majoritairement nucléaire à un Sud presque uniformément complexe, quoique à des degrés divers. Le facteur des migrations, analysé au chapitre 8, crée des mécanismes d'uniformisation internes aux espaces ouest et est. Nous avions mis en évidence deux champs migratoires distincts, l'un à l'ouest de la région parisienne et du Massif central, l'autre à l'est. Nous devons supposer que les mouvements intérieurs à chacune de ces deux zones favorisent, sans la garantir, l'émergence d'attitudes communes. Dans chacune, le système anthropologique le plus fort lutte pour atteindre l'hégémonie. Combinant masse des systèmes familiaux, dynamisme éducatif, puissance du réseau urbain et intensité des migrations, nous pouvons prédire une pesée des valeurs de la famille complexe à l'Ouest, en pratique sur la zone hypernucléaire de l'Ouest intérieur, et une pesée des valeurs de la famille nucléaire à l'Est, en pratique sur la région Rhône-Alpes. Dans ce dernier cas, le caractère inachevé de la famille souche facilite le mécanisme adaptatif et la séparation, déjà réalisée, d'avec les valeurs socialistes. Le cas de l'Ouest intérieur est encore plus intéressant.

Nous avons noté sa singularité, que nos catégories d'analyse mettent en discordance. Sa structure familiale individualiste le pousse vers la droite, son proche passé de décollage social vers la gauche. Nous le sentons travaillé politiquement par ces tendances contradictoires. Sa partie ouest, la Bretagne gallo, a déjà été entraînée vers la gauche. Ses éléments centraux et orientaux restent de droite, mais nous sentons que cet alignement est fragile. N'oublions pas que l'habitat dispersé de ce pays silencieux recèle un potentiel intrinsèque de coopération locale, institutionnalisé par une école privée catholique particulièrement dynamique. La chute du catholicisme s'y est produite comme ailleurs et la question d'un éventuel basculement à gauche de la région doit être posée. Les villes, notamment Angers, Laval et Le Mans, sont déjà des îles de gauche, bastions avancés de cette possible conquête. Ce serait alors la prise de cette ligne Siegfried qui faisait de l'Ouest intérieur l'âme de la contre-révolution.

Villes de gauche

L'ajustement de la gauche à la carte des structures familiales et de la ruralité proche ne sera pas la fin de l'histoire, malgré la fixité des géographies observées en 2007 et en 2012. Il s'agit d'un moment, que la dynamique urbaine de la gauche a déjà commencé à dépasser. C'est ce que montre la comparaison des cartes politiques réalisées séparément pour les communes de diverses tailles. Les cartes 10.2a, 10.2b et 10.2c dessinent les espaces de gauche et de droite, respectivement pour les communes de moins de 1 000 électeurs, de 1 000 à 5 000 et de plus de 5 000. Les formes définies dans l'Hexagone sont les mêmes mais, d'une carte à l'autre, lorsque la taille de la commune augmente, le niveau du parti socialiste monte, au point que le jaune, point d'équilibre entre les deux forces, remplace, au-dessus de 5 000 électeurs, le violet de la droite un peu partout là où il dominait, sauf sur la frontière Est. Le cœur du Bassin parisien est pénétré par le vote Hollande. Nous retrouvons ici, inachevé et sous une forme urbaine diffuse, le phénomène beaucoup plus net et massif de la domination de la capitale par la gauche.

Au contraire de beaucoup de phénomènes analysés dans ce livre, la montée en puissance de la gauche dans les villes semble expliquée par les variables classiques de la politologie. Le monde urbain est le plus souvent jeune, éduqué et en cours d'appauvrissement, combinaison qui, dans le contexte français, mène généralement à gauche. Mais cette orientation à gauche ne va pas de soi. On a vu ailleurs des jeunesses éduquées et appauvries se tourner vers l'extrême droite, en Allemagne dans les années 1930, notamment. En France même, le vote Front national est certes ancré dans la moitié la moins éduquée de la population, mais une moitié qui a bénéficié de progrès considérables depuis les années 1970. C'est le refus de s'identifier aux 12 % d'en bas, en difficulté scolaire, qui mène à droite cet électorat.

Les villes du Bassin parisien, la capitale en particulier, malgré la diversité provinciale et nationale de ses habitants, ne peuvent en aucune manière être dominées par les valeurs de la famille complexe. Le type nucléaire, matrice originelle du lieu, y broie depuis le Moyen Âge les systèmes

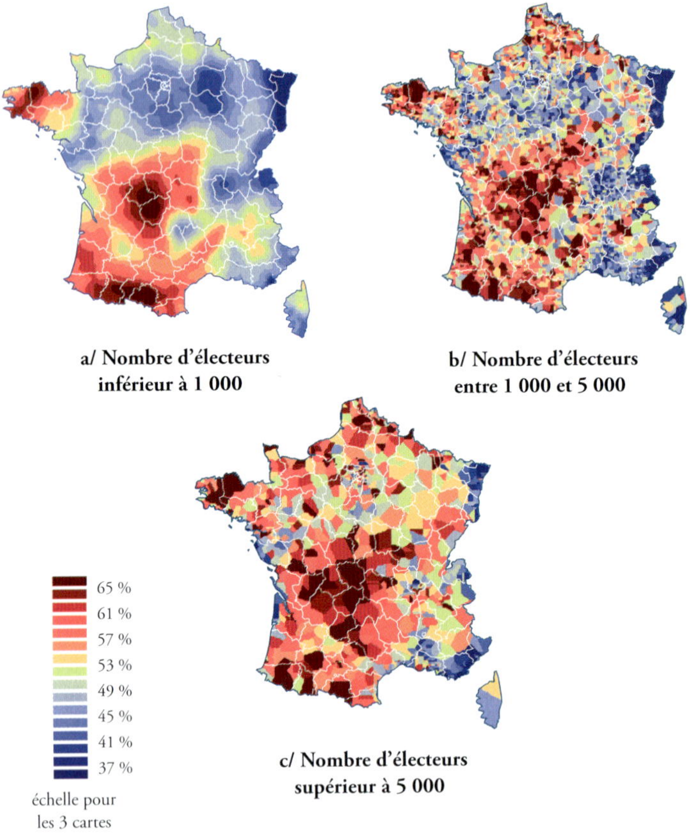

10-2. La gauche des villes

Pourcentages de suffrages exprimés pour Hollande au second tour del'élection présidentielle de 2012 selon la taille des communes (nombre d'électeurs < 1 000, compris entre 1 000 et 5 000, >5 000)

immigrés complexes, tout comme la matrice anglo-saxonne nucléaire broie en Amérique les systèmes familiaux complexes des immigrants. Parce que la gauche domine aujourd'hui la région parisienne, qui pèse à elle seule plus lourd démographiquement que les régions Aquitaine, Bretagne et Midi-Pyrénées réunies, nous pouvons affirmer que la gauche française continue d'être diverse par ses valeurs anthropologiques souterraines. La disparition de la dualité partisane PC/PS laisse subsister, à l'intérieur même du PS, une pluralité des valeurs anthropologiques. Nous y constatons d'ailleurs un affrontement qui n'en finit pas entre conceptions étatistes et libérales de la vie économique et sociale, phénomène que nous pouvons recoder, en langage anthropologique, comme « affrontement entre valeurs de la famille souche et valeurs de la famille nucléaire ». L'opposition ne concerne pas seulement le couple étatisme/libéralisme ou autorité/liberté. La famille nucléaire parisienne est égalitaire autant que libérale, comme la famille souche du Sud-Ouest est inégalitaire autant qu'autoritaire.

Frontière de droite

La cartographie politique réalisée au niveau communal permet de distinguer, à l'Est extrême de l'Hexagone, un phénomène de frontière tout à fait surprenant. Du nord de l'Alsace jusqu'à la Méditerranée, avec une unique interruption sur la frontière d'ailleurs presque vide du département des Hautes-Alpes, le vote Sarkozy atteint des niveaux nulle part égalés. Les frontières belge et espagnole ne sont pas concernées par le phénomène. Nous comprenons ici que l'alignement à droite de la région Alsace, la seule qui ait sur le continent échappé à la gauche durant l'ère Sarkozy, n'est pas de nature « germanique » mais frontalière, ce qui est somme toute rassurant pour l'intégrité du territoire national. S'il avait existé des régions autonomes « Savoie » et « Côte d'Azur », elles auraient aussi, malgré la déroute électorale du sarkozysme, échappé à la gauche.

Nous pouvons, dans un premier temps, voir dans cet alignement frontalier de droite un phénomène économique, étrange mais logique. Nos cartes de la richesse et des inégalités de revenu avaient mis en évidence la prospérité de cette longue frange, qui résulte, simultanément, du travail frontalier des Français et de la résidence de minis Depardieu et Johnny étrangers réfugiés dans l'Hexagone. Reste qu'aucune autre zone aussi à droite et d'une telle ampleur n'existe en France, malgré les poches de richesse en région parisienne, à Bordeaux, Toulouse, Lyon ou Aix. Nous devons donc, dans un second temps, admettre l'existence d'un phénomène idéologique spécifiquement associé à la frontière. Les riches y semblent capables d'entraîner l'ensemble de la population vers la droite avec une force jamais vue depuis l'époque où les hobereaux de l'Ouest contrôlaient le vote de leurs paysans.

La frontière Est, à l'exception de l'environnement niçois, est plutôt européenne d'esprit, mais sans excès, ayant voté de justesse « oui » en 2005. Rien de comparable avec son enthousiasme de droite. Du Jura jusqu'à la Haute-Provence, elle n'apprécie pas particulièrement le Front national, ainsi qu'on le verra au chapitre suivant. La seule spécificité d'ensemble de cette zone est donc bien un fort alignement à droite, qui exclut tout extrémisme de droite et tout extrémisme européiste. Il s'agit d'une attitude stable, puisque le vote de 2007 pour Sarkozy faisait apparaître le même résultat. Nous n'avons pas d'explication définitive à un phénomène dont l'étude exigerait un examen détaillé de l'évolution politique au-delà de la frontière, en Bade-Wurtemberg, Suisse romande, Piémont et Ligurie. Supposons toutefois que ces régions européennes particulièrement riches portent et diffusent des attitudes de droite, avec quelques hésitations dans le cas de l'Italie du Nord frontalière.

Admettons qu'il serait urgent de cartographier l'Europe des riches afin d'examiner l'hypothèse d'une sphère idéologique de droite transfrontalière. Cette question nous semble d'ailleurs échapper aux problématiques dominantes de la mondialisation, même si cet hypersarkozysme des frontières colle *a priori* assez bien au stéréotype d'une droite tellement associée à l'argent qu'elle en est devenue antinationale. Toutefois, les mythes de la mondialisation, qu'ils soient favorables ou hostiles au pouvoir des puissants, nous proposent en général l'image d'une richesse délocalisée, insaisissable, courant d'ordinateur à ordinateur à la poursuite du soleil, de la Bourse de Londres à celle de New York, puis de New York à Tokyo, pour revenir vers nous au petit matin avec l'astre du jour. Oui, l'argent circule, absolument. Mais les gens de chair et d'os qui le possèdent semblent, sur notre carte, cloués au sol, et pas toujours dans les métropoles les plus spectaculaires. Nous croyons les sentir, fragiles, sur la frontière, prêts à la fuite dans une direction ou dans l'autre.

La gauche, la droite et l'égalité

Si l'on excepte le Nord, les régions où le vote Hollande l'a emporté sont situées dans la moitié ouest et sud-ouest de la France où, traditionnellement, la population vivait dispersée en exploitations isolées dans le bocage.

La corrélation du score socialiste avec le groupement de la population a évolué de manière analogue à celle observée pour la complexité familiale[1] : on observe une

1. La régression multiple du % de voix de Hollande au second tour de 2012 en fonction de l'indicateur de complexité familiale (F) et celui

brusque rupture en 2007. L'absence de relation fait place à une corrélation négative, le vote socialiste apparaissant d'autant plus faible que l'habitat est plus groupé.

TABLEAU 13
Coefficients de corrélation entre le vote pour le candidat de gauche au second tour des élections présidentielles et l'indice de groupement de la population (% population agglomérée par départements)

Année	Corrélation
1965	-0,05
1974	-0,14
1981	0,18
1988	0,06
1995	0,08
2007	-0,43
2012	-0,43

Source : ministère de l'Intérieur, SGF.

Nous sommes ici confrontés à un problème capital : nous avons souligné, au premier chapitre consacré à l'étude des fondements anthropologiques et religieux, le lien entre habitat groupé et égalitarisme, familial ou de voisinage. Ce qu'évoque cette corrélation qui devient négative, c'est donc une mise en opposition partielle, dans l'Hexagone, de la gauche et des valeurs égalitaires. Nous parlons ici d'égalité rêvée, non d'égalité réelle. Nous avons souligné la discordance, en France et en Europe, entre égalitarisme idéologique et égalité des revenus. Le parti socialiste trouve

de groupement de la population (A) illustre bien leur influence : % Hollande = 51,45 + 2F-2A (r = 0,55). La différence des deux indicateurs correspond donc d'assez près à la distribution des votes socialistes.

ses bastions les plus stables dans des régions, comme le Midi-Pyrénées et la Bretagne – où Hollande a recueilli respectivement 57,94 et 56,35 % des voix –, dont les structures anthropologiques profondes ne favorisent pas une croyance en l'égalité des frères et des hommes. Mais ces régions peuvent être égalitaires en termes de revenus.

Si nous étions seulement des pragmatiques optimistes, nous nous réjouirions de voir la gauche l'emporter dans cet Ouest où les pauvres ne sont pas trop pauvres et les riches pas trop riches. Mais nous pensons que l'idéologie aussi est importante, indispensable à la définition du futur et à une action collective d'échelle nationale. Nous devons donc nous inquiéter de voir François Hollande élu avec ses plus belles majorités dans des régions qui ne croient pas tellement en l'égalité métaphysique des hommes et des classes. La force de la gauche en zone idéologique non égalitaire et de la droite en zone égalitaire est un phénomène paradoxal, et peut-être pathologique.

Car nous pouvons symétriquement nous étonner de voir Sarkozy (et au chapitre suivant le Front national) prospérer dans des zones attachées depuis le bas Moyen Âge à la notion d'égalité des frères et des hommes. Dans ce cœur champenois du Bassin parisien, qui porta la Révolution, les majorités de Sarkozy sont fortes au niveau départemental : 55,4 % dans l'Aube, 55,3 % dans la Marne, 54,5 % en Haute-Marne. Ces chiffres révèlent un rejet de la gauche, y compris dans les milieux populaires. Jérôme Fourquet, directeur des études politiques de l'IFOP, nous a aimablement communiqué les estimations d'intentions de vote dans les catégories populaires pour chacune des 21 régions de l'Hexagone (les données corses étant insuffisantes). Le cumul de sondages réalisés aux diverses dates de la campagne conduit à des tailles d'échantillon qui permettent d'estimer ce que fut le score d'un candidat dans le monde populaire de telle ou telle région.

TABLEAU 14
Vote estimé des classes populaires pour François Hollande (%)

Alsace	43
Aquitaine	62
Auvergne	55
Bourgogne	61
Bretagne	72
Centre	54
Champagne-Ardenne	48
Corse	0
Franche-Comté	56
Île-de-France	58
Languedoc-Roussillon	53
Limousin	66
Lorraine	55
Midi-Pyrénées	64
Nord-Pas-de-Calais	60
Basse-Normandie	69
Haute-Normandie	54
Pays de la Loire	58
Picardie	49
Poitou-Charentes	54
Provence-Alpes-Côte d'Azur	48
Rhône-Alpes	50

Source : IFOP.

Au second tour de l'élection présidentielle, à l'échelle nationale, ouvriers et employés ensemble ont voté pour François Hollande à 56 %, et donc à 44 % pour Nicolas Sarkozy. En Bretagne, le vote socialiste des ouvriers et des employés a atteint son maximum, 72 %, et l'on peut évoquer dans le cas de cette province un monde populaire vraiment de gauche. En Alsace, le vote Hollande a été minoritaire dans les milieux populaires, avec 43 % des suffrages, à peine une surprise dans la région française la plus à droite, et en Provence-Alpes-Côte d'Azur, avec 49 %, dans la région socialement la plus déstructurée. Mais le candidat socialiste est aussi minoritaire dans les milieux populaires de Champagne-Ardenne, avec 48 % des voix seulement, et de Picardie, avec 49 %.

Attention, ne prenons pas la partie pour le tout, et surtout pas une partie minoritaire pour le tout. Ainsi qu'on l'a vu dès l'introduction de ce livre, l'agglomération parisienne condense 60 % de la population du cœur égalitaire du Bassin parisien[1]. Du point de vue anthropologique et religieux, ses valeurs sont les mêmes que celle de la Champagne et de la Picardie, libérales et égalitaires. Or, en Île-de-France, l'ensemble de la population a voté Hollande, à 53,32 %, et les milieux populaires, souvent d'origine étrangère, à 58 %, moins qu'en Midi-Pyrénées et qu'en Bretagne, mais quand même à une majorité assez nette. Ce que nous saisissons ici est l'interaction entre classes sociales et espace. Dans le centre de la zone anthropologique individualiste égalitaire, des milieux populaires mélangés quant à l'origine, placés au contact de masses de jeunes éduqués appauvris, sont de gauche ; sur la périphérie de l'agglomération que constitue en fait l'ensemble du Bassin parisien, vaste zone suburbaine où sont relégués, coupés des strates éduquées, ouvriers et employés d'origine française plus lointaine, ceux-ci ont basculé à droite.

Si l'on est un optimiste de gauche, on constatera que François Hollande l'a emporté dans l'ensemble d'un Bassin

1. Régions Île-de-France, Haute-Normandie, Picardie, Champagne-Ardenne, plus départements de l'Yonne, du Loiret, du Loir-et-Cher, de l'Eure-et-Loir, de la Côte-d'Or et de la Meuse.

parisien qui inclut l'Île-de-France, avec 51,54 % des voix. Si l'on est un optimiste de droite, on insistera sur le fait que Nicolas Sarkozy l'a emporté dans le Bassin parisien si on en exclut l'Île-de-France, avec 51,99 % des voix.

Cette gauche rejetée par les milieux populaires périphériques des vieilles terres égalitaires qui firent la Révolution, cette droite agitée qui y prospère suggèrent une sorte de pathologie politique. Le moment est venu d'aborder la question du Front national et de sa récente métamorphose.

CHAPITRE 11

La métamorphose du FN

Pour montrer comment s'est effectué le glissement à droite du corps électoral, nous avons confronté, dans les deux chapitres qui précèdent, les partis politiques classiques aux structures profondes qui guident en France les comportements, c'est-à-dire la religion et la famille. Le changement ressemblait à celui qui s'effectue quand on secoue un kaléidoscope et que les morceaux de verre colorés se recombinent. Les pièces elles-mêmes, pour l'essentiel, ne se modifient pas. Pourtant, peu de temps après la première élection de François Mitterrand en 1981, une nouvelle pièce est apparue, soudainement : le Front national, révélateur de la droitisation et son principal agent politique. Son irruption et son développement permettent d'observer comment les pièces apparaissent, évoluent et se stabilisent. Incapable d'échapper au kaléidoscope, le FN, après tant d'autres, a suivi un chemin ancien et balisé. Après tant de cartes examinées, la géographie des résultats de Marine Le Pen à l'élection présidentielle de 2012 (carte 11.1) nous donne au premier coup d'œil le sentiment de quelque chose de familier. Tel n'était pas le cas lorsque Jean-Marie Le Pen a émergé, brusquement sorti du néant statistique traditionnel de l'extrême droite française. Du père à la fille, il y a eu beaucoup de changement. Le FN est en train de muter, dans deux dimensions. L'une, moderne, oppose les grands centres urbains à leur périphérie rurale, proche ou

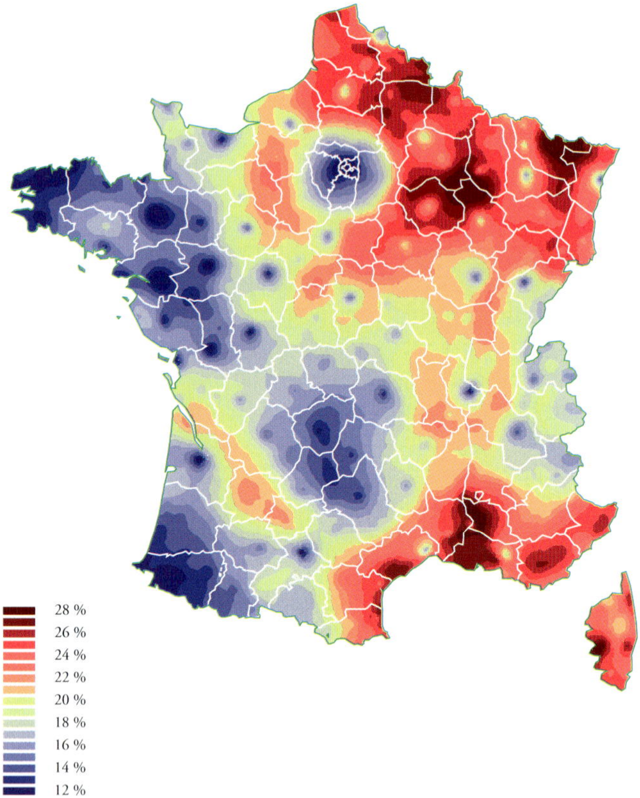

11-1. Marine Le Pen en 2012

Pourcentage de suffrages obtenus par Marine Le Pen au premier tour de l'élection présidentielle de 2012

lointaine ; l'autre, ancienne, va nous ramener une fois de plus à la géographie religieuse de la France.

Une apparition surprise

Fondé par Le Pen au début des années 1960 pour faire le deuil du poujadisme et de l'OAS, le FN végétait. Son score de 0,2 % aux législatives de 1978 ne laissait pas prévoir son surgissement aux élections européennes de 1984 avec 11 % des suffrages. Après coup, on a identifié des signes précurseurs, dont l'élection municipale de Dreux un an auparavant, à l'occasion de laquelle Jean-Paul Stirbois, un lieutenant de Le Pen, en pactisant avec la droite, avait fait battre la socialiste Françoise Gaspard. Cet événement semblait lui-même inexplicable. Dans l'histoire politique, Dreux n'était connue que comme la capitale du violettisme, composante la plus à gauche du parti radical fondée par Maurice Violette. Faute d'explication, et comme l'apparition du FN coïncidait dans le temps avec le recul du PC, beaucoup en avaient conclu que les électeurs de l'un étaient passés à l'autre. Les extrêmes se touchent, avait-on coutume de dire. L'explication est inexacte ainsi qu'on peut le voir sur la carte 11.2 qui compare les zones d'apparition du FN en 1984 aux zones de force du PC à la veille de sa chute en 1978, aux élections législatives auxquelles il avait recueilli 18 % des suffrages. Deux zones communes exceptées, le rivage méditerranéen et une partie de la région parisienne incluant Paris *intra muros*, les implantations des deux partis, pour l'essentiel, ne coïncident alors pas. Le PC était fort dans le Nord de la France et le nord-ouest du Massif central, le FN s'installe dans l'extrême Est et dans la région lyonnaise[1].

1. Le coefficient de corrélation entre le vote FN de 1984 et le vote PC de 1978 est de 0,16, ce qui indique une absence de relation entre les deux distributions (au niveau des départements).

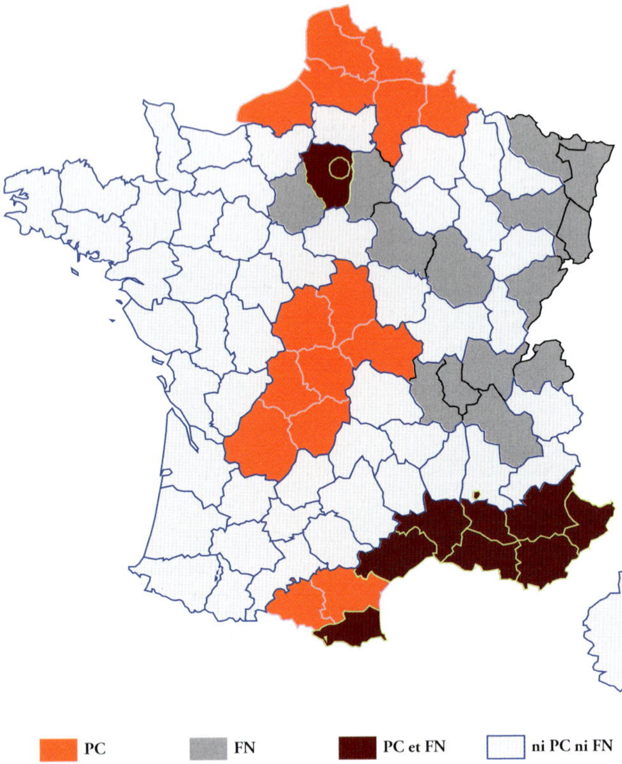

11-2. Places fortes du PC en 1978 et du FN en 1984

Le terrain sur lequel l'extrême droite a tout d'abord prospéré est facile à identifier. Il correspond, très logiquement, à ses deux thèmes dominants, l'immigration et l'insécurité. Effectivement, la répartition du vote FN de 1984 (carte 11.3a) est très semblable à celle des plaintes pour coups et blessures par habitant à la même époque (carte 11.3b)[1]. La coïncidence avec la répartition des Maghrébins au recensement de 1982 est encore plus frappante (carte 11.3c)[2]. Tout serait enfin simple au royaume de la politique : les Français menacés par des malfaiteurs et par des immigrés auraient voté pour le parti qui leur promettait de les débarrasser de ces deux nuisances. L'insécurité pourtant ne date pas de 1984, ni l'immigration étrangère de 1982. L'une et l'autre existaient depuis des dizaines d'années dans les mêmes lieux sans y avoir suscité de vote FN. En 1978, ses deux thèmes favoris avaient rapporté 0,2 % des suffrages à Le Pen. Pour comprendre le processus qui a engendré le vote FN, il faut faire entrer dans l'équation un cofacteur, très proche mais non identique aux précédents, et qui établit un premier pont avec l'anthropologie profonde du pays : la population « agglomérée », dont l'ancienneté rurale va paradoxalement nous permettre de comprendre une mutation très récente du mode de vie urbain.

Du village à la banlieue pavillonnaire

Quel rapport peut-il bien exister entre l'irruption d'un parti d'extrême droite à la fin du XXe siècle et un découpage du territoire et des mœurs antérieur, selon Marc Bloch, « aux peuples historiquement attestés : Celtes, Romains,

1. Le coefficient de corrélation entre le vote FN de 1984 et les plaintes pour coups et blessures en 1982 est de 0,65.

2. Le coefficient de corrélation entre le pourcentage d'étrangers du Maghreb en 1982 et le vote FN en 1984 est de 0,85.

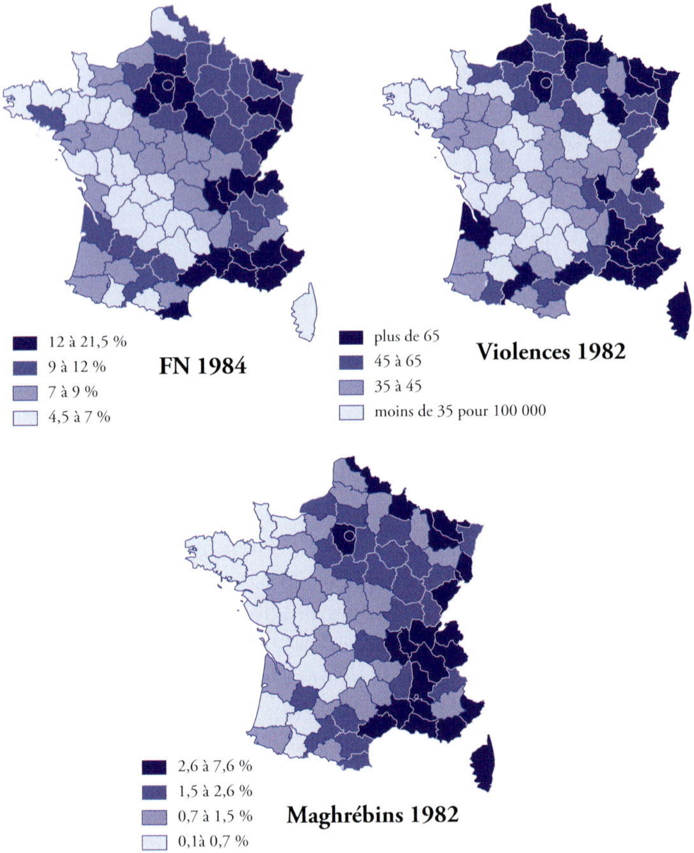

11-3. Immigration, insécurité et extrême droite au début des années 1980

Pourcentage de votes pour le FN en 1984, nombre de plaintes pour coups et blessures en 1982 pour 100 000 habitants et pourcentage de ressortissants d'Algérie, Maroc et Tunisie en 1982

Germains, Slaves[1] ». Selon lui, « c'est bien plus haut, jusqu'aux populations anonymes de la préhistoire, créatrices de nos terroirs, qu'il faudrait pouvoir remonter » pour expliquer cette division de l'espace national. Notre critique de l'explication du vote d'extrême droite par l'insécurité ou par l'immigration maghrébine serait donc ici encore plus justifiée : depuis la préhistoire, le FN avait tout le temps d'apparaître. Pourquoi se manifeste-t-il seulement en 1984 ? Parce que la modernité urbaine la plus récente a agi différemment sur les mœurs en pays d'habitat groupé et en pays d'habitat dispersé.

L'habitat groupé et les champs ouverts du Nord exigent selon Bloch une « grande cohésion sociale, une mentalité facilement communautaire », tandis que, dans le bocage, « la maison isolée suppose un autre régime social et d'autres habitudes, la possibilité et le goût d'échapper à la vie collective, au coude à coude ». Ces réalités sociales opposées passaient dans le premier cas par la discipline de l'assolement triennal et par la vaine pâture commune, dans le second par la liberté de culture et l'appropriation privée des prairies et jachères. C'est la rupture du tissu social en région d'habitat groupé qui a permis le FN.

À partir des années 1975, le paysage social français a été bouleversé par le desserrement puis par l'étalement urbain, qui ont eu, selon le lieu, des conséquences très différentes. Partout, les ménages français se sont motorisés et ont changé de mode de vie. Ils ont délaissé le petit commerce du coin de la rue et ont pris l'habitude d'acheter dans des centres commerciaux. Ils travaillent et prennent leurs loisirs, désormais, de plus en plus loin de leur domicile. En pays d'habitat groupé, la vie collective a été vidée de son contenu ; la sociabilité et les rapports de voisinage ont

1. Marc Bloch, *Les Caractères originaux de l'histoire rurale française*, Paris, Armand Colin, 1934.

été dévastés. En pays d'habitat dispersé, en revanche, la rencontre des autres, jusque-là difficile, a été facilitée par la mutation du mode de vie ; l'automobile et les magasins à grande surface y permettent une sociabilité nouvelle.

Le vote FN exprime l'angoisse des pays de population groupée : le voisin est devenu un étranger, perçu comme une menace pour la sécurité. Les deux grands thèmes du FN proposent de soigner cette peur du vide en désignant des coupables.

Diffusion et solidification

Les champs ouverts des pays d'habitat groupé facilitent une circulation qui explique la rapidité avec laquelle des thèmes du Front national se sont propagés, dans les vastes plaines du Nord et de l'Est d'abord, mais aussi le long des grands fleuves et du rivage méditerranéen. C'est ainsi que l'alphabétisation avait progressé, à partir du XVIIe siècle, grâce à la possibilité pour chacun de fréquenter une école à proximité de son habitation. C'est aussi dans ces régions que la criminalité fut la plus forte. Les criminologues Gabriel de Tarde, Alphonse Bertillon et Cesare Lombroso l'avaient souligné dès la fin du XIXe siècle : l'agglomération de population favorise les délits en multipliant les contacts et les occasions. Enfin, parce que la vie en collectivité s'accompagne d'une division plus poussée du travail, l'installation des immigrants fut plus facile en pays d'habitat groupé. Ils trouvaient dans les villages des emplois, en général en bas de l'échelle sociale, que les fermes isolées du bocage ne pouvaient offrir. Une première immigration en entraînant d'autres, comme on l'a vu au chapitre 8, il est naturel de retrouver aujourd'hui les immigrés dans les régions d'habitat groupé, et plus encore dans les villes et dans leurs communes suburbaines.

Prouver l'existence d'une telle diffusion des opinions

politiques est difficile car il faudrait pouvoir surprendre les conversations au comptoir des cafés, à la table des familles et sur les lieux de travail. Cependant, la carte du vote FN au niveau communal en 1995 (carte 11.4) révèle une forme épidémique caractéristique. On distingue quatre pôles. Le plus important est en Alsace et en Lorraine. Les deux suivants sont les régions parisienne et lyonnaise, dont les centres semblent toutefois déjà évidés, comme si le vote s'était propagé à la manière d'une onde de choc. Le quatrième pôle est la basse vallée du Rhône, qui a déjà rayonné sur l'ensemble de la côte méditerranéenne. À partir de ces points nodaux, des filaments suivent les axes de circulation, en général des vallées majeures : la Garonne, l'Allier, la Seine entre Paris et Rouen ainsi que ses affluents, l'Oise, l'Aube, l'Yonne, la Marne. La liste des zones qui ne sont pas touchées semble pasticher celle des pays de bocage donnée par Marc Bloch :

« Toute la Bretagne, le Cotentin avec les régions de colline qui à l'est et au sud entourent la plaine de Caen, le Maine, le Perche, les bocages vendéens et poitevins, la plus grande partie du Massif central – à l'exclusion des plaines limoneuses qui y forment autant d'oasis sans barrières –, le Bugey et le pays de Gex, dans l'extrême Sud-Ouest, le Pays basque… Voilà la carte des pays d'enclos[1]. »

Compte tenu du lien examiné au premier chapitre entre habitat groupé et héritage égalitaire – hors d'Alsace –, cette coïncidence suggère un rapport initial, quoique pervers, du vote Front national à l'idéal d'égalité.

Si l'on est attentif, ce n'est pas absolument toute la Bretagne qui est immune au vote d'extrême droite, car une petite zone du Morbihan est séduite par Le Pen, autour de La Trinité, sa ville natale. L'effet « enfant du pays » est caractéristique de toutes les élections présidentielles.

1. *Ibid.*

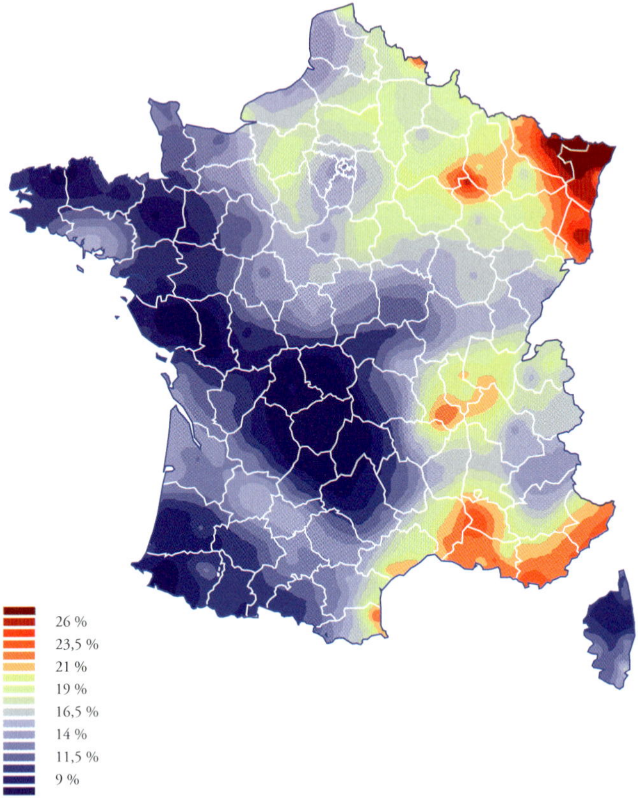

11-4. Jean-Marie Le Pen en 1995

Pourcentage de suffrages au premier tour
de l'élection présidentielle de 1995

Entre les quatre pôles du vote FN et les pays « d'enclos », on observe un dégradé comme si des particules, projetées par l'explosion initiale, rencontraient une résistance de plus en plus vive. Dans un seul cas, celui des départements qui forment la région actuelle du Centre, la résistance est plus faible. C'est, on l'a vu au premier chapitre, une région aux caractéristiques anthropologiques et religieuses mélangées, où l'on observe souvent des comportements hésitants.

Le Pen père s'immobilise

L'immigration et l'insécurité n'étaient que des arguments électoraux, des écrans, dissimulant un malaise plus profond dirait la psychanalyse. Pour faire progresser le FN au-delà de cette fonction tranquillisante, il aurait fallu à Le Pen père présenter un programme économique et social ayant un rapport avec la crise. Mégret et ses amis du Club de l'Horloge le comprirent, mais se heurtèrent à un vieux chef comblé par sa potion magique. Le Pen s'accrocha à ses deux thèmes fétiches.

La progression un temps fulgurante du FN s'arrêta donc. Les élections présidentielles de 1988, 1995 et 2002 révèlent que la croissance a continué mais sur un rythme lent : 14,4 %, 15 %, 16,9 % des suffrages exprimés. Et surtout, même si le score global de Le Pen a progressé encore un peu à chacune de ces élections, la géographie de son électorat semblait comme vitrifiée, ainsi que le montrent les quatre cartes de la figure 11.5, qui décrivent la répartition des suffrages FN aux élections européennes de 1984 et aux présidentielles de 1988, 1995 et 2002[1].

1. Les 45 coefficients de corrélation entre les pourcentages de suffrages FN aux dix élections générales de 1984 à 2002 sont toujours supérieurs à 0,8, à une exception près – à 0,76.

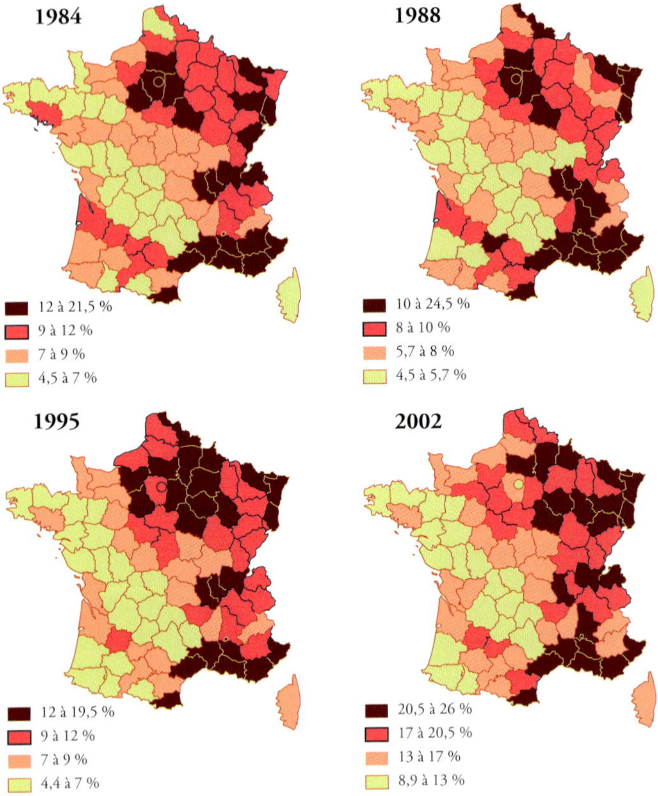

11-5. Le Front national en 1984, 1988, 1995 et 2002

Pourcentage de suffrages exprimés
(européenne en 1984, présidentielles ensuite)

L'immobilisme de tranchée ne peut pas payer pour un mouvement nouveau. La qualification de Le Pen au second tour de 2002, perçue comme une avancée majeure par la majorité des commentateurs, représenta en réalité une immobilisation. Entre les deux tours, Le Pen ne progressa pratiquement pas.

Sarkozy relance l'extrême droite

Le Pen ne représentait plus à ce stade une menace, mais un obstacle pour la droite. Pour l'écarter, Sarkozy reprit ses deux arguments de la sécurité et de l'immigration. Cette stratégie fut gagnante à court terme, en 2007, puisqu'elle réussit à détourner au premier tour près du tiers des voix frontistes. À moyen terme, elle tira le Front national de son immobilité. Apprenti sorcier s'il en fut, Sarkozy avait remis la machine en mouvement. Une carte plus sophistiquée montre de quelle manière : plutôt que la carte des pertes absolues de Le Pen entre 2002 et 2007, nous avons tracé la carte de ses pertes relatives, c'est-à-dire de quelle proportion il avait reculé entre les deux premiers tours (carte 11.6). L'immobilité de la structure géographique (carte 11.5) est brisée. Les pertes relatives du FN sont d'autant plus sérieuses (en jaune) que l'agglomération est plus importante : plus de 60 % de pertes à Paris, 50 % à Lyon, Lille, Strasbourg, 45 % à Bordeaux, Toulouse, Reims, Rennes. Le recul amorcé timidement entre 1984 et 1995 dans les agglomérations parisienne et lyonnaise est accentué et généralisé. La base du FN, plutôt urbaine à l'origine, devient rurale, ou du moins territorialement diffuse. C'est l'ouverture d'une nouvelle perspective politique. Le FN peut devenir, une fois pour toutes, le parti des pauvres, des laissés-pour-compte, un parti qui ne se définit plus seulement comme xénophobe mais comme

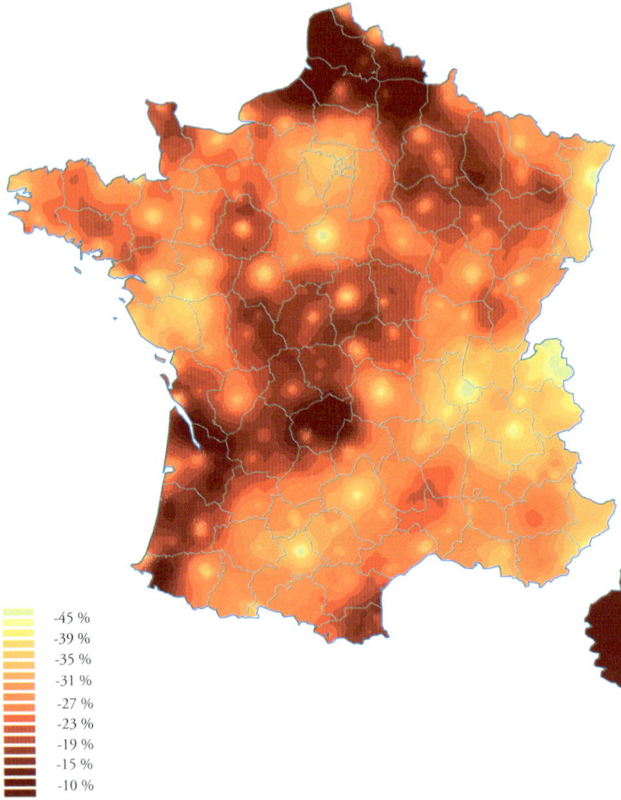

11-6. Pertes de Le Pen en 2007

En pourcentage de son score et de celui de Mégret au premier tour de 2002 (les pertes les plus fortes sont dans les teintes les plus claires)

porteur d'un message social[1]. Le virage anticipé par Mégret peut commencer. La propagation du FN peut reprendre.

Avec ce long Bassin parisien orienté nord-est/sud-ouest, où la résistance du vote Le Pen est meilleure (en marron), nous voyons aussi s'approcher le fantôme de la France déchristianisée.

Le Pen fille et les milieux populaires

Marine Le Pen a bien compris cette dynamique. Elle veut exploiter ces nouvelles tendances anticapitalistes. Au tout début de la campagne de 2012, elle avait même amorcé un virage sur l'immigration, affirmant dans un discours à Strasbourg qu'on ne devait plus différencier les Français selon leur origine. Son père, lui, parlait de dénaturaliser des individus issus de l'immigration. Ce changement de cap a tourné court, moins à cause des réticences des apparatchiks frontistes que de l'offensive xénophobe aussitôt lancée par Sarkozy, persuadé que sa rivale venait de commettre une erreur tactique. La droite dite républicaine devient alors le fer de lance des thématiques identitaires et sécuritaires.

Ni Nicolas Sarkozy ni Patrick Buisson n'avaient compris que l'électorat frontiste était en train de muter. Marine Le Pen se contente en apparence de récupérer en 2012, à un point près, la somme des voix de son père et de Mégret en 2002. Mais le plus important est que la géographie du vote se remet à bouger. La carte 11.7 représente la différence entre le score de Marine Le Pen au premier tour de la présidentielle 2012 et la somme des voix de Le Pen et de Mégret en 2002. Dans les quatre pôles d'origine du Front national – l'Alsace-Lorraine,

1. Le vieux FN était ultralibéral, posture qui ne pouvait séduire au-delà des petits commerçants et des patrons.

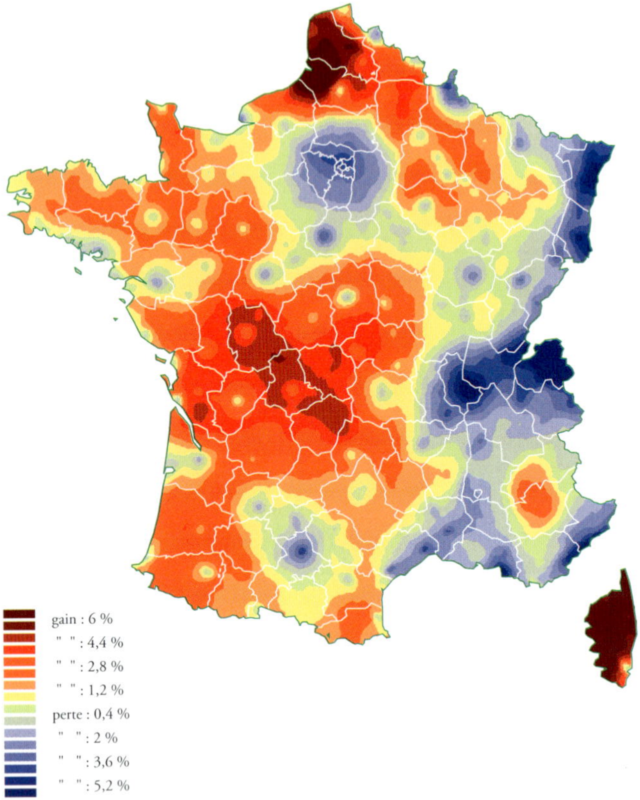

11-7. Gains et pertes de Marine Le Pen en 2012

Par rapport à la somme des scores de son père et de Mégret en 2002 (différence des pourcentages aux deux élections)

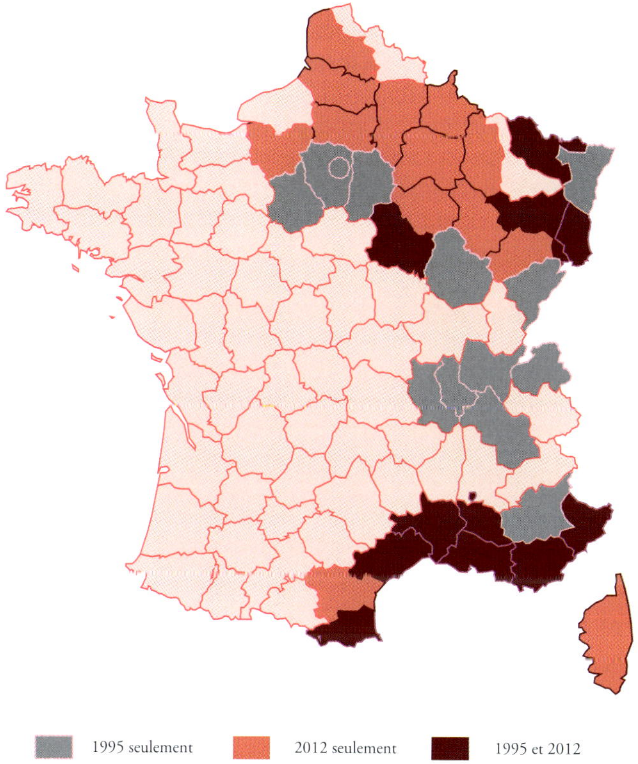

11-8. Les nouveaux bastions de l'extrême droite

25 départements avec les plus forts votes FN en 1995 et en 2012 :
en brun ceux qui figurent aux deux dates,
en gris ceux qui figurent seulement en 1995,
en magenta, seulement en 2012

régions parisienne et lyonnaise, rivage méditerranéen –, les pertes, en bleu, sont considérables.

On peut saisir de manière synthétique la mutation du FN en inscrivant sur la même carte les 25 départements qui lui avaient donné la plus forte proportion de leur suffrage en 1995 et en 2012 (carte 11.8). Un mouvement régional de grande ampleur est amorcé. Seuls les départements méditerranéens et lorrains sont encore en tête, au contraire des régions parisienne et lyonnaise. Sont passés au premier rang pratiquement tous les départements au nord de la ligne Le Havre-Belfort. Font exception les sièges des grandes villes comme Rouen, Lille, Nancy et Strasbourg. Le mécanisme d'évidement de ces pôles, dont nous avions saisi l'amorce dès 1995 à Paris et à Lyon, se développe dans toute son ampleur.

Partout ailleurs, et plus particulièrement dans la France qui était restée jusque-là sourde aux sirènes frontistes, les gains sont importants, dépassant parfois 5 % dans le Poitou, les Charentes, le Limousin et surtout le Nord-Pas-de-Calais et la Somme. Le choix de Hénin-Beaumont comme circonscription gagnable ne fut pas fait au hasard : le sillon minier était le seul endroit où les voix frontistes avaient résisté en 2007, ainsi qu'on peut le vérifier sur la carte 11.6 des pertes relatives entre 2002 et 2007. Les ouvriers furent globalement la seule catégorie fidèle au Front national en 2007, alors massivement abandonné par ses petits commerçants.

Le Front national est devenu, économiquement et territorialement, le parti des dominés, de ces faibles qui ont été éloignés, par l'éducation autant que par le métier, des centres urbains de pouvoir et de privilèges, et relégués vers les zones périurbaines et rurales. La localisation fréquente de ces électeurs à la jonction de plusieurs départements, sans rattachement territorial fort, les place en état d'anomie géographique. À la suite de Pascal

Perrineau[1], les politologues ont parlé de « gaucho-le-pénisme » pour décrire cette clientèle. Ils n'ont pas tort puisque les ouvriers sont effectivement plus nombreux dans les zones périurbaines ou à la frontière des départements. Mais leur position d'exilés de l'intérieur pèse vraisemblablement plus dans leur sentiment d'abandon que leur condition d'ouvriers. Plus que leur définition socio-économique, leur condition non urbaine (pour paraphraser le titre d'un livre d'Olivier Mongin[2]) façonne leur attitude politique. On peut même se demander si ce ne sont pas ces « mis à l'écart » géographiques qui se déclarent ouvriers dans les sondages, les ouvriers des centres-ville et de leur première couronne préférant se définir comme techniciens.

Le modèle centre-périphérie fonctionne peut-être simultanément à plusieurs niveaux géographiques. Les données communiquées par Jérôme Fourquet[3] confirment, à une échelle spatiale supérieure, le mécanisme de propagation concentrique du vote FN. La carte 11.9 ne saisit que les grandes régions mais elle évoque quand même une explosion. À partir d'un point focal situé vers la Champagne et la Lorraine, le vote FN des ouvriers semble se propager en cercles concentriques atteignant les régions voisines. Leur vote d'extrême droite, de l'ordre de 30 % à l'échelle nationale, atteint 46 % en Alsace, 43 % dans le Nord-Pas-de-Calais, 41 % en Haute-Normandie, 57 % en Franche-Comté… chiffres qui contiennent toutefois un élément de fluctuation aléatoire.

1. *Atlas électoral*, Paris, Presses de Sciences Po, 2007.
2. *La Condition urbaine*, Paris, Seuil, 2005.
3. Sur ces données, voir *supra*, p. 269.

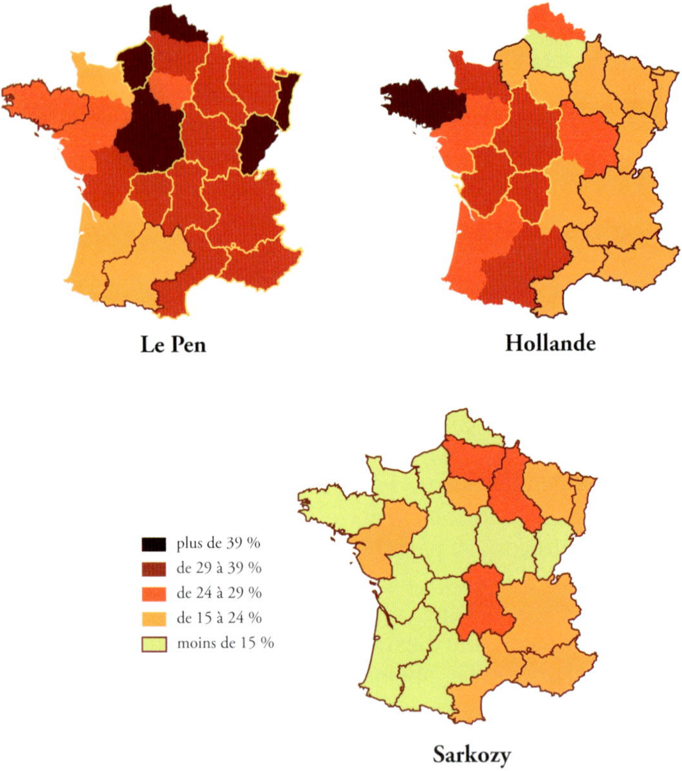

11-9. Le vote des ouvriers en 2012

Pourcentage d'ouvriers ayant déclaré vouloir voter pour Le Pen, pour Hollande et pour Sarkozy au premier tour de la présidentielle de 2012

TABLEAU 15
Le vote des ouvriers pour Marine Le Pen en 2012 (%)

Alsace	46
Aquitaine	23
Auvergne	35
Bourgogne	34
Bretagne	25
Centre	44
Champagne-Ardenne	38
Corse	-
Franche-Comté	57
Île-de-France	27
Languedoc-Roussillon	36
Limousin	29
Lorraine	38
Midi-Pyrénées	15
Nord-Pas-de-Calais	43
Basse Normandie	29
Haute-Normandie	41
Pays de la Loire	25
Picardie	32
Poitou Charentes	38
Provence-Alpes-Côte d'Azur	29
Rhône-Alpes	35

Source : IFOP.

L'adieu aux immigrés

En partant à la rencontre du monde populaire périurbain, le Front national s'est éloigné de son fonds de commerce initial. Les hésitations de ses dirigeants sur la question du primat de l'immigration n'ont pas empêché son électorat de se détacher de la problématique. Le commentaire politique se trouve souvent aveugle aux votes et aux motivations des électeurs, surestimant les prises de position des dirigeants politiques (parfois mises en scène par les médias).

Les sondages d'opinion montrent depuis longtemps que, dans les préoccupations des Français, l'immigration vient désormais loin derrière des thèmes économiques comme les salaires ou le chômage. Nous savons aussi, par les résultats électoraux des cinq dernières années, que les Arabes, les « Maghrébins » ou les musulmans, ne sont pas des éléments structurants décisifs de la vie électorale française. Les flops de ses campagnes identitaires à répétition ont conduit l'UMP à la perte du contrôle de la Présidence, de l'Assemblée, du Sénat et de presque toutes les régions de l'Hexagone. Mais notre cartographie permet de connaître les déterminations des électeurs encore plus directement et profondément.

Nous pouvons mesurer comment le vote Front national se situe dans l'espace par rapport à la présence maghrébine. Nous ne cherchons pas ici une réponse mécanique trop simple : l'histoire est, nous le savons, remplie de poussées xénophobes détachées de la présence physique réelle du groupe désigné comme bouc émissaire. Les Juifs étaient beaucoup plus nombreux en Pologne qu'en Allemagne et c'est bien pourtant en Allemagne que l'antisémitisme a fini par structurer l'ensemble du champ idéologique et politique. Nous devons quand même admettre que la localisation dans l'espace français du vote d'extrême droite par rapport à la présence maghrébine et, encore plus, son évolution sont des éléments essentiels à toute compréhension du vote Front national.

Chaque recensement nous indique la proportion des diverses nationalités par département, et il est possible de comparer le vote FN, élection après élection, à la répartition des Maghrébins au recensement le plus proche. Le

TABLEAU 16
Vote Front national et présence maghrébine

Année du recensement	Année de l'élection	Corrélation entre vote FN et % de Maghrébins
1982	1984 1986 1988	0,85 0,79 0,79
1990	1989 1992 1993	0,75 0,67 0,67
1999	1997 1998 2002 2004	0,55 0,60 0,46 (0,38 avec % des voix pour Mégret) 0,45
2008	2004 2007 2010 2012	0,46 0,19 0,15 0,10

Sources : ministère de l'Intérieur, journal *Le Monde* (cahiers élections) et INSEE.

tableau qui suit montre de façon spectaculaire que la corrélation, extrêmement élevée au départ en 1984 (+ 0,85), a constamment diminué depuis pour devenir aujourd'hui pratiquement nulle.

Le fait que la corrélation soit déjà un peu plus faible en 2002 si l'on intègre le vote Mégret au vote Le Pen suggère que l'analyse du premier anticipait cette évolution. La décroissance de la corrélation entre vote FN et proportion de Maghrébins fut d'abord continue mais relativement lente.

L'année 2007 a bien marqué une rupture, ce qui confirme l'analyse : l'électorat du FN a changé de nature à partir de cette date. Le progrès du FN dans les milieux populaires l'éloigne des immigrés. La déconnection entre présence maghrébine et vote d'extrême droite est congruente au retrait du FN des centres et des banlieues où résident les immigrés.

La chute de l'intérêt pour l'immigration ne concerne que les milieux populaires périurbains. L'apparition d'un nouveau type de xénophobie dans des secteurs plus centraux et dans des strates plus élevées de la société française ne nous échappe pas. Refluant des milieux populaires, mais montant d'un cran sur une échelle d'abstraction idéologique, l'hostilité aux Maghrébins est devenue durant les cinq dernières années une fixation sur l'islam. L'islamophobie de très nombreux producteurs de textes, si bien relayée par une partie de la presse, définit un fait social nouveau qui, sans être majoritaire, constitue un élément important de la vie politique française. Cette production idéologique a contribué, non seulement à l'aveuglement de Sarkozy et de son conseiller Patrick Buisson, mais plus en profondeur à la dérive droitière de l'UMP, manifeste lors de l'affrontement entre François Fillon et Jean-François Copé pour sa direction. Ce phénomène traduit une montée d'anxiété dans les classes moyennes. La plus grande centralité urbaine des immigrés, notée au chapitre 8, contribue à une explication du phénomène. *Intelligentsia* islamophobe et immigrés, sans être réellement voisins, vivent dans un même univers urbain.

Une évolution possible

Plus que toute autre force contemporaine, le Front national demande une analyse en termes de mouvement. Nous pouvons discerner dans le passé la façon dont les grandes tendances religieuses ou politiques, nées d'une crise dans un lieu d'innovation – situé dans l'Hexagone ou au-delà de ses frontières –, ont voyagé dans l'espace national pour finalement trouver leur espace d'accueil terminal, stable ensuite durant des décennies. Prenons un exemple relativement récent, l'histoire du socialisme et du communisme français, d'abord confuse avec ses démocrates socialistes de 1849, puis ses guesdistes, allemanistes, vaillantistes et réformistes d'avant l'unification de 1905, sa scission de Tours en 1920… Le temps a pourtant fini par accoucher, au lendemain de la Seconde Guerre mondiale, et par la grâce d'un suffrage universel stabilisé, d'une répartition géographique assez harmonieuse : un espace communiste central et méditerranéen, une implantation socialiste périphérique dans le Sud-Ouest, le Languedoc, la Provence occidentale et le Nord. En réalité, le communisme a fini par trouver son assise au cœur de la zone déchristianisé et le socialisme dans la partie la plus faiblement christianisée de la périphérie, avec, dans les deux cas, une affinité complémentaire avec les types familiaux denses[1].

Le Front national nous offre l'exemple, en accéléré, d'un tel mécanisme, homogénéisé et systématisé par les moyens de communication modernes. Il naît d'une rupture des liens sociaux traditionnels, dans un environnement fragile d'habitat groupé, d'insécurité et d'immigration. Il semble un moment se figer, puis imploser. Mais c'est sa chance. Tandis qu'il s'affaiblit à son point d'origine, il s'apprête à marcher à la conquête de nouveaux territoires. Notre cartographie au niveau communal permet presque de lire directement son mouvement sur la carte de 2012.

1. Les cartes fournies par Claude Willard, dans *Socialisme et Communisme français* (Paris, Armand Colin, 1978), permettent de suivre ce mécanisme en partant des démocrates socialistes de 1849.

La sociologie de l'électorat, définie par des sondages, nous a déjà indiqué que le vote pour le Front national trouve désormais un large écho chez les ouvriers et qu'il est fortement associé à un niveau éducatif moyen ou faible. Les cartes présentées dans les divers chapitres de cet ouvrage précisent que le lien principal concerne le niveau éducatif. Le vote Front national ne semble pas attiré fondamentalement par la carte 6.1, qui donne la distribution des ouvriers dans l'espace français, même s'il n'est pas en contradiction absolue avec elle. Il nous apparaît en revanche aimanté par la carte 2.5, qui décrit la localisation des sans-diplômes de 25 à 34 ans dans l'espace français. Une fois encore, attention : une telle correspondance n'indique pas que seuls les sans-diplômes sont attirés par le Front national. Nous avons souligné à plusieurs reprises que la peur de la chute sociale était génératrice d'anxiété dans toute la moitié inférieure de la pyramide éducative.

Exception capitale, la région parisienne, où les sans-diplômes sont certes nombreux, mais se trouvent encadrés par une masse de diplômés du supérieur. Les strates moyennes techniques sont nettement sous-représentées. Moins de peur, moins d'aliénation : la carte du FN doit contourner l'Île-de-France par le sud, avançant un pseudopode jusqu'à l'Eure-et-Loir, et des pousses secondaires vers le Midi. Nous ne voyons pas encore sa destination finale, mais nous la pressentons. Signature du lien entre les difficultés éducatives et le vote FN, la basse vallée de la Garonne est touchée, même si elle est pour l'instant encore isolée des masses principales nordique et méditerranéenne, qui apparaissent sur les cartes du vote d'extrême droite comme sur celles du déficit de diplômes.

La puissance de détermination du niveau d'éducation produit d'autres coïncidences, puisqu'elle entraîne avec elle chômage (carte 7.5) et inégalités (carte 7.4).

Nous ne sommes pas tout à fait au bout du voyage explicatif. Nous avons montré au chapitre 2 que la plus récente poussée éducative avait été favorisée par le « catholicisme zombie », couche protectrice davantage capable d'encadrer les jeunes en cette phase ultime du développement culturel que le vide des régions plus anciennement déchristianisées de l'Hexagone. C'est la raison ultime pour laquelle les variables qui décrivent les difficultés éducatives et leurs conséquences sociales – l'inégalité et le chômage – semblent tendanciellement toutes vouloir rentrer dans le vaste espace central et méditerranéen de la déchristianisation. Le processus n'est pas achevé. Une fois de plus, la cartographie communale lissée nous permet presque de lire ce lent mouvement sur la carte : la flaque majeure du Bassin parisien semble vouloir rejoindre, par le seuil de Poitiers, la basse vallée de la Garonne, et l'espace méditerranéen se rapproche, par le seuil du Lauragais, de cette même vallée de la Garonne. Le mouvement, très avancé sur les cartes des sans-diplômes, du chômage des jeunes et du rapport entre déciles supérieur et inférieur, l'est un peu moins pour le vote FN, vraiment parti de l'Est. Mais les verrous des seuils de Poitiers et du Lauragais pourraient sauter pour toutes les variables. Dans le cas du vote FN, il faudrait qu'il brise enfin complètement son obstacle traditionnel : l'habitat dispersé. Une baisse supplémentaire de l'extrême droite dans l'Est, détachant l'Alsace, achèverait le processus. Si ce mouvement arrivait à terme, le Front national retrouverait presque, après un long et patient voyage, et comme le communisme, le lit de la déchristianisation. L'hypothèse d'un glissement du communisme à l'extrême droite, fausse vers 1985, ne le serait plus tout à fait vers 2020. Mais la coïncidence géographique PC/FN de 2020 ne serait jamais, justement, qu'une coïncidence, résultant de l'action d'une troisième variable, le vide religieux ancien.

Une telle évolution placerait la direction du FN, toujours proche, selon nous, de son vieux fond culturel d'extrême droite – antiégalitaire, anticommuniste, antisémite et antiarabe – en réelle contradiction avec le tempérament de son électorat populaire, guère éloigné quant à lui du vieux fond révolutionnaire français. Le FN pourrait donc connaître une chute plus rapide que celle du PCF, dont l'idéologie n'était pas, elle, en complète contradiction avec l'histoire de France.

Conclusion

Dans ses profondeurs, la France ne va pas si mal. Niveau éducatif, fécondité, espérance de vie, taux de suicide donnent l'image d'une société qui a atteint un palier, dont les franges inférieures et supérieures s'effilochent mais dont le centre – 90 % de la population – tient le coup. La France, si elle n'a pas échappé à la libéralisation financière et au déclin industriel, a, mieux que d'autres grandes nations développées, résisté à l'accroissement des inégalités matérielles.

La poussée des extrêmes politiques semble un démenti à ce bulletin de santé rassurant. C'est oublier la quasi-disparition de l'électorat trotskiste, tombé en dix ans de plus de 10 % à moins de 2 %. C'est aussi dramatiser une droitisation que l'on observe dans la plupart des pays développés. L'électorat glisse vers la droite parce que prédomine l'égoïsme de la richesse acquise et parce que la peur de tomber dans les 10 % du bas s'étend, particulièrement chez les 40 % dotés d'une éducation technique que menace la désindustrialisation. L'absurdité d'une gestion économique qui a produit des destructions industrielles et des taux de chômage excessifs a radicalisé l'électorat populaire en mouvement vers la droite, surtout, paradoxalement, dans les vieilles régions individualistes égalitaires et laïques du Bassin parisien, prédisposées par leur fond anthropologique à la contestation. Le mouvement n'est pas achevé, mais il est vraisemblable que le Front national se dirige vers le vieil espace central déchristianisé de l'Hexagone, tout en se détachant de ses « bases antimaghrébines » originelles situées plus à l'Est. Le phénomène FN est navrant mais nullement terrifiant, puisque clairement limité dans sa capacité d'expansion. La radicalisation de l'UMP est plus préoccupante. L'anxiété monte dans les classes moyennes.

L'effondrement du secteur secondaire évoque certes une déroute, mais son accélération pathologique est récente. La relance d'une base industrielle et technologique n'apparaît pas un objectif insurmontable lorsque l'on considère les capacités humaines du pays, et en particulier le potentiel considérable que représentent ses grandes écoles scientifiques, pourvu qu'elles abandonnent l'idée de ne former que des « traders » incapables d'exercer une activité productrice et, pis, prêts à spéculer contre le pays qui les a éduqués.

La vision transmise par les médias est pourtant celle d'une France moribonde et ingouvernable. Ses difficultés ne devraient être que les difficultés normales d'une société très développée contrainte de s'adapter à la globalisation économique. Sa situation est cependant aggravée, nous l'avions dit dès l'introduction, par l'ignorance dans laquelle se trouvent les classes dirigeantes de son mode de fonctionnement profond, des structures anthropologiques et religieuses qui guident son évolution. Le logiciel économique et monétaire simpliste de nos dirigeants les rend aveugles à l'existence d'une dynamique historique et sociale française spécifique, mouvement que l'on peut optimiser et adapter, mais non contredire et briser. Le règne de la « finance » ultralibérale n'exprime pas seulement la domination de l'argent, mais aussi celle d'une vision abstraite des hommes, qu'ont intériorisée aussi bien les politiques que les banquiers et les dirigeants des grands groupes. Quelques signes monétaires, imprimés, transférés, échangés, seraient la vie. L'anthropologie, dans ce cas, est le contraire de la finance.

Constater que « tout ne va pas si mal » contredit aussi le catastrophisme antilibéral. La France est éduquée, riche encore de l'acquis des soixante dernières années – Trente Glorieuses économiques et Trente Glorieuses culturelles –, et son État social n'est nullement désintégré. On y conteste la globalisation, mais la rébellion idéologique n'y débouche sur aucune révolte sérieuse. C'est une société molle qui refuse dans les sondages la globalisation tout en y étant engagée par son commerce extérieur, qui avait voté « non » lorsqu'on lui avait demandé en 2005 de valider le néolibéralisme européen mais pour se révéler deux ans plus tard incapable de la moindre réaction lorsque ses parlementaires ont entériné par le traité de Lisbonne ce que le corps électoral avait refusé par référendum. L'incapacité des contestataires à prendre le pouvoir pour diriger la société sur une voie antilibérale est aussi remarquable que l'impuissance de leurs adversaires à imposer un libéralisme sans frein.

Le double catastrophisme, celui des libéraux qui s'en servent pour serrer toujours plus la vis et celui des antilibéraux qui se contentent d'imprécations, est le résultat d'un méli-mélo politique au cours duquel la droite et la gauche ont en partie échangé leurs bases anthropologiques. On se moque souvent d'une gauche incapable d'appliquer l'idéal d'égalité. On pourrait tout aussi bien souligner la faiblesse d'une droite si peu convaincue de la légitimité de l'inégalité qu'elle n'arrive pas à remettre en question l'État-providence. Sur ce point précis, une comparaison avec les conservateurs britanniques ou les républicains américains ferait apparaître l'UMP, y compris la droite « forte », comme un parti de centre gauche. Terrorisée par des électeurs qui croient en l'égalité, la droite dite « républicaine » semble sur le point de faire des étrangers, des Maghrébins, des musulmans, à la suite du Front national, les boucs émissaires de sa propre impuissance. Si nous décrivions l'affrontement de l'égalité et de l'inégalité dans l'espace social français comme un tournoi d'échecs, nous devrions constater une sorte de « pat » permanent. Les marchés financiers sont libéralisés, mais le poids du prélèvement fiscal continue d'augmenter. Les banques s'empiffrent, mais la Sécurité sociale tient le coup. Le bras de fer n'en finit pas. On aurait tort de croire qu'il oppose, à l'ancienne, la gauche et la droite. Étudier l'insertion de la gauche et de la droite dans leurs espaces anthropologiques respectifs nous a permis de comprendre pourquoi elles peinent à définir deux attitudes cohérentes face à l'inégalité et à la globalisation. Sur le plan idéologique, le parti socialiste est travaillé, à son insu, par une composante inégalitaire et l'UMP minée par un égalitarisme rampant. D'ailleurs, en pratique, la résistance à l'inégalité matérielle a été plus efficace sur la périphérie la plus religieuse de l'Hexagone, où elle doit sans doute plus à la méfiance traditionnelle de l'Église vis-à-vis de l'argent qu'à une lutte de type marxiste contre le capital.

Identifier les problèmes de la France, ce n'est pas, pour nous, affirmer qu'elle va particulièrement mal, c'est chercher ce qui est spécifique dans sa condition. Lorsqu'on la compare à ses voisins, elle apparaît anthropologiquement plus compliquée. Cette constatation n'est nullement un effet d'optique, une sous-estimation par deux chercheurs français de la diversité des autres nations. Le Royaume-Uni, hors des régions de famille souche écossaises, est solidement nucléaire sur le plan familial et ne connaît pas les coutumes d'héritage égalitaires. Ce fond anthropologique a autorisé la montée rapide des inégalités. L'Allemagne est, avec des nuances, toujours dominée par des structures familiales de type souche, qui y assurent ordre, hiérarchie et continuité d'action – mais non continuité démographique. Rien de semblable, dans ces deux pays, à la fragmentation anthropologique de la France et à la polarité famille souche/famille nucléaire égalitaire qui structure l'Hexagone.

Sur le plan religieux, il serait en revanche imprudent d'affirmer une plus grande hétérogénéité de la France. L'espace germanique est traversé par l'opposition entre catholicisme et protestantisme. Si nous identifions en France un « catholicisme zombie », nous devons être capables de lui imaginer un frère en Allemagne, face d'ailleurs à un « protestantisme zombie » qui vient de prendre le pouvoir. L'équilibre religieux de la République fédérale – autrefois mi-catholique, mi-protestante mais plutôt contrôlée par les catholiques du Sud et de l'Ouest – a été brisé par la réunification qui, en ramenant au bercail une République démocratique luthérienne, a rétabli l'Allemagne dans son statut de pays majoritairement protestant. Le phénomène apparaît capital dans le contexte de la globalisation lorsqu'on sait le lien étroit entre protestantisme et nationalisme. Le Royaume-Uni est en apparence uniformément protestant, mais les spécialistes de son histoire religieuse savent bien que l'opposition entre l'anglicanisme, proche du catholicisme par son respect de la hiérarchie et dominant en Angleterre du Sud, s'y oppose au protestantisme des sectes ou de l'Église écossaise. Ce clivage est structurant depuis le XVIIIe siècle. La division politique du pays en une Angleterre du Sud conservatrice et une périphérie travailliste ou libérale-démocrate montre que le clivage continue d'agir dans la vie politique et sociale.

Montrer que la fragmentation anthropologique de l'Hexagone persiste, ce n'est pas suggérer que la France est fragile, mais au contraire révéler qu'elle existe toujours et qu'elle doit rechercher en elle-même, plutôt que dans des comportements mimétiques, les forces de l'adaptation. Le véritable problème est en effet de définir une politique économique et monétaire qui articule la diversité anthropologique et les spécialisations à moyen terme rendues nécessaires par le marché mondial. Aucun ajustement automatique entre mentalités et économie n'est plus garanti, comme aux beaux jours de l'autonomie productive. Nous pouvons concevoir une bonne comme une mauvaise adaptation. Les dirigeants de la France doivent gérer une puissance moyenne qui bénéficie, si on la compare aux autres nations développées, d'une bonne balance démographique à long terme mais de performances éducatives essentiellement moyennes et fortement polarisées en niveaux élevés et bas. Le discours des élites privilégie depuis des décennies « l'adaptation à la contrainte extérieure », une réforme permanente procédant par imitation de modèles étrangers, et qui oscille sans cesse dans ses prescriptions entre la flexibilité anglo-saxonne, la discipline allemande, et son hybride, la flexisécurité scandinave. Tenir compte du monde tel qu'il existe nous semble une évidente et impérieuse nécessité. Mais le monde tel qu'il existe inclut les Français tels qu'ils sont, dans leur diversité et leur désordre. Jamais les élites de ce pays ne semblent conscientes de l'autonomie et de l'inertie des mentalités qui constituent le cœur de la vie sociale et définissent l'axe de l'histoire.

La politique du franc fort, par exemple, avait pour but de contraindre l'industrie française à une adaptation de type allemand ou japonais : obliger, par le refus de la dévaluation, l'industrie à une montée en gamme, la libérer de force du souci du coût du travail. L'Allemagne et le Japon sont des pays de famille souche, où développement éducatif et industrie sont territorialement associés, humainement soudés. Dans de tels pays, la rigueur monétaire peut agir comme un stimulant. Une telle coïncidence n'existe en France qu'en Alsace, en région Rhône-Alpes, et autour de Toulouse depuis l'implantation par l'État de l'aéronautique pour des raisons stratégiques. On constate dans ces trois cas régionaux les effets positifs habituels de l'association famille souche/éducation/industrie. Mais le gros de l'industrie française se trouve dans la France du Nord, en région de famille nucléaire et de potentiel éducatif moyen. L'industrie qui existe réellement ne peut s'y appuyer sur une poussée éducative maximale, associée par la mémoire du lieu à des traditions artisanales et technologiques. On voit le résultat de la politique du franc fort : la destruction du secteur.

Nous sommes français, nous devons faire avec ce que nous avons, avec ce que nous sommes, vivre avec nos qualités et nos défauts. Seule l'intervention de l'État peut assurer en France la jonction entre des forces vives dispersées par l'anthropologie sur le territoire national.

La préférence pour le modèle allemand n'est cependant pas sans lien avec l'anthropologie de la France. Nous l'avons dit dans l'introduction et étudié tout au long de ce livre : notre pays souffre d'un affaiblissement majeur de sa composante centrale libérale et égalitaire, et d'un déséquilibre nouveau entre les forces anthropologiques et religieuses qui le constituent. À chaque pas, nous avons observé la montée en puissance éducative et l'avantage économique des sociétés périphériques « holistes », fortement intégratrices de l'individu, que sa prise en main par son environnement social résulte d'un fond familial complexe ou d'une empreinte religieuse plus solide. Le Midi occitan, puis la constellation des provinces catholiques ont été successivement, vers 1970 puis vers 1990, à la pointe du développement éducatif. Réciproquement, les difficultés économiques et sociales se sont accumulées dans la partie anciennement déchristianisée, centrale et méditerranéenne de l'Hexagone, déprimée par sa faiblesse éducative relative, phénomène aggravé par la mort sans doute trop brutale de l'idéologie communiste, qui constitua une couche protectrice pour les individus.

Nous avons vu la politique s'ajuster à cette nouvelle situation, avec un parti socialiste devenant hégémonique dans les régions holistes – dans la partie ouest du territoire principalement – et une droite restant dominante (région parisienne en 2012 mise à part) dans la partie individualiste égalitaire du territoire. Nous évoquons ici la masse des électorats : dans ses couches politiques et sociales supérieures, la droite fut et reste fortement associée par le catholicisme à la tradition holiste.

Dans les années les plus récentes, la France périphérique, holiste, de tradition catholique ou socialiste ancienne, a pris le contrôle du système national, non pas à la suite d'un complot, mais par l'effet inconscient, temporaire sans doute, d'un plus grand dynamisme culturel. Cette France-là peut admirer l'Allemagne parce que, sans lui être semblable, elle lui ressemble un peu, par son respect de la hiérarchie et par sa relative efficacité, plus en tout cas que le cœur individualiste égalitaire, souvent anarchiste et rebelle.

La difficulté de la France réside dans la nécessité permanente où elle se trouve d'une mise en phase de ses composantes anthropologiques et religieuses. Nous pouvons saisir dans son histoire des temps d'harmonie et d'autres de discordance. La synthèse républicaine fut un moment positif : un centre individualiste égalitaire dominant avait appris à respecter la résistance de sa périphérie. L'état actuel du pays, travaillé par une tendance centrifuge, malgré la masse de la région parisienne, ne peut en aucun cas être considéré comme optimal.

La globalisation économique encourage mécaniquement les tendances centrifuges, surtout là où elle est associée à une idéologie du déclin de l'État. Elle ne pose pas de problèmes particuliers à un pays homogène comme l'Allemagne, dont la diversité fédérale ne reflète pas une réelle hétérogénéité anthropologique. Elle disloque l'Espagne et l'Italie, où les provinces les plus riches – la Catalogne dans un cas, le Nord dans l'autre – tentent d'échapper à la contrainte nationale pour profiter seules de leur avantage compétitif. Le cas de la France est très original : c'est son cœur historique, anciennement plus développé, qui souffre particulièrement de la multiplication des contraintes extérieures.

Fixer dans l'abstrait un objectif économique à la France n'aboutit donc souvent en pratique qu'à déclarer l'inutilité d'une fraction de la population, qu'à marginaliser certains groupes au sein de leur propre société. Une partie des jeunes, des ouvriers, des enfants d'immigrés deviennent des pièces inutiles, que l'on veut bien à la rigueur éduquer et soigner – il y a plus d'incompétence que de cruauté dans la classe dirigeante française –, mais dont la machine économique croit ne pas avoir l'usage. Ce qu'on appelle réforme tend finalement à n'être qu'un élagage de ce qui « ne sert à rien » pour cette politique économique mimétique.

Comprendre la France est évidemment important en cette époque de débâcle industrielle, d'anxiété des citoyens et de désarroi des dirigeants. Notre enquête cartographique autorise cependant une conclusion générale qui dépasse largement le cas français. Nous avons vu, tout au long de ce livre, l'activité souterraine mais puissante de facteurs sociaux oubliés. Des structures familiales et des croyances métaphysiques que l'on croyait en voie de disparition guident toujours le changement social et économique, ancrées dans des territoires, perpétuées par une mémoire des lieux. Nous avons même senti un renforcement du rôle des fonds anthropologiques et religieux dans un contexte de crise et de doute. Mais si les provinces de France continuent de chercher dans leur passé les forces nécessaires à la vie sociale et économique, alors même que l'espace national est unifié sur le plan linguistique, que pouvons-nous dire des autres nations, souvent plus homogènes que la France, qui participent au jeu de la globalisation ? N'est-il pas évident que les effets anthropologiques et religieux doivent y être plus puissants encore ? Partout dans le monde, les démographes s'interrogent sur la pertinence des modèles de convergence des économistes, convergence qu'ils ne sentent nullement dans les indicateurs de fécondité des sociétés les plus avancées.

Une telle conclusion ne pose pas de problème théorique ou pratique aux dirigeants d'entités nationales autonomes, aux États-Unis et au Japon par exemple. Elle place en revanche les dirigeants français et européens devant une difficulté redoutable. Les premiers doivent maintenir l'unité du pays en s'appuyant sur sa diversité territoriale, les seconds, engagés dans un projet d'unification, doivent aujourd'hui faire face aux tendances historiques profondes de sociétés qui ont cessé de converger.

Données utilisées pour établir les cartes

INTRODUCTION

0.1 **Personnes âgées :** recensement de 2008
0.2 **Jeunes** : recensement de 2008
0.3 **Les grandes agglomérations** : INSEE
0.4 **Croissance de la population entre 1982 et 1990** : recensements de 1982 et 1990
0.5 **Croissance de la population entre 1990 et 1999** : recensements de 1990 et 1999
0.6 **Croissance de la population entre 1999 et 2008** : recensements de 1999 et 2008

CHAPITRE PREMIER

1.1 **Familles complexes 1** : recensement de 1999
1.2 **Familles complexes 2** : recensement de 1999
1.3 **L'habitat groupé** : SGF, recensement de 1876
1.4 **Les structures familiales, synthèse** : Emmanuel Todd, *L'Origine des systèmes familiaux*, Paris, Gallimard, 2010
1.5 **La pratique religieuse au début des années 1960** : François-André Isambert et Jean-Paul Terrenoire, *Atlas de la pratique religieuse des catholiques en France*, Paris, Presses de Science Po, 1980
1.6 **Le choix des prêtres en 1791** : Timothy Tackett *La Révolution, l'Église, la France*, Paris, Éditions du Cerf, 1986

1.7 **Niveau d'intégration sociale** : combinaison de 1.4, 1.3 et 1.5
1.8 **Le parti communiste et l'Église catholique** : François-André Isambert et Jean-Paul Terrenoire, *Atlas de la pratique religieuse des catholiques en France*, *op. cit.*, et cahier élections du *Monde*, 1978
1.9 **Les derniers communistes** : ministère de l'Intérieur

CHAPITRE 2
2.1 **Lire et écrire en 1901** : François Furet et Jacques Ozouf, *L'Alphabétisation des Français de Calvin à Jules Ferry*, Paris, Éditions de Minuit, 1977
2.2 **Avoir le bac vers 1970** : recensement de 2008
2.3 **Avoir le bac vers 1995** : recensement de 2008
2.4 **Au-delà du bac** : recensement de 2008
2.5 **Sans-diplômes** : recensement de 2008
2.6 **Difficultés de lecture** : ministère de la Défense, DSN, MEN-MESR-DEPP, 2011
2.7 **De la lecture au diplôme** : combinaison de 2.5 et 2.6
2.8 **Maghrébins** : recensement de 2008
2.9 **Une classe moyenne technique** : recensement de 2008

CHAPITRE 3
3.1 **L'avance des femmes dans l'éducation** : recensement de 2008
3.2 **La résistance des hommes dans le technique** : recensement de 2008
3.3 **Hommes sans diplômes** : recensement de 2008
3.4 **Femmes actives en 1968** : recensement de 1968
3.5 **Femmes actives en 2008** : recensement de 2008
3.6 **Femmes à temps partiel** : recensement de 2008

CHAPITRE 4

4.1 **Fécondité** : application de la formule d'estimation de Princeton aux naissances du fichier détail des naissances en 2006, INSEE

4.2 **Homosexualité masculine vers 1985** : *Bulletin épidémiologique hebdomadaire (BEH)* 23/1990, 11 juin 1990

4.3 **Fécondité rurale** : application de la formule d'estimation de Princeton aux naissances du fichier détail des naissances en 2006, INSEE

4.4 **Fécondité des villes moyennes** : application de la formule d'estimation de Princeton aux naissances du fichier détail des naissances en 2006, INSEE

4.5a **Âge au mariage en 1968** : état civil en 1968, INSEE

4.5b **Âge au mariage en 2009** : état civil en 2009, INSEE

4.6a **Naissances hors mariage en 1990** : état civil en 1990, INSEE

4.6b **Naissances hors mariage en 2008** : état civil en 2008, INSEE

CHAPITRE 5

5.1 **L'industrie en 1968** : recensement de 1968

5.2 **L'industrie en 2008** : recensement de 2008

5.3 **Le dernier exode rural** : recensements de la SGF et de l'INSEE depuis 1851

5.4 **Exporter** : *Stratégies et performances exportatrices des régions françaises en Europe,* Direction générale du Trésor et de la politique économique (MINEFI) et Assemblée des chambres françaises de commerce et d'industrie, 2006

CHAPITRE 6

6.1 **Les ouvriers en 2009** : recensement de 2009

6.2 **Les artisans et les commerçants en 2009** : recensement de 2009

6.3 **Paysans propriétaires en 1851** : recensement de 1851 (SGF)
6.4 **Les métiers populaires traditionnels en 2009** : recensement de 2009
6.5 **Les paysans en 2009** : recensement de 2009
6.6 **Les cadres en 2009** : recensement de 2009
6.7 **Les « intermédiaires » en 2009** : recensement de 2009
6.8 **Les employés en 2009** : recensement de 2009
6.9 **Les agents de l'État en 2009** : recensement de 2009

CHAPITRE 7
7.1 **Riches parmi les riches** : ministère des Finances, revenus 2010
7.2 **À quel point pauvres ?** : ministère des Finances, revenus 2010
7.3 **Inégalité 1 : le coefficient de Gini** : ministère des Finances, revenus 2010
7.4 **Inégalité 2 : le rapport inter-décile** : ministère des Finances, revenus 2010
7.5 **Taux de chômage en 2008** : recensement de 2008
7.6 **Le chômage avant la retraite** : recensement de 2008
7.7 **Le chômage des jeunes** : recensement de 2008
7.8 **Familles monoparentales** : recensement de 2009

CHAPITRE 8
8.1 **Mobilité générale** : recensement de 2008
8.2 **Personnes décédées dans le département où elles sont nées** : fichiers décès de l'INSEE, 2000 à 2009
8.3 **Personnes nées à Paris parmi les décédées** : fichiers décès de l'INSEE, 2000 à 2009
8.4 **Immigrants décédés dans le Var** : fichiers décès de l'INSEE, 2000 à 2009
8.5 **Immigrants décédés dans les Pyrénées-Atlantiques** : fichiers décès de l'INSEE, 2000 à 2009

8.6 **Les Le Bihan** : site internet des noms de famille : *www.geopatronyme.com*

8.7 **Les Müller** : site internet des noms de famille : *www.geopatronyme.com*

8.8 **Les Fabre** : site internet des noms de famille : *www.geopatronyme.com*

8.9 **Étrangers** : recensements de 1851, 1891, 1936 (SGF) et 1982 (INSEE)

8.10a **Les Algériens en 1982** : recensement de 1982

8.10b **Les Algériens en 2008** : recensement de 2008

8.11a **Étrangers d'origine subsaharienne en 2009** : recensement de 2009

8.11b **Européens mais non latins** : recensement de 2009

8.12 **Pourcentage d'étrangers dans la population immigrée** : recensement de 2008

8.13 **Jeunes étrangers** : recensement de 2008

CHAPITRE 9

9.1 **Hollande au second tour de 2012** : ministère de l'Intérieur

9.2a **De Mitterrand à Hollande** : ministère de l'Intérieur et cahier de l'élection présidentielle de 1981 du *Monde*

9.2b **Religion, Front national et vote de gauche** : François-André Isambert et Jean-Paul Terrenoire, *Atlas de la pratique religieuse des catholiques en France*, *op. cit.*, et ministère de l'Intérieur

9.3 **De Jospin à Hollande** : ministère de l'Intérieur

9.4 **La chute du trotskisme** : ministère de l'Intérieur

9.5a **Mélenchon au premier tour** : ministère de l'Intérieur

9.5b **Hollande au premier tour** : ministère de l'Intérieur

9.6a **Gains de Sarkozy en 2007 sur la droite en 2002** : ministère de l'Intérieur

9.6b **Gains de Bayrou entre 2002 et 2007** : ministère de l'Intérieur

9.7a **Pertes de Sarkozy entre les deux premiers tours des deux élections présidentielles de 2007 et 2012** : ministère de l'Intérieur

9.7b **Pertes de Bayrou entre les deux premiers tours des deux élections présidentielles de 2007 et 2012** : ministère de l'Intérieur

9.8 **Votes « oui » au référendum de 2005** : ministère de l'Intérieur

9.9 **Votes « oui » aux référendums de 1969, 1972 et 1992** : cahiers de résultats électoraux du *Monde*

CHAPITRE 10

10.1a, b, c, d **Une gauche figée** : ministère de l'Intérieur

10.2a, b, c **La gauche des villes** : ministère de l'Intérieur

CHAPITRE 11

11.1 **Marine Le Pen en 2012** : ministère de l'Intérieur

11.2 **Places fortes du PC en 1978 et du FN en 1984** : cahiers des résultats électoraux du *Monde*

11.3a, b, c **Immigration, insécurité et extrême droite au début des années 1980** : cahier des résultats électoraux de l'élection européenne de 1984 (*Le Monde*), bulletin de statistique du ministère de la Justice, 1982, et recensement de 1982

11.4 **Jean-Marie Le Pen en 1995** : ministère de l'Intérieur

11.5 **Le Front national en 1984, 1988, 1995 et 2002** : cahiers des résultats électoraux du *Monde*

11.6 **Pertes de Le Pen en 2007** : ministère de l'Intérieur

11.7 **Gains et pertes de Marine Le Pen en 2012** : ministère de l'Intérieur

11.8 **Les nouveaux bastions de l'extrême droite** : ministère de l'Intérieur

11.9 **Le vote des ouvriers en 2012** : données aimablement communiquées par Jérôme Fourquet, directeur des études politiques à l'IFOP

Table

CHAPITRE 4

CHAPITRE 5

CHAPITRE 6

Chapitre 7

Chapitre 8

Chapitre 9

Des mêmes auteurs

L'Invention de la France
Atlas anthropologique et politique
Pluriel/Hachette, 1981
nouv. éd., Gallimard, 2012

Ouvrages d'Hervé Le Bras

Marianne et les lapins
L'obsession démographique
Orban, 1991
Rééd. Hachette, « Pluriel », 1993

Les Limites de la planète
Mythes de la nature et de la population
Flammarion, 1995
et « Champs », 1996

Les Trois France
O. Jacob, 1995

Le Sol et le Sang
Théories de l'invasion au XXe siècle
Éd. de l'Aube, 1996 ; rééd. 2007

Le Peuplement de l'Europe
La Documentation française, 1996

La Planète au village
Migrations et peuplement en France
Éd. de l'Aube, 1997

Le Démon des origines
Démographie et extrême droite
Éd. de l'Aube, 1997

Essai de géométrie sociale
O. Jacob, 2000

L'Invention des populations
Biologie, idéologie et politique
O. Jacob, 2000

Naissance de la mortalité
L'origine politique de la statistique et de la démographie
Seuil, « Hautes études », 2000

Une autre France

Votes, réseaux de relations et classes sociales
O. Jacob, 2002

L'Adieu aux masses
Migrations et politique
Éd. de l'Aube, 1997

La Démographie
O. Jacob, 2005

Immigration positive
(avec Jack Lang)
O. Jacob, 2006

Entre deux pôles
La démographie entre science et politique
(avec Julien Ténédos)
Montreuil, Aux lieux d'être, 2007

Doit-on contrôler l'immigration ?
(avec Gérard-François Dumont)
Bordeaux, Prométhée, 2009

Vie et mort de la population mondiale
Le Pommier, 2009 ; rééd. 2012

L'Invention de l'immigré
Éd. de l'Aube, 2012 ; rééd. 2014

Crise des liens, crise des lieux
Pour un logement social solidaire
Éd. de l'Aube, 2012

Pays de la Loire : la forme d'une région
Atlas
Éd. de l'Aube, 2014

Atlas des inégalités
Les Français face à la crise
Autrement, 2014

Mathematical Demography
(avec K. Wachter)
Berlin, Springer-Verlag, 2013

Ouvrages d'Emmanuel Todd

AUX MÊMES ÉDITIONS

La Troisième Planète
Structures familiales et systèmes idéologiques
« Empreintes », 1983

L'Enfance du monde
Structures familiales et développement
« Empreintes », 1984

La Nouvelle France
« L'Histoire immédiate », 1988
et « Points Politique » n° 136, 1990

L'Invention de l'Europe
« L'Histoire immédiate », 1990
et « Points Essais » n° 321, 1996

Le Destin des immigrés
Assimilation et ségrégation dans les démocraties occidentales
« L'Histoire immédiate », 1994
et « Points Essais » n° 345, 1997

La Diversité du monde
Structures familiales et diversité
« L'Histoire immédiate », 1999

Le Rendez-vous des civilisations
(avec Youssef Courbage)
Seuil/La République des idées, 2007
nouv. éd., 2011

Qui est Charlie ?
Sociologie d'une crise religieuse
« Essais H.C. », 2015

CHEZ D'AUTRES ÉDITEURS

La Chute finale
Essai sur la décomposition de la sphère soviétique
Robert Laffont, 1976
nouv. éd., 2004

Le Fou et le Prolétaire
Robert Laffont, 1979

L'Illusion économique
Essai sur la stagnation
des sociétés développées
Gallimard, 1998
et « Folio Actuel », 1999

Après l'empire
Essai sur la décomposition
du système américain
Gallimard, 2002
et « Folio Actuel », 2004

Après la démocratie
Gallimard, 2008
et « Folio Actuel », 2010

Allah n'y est pour rien !
Sur les révolutions arabes et quelques autres
Le Publieur, 2011

L'Origine des systèmes familiaux
1. L'Eurasie
Gallimard, 2011

RÉALISATION : PAO ÉDITIONS DU SEUIL
IMPRESSION : GIBERT CLAREY À CHAMBRAY-LÈS-TOURS (37)
DÉPÔT LÉGAL : OCTOBRE 2015. N° 128849 (15080213)
IMPRIMÉ EN FRANCE

Le mystère français